INSIDER'S GUIDES
AUSTRALIEN • BALI • CHINA • FLORIDA • HAWAII • HONGKONG • INDIEN •
INDONESIEN • JAPAN • KALIFORNIEN • KENIA • KOREA • MALAYSIA UND SINGAPUR • MEXIKO •
NEPAL • NEUENGLAND • NEUSEELAND • RUSSLAND • SPANIEN • THAILAND • TÜRKEI

Insider's Guide Ostkanada
Alle deutschen Rechte vorbehalten.
Erste deutsche Ausgabe veröffentlicht 1993 durch
Kümmerly+Frey, Geographischer Verlag, Bern

ISBN: 3-259-06171-1

Deutsche Übersetzung ©1993 Novo Editions S. A.
Alle Rechte der Originalausgabe ©1993 Novo Editions S. A.
Gestaltet, herausgegeben und produziert von Novo Editions S. A.
53 rue Beaudouin, 27700 Les Andelys, France
Telefax: (33) 32 54 54 50

Chefredakteur: Allan Amsel
Deutsche Bearbeitung: Hans Joachim Wolf
Gestaltungskonzeption: Hon Bing-wah
Bildredaktion und Gestaltung: Gaia Text, München
Bildmaterial und Text mit Xerox Ventura Software zusammengestellt
und auf den neuesten Stand gebracht

Alle Rechte vorbehalten. Kein Teil des Werkes darf ohne
schriftliche Genehmigung des Verlages Kümmerly+Frey
in irgendeiner Form (durch Fotokopie, Mikrofilm
oder ein anderes elektronisches oder mechanisches Verfahren),
auch nicht auszugsweise, veröffentlicht werden.

Druck: Samhwa Printing Company Limited, Korea

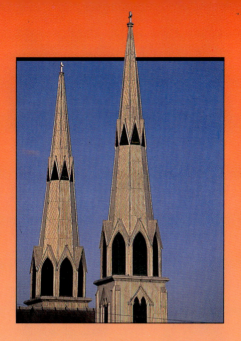

INSIDER'S GUIDE
OST
KANADA

von Donald Caroll

Fotos von
Nik Wheeler und Robert Holmes

Kümmerly+Frey

Inhalt

KARTEN
Kanada	8–9
Newfoundland	36
Labrador	52
Nova Scotia	58
Prince Edward Island	85
New Brunswick	95
Québec	107
Québec City	110
Montréal	123
Von Montréal bis Gaspé	142–143
Ontario	152
Downtown Toronto (Innenstadt)	171
Das Goldene Hufeisen	187

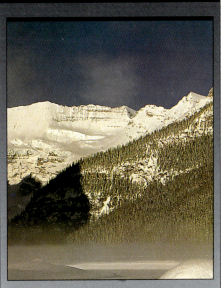

WILLKOMMEN IN KANADA 11	**NOVA SCOTIA** 55
	Halifax 57
LAND UND LEUTE 19	Geschichte • Allgemeine
Geschichte 20	Informationen • Was Sie sehen
Die ersten Europäer •	und tun können • Unterkunft •
Neufrankreich • Das britische	Restaurants • Anreise
Kanada • Das Dominion	Von Halifax ins Umland 65
Kanada • Kanada heute	Allgemeine Informationen •
Geographie und Klima 31	Peggy's Cove • Das Südufer •
	Annapolis Valley • Cape Breton
NEWFOUNDLAND 35	Island • Unterkunft •
St. John's 38	Restaurants • Anreise
Geschichte • Allgemeine	
Informationen • Was Sie sehen	**PRINCE EDWARD ISLAND** 81
und tun können • Unterkunft •	Charlottetown und das Nordufer 83
Restaurants • Anreise	Geschichte • Allgemeine
Die Insel 44	Informationen • Was Sie sehen
Geschichte • Allgemeine	und tun können • Unterkunft •
Informationen • Was Sie sehen	Restaurants • Anreise
und tun können • Unterkunft	
Restaurants • Anreise	**NEW BRUNSWICK** 91
Labrador 51	Fredericton 93
Geschichte • Allgemeine	Geschichte • Allgemeine
Informationen • Was Sie sehen	Informationen • Was Sie sehen
und tun können • Unterkunft •	und tun können • Unterkunft •
Restaurants • Anreise	Restaurants • Anreise
	Saint John 98
	Geschichte • Allgemeine
	Informationen • Was Sie sehen
	und tun können • Unterkunft •
	Restaurants • Anreise

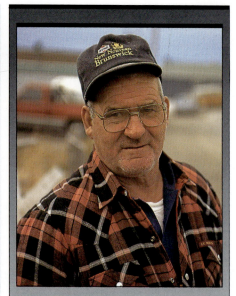

QUEBEC	**105**
Die Stadt Quebec	108
Geschichte • Allgemeine Informationen • Was Sie sehen und tun können • Unterkunft • Restaurants • Anreise	
Montreal	121
Geschichte • Allgemeine Informationen • Was Sie sehen und tun können • Unterkunft • Restaurants • Anreise	
Halbinsel Gaspé	139
Geschichte • Allgemeine Informationen • Was Sie sehen und tun können • Unterkunft • Restaurants • Anreise	

ONTARIO	**151**
Ottawa	153
Geschichte • Allgemeine Informationen • Was Sie sehen und tun können • Unterkunft • Restaurants • Anreise	
Von Ottawa nach Südwesten	162
Kingston • Quinte's Isle • Allgemeine Informationen • Was Sie sehen und tun können • Unterkunft • Restaurants • Anreise	
Toronto	169
Geschichte • Allgemeine Informationen • Was Sie sehen und tun können • Unterkunft • Restaurants • Anreise	
Das Goldene Hufeisen	186
Allgemeine Informationen • Anreise • Hamilton • St. Catharines • Niagara-on-the-Lake • Niagara Falls	
Südontario	198
Geschichte • Allgemeine Informationen • Anreise • Kitchener-Waterloo • Stratford • London • Windsor	
Nordontario	209
Allgemeine Informationen • Anreise • Sudbury • Sault Ste. Marie • Thunder Bay	

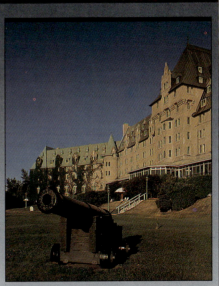

RATSCHLÄGE FÜR REISENDE **219**	Angeln und Fischen 236
Anreise 220	Skifahren 237
Mit dem Flugzeug • Mit der Eisenbahn • Mit dem Bus • Mit dem Auto	Feiertage und Feste 237 Nationalfeiertage • Provinzfeiertage • Feste
Informationen für Touristen 221	Kommunikationsmittel 239
Botschaften und Konsulate 221	Post • Telefon • Radio und
Reisepapiere 222	Fernsehen • Zeitungen und
Zoll 222	Zeitschriften
Reisezeiten 222	
Reisegepäck 223	AUF EINEN BLICK VON A BIS Z 241
Was Sie wissen sollten 225	Orte, Sehenswürdigkeiten,
Zeit • Elektrizität • Maße und Gewichte	Übernachtungsmöglichkeiten, Restaurants und wichtige
Gesundheit 226	Telefonnummern
Geld 226	
Kriminalität 226	
Reisen in Kanada 227	
Mit dem Flugzeug • Mit der Eisenbahn • Mit dem Bus • Mit dem Auto • Mit der Fähre • Mit örtlichen Verkehrsmitteln • Autofahren in Kanada	
Unterkunft 230	
Essen 231	
Trinken 232	
Trinkgeld 233	
Einkäufe 233	
Camping 234	
Jagen 236	

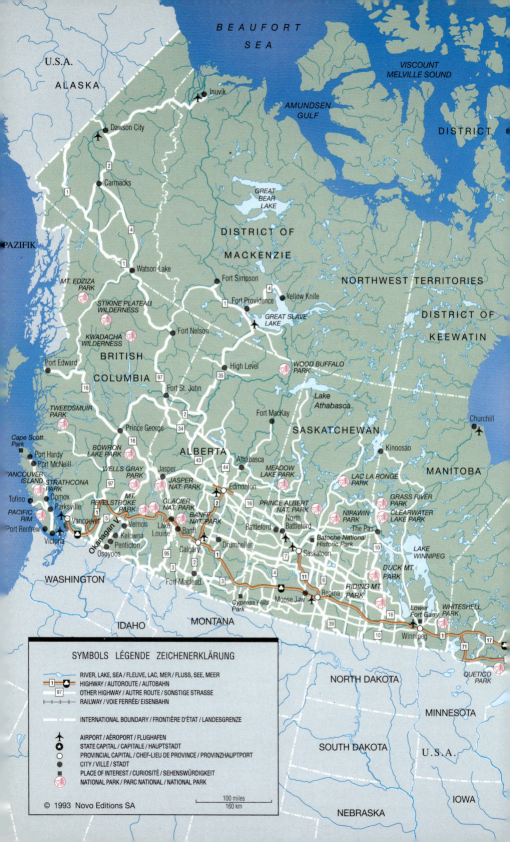

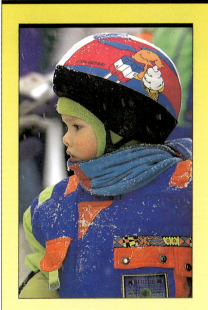

Willkommen in Kanada

RICHTIG ODER FALSCH? Kanada ist kein aufregendes Land, es besitzt weder eine authentische eigene Stimme noch eine eigene nationale Identität.

Antwort: Richtig.

Richtig, wenn Sie es aufregend finden, durch schmutzige Straßen zu schlendern, in der ständigen Gefahr, überfallen zu werden, oder wenn Sie die Glaubwürdigkeit einer Stimme an ihrer Lautstärke messen, oder wenn Sie das periodische Aufflackern von flaggenschwingendem Hurrapatriotismus als Symptome einer gesunden nationalen Identität

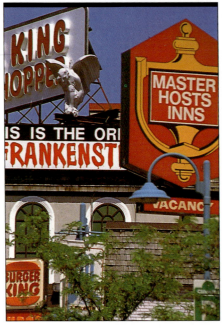

ansehen. Nach allen diesen Kriterien darf man Kanada getrost die Note «mangelhaft» geben. Aber wenn Ihnen die Vorstellung eines gewaltigen Landes vorschwebt, in dem man sich ohne gewaltige Brieftasche vergnügen kann, oder einer Nation der Neuen Welt, die darauf achtete, ihr Erbe aus der Alten Welt nicht zu verschleudern, oder an eine Weltengegend, in der eine betörende Landschaft ergänzt wird durch eine kaleidoskopische Mischung von Einwohnern – dann werden Sie Kanada sehr lieben. Wirklich sehr lieben.

Und zu lieben gibt es wahrlich viel. Mit knapp 10 Mio. km^2 ist Kanada nach Rußland (und vor China!) das zweitgrößte Land der Erde. Im Gegensatz zu Rußland jedoch und zum direkten Nachbarn im Süden, den USA, hat Kanada nur 27 Mio. Einwohner, knapp mehr als ein Drittel des wiedervereinigten Deutschlands und ungefähr viermal soviel wie die Schweiz. Und während sich das Land in zehn Provinzen aufteilt und in zwei immense, weit in den Polarkreis hineinreichende Territorien, lebt die überwältigende Bevölkerungsmehrheit auf einem schmalen Band entlang der Grenze zu den USA.

Aus streng demographischer Sicht sind die beiden auffälligsten Besonderheiten dieser Bevölkerung, daß sie fast völlig städtisch ist – 75% der Kanadier leben in den großen Städten – und überraschend vielgestaltig. Im Gegensatz zu ihren amerikanischen Nachbarn, die ihr kulturelles Gepäck in der Geschichte schnell über Bord warfen, um sich rasch einzugliedern, neigten die Einwanderer Kanadas eher dazu, an ihren besonderen Traditionen festzuhalten und sie zu pflegen, das Alte zu erhalten, um das Neue zu kultivieren. So ist es keineswegs ungewohnt, am Lake Superior auf Schilder in Finnisch zu stoßen oder in den Prärien Manitobas auf einmal Ukrainisch zu hören. Auch die Angehörigen anderer Nationalitäten haben herausgefunden, daß man in Kanada heitere Enklaven schaffen kann, ohne düstere Gettos bilden zu müssen.

Es ist schade, daß Präsident Kennedy den Ausspruch «eine Nation von Einwanderern» zur Beschreibung der Vereinigten Staaten verwandte. Denn er trifft viel stärker auf Kanada zu (wie auch ein Präsidentenwort jüngeren Datums, nämlich Herrn Bushs «freundlicheres, sanfteres Amerika»). Während die USA von Immigranten zwar *gegründet* und im wesentlichen für ein Jahrhundert oder mehr auch von solchen bevölkert wurde, wird Kanada noch heute von der Einwanderung geformt. Zur Jahrhundertwende lebten gerade fünf Millionen Menschen im Land. Seither haben zwei Einwanderungswellen die Küsten Kanadas überspült, die erste vor dem 1. Weltkrieg und die zweite nach dem 2. Weltkrieg. Sie halfen, die Bevölkerungszahl auf ihren gegenwärtigen Stand zu bringen, und bestimmten gleichzeitig mit, was für eine Nation ins 21. Jh. eintreten wird.

Unglücklicherweise schien es beim Schreiben dieser Zeilen, als werde es eine Nation sein, deren größte Leistung – die Schaffung eines multikulturellen, zweisprachigen

Staates – zerschlagen wird, denn die Reibungen zwischen den beiden beherrschenden Kulturen, der britischen und der französischen, treiben Quebec dazu, sich aus der Konföderation zu lösen. Darüber aber später mehr. Glücklicherweise scheint die andere große Errungenschaft Kanadas, nämlich mit den USA einen Erdteil zu teilen, ohne völlig amerikanisiert zu werden, weiterhin ein herausragendes Merkmal kanadischer Lebensart zu bleiben.

Aber das wird nicht einfach sein. Und nie war es das. Vor allem deshalb, weil die meisten

Diese Bedrohung wurde so ernst genommen, daß sich nicht weniger als drei königliche Kommissionen zwischen 1949 und 1961 mit dem «Problem amerikanischer Kultur in Kanada» beschäftigten und dabei speziell nach Wegen suchten, «den Widerstand gegen das Versinken Kanadas im allgemeinen kulturellen Modell der Vereinigten Staaten» zu organisieren. Abgesehen von ermutigenden Worten an die Canadian Broadcasting Corporation, mit der Ausstrahlung eigenständigen Materials fortzufahren, bewegten die Kommissionen aber wenig. Und selbst

Kanadier dicht an der amerikanischen Grenze wohnen, die mit 6379 km die längste unbewachte Staatsgrenze der Welt ist. Das bedeutet unter anderem, daß die meisten Kanadier in Reichweite der amerikanischen Rundfunk- und Fernsehanstalten leben. Für kanadische Intellektuelle war das die längste Zeit in diesem Jahrhundert eine Hauptsorge. Die Sorge begann in den zwanziger Jahren. Kanada wurde in das amerikanische Radiosystem zu einer Zeit hineingezogen, in der die USA dazu ansetzten, ihre imperialistischen Muskeln spielen zu lassen. Als sich die Vereinigten Staaten nach dem Ende des 2. Weltkriegs auf dem Höhepunkt ihrer Macht und ihres Einflusses befanden, erhob sich als neue Bedrohung die Einvernahme durch das Fernsehen.

dieses vorsichtige Vorgehen, das die CBC seit ihrer Gründung im Jahr 1936 verfolgte, fand nie die rückhaltlose Unterstützung der Regierung. Während meiner Zeit in Kanada mußten 11 CBC-Fernsehstationen wegen Kürzung staatlicher Mittel dichtmachen. Und Radio Canada International – das Gegenstück zum BBC World Service oder zur Deutschen Welle – steht vor dem fast sicheren Aus, nachdem auch hier die staatlichen Hilfen ausbleiben. Neueste Untersuchungen zeigen, daß 80% des gesamten Fernseh-

GEGENÜBER: Ein Schilderwald heißt Gäste willkommen: Niagara Falls. OBEN: Eine Stadt, die den ganzen Sommer über aufbleibt: Inuvik in den Northwest Territories im Lichte der Mitternachtssonne.

scheinen den Amerikanern widerstehen zu können. In den vergangenen Jahren wechselte Wayne Gretzky, der unwiderstehliche Superstar des Eishockeys, von Edmonton nach Los Angeles, und Ben Johnson, Kanadas bisher größter Sprinter, ging seiner olympischen Goldmedaille verlustig, nachdem ein Dopingtest positiv ausgefallen war. Er mußte zusehen, wie die Medaille an seinen Erzrivalen, den Amerikaner Carl Lewis, angebots in den großen Stadtgebieten im Grenzbereich amerikanischen Programmen entstammen; selbst in Edmonton, wo nur kanadische Stationen empfangen werden können, liegt die Zahl bei 66%.

Die Invasion von jenseits der Grenze beschränkt sich jedoch nicht nur auf Wellenlängen. Amerikanische Filme flimmern über die meisten Kinoleinwände, während amerikanische Magazine die Regale der Zeitungsstände beherrschen. Unter den 40 Büchern auf der nationalen Bestsellerliste fand ich, als ich dort war (Romane und Sachbücher, Leinen und Paperback), gerade sechs von kanadischen Autoren und sogar nur drei, die aus kanadischen Verlagen stammten.

Selbst der kanadische Sport ist amerikanischer Kolonisierung nicht entronnen. Alle Spitzenmannschaften der einzigen Sportart, für die Kanadier Leidenschaft empfingen, Eishockey nämlich, spielen in Amerikas National Hockey League. Und seitdem sich die Kanadier (ganz zu Recht) zu den Herrlichkeiten des Baseballs bekehrt haben, müssen sie zusehen, wie ihre besten Teams in den großen US-Ligen mitspielen. Noch nicht einmal die überragenden Sportstars ging. Vielleicht die einzige Sportart, in der es den Kanadiern gelang, eigenständig zu bleiben, ist American Football. Dies gelang aber nur, weil sie sich enthusiastisch diesem Spiel widmeten, einige kleine Änderungen vornahmen und es dann als Canadian Football ausgaben. Ich habe es mir angesehen (mit mehr Enthusiasmus, muß ich anmerken, als die meisten Kanadier) und kann nur sagen, es bedarf schon eines echten Liebhabers, besser vielleicht sogar eines Gelehrten, um die Unterschiede gegenüber dem Original zu erkennen.

Man ist versucht zu sagen – nein, man muß es sagen, und ich werde es tun: Canadian Football ist insoweit charakteristisch für die kanadische Gesellschaft, als er den Außenstehenden mit den Schwierigkeiten konfrontiert, Unterschiede zum vertrauteren amerikanischen Gegenüber auszumachen.

GEGENÜBER und OBEN: Die kulturelle und die ethnische Vielfalt Kanadas spiegeln sich in den Gesichtern seiner Menschen.

Und das vermittelt den Kanadiern – wen überrascht das – ein überwältigendes Frustrationsgefühl. Wie stark es ist, erfuhr ich bei einem Gespräch mit einem prominenten kanadischen Geschäftsmann. Als ich ihm beim Mittagessen (ganz ehrlich) verriet, ich hätte noch nie einen Kanadier getroffen, den ich nicht mochte, reagierte er mit Erbitterung, die fast schon an Abscheu grenzte. «Genau das ist das Problem mit euch», sagte er. «Alle mögen uns, weil keiner uns kennt. Für den Rest der Welt sind wir eben die netteren, die ruhigeren Amerikaner.» Obwohl ich mich genötigt sah anzumerken, daß dies schließlich nichts Schlechtes sei, erkannte ich, was er meinte: Es muß schon verrückt machen, immer wie der kanadische Dollar behandelt zu werden, als die leicht abgewertete Version der wahren Sache.

Noch verrückter macht es vielleicht, daß auch die meisten *Amerikaner* die Kanadier als die nettere, die ruhigere Version ihrer selbst ansehen. Kein Wunder also, daß die Kanadier im Schatten des Kolosses im Süden stets in Sorge um den Verlust ihrer nationalen Identität leben. Der frühere Premierminister Pierre Trudeau hielt dies den Amerikanern 1969 bei einem Besuch in Washington in einem berühmt gewordenen

Willkommen in Kanada

Ausspruch vor: «Seite an Seite mit Ihnen zu leben hat etwas mit dem Schlaf neben einem Elefanten gemein. Wie ausgeglichen und wie freundlich das Tier auch sein mag, jedes Zucken, jedes Knurren schreckt einen auf.»

John Bierman, der hervorragende englische Biograph und Autor von *Dark Safari*, lebt heute in Toronto und drückt das auf seine Art aus: «Wenn man den 49. Breitengrad perforieren und dann aufreißen könnte und Kanada hinaus in den Pazifik oder Atlantik stöße, dann bin ich sicher, dort lebten bald ganz andere Leute. So aber hat ihre Identitätskrise auf ewig Bestand.»

Um diese «Krise» zu meistern, greifen viele Kanadier auf der Suche nach einer passenden Identität auf die Vergangenheit zurück, manchmal auf eine weit entfernte Vergangenheit. Daher gibt es auch Landesteile, in denen stilisierte Versionen britischer und französischer Lebensart liebevoll, um nicht zu sagen fanatisch aufrechterhalten werden. Das verführt den Außenstehenden verständlicherweise oft zu dem Schluß, daß die Kanadier neurotisch darum bemüht sind, als Nicht-Amerikaner zu gelten. Das stimmt in manchen Fällen sogar. Auf meinen Reisen durch das Land habe ich jedoch herausgefunden, daß die Kanadier trotz allen qualvollen Ringens um nationales Profil

in ihrer großen Mehrheit vernünftigerweise realisieren, daß sie sehr wahrscheinlich in der besten aller möglichen Welten leben.

Schließlich besteht ihre Nachbarschaft aus nur einem Nachbarn – und der ist so freundlich, daß keiner von beiden es je für nötig befand, einen Zaun zu ziehen. Die Kanadier leben im Luxus von Städten, die nicht nur schön und angenehm sind, sondern auch über den größten Hinterhof der Welt in Form einer Wildnis von unvergleichlicher Schönheit verfügen. Ihre Gesellschaft ist mit einer kultivierten Geschichtspatina überzogen, und dabei genießt man gleichzeitig alle Vorteile moderner Technologie. Kurz gesagt, als ein Mitglied des Commonwealth of Nations mit einem großen frankophonen Bevölkerungsteil befindet sich Kanada in der privilegierten Lage, einen britischen Monarchen und amerikanische Telefone, französische Küche und amerikanische Rohrleitungen vorweisen zu können.

In der großen Tradition der Ignoranten, die oft zufällig Dinge vorhersehen, bemerkte Al Capone einmal: «Ich weiß noch nicht mal, an welcher Straße Kanada liegt.» Jedermann lachte, aber das alte Narbengesicht hatte mit seinem Finger auf eines der drängendsten Probleme Kanadas gewiesen. Allerdings konnte er nicht wissen, daß nach seinem Tod Kanada *in der Tat* an einer Hauptstraße leben würde, dem Trans-Canada Highway. Über 90% aller Kanadier wohnen innerhalb einer Distanz von 80 km rund um diese Fernstraße. Und noch wichtiger: Die große Mehrzahl bedeutender touristischer Sehenswürdigkeiten liegt in unmittelbarer Nähe des TCH. Die fast 8000 km lange Autostraße verläuft von St. John's in Newfoundland nach Victoria an der Südostspitze der Insel Vancouver in British Columbia. Auf diesem Band werden wir ihr bis Thunder Bay in Ontario am Nordwestufer des Lake Superior folgen und unterwegs stille Nebenstraßen und unbefahrene Pfade erforschen, auf ihnen in Städtchen und in Städte von ungewöhnlichem Charme fahren, aber auch in malerische Gegenden von außergewöhnlicher, teils wilder, teils sanfter Schönheit.

Bevor wir unsere Reise aber beginnen, ein Wort zu den Preisen. Abgesehen von wenigen Ausnahmen habe ich exakte Preis-

angaben bewußt vermieden. Denn im Reiseführermetier habe ich gelernt, daß man sich absolut nur auf eines verlassen kann: daß die Preise sich nämlich geändert haben, bevor noch die Tinte trocken ist (manchmal überraschenderweise sogar zum Besseren, wenn besondere Angebote gemacht oder neue Nachlässe gewährt werden). Ich habe mich daher, was Hotels und Restaurants angeht, auf Preis-*Kategorien* beschränkt. HOTELS in der **Luxusklasse** verlangen zum Beispiel für ein Doppelzimmer pro Nacht von 150 $ aufwärts. In der **Mittelklasse** kostet das zwischen 75 $ und 150 $. **Preisgünstige Hotels** verlangen weniger, manchmal viel weniger. In RESTAURANTS, die als **teuer** gelten, zahlen Sie pro Person über 50 $ für ein Essen (mit Wein). Restaurants der **mitt-**

leren Preislage berechnen 25 $ bis 50 $. **Preisgünstige Lokale** servieren billiger, manchmal viel billiger. Wenn Hotels oder Restaurants sowohl in die teure wie in die günstige Klasse fallen, habe ich das speziell erwähnt.

Und ein weiteres Wort zu den Preisen. Alle Preise in diesem Buch werden in kanadischen Dollars wiedergegeben. Die meisten Reiseschriftsteller, die ich kenne, erinnern daran, daß der kanadische Dollar etwa 20% weniger wert ist als der amerikanische Dollar. Mein Ratschlag läuft direkt in die Gegenrichtung. *Vergessen Sie*, daß der kanadische Dollar weniger wert ist. Rechnen Sie nicht um, denken Sie einfach in amerikanischen Dollars. Denn auf alle Preise in Kanada werden später noch ganze Ladungen von Steuern hinaufaddiert – Verkaufssteuern, Waren- und Dienstleistungssteuern und selbst «Steuern auf Steuern», wie mir ein Hotelier matt abwinkend verriet. Wenn Sie Ihre Rechnung in kanadischen Dollars also addieren, kommen Sie auf fast die gleiche Summe wie in unbesteuerten amerikanischen Dollars. Halten Sie sich an diesen einfachen Trick, und Sie erkennen jeden guten Kauf, sowie Sie ihn sehen.

Und wenn Sie erst einmal in Kanada sind, werden Sie sehr schnell argwöhnen, daß in bezug auf Einkaufsmöglichkeiten die Kanadier die beste Auswahl der ganzen Welt besitzen.

Die Chinatowns des Landes beweisen es: Die Kanadier schufen fröhliche Enklaven ohne gettoartige Langeweile.

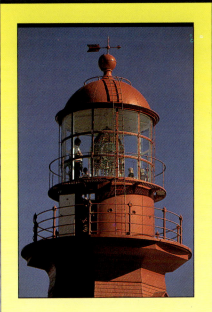

Land und Leute

GESCHICHTE

Wann genau die ersten Einwanderer nach Kanada kamen, löst bei Fachleuten ernsthafte Debatten aus; manche sagen, es wäre schon vor rund 40 000 Jahren gewesen, andere meinen, es sei erst 11 000 Jahre her. Wer sie waren, und woher sie kamen, darüber gibt es allerdings keinen Zweifel. Diese Einwanderer waren Nomadenstämme aus Asien, vor allem aus Sibirien und aus der Mongolei. Sie drangen nach Nordamerika nachweisbare Landung gelang den Wikingern. Sie segelten um 1000 n. Chr. von Grönland heran und erreichten die Südwestspitze von Newfoundland, das sie Vinland («Land der Reben») nannten. Eine Siedlung errichteten sie an der Stelle des heutigen L'Anse aux Meadows. Leider erzählen uns die archäologischen Funde nichts davon, wie lange die Siedlung bestand und was sie verschwinden ließ; man vermutet jedoch, daß harte Winter und wilde Indianer die Siedler vertrieben, bevor sie noch eine lebensfähige Kolonie aufbauen konnten.

über eine Landbrücke, die in den aufeinanderfolgenden Eiszeiten die Beringstraße überspannte. Sie und ihre Nachfahren breiteten sich dann über den Kontinent aus und bildeten verschiedene indianische Gesellschaften und Zivilisationen; einige davon waren schon im 8. Jahrtausend v. Chr. hochentwickelt.

DIE ERSTEN EUROPÄER

Anhaltspunkte, wenn auch wenig überzeugende, deuten darauf hin, daß der erste Europäer, der seinen Fuß in Nordamerika aufsetzte, im 6. Jh. der irische Mönch Brendan war; der Legende zufolge landete er kurz an der Küste Newfoundlands. Die früheste

Die nächste belegte Landung in Kanada erfolgte erst nach weiteren fünf Jahrhunderten, als 1497 der Venezianer John Cabot (eigentlich Giovanni Caboto) in Newfoundland und danach in Nova Scotia festmachte und diese neuen Länder für England und für König Heinrich VII. mit Beschlag belegte. (Aus sehr praktischen Erwägungen, der Fischerei nämlich, war das umliegende Meer zuvor schon von portugiesischen, baskischen und bretonischen Fischern beansprucht worden; in den vorhergegangenen Jahrhunderten hatten diese entdeckt, daß die Grand Banks vor der Küste Newfoundlands zu den reichsten Fischgründen der Welt zählten.) Der nächste Anspruchsteller ließ ahnen, daß sich das Gebiet bald als weiterer Zankapfel anglo-französischer Rivalität entpuppen würde. Der Bretone Jacques Cartier segelte 1534 in den Gulf of St. Lawrence ein und ging auf Prince Edward Island an Land. Er nannte die Insel Ile St. Jean und wandte sich dann der Halbinsel Gaspé zu, bevor er den St. Lawrence bis zu einem Indianerdorf im Schatten eines eindrucksvollen Hügels hinaufsegelte. Ihm gab er den Namen Mont Réal. Das ganze Gebiet beanspruchte er für Frankreich und bezeichnete es mit dem Ausdruck der Algonkin-Indianer für «Siedlung» als *Kannété* (woraus später «Kanada» wurde).

NEUFRANKREICH

Als Cartier ohne die erhofften Gold- und Edelsteinschätze nach Frankreich zurückkehrte, schwand das französische Interesse an Kanada schnell. Erst zu Beginn des 17. Jh. erwachte es wieder, ausgerechnet auf Grund der Nachfrage der *Haute Couture*. Mit einem Wort: Pelze. Der französische Entdecker Samuel de Champlain errichtete 1605 die erste permanente europäische Siedlung in Kanada in Port Royal (Nova Scotia) an der Bay of Fundy, um den Indianern dort ihre Biberfelle abzuhandeln. Drei Jahre später gründete Champlain eine weitere Siedlung auf einem Plateau über dem St. Lawrence an einer Biegung, an der sich der Fluß plötzlich verengt. Er nannte das Dorf Québec. Als Zentrum des Pelzhandels wuchs es schnell zur wichtigsten Stadt Neufrankreichs heran.

In den Fußspuren der Entdecker und der Pelzhändler begannen die Jesuiten geschwind mit der geistlichen und kulturellen Kolonisierung der Region. Ihre beschaulicheren Laiengegenspieler, die Société de Notre Dame, zogen auf Cartiers «königlichen Berg» und gründeten dort 1642 die Siedlung Montreal. Binnen kurzem verdrängte sie Quebec als Zentrum des Pelzhandels in Neufrankreich.

Die zwei Jahrzehnte in der Mitte des 17. Jh. erwiesen sich für die französischen Siedler als schwierig. Unausweichlich wurden sie in die bitteren Stammesstreitigkeiten zwischen den Huronen, ihren Haupthandelspartnern, und den kriegerischen Irokesen hineingezogen. Die echte Bedrohung ih-

rer kolonialen Oberhoheit kam jedoch wie immer von den Briten. Obwohl letztere die Ausbreitung Neufrankreichs mit Unbehagen beobachtet hatten, war ihr Hauptanliegen bis dahin die Besiedlung und die Sicherung ihrer amerikanischen Kolonien und die Ausbeutung der reichen Fischgründe vor der kanadischen Küste gewesen. Kanada war ihnen nur insofern von Bedeutung, als sich irgendwo in diesem Gebiet die langgesuchte Nordwestpassage vom Atlantik zum Pazifik befinden mußte. Allmählich jedoch begann es ihnen zu dämmern, daß

Kanada oder Neufrankreich Teil eines Kontinents war, der für sich selbst eine mit Reichtümern gefüllte Schatzkammer darstellte – und England besaß den Schlüssel zur Hintertür.

Im Jahr 1610 segelte der englische Seefahrer Henry Hudson in die gewaltige Bucht, die heute seinen Namen trägt. 60 Jahre später lieh die Hudson Bay ihren Namen einem Handelsunternehmen, der Hudson's Bay Company, die in Kanadas Geschichte eine unlöschbare Spur hinterließ. Britische

GEGENÜBER: Eine Hochzeitsgesellschaft der Kwakiutl-Indianer. Edward Curtis fotografierte sie 1914, als sie gerade im Dorf des Bräutigams ankam.
OBEN: Eine andere frühe Art, in Dörfern anzukommen.

Pelzhändler gründeten sie als eine Alternative zu Quebec. Karl II. gewährte ihr das Recht auf alles Land zwischen den Flüssen zur Hudson Bay. Mit der Rückendeckung durch einen fürsorglichen Herrscher und durch eine mächtige Kriegsmarine wurde sie die größte Pelzhandelsgesellschaft in Nordamerika und ist in Kanadas Einzelhandel noch heute ein Faktor, mit dem man rechnen muß.

Obwohl militärische Aktivitäten der Briten in Kanada während des Spanischen Erbfolgekrieges (1701–1713) kaum zu verzeichnen waren, mußte Frankreich im Frieden von Utrecht alle Ansprüche auf die Hudson Bay und auf Newfoundland abtreten und das Gebiet von Acadia (Akadien) aufgeben, das die Briten prompt in Nova Scotia (Neuschottland) umbenannten. Die folgenden 40 Jahre verliefen relativ ruhig und friedlich, wenn man von der Einnahme der französischen Festung Louisbourg auf Cape Breton Island durch die Briten absieht. Im Frieden von Aachen wurde sie vier Jahre später zurückgegeben.

Der Siebenjährige Krieg, den man in Amerika als den Französischen und Indianischen Krieg kennt, wurde zum entscheidenden Wendepunkt in Kanadas Geschichte. Der Krieg verlief für die Franzosen und ihre indianischen Verbündeten anfangs erfolgreich, denn die britischen Streitkräfte zeigten sich Schlacht für Schlacht taktisch unvorbereitet auf diesen guerillaähnlichen Kampf. Mit dem Eintreffen britischer Land- und Seeverstärkungen begann sich das Blatt 1758 zu wenden. Eine erfolgreiche Belagerung führte zum Fall der Feste Louisbourg und verhalf den Briten damit zur Kontrolle über den Gulf of St. Lawrence. Darüber hinaus nahmen die Briten das wichtige Fort Frontenac an der Mündung des St. Lawrence River in den Lake Ontario. Im Sommer 1759 segelte ein Sturmtrupp unter dem 32 Jahre alten General James Wolfe, dem jüngsten General der britischen Armee, vom Atlantik her den St. Lawrence hinauf nach Quebec. Wolfes Artillerie pulverisierte die Stadt praktisch, die französischen Streitkräfte unter dem Marquis de Montcalm konnte der General jedoch nicht aus ihrer Zitadelle auf den steilen Felsen über der Stadt vertreiben. Am Abend des 12. September wagte Wolfe ein tollkühnes Manöver. Er führte 5000 Infanteristen in Booten zu einer Stelle hinter der Stadt, von wo sie geräuschlos die Felsen erklommen und sich auf den Plains of Abraham versammelten. Am nächsten Morgen wurden die aufgeschreckten Franzosen aus ihren befestigten Kasematten gejagt und niedergemacht. Wolfe und Montcalm fielen beide. Der Kampf dauerte nur 15 Minuten.

Obwohl es eines der kürzesten Gefechte der Geschichte war, strahlten seine Folgen letztlich auf die ganze Welt aus. Der Fall von Quebec bedeutete in der Tat den Fall Neufrankreichs, und als die Franzosen gemäß dem Vertrag von Paris (1763) das gesamte kanadische Gebiet übergaben, waren die Briten die unangefochtenen Herren über den ganzen nordamerikanischen Kontinent. Einige Historiker wenden allerdings ein, daß es sich um einen Pyrrhussieg handelte, denn die Briten erwiesen sich nun als zu selbstsicher, das Gebiet erwies sich als zu ausgedehnt, ganz zu schweigen von der bestehenden Finanzschwäche; die vielen amerikanischen Kolonisten, die auf britischer Seite gekämpft hatten (einschließlich eines George Washington), besaßen nun Kriegserfahrung und Einblicke in britische Militärstrategien, die sich ein paar Jahre später als unschätzbar erwiesen, als die Amerikaner ihren Unabhängigkeitskrieg begannen.

Das britische Kanada

Die Eroberung Kanadas bescherte den Briten ein weiteres Problem: Was sollten sie mit der vorwiegend französischen Bevölkerung im neuen Territorium anstellen? Am Ende entschieden sie sich für eine anständige Lösung – und zahlten bitter dafür. Mit dem Quebec Act von 1774 gewährten sie den französischen Kanadiern das Recht, weiterhin ihre eigene Sprache zu benutzen, zugesichert wurde ihnen auch der Schutz ihres Eigentums, die Vorrangstellung französischen Zivilrechts und die Freiheit, ihren römisch-katholischen Glauben auszuüben (einschließlich des Rechts, den Kirchenzehnten einzuziehen). Das kam bei der überwiegend protestantischen Bevölkerung in den 13 amerikanischen Kolonien überhaupt nicht gut an. Sie waren sowieso schon erbost über die von ihnen als ungerecht erachteten Steuern, mit denen die Briten ihren Krieg gegen Frankreich finanzierten. Und als auch noch die Grenzen der Provinz Quebec zum Schutz der französisch-kanadischen Pelzhändler erweitert wurden, die in den Flußtälern von Ohio und Mississippi operierten, fanden die amerikanischen Kolonisten, daß es jetzt genug wäre.

Der Kolonialaufstand wurde 1775 mit Angriffen auf die Städte Montreal und Quebec zur amerikanischen Revolution. Wären die Angriffe erfolgreich verlaufen, so hätte dies fast sicher den schnellen Sieg der Amerikaner bedeutet. Der Vorstoß auf Montreal war sogar erfolgreich, aber die «Befreier» benahmen sich so brutal, daß die meisten französischen Kanadier beschlossen, lieber weiterhin ungestüm auf britischer Seite zu fechten, anstatt so befreit zu werden. Auf diese Weise verhinderten sie einen frühen Sieg der Amerikaner.

Als der Krieg 1783 endete, hatten die Kanadier einen neuen Nachbarn, die Vereinigten Staaten von Amerika, und darüber hinaus etwa 50 000 Neukanadier, die der britischen Krone treu geblieben und nach Norden geflohen waren. Die meisten von ihnen ließen sich in Nova Scotia und im heutigen New Brunswick nieder. Rund 7000 verschlug es aber auch bis Ontario. Nach Ende des Krieges kamen noch mehr, die behaupteten, Loyalisten zu sein; ihre Ergebenheit für Georg III. dürfte jedoch vom Angebot kostenlosen Landes beeinflußt gewesen sein. Auf jeden Fall erhielt Kanada als Folge der amerikanischen Revolution einen großen Zustrom englischsprachiger Immigranten. Viele von ihnen waren gut ausgebildet und hatten unter dem alten Kolonialregime verantwortliche und einflußreiche Stellungen eingenommen. So begann sich das Kräfteverhältnis in Kanada von den französischen Kanadiern wegzuverlagern.

In den Nachkriegsjahren wurde Kanada politisch und territorial umgestaltet. Die Provinz Quebec teilte man 1791 in ein Oberkanada (hauptsächlich englischsprachig,

heute Ontario) und in ein Unterkanada (hauptsächlich französischsprachig, heute Quebec), beide mit einem eigenen Vizegouverneur und mit einem Parlament. Auch wurden die weiten und bis dahin vernachlässigten Landstriche im Westen nach und nach erschlossen. Den Anstoß gaben die bahnbrechenden Forschungsreisen von Alexander Mackenzie, der 1793 als erster weißer Mann Kanada bis zum Pazifik durchquerte, und von Simon Fraser und David Thompson, die als erste die gewaltigen Bergmassive und die Flüsse zwischen den Rockies, den Rocky Mountains, und dem Pazifik kartographierten.

Der Krieg von 1812 war der letzte nachbarliche Zwist zwischen den USA und Kanada. Danach lebten die beiden mehr oder weniger glücklich miteinander. Der Krieg hatte eine Reihe Ursachen: Grenzstreitigkeiten, britische Eingriffe in die amerikanische Schiffahrt, heftige Gegnerschaft im lukrati-

OBEN: Die Eröffnungsfeier für die Expo 86 in Vancouver (British Columbia). GEGENÜBER: Blick vom Fort Anne in Annapolis Royal (Nova Scotia).

ven Pelzhandel, amerikanische Beschuldigungen, die Briten steckten hinter indianischen Überfällen auf amerikanische Grenzsiedlungen, britische Beschuldigungen, die Amerikaner versuchten, das Republikanertum nach Kanada zu exportieren, usw., usw. Wie zutreffend oder unzutreffend diese Anwürfe auch gewesen sein mochten, sie addierten sich zu einem Krieg auf. Obwohl die Gegner einige wirkungsvolle Schläge austeilten (die Amerikaner eroberten Toronto, oder York, wie es damals hieß, und brannten es bis auf die Grundmauern nieder, was die Briten mit der Eroberung Washingtons und dem Abbrennen des Weißen Hauses beantworteten), schienen sie auf einen echten Kampf nicht so rechten Appetit zu haben. Die Amerikaner wollten mit dem Aufbau ihrer Nation fortfahren, die Briten wollten sich auf die napoleonische Bedrohung des Mutterlandes konzentrieren, und die Kanadier wollten ganz einfach in Ruhe gelassen werden. Alle setzten sich daher im Jahr 1814 zusammen und erklärten den Krieg für beendet.

Daß die Grenzfrage nicht sofort gelöst wurde, konnte bei den gewaltigen Ausmaßen beider Länder nicht überraschen. Der erste große Schritt gelang 1818, als man übereinkam, den 49. Breitengrad als gegenseitige Grenze von den Great Lakes bis zu den Rocky Mountains zu betrachten. Es dauerte jedoch bis 1842, bis nach viel Feilschen und ein wenig Geplänkel die Grenze zwischen Kanada und den Neuenglandstaaten festgelegt war. Für das letzte Verbindungsstück westlich der Rockies entlang dem Territorium von Oregon wählte man 1846 abermals den 49. Breitengrad.

Als die Bevölkerung durch verstärkte Einwanderung anwuchs, waren die französischen Kanadier davon überzeugt, daß die Briten absichtlich ihre Vormachtstellung durch eine Schwemme englischsprachiger Neuankömmlinge schwächen wollten. Sie verlangten daher 1837 unter der Führung von Louis-Joseph Papineau die Autonomie für Unterkanada (Quebec), wo sie eine unabhängige Republik schaffen wollten. Die Briten lehnten ab, und ein wütender Aufstand brach aus, der erst 1838 unterdrückt werden konnte. Zum erstenmal war der Ruf nach einem unabhängigen

Quebec erklungen. Es sollte nicht das letztemal sein.

Nicht nur die französischen Kanadier waren zu dieser Zeit mit der britischen Herrschaft unzufrieden. In Oberkanada (Ontario) erhob sich unter der Führung des Zeitungsherausgebers William Lyon Mackenzie ein lose Koalition finanzieller Habenichtse gegen das oligarchische Tory-Establishment und verlangte eine Regierung nach dem Vorbild der USA. Wie zu erwarten, fand diese Forderung kein Gehör. Mackenzie griff ebenfalls zum bewaffneten Aufstand, allerdings mit noch weniger Erfolg als Papineau, dem er bald ins US-Exil folgte.

Obwohl beide Rebellionen wirkungsvoll unterdrückt wurden, entflammten sie ein

antikolonialistisches Feuer, das sich als unlöschbar erweisen sollte.

All diesen Wirren zum Trotz bot Kanada in der Mitte des Jahrhunderts ein Bild der Ausdehnung und des Wachstums. Neue Einwandererwellen stärkten die Bevölkerung der Küstenprovinzen (der sogenannten Maritimes), die als Folge der blühenden Holzindustrie, der Fischerei und des Schiffbaus gediehen. Die Bevölkerungsexplosion führte auch zur Gründung von Siedlungen weiter im Westen, und sie stellte die Arbeitskräfte für den Bau von Kanälen, von Straßen und von Bahnstrecken, die das Vordringen nach Westen ermöglichten. In weniger als 20 Jahren wurden über 3200 km Eisenbahnschienen verlegt. Alles, was Kanada benötigte, um ein wirkliches Land von Küste zu Küste zu werden, war eine Art Sog von der anderen Seite der Rockies. Dieser Sog kam, und es war ein mächtiger Ruck: Im Tal des Fraser River wurde 1858 Gold entdeckt.

Der Goldrausch war so frenetisch und wurde so von den Amerikanern beherrscht, die nach Norden drängten, um ihre Claims (Schürfparzellen) abzustecken, daß die Briten flugs eine neue Kolonie gründeten, um die wilde Jagd auf dieses Gebiet in den Griff zu bekommen: British Columbia.

Nun überzogen britische Kolonien den Kontinent vom Atlantik bis zum Pazifik.

OBEN: Eingang zum Confederation Building in Ottawa.

DAS DOMINION KANADA

Der nun einsetzende Drang nach einem engeren Zusammenschluß, zu einer Union der Kolonien untereinander, hatte verschiedene Ursachen: die alten anglo-französischen Spannungen, die noch immer Probleme aufwarfen, der Aufruhr im Süden durch den amerikanischen Bürgerkrieg und die normalen Wachstumsprobleme, die rasche Bevölkerungsvermehrung und territoriale Ausbreitung mit sich bringen.

1949 abseits, um dann die 10. Provinz Kanadas zu werden.

So wichtig diese politische Union für die Entwicklung Kanadas auch war, sie stand doch nur auf dem Papier, solange es keine entsprechende Landverbindung zwischen den Provinzen gab. Drei von ihnen – Nova Scotia, Prince Edward Island und British Columbia – hatten sowieso nur unter der Bedingung dem Beitritt zur Föderation zugestimmt, daß eine transkontinentale Eisenbahn gebaut wird und die neue Nation zusammenschweißt. Die Arbeit an diesem

Delegierte der verschiedenen Kolonien kamen 1864 in Charlottetown (Prince Edward Island) zusammen und begannen, den Grundstein für eine neue Föderation zu legen. Drei Jahre später schuf man mit dem British North America Act das Dominion of Canada. Die Kolonien Nova Scotia (Neuschottland), New Brunswick (Neubraunschweig), Ontario und Quebec bildeten von da an die Provinzen einer verbündeten Union mit Selbstverwaltung unter einem parlamentarischen Regierungssystem. Manitoba trat 1870 bei, British Columbia (Britisch-Kolumbien) 1871 und Prince Edward Island 1873. Alberta und Saskatchewan folgten 1905. Newfoundland (Neufundland) hielt sich typischerweise bis

Mammutprojekt begann 1881 und endete unglaublicherweise nach nur vier Jahren. Am Rogers-Paß in den Selkirk Mountains wurde 1885 der letzte Stift in die Schwellen getrieben: Die Canadian Pacific Railway konnte losdampfen.

Dieser gewaltige technische Triumph forderte natürlich auch seine Opfer. Die Ankunft des Dampfrosses bedeutete für die Büffel die Vernichtung, für die Indianer die Vertreibung aus ihrer angestammten Heimat und für Hunderte, meist chinesische, Arbeiter den Tod an den Schienen. Der Bahnbau beschleunigte 1885 darüber hinaus einen blutigen Aufstand der *Métis*; sie waren die Nachkommen französischer Trapper und indianischer Frauen. Verschiedene Indianerstämme der Plains unterstützten sie dabei, denn auch sie fühlten sich von den Heerscharen neuer Siedler bedroht, die ihr Land überschwemmten. Aus Manitoba hatte man sie schon bis an die Südufer des Saskatchewan River verdrängt. Unter Louis Riel überwältigten die Métis und ihre indianischen Verbündeten einen Posten der berittenen Polizei am Duke Lake, sie griffen das Städtchen Battlefort an und brannten Fort Pitt nieder. Schnell mußten sie sich aber der überlegenen Feuerkraft der kanadischen Streitkräfte beugen. Riel wurde gehängt. Seine Hinrichtung vergrößerte die Mißstimmung unter den französischen Kanadiern, die unterstellten, er wäre nur so streng verurteilt worden, weil er römisch-katholisch und von halbfranzösischem Geblüt war.

Nunmehr real wie politisch von Küste zu Küste vereint, erlebte Kanada in den letzten Jahren des 19. Jh. ein eindrucksvolles Aufblühen als Nation. Abertausende neuer Einwanderer trafen ein, neues Land wurde besiedelt und bebaut, Wasserkraftwerke entstanden, neue Industrien gesellten sich zum schon wohlgedeihenden Holzgeschäft, zur Fischerei, zum Bergbau und zu den Papierfabriken. Vor allem die Landwirtschaft florierte, nachdem die Prärieprovinzen zu einem der größten Getreideproduzenten der Welt geworden waren. Und als Zuckerguß auf dem nationalen Kuchen wurde 1896 Gold im Klondike entdeckt, was zum größten Goldrausch der Geschichte führte und 100 000 Glücksritter nach Yukon strömen ließ. Das waren ungestüme Zeiten.

Kanada wechselte also heiteren Muts ins 20. Jh. In den Jahren von 1896 bis 1911 war es darüber hinaus mit einem seiner größten Premierminister gesegnet, mit Sir Wilfrid Laurier, einem französischen Kanadier und römischen Katholiken, der sich selbst die herkulische Aufgabe gestellt hatte, die Feindschaft und das Mißtrauen zwischen Kanadas englischer und französischer Gemeinschaft zu beenden. Aber dann kam der 1. Weltkrieg und vertiefte den Graben wieder. Die französischen Kanadier widersetzten sich heftig der Einberufung zum Militär, die 1917 begann, nachdem die kanadischen Freiwilligenstreitkräfte an der Seite der Briten in den Schützengräben so entsetzliche Verluste erlitten hatten, daß keine Freiwilligen mehr zum Weiterkämpfen da waren. Nach Ansicht der französischen Kanadier hatte der Krieg nichts mit ihnen zu tun, und sie wollten daher auch nicht gezwungen werden, in ihm zu kämpfen. Nach Kriegsende blieb viel Bitterkeit auf beiden Seiten zurück.

Ein glücklicheres Kriegserbe war der Wirtschaft beschert. Eine stark erhöhte Erzeugerkapazität, eine modernisierte industrielle Entwicklung, ausgedehnte Berg-

bauvorhaben und ansteigende Weizenexporte bewirkten ihren Aufschwung. Kanadas Nachkriegswohlstand ging Hand in Hand mit einer wachsenden Unabhängigkeit von Großbritannien, was die Briten bei der Empire-Konferenz von 1926 auch anerkannten, als sie Kanada das Recht zubilligten, die eigenen internationalen Angelegenheiten ohne Konsultation Londons zu regeln. Besiegelt wurde diese Abmachung im Gesetz von Westminster, das Kanada 1931 zu einer unabhängigen Nation machte.

Dann kam die Weltwirtschaftskrise, die in Kanada noch schlimmer einschlug als in den USA. Das Land der Verheißung verwandelte sich plötzlich in ein verwüstetes Land, als eine Dürre die Weizenfelder auslöschte und Arbeitslosigkeit sich in den Städten breitmachte. Die Not der «schmut-

---

GEGENÜBER: Dieselbe Kopfbedeckung, aber Welten voneinander entfernt: Gesichter aus den Northern Territories (links) und aus den südlichen Prärien. OBEN: Der Prince of Wales mit Gattin bei der Eröffnung der Expo 86 in Vancouver.

zigen dreißiger Jahre», wie dieses Jahrzehnt bei den Kanadiern heißt, dauerte bis September 1939; dann brachte Hitler mit seinem Einmarsch in Polen die Wende. Kanada folgte Englands Beispiel und erklärte Deutschland umgehend den Krieg, worauf die Wirtschaft zu husten und zu stottern begann und schließlich mit vollen Touren loslegte.

Leider lebte nun auch wieder der bittere englisch-französische Streit um die Einberufungen auf, und wieder spaltete sich das Land. Abermals erlitt Kanada Verluste, die in keinem Verhältnis zu seiner Bevölkerungszahl standen. Auf der Habenseite florierte die Wirtschaft ebenfalls in keinem Verhältnis zum Vorkriegsstand, denn fast 10% der Bevölkerung waren in in der Rüstungsindustrie und verwandten Branchen beschäftigt. Dank des Krieges gedieh Kanada zu einer der großen Industrienationen der Welt und zu einer bedeutenden Militärmacht. Kanada wurde ein Gründungsmitglied der Vereinten Nationen und ein Mitglied der Nato.

Der Frieden begünstigte Kanada ebenso, wie es der Krieg getan hatte. Ein gewaltiges Ölfeld wurde 1947 bei Edmonton in Alberta entdeckt; gigantische Uranvorkommen fand man in Ontario und in Saskatchewan; seine außergewöhnlichen Bodenschätze machten Kanada zum führenden Produzenten von Nickel, Zink, Blei, Kupfer, Gold und Silber; die unerschöpflichen Wasservorräte ermöglichten Wasserkraftwerke, darunter das größte der Welt; seine Wälder machten Kanada zum führenden Exporteur von Zeitungspapier, während seine Meere das Land an die Spitze der Fischexporteure brachten; und als wäre das

noch nicht genug, besaß Kanada auch noch das Glück, den besten Kunden der Welt für Rohmaterialien direkt vor seiner Haustür zu haben.

Ein weiterer Meilenstein in Kanadas Aufstieg zu einer der ersten Industrienationen der Welt war 1959 die Öffnung des St. Lawrence Seaway, der St.-Lorenz-Wasserstraße. Das Gemeinschaftsprojekt mit den USA ermöglichte Verschiffungen von den Great Lakes zum Atlantik. Drei Jahre später stand der Trans-Canada Highway, ein Asphaltband durch alle 10 Provinzen.

Mit einer riesigen Party in Montreal in Gestalt der Weltausstellung Expo '67 feierte Kanada 1967 seinen 100. Geburtstag. Und die Kanadier hatten viel zu feiern: eine kraft-

GEGENÜBER und OBEN: Ahornblatt oder Lilie? Wird die Nationalfahne oder die Provinzflagge künftig über Quebec flattern?

volle und sich rasch vergrößernde Wirtschaft, einen der höchsten Lebensstandards der Welt, fortschrittliche Programme der Sozialfürsorge, die allen Bürgern medizinische Versorgung und andere Vorteile verschafften, praktisch unbegrenzte Reichtümer der Natur und ein solch einwandfreies internationales Betragen, daß es Kanada gelungen war, sich in die erste Reihe der Nationen der Welt zu schieben, ohne sich irgendeinen Feind zu machen. Was braucht man eigentlich noch mehr an Gründen, um eine Party zu feiern?

Forderungen sogar von einem französischen Präsidenten gutgeheißen worden waren, faßten Quebecs Separatisten neuen Mut in ihrem Kampf um die Abtrennung der Provinz vom Rest des Landes. Unter der militanten Führerschaft von René Lévesque bildete sich die Parti Québecois. Bei den Provinzwahlen von 1970 erhielt sie 23% der Stimmen. Im selben Jahr nahm die Separatistenbewegung an ihrem Rand garstige Züge an. Als sogenannte *Front de Libération du Québec* (FLQ) verstieg sie sich mit der Entführung des britischen Handelskom-

KANADA HEUTE

Leider besuchte auch ein Geist die Geburtstagsfeier. Das Gespenst des Separatismus, das die Föderation während des gesamten Jahrhunderts ihres Bestehens verfolgt hatte, wurde in einer Rede Präsident de Gaulles bei dessen Kanadabesuch im Juli 1967 plötzlich wieder heraufbeschworen. Bei einer Ansprache vor einer großen Menge vor dem Rathaus von Montreal rief er aus: «*Vive le Québec libre!*» Zieht man in Betracht, daß er als Staatsgast in einem Land weilte, das gerade seine «Einheit durch Vielfalt» feierte, war dies eine Unverschämtheit von epischem Ausmaß. Nachdem ihre lautstarken

missars und mit der Ermordung des kanadischen Arbeitsministers Pierre Laporte zu reinem Terrorismus. Ministerpräsident Pierre Trudeau reagierte mit der Anwendung des War Measure Act und entsandte 10 000 Soldaten in die Provinz. Dieses Vorgehen war erfolggekrönt; die FLQ wurde zerschlagen, die Mörder von Laporte wurden gefaßt. Drei Jahre später errang die Parti Québecois nur noch sechs der 110 Sitze im Provinzparlament.

Trotz des Wahlrückschlags und trotz der Zugeständnisse der Regierung Trudeau an die Bürger der Provinz (darunter der Official Languages Act, mit dem Französisch zur zweiten offiziellen Sprache Kanadas gemacht wurde) erloschen die Flammen des

Separatismus nicht. Und 1976 verwandelten sich die Flammen zum allgemeinen Erstaunen sogar in einen Flächenbrand, denn bei den Provinzwahlen wurde die Parti Québecois von Lévesque an die Macht geschwemmt. Sofort beschwor Lévesque in einer Kampagne die Eigenständigkeit Quebecs. Vor allem wurden strenge Sprachgesetze verabschiedet, mit denen Französisch – und nur Französisch – zur offiziellen Sprache Quebecs gemacht werden sollte. Nicht nur das, sogar eine Commission de la Langue Française wurde als eine Art Sprachpolizei geschaffen; sie hatte die Aufgabe, auch die letzte Spur Englisch in der Provinz auszumerzen.

Alarmiert von der krankhaften Angst vor allem Englischen, die diesem Ausbruch von kulturellem Chauvinismus zugrunde lag, flohen die englischsprachigen Menschen und die Geschäftleute in Scharen – sehr zur Freude der Extremisten und sehr zum Schaden der Wirtschaft Quebecs. Das Pendel schwang daher 1980 wieder zurück; in einem Referendum lehnten die Bürger der Provinz eine Abspaltung mit großer Mehrheit ab. Und bei den folgenden Wahlen wurden die Separatisten von Lévesque aus dem Machtzentrum enfernt. Der konservative Regierungschef Brian Mulroney machte 1987 einen bemerkenswerten Schritt auf die Menschen in Quebec zu, als er sie in einer Urkunde als eine «eigenständige Gemeinschaft» anerkannte. Im folgenden Jahr verhalfen Quebecs Wähler in einer Art Geste der Wertschätzung den Konservativen von

Mulroney zur Mehrheit bei den Nationalwahlen. Endlich schien es, als seien die Flammen des Separatismus doch erloschen.

Es war aber nicht so. Wie vorher schon glomm der Trennungswunsch unbemerkt weiter, um bei Gelegenheit abermals in Flammen auszubrechen wie so oft in der Vergangenheit. Und zu Beginn der neunziger Jahre loderte er erneut auf. Diesmal konnte jedoch niemand genau über das «Warum» Auskunft geben. Die beste Erklärung, die ich kenne, kommt von Don Johnson, einem Kommentator des *Toronto Globe and Mail*. «Uns muß ganz einfach klar sein, daß sich die Quebecer gedemütigt fühlen, daß der Status quo für sie unannehmbar ist, daß sich Unbehagen unter ihnen breitmacht», sagte er mit einem hilflosen Achsel-

zucken. Dann verglich er die Situation mit dem Scheitern einer Ehe – «für das kein Partner einen speziellen Grund anführen kann, beide aber trotzdem fühlen, eine Scheidung wäre angebracht.»

Was auch immer die Ursache dieser jüngsten «Unzufriedenheit» ist, es wird immer wahrscheinlicher, daß die 125 Jahre alte Ehe auf eine Scheidung hinsteuert. Zwar wurde 1992 von den Wählern in Quebec ein Referendum für die Unabhängigkeit noch abschlägig beschieden, die Prognose für eine zukünftige Volksbefragung läuft jedoch auf ein «Ja» zur Selbständigkeit hinaus.

Der Grund: Beim nächstenmal werden die anderen Kanadier zum ersten Male die Quebecer nicht darum bitten zu bleiben. Überall in Kanada hörte ich dieselbe Meinung, daß nämlich jedesmal, wenn die Quebecer einen Koller bekamen, sie erhielten, was sie wollten, und daß sie jedesmal eine Sonderbehandlung verlangten; und wenn sie jetzt gehen wollen, dann sollen sie gehen. Eine aktuelle Meinungsumfrage stützt diese Ansicht; 75% der englischsprachigen Kanadier würde den Quebecern sogar gern Lebewohl sagen. Die gegenwärtigen Aussichten für das Überleben Kanadas in seinen heutigen Grenzen sind also keineswegs gut. Und das ist jammerschade für eine Nation, die so dicht daran war, der Welt ein Beispiel zu sein für eine ideale multikulturelle, zweisprachige Gesellschaft.

Vielleicht findet in Zukunft aber weibliche Intuition einen Ausweg aus dem Dilemma: Seit Juni 1993 ist die ehemalige Verteidigungsministerin Kim Campell die erste Regierungschefin Kanadas. Auch im Parteivorsitz der Konservativen hat sie die Nachfolge von Brian Mulroney angetreten.

GEOGRAPHIE UND KLIMA

William Lyon Mackenzie King, Kanadas dienstältester Ministerpräsident, meinte 1936 zu Beginn seiner dritten Amtszeit: «Wenn manche Länder zu viel Geschichte haben, dann haben wir zu viel Geographie.»

Die spektakulären Mackenzie Mountains trennen Yukon von den Northwest Territories.

GEOGRAPHIE UND KLIMA

Das ist nur schwer zu bestreiten. Auf einem Gebiet von fast 10 Mio km² erstreckt sich Kanada 5500 km vom Cape Spear (Newfoundland) im Osten bis zur Grenze nach Alaska im Westen und über 4600 km vom Pelee Island im Lake Erie im Süden zum Cape Columbia auf Ellesmere Island im Norden (zum Nordpol sind es von hier nur noch 800 km). Wirklich, *viel* Geographie.

Innerhalb dieser Weite finden sich verständlicherweise erstaunliche topographische Extreme. Fast die Hälfte des Landes ist zum Beispiel bewaldet – ein einziger Nadelwaldgürtel schwingt sich über 6000 km in weitem Bogen von Newfoundland in den äußersten Norden. Ähnlich enorme Landstriche sind von leeren, baumlosen Prärien bedeckt. Es gibt Millionen Hektar an Schwemmebenen und sumpfigem Tiefland, und es gibt die majestätischen Rocky Mountains, die Rockies (Kanadas höchster Berg, der Mt. Logan mit 5951 m, liegt nicht in den Rockies, sondern in den St. Elias Mountains im südwestlichen Yukon).

Und dann wäre auch noch das Wasser. Kanada ist von Seen und Flüssen durchsetzt; sie machen über 7% der Gesamtfläche des Landes aus. Über 400 000 gibt es allein in Ontario. Drei der 20 längsten Ströme der Welt fließen in Kanada, und Kanada besitzt unglaubliche 25% der Süßwasserreserven der Welt.

Geologisch kann Kanada in fünf verschiedene Regionen aufgeteilt werden (ohne das Inselarchipel im Polarkreis). Das Gebiet der **Appalachian** ist der hügelige, bewaldete Teil des Landes, der im Westen vom St. Lawrence River und im Osten vom Atlantik begrenzt wird; er schließt die Küstenprovinzen (New Brunswick, Nova Scotia und Prince Edward Island, gemeinsam auch Maritimes genannt), Newfoundland und die Halbinsel Gaspé mit ein und gehört zu einem uralten, heute zu mäßigen Höhen verwitterten Gebirgssystem, das im Süden bis Alabama hinunterreicht.

Die **St. Lawrence Lowlands** bestehen aus einem Landstreifen von der Mündung des St. Lawrence River bis zu den Great Lakes. Diese fruchtbare Schwemmebene ist Heimat für den größten Teil der Menschen, der Industrie und des Handels Kanadas.

Die **Prairies** (Prärien) spannen sich über die Provinzen Manitoba, Saskatchewan und Alberta bis hinauf in die Northwest Territories. Der fruchtbare Boden in den südlicheren Landstrichen, dort, wo sich die Prärien und die Great Plains der USA treffen, liefert wahre Berge goldenen Weizens. In Alberta trocknet der Boden allmählich aus und nährt nun gewaltige Viehfarmen.

Die **Western Cordillera** wird im Osten von den Rocky Mountains und im Westen von den Coast Mountains begrenzt. Dazwischen liegt die atemberaubende Mannigfaltigkeit von British Columbia, einer Provinz mit hochragenden Bergspitzen, mit Hochgebirgsseen und Bergweiden, mit großen Nadelwäldern und mit einem verwirrenden Netzwerk aus Flüssen, tiefblauen Seen und langen grünen Tälern.

Die fünfte Region, der **Kanadische Schild**, umfaßt den ganzen Rest: die ungeheure hufeisenförmige Landmasse um die Hudson Bay, von der Küste Labradors bis zu den St. Lawrence Lowlands hinunter, hinüber zu den Prärien und dann wieder hinauf in die Arktis. Mit ihren 4,7 Mio km² bedeckt das Shield etwa die Hälfte des gesamten Staatsgebiets, und mit seiner rauhen, felsenübersäten, von Seen durchsetzten Wildheit zählt es zu den ältesten Abschnitten der Erdkruste.

In alle diese Regionen hineingetupft, finden Sie Enklaven besonderer Art: Kanadas 34 Nationalparks. Mit einem Gesamtgebiet von über 140 000 km² dienen sie dem Schutz der wildlebenden Tier- und Pflanzenwelt vor den Nachstellungen durch den Menschen.

Flora und Fauna, die Kanadas Landschaft bevölkern und verschönen, variieren natürlich von Region zu Region. Einige Tierarten kann man jedoch überall finden: Eichhörnchen und Streifenhörnchen, Kaninchen und Hasen, Stachelschweine und Skunks. Ebenso weitverbreitet in Forsten und Waldgebieten sind Rotwild, Elche, Schwarzbären, Biber, Wildgänse und Wildenten. Die reichsten Fischgründe Kanadas – und wahrscheinlich der Welt – finden Sie im Gulf of St. Lawrence und in den Wassern über dem Kontinentalsockel vor Newfoundland: Kabeljau, Hering, Makrele, Thunfisch, Austern, Hummer, Venus- und Kammu-

GEOGRAPHIE UND KLIMA

scheln sind nur die bekanntesten der 800 Arten eßbaren Meeresgetiers, von dem es in diesem Gebiet wimmelt.

In den St. Lawrence Lowlands beginnen sich in die Nadelwälder aus Fichten, Tannen und Kiefern, die sich von Labrador zu den Rockies ziehen, nunmehr Espen, Birken, Eichen, Ulmen, Buchen, Hemlocktannen und Eschen einzunisten. Im südlichen Quebec tritt der Zuckerahorn hinzu, im südwestlichen Ontario gibt es Walnuß- und Tulpenbäume, Hickorybäume und Hartriegel. Was die Tierwelt angeht, ist das Gebiet eher wegen seiner Zweibeiner als wegen seiner Vierbeiner bekannt.

In den Prärien fällt vor allem ein Tier durch seine Abwesenheit auf: der Büffel. Die wenigen, die überlebten, sind jetzt in den Nationalparks zu finden. Ihren Platz haben die großen Viehherden eingenommen. Zu den Bewohnern des semiariden Graslandes der südlichen Prärien zählen Känguruhratten und andere Rattenarten, Hasen, Antilopen und die Plagegeister der Farmer, die Coyoten.

In den Bergketten der Western Cordillera findet man, wenn man nur richtig sucht, Braunbären, Elche, Schneeziegen, Dickhornschafe und die Herrscher über die hochliegenden Berghänge, die Grizzlybären. Einige der besten Fischgründe der Welt für Forellen und Lachse bilden die Flüsse und Seen.

In der großen Weite der Wälder Nordkanadas sind die meisten Pelztiere zu Hause: Nerz, Hermelin, Marder, Bisamratte, Biber, Fischotter, Wiesel, Luchs, Rotluchs, Wolf und Vielfraß. Weiter im Norden, in der Tundra, leben Polarfüchse, Lemminge, Moschusochsen, Karibus, aber auch Schneegänse und Trompeterschwäne. Noch weiter nördlich schwimmen Wale, Walrosse und andere Robben durch die eisigen Fluten, und der Eisbär patrouilliert über das Packeis der Arktis.

Weil Worte wie «frostig» und «polar», «eisig» und «arktisch» – und selbst das feinsinnig voreingenommene «nördlich» – alles Ausdrücke sind, die wir bereitwilligst mit Kanada assoziieren, glauben die meisten Ausländer, das Klima Kanadas könne man am einfachsten mit einem Wort umschreiben: kalt. Es stimmt, denn Kanada sitzt auf dem nördlichen – und damit auf dem kälteren – Teil des Kontinents; übersehen wird dabei aber die Tatsache, daß Pelee Island in Ontario auf demselben Breitengrad liegt wie Rom. Es stimmt, die beherrschenden Anblicke in Westkanada bilden die schneebedeckten Spitzen der Rockies; das verdeckt jedoch die Tatsache, daß die Rockies einen Schutzwall bilden, der Vancouver mildere Winter beschert als zum Beispiel Dallas. Es stimmt, gegen die Ostküste schlagen die Wellen des Atlantik; andererseits werden aber Teilstücke auch vom Golfstrom umkost und dadurch Badestrände geschaffen, die sich mit jedem Mittelmeerstrand messen können.

Nach diesen Bemerkungen muß ich jetzt allerdings auch zugeben, daß Kanada für den Großteil des Jahres ein Vergnügungspark namens Winter ist. Harold Town, einer der führenden Künstler des Landes, sagte einmal: «Wir sind eine Nation von Thermometern, die Kaltfronten überwachen ... Wir tanzen zum Knirschen des Schnees.» In der Tat fällt ein Drittel der jährlichen Niederschlagsmenge als Schnee (weltweit liegt der Durchschnitt bei 5%). Und die einzige Landeshauptstadt, in der es kälter ist als in Ottawa, ist Ulan Bator in der Mongolei; unter den Städten von über einer halben Million Einwohnern ist Winnipeg die kälteste; und die Bürger Montreals schaufeln jährlich mehr Schnee als die Bewohner irgendeiner anderen Großstadt.

Das alles aber hat auch seine gute Seite: Helligkeit. Kanada mag die Hälfte der Zeit unterkühlt sein, die meiste Zeit aber wird es von der Sonne beschienen. Das bedeutet, es ist stets schön hier, weiß im Winter, unendlich und abwechslungsreich grün im restlichen Jahr. Darüber hinaus spiegelt die klimatische Mannigfaltigkeit nur Kanadas geographische Vielfalt wider. Der Besucher kann sich also den Luxus erlauben, nicht nur eine Gegend auszusuchen und die Aktivitäten, die ihm dort am meisten zusagen, sondern er kann auch genau das Klima wählen, an dem er am meisten Spaß hat.

Im Abschnitt REISEZEITEN des Kapitels RATSCHLÄGE FÜR REISENDE werden Sie genaue Auskünfte über das Wetter erhalten. Bis dahin möchte ich Ihnen nur versichern, daß es in Kanada wirklich Reisezeiten und Reiseziele für jeden Geschmack gibt.

Land und Leute

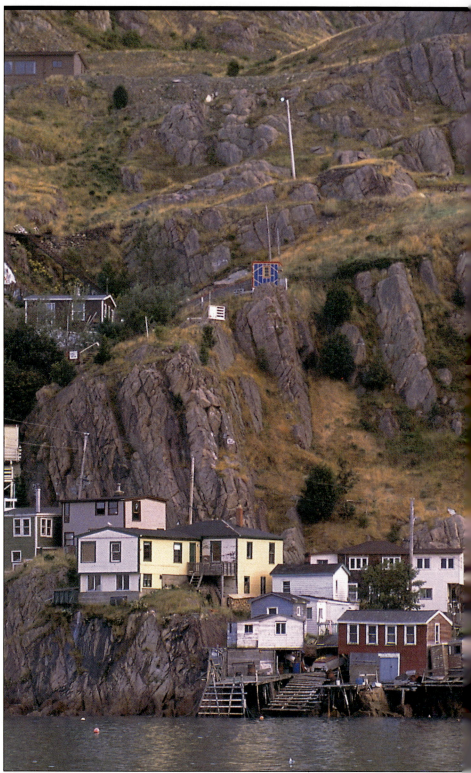

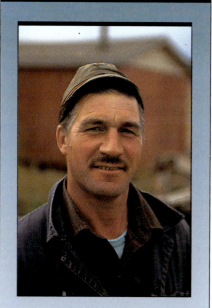

New-foundland

ES IST FAST UNMÖGLICH, über Newfoundland (Neufundland) etwas zu hören oder zu lesen, ohne bei der Beschreibung von Land und Leuten über das Wort «rauh» zu stolpern. Es ist ein treffendes Wort. Die Insel ist wirklich rauh – Labrador auf dem Festland ist offiziell zwar ebenfalls Teil der Provinz, wenn die Leute jedoch von Newfoundland sprechen, meinen sie stets die Insel. Diese Art Rauheit erwartet man schließlich von einem Land, das vor 10 000 Jahren noch von Gletschern bedeckt war und heute vom Wind und vom Regen des Atlantik gepeitscht wird. Und die Menschen, oder «Newfies», wie sie überall in Kanada heißen, sind haargenau so rauh wie die Landschaft, die sie bewohnen.

Und sie geben sich auch leidenschaftlich unabhängig. Obwohl ein vereintes Kanada schon 1867 entstand und 1905 schon den Kontinent überspannte, weigerten sich die Newfies bis 1949 hartnäckig, der Konföderation beizutreten. Ihre Landsleute vom Festland bezeichnen die Newfies noch immer als «Kanadier», und Besucher werden gefragt, ob sie «aus Kanada» kommen. Sie haben ihre eigenen besonderen Akzente und Dialekte mit einem eigenen anschaulichen (aber nicht immer verständlichen) Wortschatz. Sogar über eine eigene Zeitzone, die «Newfoundland Time», verfügen sie – gegenüber der Atlantic Time (der östlichsten Festland-Zeitzone) geht sie eine halbe Stunde vor. Und glückselig weisen sie darauf hin, daß ihre Provinzhauptstadt St. John's näher an Europa liegt als an Winnipeg in der Mitte Kanadas.

Mit diesem grimmigen Anflug von Unabhängigkeit überrascht es nicht, daß sie zur

Zielscheibe zahlreicher «Newfies-Witze» bei den anderen Kanadiern wurden. Die Newfies nehmen das in ihrer gutmütigen Art auf und machen im Gegenzug ihrerseits die Insel zum Ziel eigener kleiner Witze; betrachten Sie nur einmal die Landkarte. Dort finden Sie Ortsnamen wie Stinkende Bucht, Nutzlose Bai, Sitz-Nieder-Weiher, Komm-Mal-Vorbei, Blas-Mich-Um, Kitzelbucht, Geistlose Bai, Joe-Batts-Arm, Jerrys-Nase, Nicks-Nasenbucht, Hahnreibucht, Glücklicher Abenteurer, Herzenswunsch, Herzensfrieden, Kleines-Herzens-Gemütlichkeit.

Die Insel Newfoundland (nach der Größe an 18. Stelle in der Welt) heißt bei den Newfies «The Rock» (Der Felsen). Als die Wikinger vor tausend Jahren eintrafen und bei L'Anse aux Meadows auf der nördlichen Inselspitze eine Siedlung errichteten, war sie schon von den Inuit, den Eskimos, und von den Indianern bewohnt. Die nächsten Europäer kamen mit John Cabot, der im Juni 1497 in den Hafen des heutigen St. John's einfuhr. Er berichtete Heinrich VII., er habe ein «new founde land» entdeckt, das von reichen Fischgründen umgeben sei. Dreißig Jahre später traf John Rut ein. Er drängte den neuen König Heinrich VIII. in einem Schreiben, hier eine ständige Siedlung zu errichten. Das geschah im folgenden Jahr, aber erst 1583 nahm Sir Humphrey Gilbert die Insel offiziell für England und für Königin Elisabeth I. in Beschlag. Newfoundland wurde somit die erste britische Kolonie in der Neuen Welt.

Verankert in den reichen Fischgründen der Great Banks, wurde die Insel Schauplatz wiederholter militärischer Konfrontation zwischen britischen und anderen Möchtegern-Besitzern, gewöhnlich den Franzosen. Der Vertrag von Utrecht (1713) erkannte Newfoundland zwar offiziell als britisches Eigentum an, trotzdem rissen ein weiteres halbes Jahrhundert lang die Feindseligkeiten nicht ab. Die unangefochtene Kontrolle über die Insel sicherten sich die Engländer erst, als sie die Franzosen 1762 bei St. John's entscheidend besiegten.

Nun folgte eine Zeit verstärkter Einwanderung aus England. Die Bevölkerung wuchs im Jahr 1800 auf 40 000. Selbstverwaltungsrecht in heimischen Angelegenheiten erhielt die Insel 1832, und 1855 gewährte man ihr vollen Dominion-Status im britischen Commonwealth. Von der Weltwirtschaftskrise besonders hart getroffen, mußte Newfoundland 1934 eine zweifache Demütigung hinnehmen: Die Insel ging bankrott und wurde in den Status einer einfachen Kolonie zurückversetzt. Im Jahr 1949 entschlossen sich die Newfies endlich – mit der geringstmöglichen Stimmenspanne –, ihre lange Verweigerung zu beenden und sich dem übrigen Kanada als 10. Provinz anzuschließen.

Die 600 000 Bewohner der Insel leben fast ausschließlich am 9660 km langen, tief eingekerbten Küstenstreifen. Wirtschaftliche Basis ist wie vor 500 Jahren die Fischerei. Die vielen Gletscherseen und die Flüsse wimmeln ebenso wie die Küstengewässer von Fischen; die Fischer der Insel bringen es auf einen jährlichen Fang von über 500 000 Tonnen, in erster Linie Kabeljau (wenn die Newfies von «Fisch» reden, meinen sie stets den Kabeljau; andere Fischarten nennen sie bei ihren Eigennamen).

Trotz dieses reichen Fangs befindet sich die Provinzwirtschaft ständig in der Krise; die Arbeitslosigkeit ist hoch. In absehbarer

Fischerboote in Newfoundland, wo Wikingerschiffe vor 1000 Jahren landeten.

Zeit könnte sich das aber dank eines kürzlichen Ölfunds unter dem Festlandsockel südöstlich von Newfoundland ändern. Wenn sich der Fund als so groß entpuppt, wie viele denken, würde das Meer abermals den Menschen Newfoundlands einen guten Lebensunterhalt verschaffen. Bis es dazu kommt, können sie noch immer aus dem Land selbst leben – aus seinem reichen Wildbestand, aus den gewaltigen Wäldern, aus den schönen Seen und Weihern, aus den Flüssen und Bächen; dieses Land bietet seinen Bewohnern eine beneidenswerte Lebensqualität.

zweieinhalb Jahrhunderte hinweg kämpfte man wiederholt um den Ort – bis die britische Herrschaft schließlich 1762 am Ende des Siebenjährigen Krieges fest und dauerhaft installiert war. Daß danach Frieden herrschte, hieß nicht, daß St. John's plötzlich friedlich war. Weit entfernt davon. Es wurde ein bevorzugter Schlupfwinkel für Piraten, die den Schiffen nach Europa auflauerten. Am Ende des 18. Jh. zählte man daher 80 Tavernen in der Stadt, und über 200 000 Gallonen Rum wurden jährlich angeliefert.

Heute ist die Stadt merklich ruhiger, aber

Obwohl St. John's die älteste Stadt in Nordamerika ist, stammen die meisten ihrer ältesten Gebäude aus dem 20. Jahrhundert.

noch immer abwechslungsreich mit ihren hellgestrichenen schindelverkleideten Häusern an den enggewundenen Straßen, die vom Hafen her emporklettern. Unten liegen Fischerboote aus vielen Ländern vor Anker.

ST. JOHN'S

St. John's kann sich zu Recht rühmen, die älteste Stadt Nordamerikas zu sein. Sie wurde 1528 gegründet, und ihre Vergangenheit reicht nicht nur weit zurück, sie war auch abwechslungsreich und manchmal ungestüm. Ihre strategische Lage war einzigartig: der Europa nächstgelegene Ort der Neuen Welt, unmittelbare Nähe zu einigen der reichsten Fischgründe der Welt und gesegnet mit einem großartig geschützten Naturhafen. Das erweckt natürlich Begierden. Über

Geschichte

Besiedelt wurde der Ort 1528 (und damals nur spärlich), die 175 000 Bürger von St. John's datieren ihre Stadt jedoch auf den 24. Juni 1497 zurück, den Tag des hl. Johannes des Täufers, an dem John Cabot in den reizenden kleinen Hafen einfuhr und den Ort nach ihm benannte.

Die folgenden drei Jahrhunderte verliefen stürmisch, als sich Briten und Franzosen (und gelegentlich auch die Holländer) um die Kontrolle über die Stadt zankten; das 19. Jh. zeichnete sich durch rasches Wachstum aus und durch verheerende Feuersbrünsten. St. John's brannte damals nicht weniger als fünfmal nieder. Unbeeindruckt bauten die Bürger die Stadt jedesmal wieder auf – mit Holz. Da St. John's den Flammen im 20. Jahrhundert entging, stammen die ältesten Gebäude aus viktorianischer Zeit.

Eines dieser Gebäude, der Cabot Tower auf dem Signal Hill, ist historisch von besonderem Interesse. Er wurde 1897 zur Erinnerung an den 400. Jahrestag von Cabots Landung und an das diamantene Jubiläum Königin Viktorias errichtet, und auf ihm empfing am 12. Dezember 1901 Guglielmo Marconi die erste transatlantische drahtlose Nachrichtenübermittlung von seinem Sender in Cornwall.

Heute werden die bunten Holzhäuser am Hafen langsam von modernen Gebäuden und von Hochhäusern überschattet, aber es kann wahrheitsgetreu vermerkt werden, daß der ältesten Stadt Nordamerikas auch nach fünf Jahrhunderten nur wenig von ihrem Charakter verlorenging. Die Marinesoldaten, die um sie einst kämpften, und die Piraten, die hier Schutz suchten, hätten heute Mühe, sie wiederzuerkennen – aber irgendwie kolossal vertraut würde sie ihnen dennoch errscheinen.

Allgemeine Informationen

Das Newfoundland Department of Development and Tourism erreichen Sie über P.O. Box 2016, St. John's A1C 5R8, ((709) 576-2830, gebührenfrei ((800) 563-6353. Schreiben können Sie auch an die St. John's Economic Development and Tourism Division, P.O. Box 908, St. John's, A1C 5M2, ((709) 576-8204, oder Sie können sie in ihren Büros in der City Hall (Rathaus) in der New Gower Street aufsuchen. Ein Visitor Information Centre liegt 16 km westlich der Stadt am Trans-Canada Highway, der am Rathaus beginnt – oder endet, wenn Sie nach Osten reisen.

Was Sie sehen und tun können

Sehenswürdigkeiten

Die eine Sehenswürdigkeit, die Ihnen keinesfalls entgehen darf, kann Ihnen gar nicht entgehen: der **Cabot Tower** auf **Signal Hill**. Der Hügel steigt an der Hafeneinfahrt steil empor. Seinen Namen erhielt er, weil von seiner Spitze ursprünglich die verschiedenen Schiffahrtsgesellschaften den Dockarbeitern und den Kaufleuten mit Flaggen signalisierten, daß eines ihrer Schiff einlaufen werde. Der täglich geöffnete Cabot Tower, ((709) 772-5367, ist der Geburtsort der modernen Telekommunikation. Davor sehen Sie die Kanone der Queen's Battery aus dem Jahr 1796 und verfallene Befestigungsanlagen aus dem Krieg von 1812. An der Straße aus der Stadt zum Hügel empor steht auf halber Strecke ein Visitor Information Centre mit einem kleinen Museum.

Im Norden, gleich auf der anderen Seite des Hügels, liegt das malerische Fischerdorf **Quidi Vidi** (Kiddi Widdi ausgesprochen), eine wirklich zauberhafte Hafenidylle an einem kleinen Meeresarm. Zwischen den kleinen Kais und den Booten warten einige wunderbare Meeresfrüchtelokale.

In der Stadt sollten Sie die **Water Street** entlangschlendern. Sie ist die älteste Straße Nordamerikas und verläuft parallel zum Hafen durch das Stadtzentrum. An der Ecke der Duckworth Street und der Prescott Street zeigt das **Newfoundland Museum**, ((709) 576-2460, Ausstellungen über die frühen Ureinwohner Newfoundlands und über die Geschichte von St. John's mit besonderem Nachdruck auf dem Leben im 19. Jh. Eine Filiale des Museums finden Sie im Zentrum beim Harbor Drive; sie dokumentiert die Geschichte der Seefahrt vom 16. Jh. bis in die Gegenwart mit einer ausgezeichneten Abteilung über die Militär- und Marinegeschichte der Provinz. Beide Museen verlangen keinen Eintritt, sie sind täglich geöffnet, donnerstags auch am Abend.

Die **Roman Catholic Basilica Cathedral of St. John the Baptist** (1855) in der Military Road, ((709) 754-2170, sollten Sie sich ansehen. Sie besitzt eine neugotische Fassade und zwei das Stadtbild beherrschende Türme. Ein Stück weiter erhebt sich ebenfalls an der Military Road die entschieden bescheidenere **St. Thomas' Church** (1836); sie gehört zu den wenigen Gebäuden, die von den schrecklichen Feuersbrünsten des 19. Jh. verschont geblieben sind. Im übrigen ist sie die älteste Kirche der ganzen Provinz.

ten Zeit oder an einem bestimmten Ort zu tun. Labrador ist einfach *da*, in all seiner Weite und in seiner prähistorischen Pracht. Dieses Labrador wird jeden gefangennehmen, der gern jagt oder fischt, der gern wandert oder Ski fährt, der gern zeltet oder einfach gern frische unverschmutzte Luft atmen möchte.

Nach dieser Feststellung möchte ich trotzdem nachdrücklich einen Besuch im **Labrador Straits Museum**, ((709) 927-5659, empfehlen, wenn Sie gerade in diesem Gebiet weilen (und «dieses Gebiet» schließt auch den nur eine kurze Fährfahrt entfernten nördlichsten Teil der Insel Newfoundland ein). Es liegt an der Route 510 zwischen Forteau und L'Anse-au-Loup und ist im Sommer täglich geöffnet. Die faszinierenden Sammlungen zeigen, wie man hier vor Jahrhunderten lebte. Wenn Sie in die Gegend von **Goose Bay** kommen, sollten Sie sich das **Labrador Heritage Museum** auf der Luftwaffenbasis ansehen; ((709) 896-2762. Es besitzt eine gute Fotosammlung über die Geschichte Labradors und zeigt Werkzeuge der ersten Trapper.

Einzelheiten über Jagd- und Angelexkursionen mit dem Flugzeug ins Landesinnere verrät Labradors Department of Development and Tourism.

Unterkunft

Wie Sie wohl erwartet haben, drängen sich die Hotels nicht gerade in Labrador. Was Sie wohl nicht erwartet haben, ist die Tatsache, daß Unterkünfte dort meiner Meinung nach zu teuer sind – obwohl keine, die ich kenne, in die Luxuskategorie einzuordnen ist, was den Preis (aber auch die Einrichtungen) betrifft.

Goose Bay besitzt drei sehr gute Hotels. Das größte und vornehmste ist das **Labrador Inn**, P.O. Box 58, Station C, Goose Bay A0P 1C0, ((709) 896-3351, gebührenfrei in Newfoundland ((800) 563-2763. Das Restaurant ist hervorragend. Das **Aurora Hotel** ist ähnlich komfortabel und bietet seinen Gästen Fax- und Fotokopiermöglichkeiten. Sie finden es in der Hamilton River Road 382 in Hamilton Hights, ((709) 896-3398, gebührenfrei ((800) 563-3066 (Postanschrift: P.O. Box 201, Station C, Goose Bay A0P 1C0).

Das kleinste und in vieler Hinsicht bezauberndste Hotel von den dreien ist das **Royal Inn** in der Royal Avenue 5 in Happy Valley, ((709) 896-2456 (Postanschrift: P.O. Box 69, Station B, Happy Valley A0P 1E0).

Eine Herberge, die *nicht* zu teuer ist, liegt an der Route 510 in L'Anse-au-Clair: der **Northern Light Inn**, ((709) 931-2332 (Postanschrift: General Delivery, L'Anse-aux-Clair A0K 3K0). Obwohl preisgünstig, offeriert das Hotel dieselben Einrichtigungen wie die kostspieligeren Unterkünfte, und alle Arten von Freizeitmöglichkeiten und Freizeiteinrichtungen sind ganz in der Nähe.

Restaurants

Was für das Essen auf der Insel Newfoundland außerhalb von St. John's gilt, trifft noch stärker auf Labrador zu: Je besser das Hotel, desto besser das Essen, aber jedes eigenständige Lokal ist auch ein gutes Lokal.

Anreise

Von St. John's auf der Insel Newfoundland fliegt **Air Atlantic** nach Goose Bay, und Labrador Airways unterhält Verbindungen zwischen St. Anthony und verschiedenen Küstenorten sowie Goose Bay. Die Telefonnummern von Air Atlantic wurden schon im vorherigen Abschnitt genannt, **Labrador Airways** erreichen Sie unter: P.O. Box 310, Station A, Goose Bay A0P 1S0, ((709) 896-3387.

Marine Atlantic bietet in den Sommermonaten einen Fährdienst von Lewisporte bei Gander über Cartwright (Labrador) nach Goose Bay. Details bei: Marine Atlantic, P.O. Box 520, Port aux Basques A0M 1C0, gebührenfrei in Newfoundland ((800) 563-7336. Zwischen Mai und November verkehrt täglich auch eine Fähre zwischen St. Barbe auf der Nordhalbinsel Newfoundlands und Blanc-Sablon in Quebec; nach L'Anse-au-Clair ist es dann nur ein Katzensprung.

Von Quebec her können Sie den Zug von Sept Isles nach Labrador City benutzen; und Quebecair fliegt von Montreal, von Quebec City und von Sept Isles nach Blanc-Sablon.

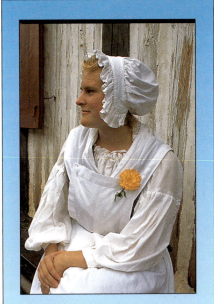

Nova Scotia

WIE ZU EHREN ihrer berühmtesten Delikatesse ist sie gestaltet, die hummerförmige Provinz Nova Scotia (Neuschottland). Als Kanadas Anker im Atlantik teilen sich ihre 55 490 km² in zwei Hälften: eine lange Halbinsel, die der enge Isthmus von Chignecto mit der Nachbarprovinz New Brunswick verbindet, und die Insel Cape Breton, die ihrerseits durch einen Damm mit der Halbinsel verbunden ist. Mit Prinz Edward Island und New Brunswick bildet Nova Scotia die drei sogenannten Maritime Provinces, die Maritimes oder Küstenprovinzen.

Wie Newfoundland soll auch Nova Scotia um 1000 n.Chr. von den Wikingern besucht worden sein. Ihre «Entdeckung» datiert die Provinz jedoch auf das Jahr 1497, als John Cabot an der Nordspitze von Cape Breton Island landete und das Gebiet für England mit Beschlag belegte. Die erste Siedlung allerdings war französisch: Samuel de Champlain gründete 1605 an der Südwestküste der Halbinsel den Ort Port Royal, der heute Annapolis Royal heißt. König Jakob I., ein Schotte, überließ diese Region 16 Jahre später einem anderen Schotten, Sir William Alexander. Dieser sollte ein «New Scotland», ein «Neues Schottland», schaffen. Das tat er auch. In der Gründungsurkunde benutze er dann jedoch den lateinischen Namen Nova Scotia.

Im folgenden Jahrhundert war Nova Scotia in den anglo-französischen Kampf um die Herrschaft im östlichen Nordamerika verstrickt. 1737 einigte man sich schließlich; die Briten sollten die Halbinsel erhalten, Cape Breton Island wurde den Franzosen reserviert. In den vierziger Jahren des 18. Jh. bauten die Franzosen in St. Louisbourg an der Ostküste der Insel in beherrschender Lage eine riesige Festung; das veranlaßte die Briten dazu, eine große Siedlergruppe mit dem Auftrag auszusenden, als Gegengewicht zum französischen Bollwerk im Norden eine befestigte Siedlung in Halifax zu errichten.

Als sich England und Frankreich 1755 zu einem weiteren Krieg rüsteten, befahl der britische Gouverneur von Nova Scotia die Deportation aller französischer Siedler, der Akadier, die den Treueschwur auf die britische Krone verweigerten. In den folgenden Jahren wurden 15 000 Akadier mit Gewalt aus ihren Heimen vertrieben und in die amerikanischen Kolonien verschifft, wo sie genauso unwillkommen waren. Die meisten von ihnen ließen sich schließlich in Louisiana nieder, wo sie bis zum heutigen Tag als Cajuns leben.

Nach dem Ende des Siebenjährigen Krieges kam 1763 ganz Nova Scotia einschließlich Cape Breton Island unter britische Herrschaft. Die Anglisierung dieser Region erhielt nach der amerikanischen Revolution weiteren Auftrieb, als 30 000 Loyalisten aus der neuen Republik flohen und sich vor allem an der Atlantikküste Nova Scotias niederließen (Loyalisten waren Leute, die während der amerikanischen Revolution der britischen Krone treu blieben und sich meist nach Norden absetzten). Nova Scotia war 1867 eine der vier Gründerprovinzen Kanadas.

Die Fischerei stand natürlich immer im Zentrum der Wirtschaft der Provinz. Auch heute steht sie für ein Drittel des Einkommens gerade. Dazu tritt eine blühende Holzindustrie, die noch ergänzt wird durch die landwirtschaftlichen Erträge der Obstplantagen und der Milchfarmen von Annapolis Valley. Der am schnellsten wachsende Wirtschaftszweig ist wahrscheinlich jedoch der Tourismus. Dank großartiger Naturschönheiten, wie etwa dem eindrucksvollen Cape Breton Highlands Nationalpark, und dank hervorragender Erholungseinrichtungen ist Nova Scotia bei Amerikanern und Europäern die beliebteste der Maritimes.

HALIFAX

Ursprünglich wurde die Stadt aus rein strategischen Erwägungen erbaut; und als Standort von Kanadas größter Marinebasis hat sie sich ihre militärische Bedeutung auch erhalten. Heute wohnen in der geschäftigen Provinzmetropole 300 000 Menschen, was sie zur größten Stadt der Mari-

---

Einst war Lunenburg ein Schlupfwinkel für Piraten; heute sind hier weniger verwegene Seefahrer zu Hause.

HALIFAX

times macht und damit zum wichtigsten Handelszentrum der Küstenlande.

Die Stadt liegt auf einer kleinen Halbinsel am Westrand eines tiefen atlantischen Meeresarms. Ihr großartiger Naturhafen ist der betriebsamste Hafen an Kanadas Ostküste. Das historische wie das gegenwärtige Zentrum der Stadt ist das Viertel zwischen den Hafenanlagen und der beherrschenden Bergzitadelle. Als älteste britische Stadt auf Kanadas Festland und als Standort der ersten protestantischen Kirche Kanadas trägt sie ihr Alter ausgesprochen anmutig. Halifax ist Finanzzentrum und Regierungssitz und bietet dennoch eine Lebendigkeit und Kultiviertheit, wie man sie in Städten vergleichbarer Größe selten findet. Kurz gesagt, Halifax ist in der beneidenswerten Lage, die Annehmlichkeiten einer Großstadt mit den Tugenden einer Kleinstadt vereinen zu können.

GESCHICHTE

Obwohl das Gebiet lange von den Micmac-Indianern bewohnt war, entstand der Ort Halifax fast über Nacht, als Oberst Edward Cornwallis mit einer Flotte von 20 Schiffen und mit 3000 Siedlern im Hafen einlief und sofort mit dem Bau begann. Gedacht war der Schritt als Antwort auf die vermeintliche Bedrohung durch die neue französische Festung in Louisbourg. Als Namensgeber hielt der Earl of Halifax her, damals Präsident der englischen Kommission für Handel und Plantagen.

Die Stadt entstand zwar in erster Linie wegen ihrer günstigen strategischen Lage im Kriegsfall, sie gedieh ironischerweise aber von Kriegen, die in anderen Ländern ausgefochten wurden. Der britische Sieg im Siebenjährigen Krieg beseitigte zuerst einmal jegliche Bedrohung von Louisbourg her. Dann wurde der Hafen im amerikanischen Unabhängigkeitskampf ein wichtiger Marinestützpunkt für britische Kriegsschiffe, die eine Menge Geld in die örtliche Wirtschaft pumpten. Nachdem die Briten geschlagen waren, tat der Zustrom fliehender Loyalisten das Seine; viele von ihnen waren gut ausgebildet und wohlhabend, und sie brachten neues Leben in die lokale Wirtschaft. Das wirkte sich auch nachhaltig und wohltuend auf die Kultur der Stadt aus. Der Krieg von 1812 brachte wieder Kriegsschiffe aus England und gleichzeitig noch mehr Geld, um die städtischen Kassen zu füllen. Sogar der amerikanische Bürgerkrieg führte zu verstärkter militärischer Aktivität in Halifax, damit zu erhöhten Militärausgaben und infolgedessen zu erhöhter Beschäftigung.

Auch die Kriege dieses Jahrhunderts erwiesen sich für die Stadt als Glücksfälle. Im 1. Weltkrieg benutzte man die 16 km² großen Tiefseeankergründe des Bedford Basin im Hafen von Halifax als Verteilerzentrum für Nachschubschiffe auf ihrem Weg nach Europa. Und im 2. Weltkrieg traten in diesem Hafen die großen Geleitzüge – insgesamt etwa 17 000 Schiffe – ihre Reise über den Nordatlantik an.

Nur einmal erlitt Halifax eine eigene Kriegswunde – es war eine schreckliche Wunde, und sie hinterließ eine bleibende Narbe in der Erinnerung ihrer Bürger. Im

Dezember 1917 kollidierte das mit Sprengstoff beladene französische Munitionsschiff *Mont Blanc* auf seinem Weg nach Europa im Hafen mit einem belgischen Versorgungsschiff und zerbarst. Die Explosion ebnete den gesamten Nordrand der Stadt ein. Über 2000 Menschen starben, 9000 wurden verletzt, 200 erblindeten durch die Detonation. Von einer solchen Katastrophe erholt sich eine Gemeinschaft weder schnell noch leicht.

Schließlich aber erholte sich die Stadt, und sie bewies im vergangenen halben Jahrhundert, daß sie in Friedenszeiten genauso gut gedeihen kann wie in Kriegszeiten.

ALLGEMEINE INFORMATIONEN

Wenden Sie sich wegen eines Exemplars des *Nova Scotia Travel Guide* mit seinen 300 Seiten Informationen für Besucher an das Nova Scotia Department of Tourism and Culture, P.O. Box 456, Halifax, Nova Scotia B3J 2R5. Nova Scotia besitzt auch einen kostenlosen Reservierungs- und Reiseauskunftsdienst namens «Check In». Gebührenfrei gibt er Antworten auf jegliche Anfrage und verhilft Ihnen zu bestätigten Reservierungen für jede Art Unterkunft. Die Nummer bei Anrufen aus Kanada ist ((800) 565-0000, bei Anrufen aus Halifax selbst ((902) 425-5781.

Das Halifax-Büro des Department of Tourism finden Sie im Red-Store-Bau, Historic Properties, an der Hafenpromenade im Stadtzentrum, ((902) 424-4247. Einen Informationsschalter für Touristen gibt es auch im Flughafen, ((902) 426-1223. Das Büro des City of Halifax Tourism ist in der Old City Hall zu Hause (Barrington Street und Duke Street), ((902) 421-8736.

WAS SIE SEHEN UND TUN KÖNNEN

Sehenswürdigkeiten
Eine städtische Verordnung verbietet in Halifax den Bau von Häusern, die quer durch die Stadt verlaufende sogenannte «Sichtlinien» versperren könnten. Dank dieses Dekrets war Halifax einzigartig erfolgreich in der Wahrung eines «menschlichen Maßstabs» in Zeiten des Wachstums. Das Zentrum von Halifax ist seit der Stadtgründung der **Grand Parade**, ein Platz entlang der Westseite der Barrington Street, der Haupteinkaufsstraße von Halifax. An der Nordseite des Platzes steht **City Hall**, das Rathaus der Stadt mit seiner enormen hölzernen Fahnenstange, und die Südseite schmückt die Fachwerkkirche **St. Paul's** (1750), die älteste protestantische Kirche in Kanada. Wenn Sie vom Grand Parade die George Street in Richtung Zitadelle gehen, kommen Sie zum **Old Town Clock** (1803), dem Wahrzeichen von Halifax. Weiter oben türmt sich die vieleckige sternförmige Fe-

stung **The Citadel** über der Stadt. Den Originalbau hatte Cornwallis 1749 bei seiner Ankunft errichtet. Nach der amerikanischen Revolution wurde er umgebaut und erweitert und dann nochmals nach dem Krieg von 1812. Der Herzog von Wellington befahl 1828 schließlich den Bau einer permanenten Feste aus Mauerwerk. Jeden Tag zur Mittagsstunde ertönt ein Kanonenschuß von der Zitadelle.

Von der Innenstadt gesehen auf der anderen Hügelseite liegt das **Nova Scotia Museum** in der Summer Street 1747, ((902) 429-4610; täglich geöffnet, Eintritt frei. Seine

---

Um den viktorianischen Musikpavillon dreht sich das Leben in den Public Gardens von Halifax.

Ausstellungen decken jeden Aspekt der Geschichte der Provinz ab. Die **Public Gardens** gleich im Süden des Museums öffneten erstmals 1867 und bilden bis heute 7 ha viktorianischer Klassik: Musikpavillon, Ententeich, Brunnen, Statuen und regelmäßig gepflanzte exotische Bäume. Noch attraktiver für Spaziergänger und Picknickfreunde ist an der Südspitze der Halbinsel Halifax der **Point Pleasant Park**. Auf seinen stark bewaldeten 79 ha finden Sie ein Restaurant, einen Strand, viele Wanderwege und Picknickplätze.

Dazu paßt, daß die schönsten Ausflüge in Halifax auf dem Wasser stattfinden. Ein Nachbau des berühmtesten Schiffes Kanadas, des ungeschlagenen Hochseeregattaschoners *Bluenose*, ankert am Kai neben Privateers' Warehouse und geht zwischen Juli und August dreimal täglich für zwei Stunden auf eine Hafenrundfahrt; ℂ (902) 422-2678.

Von derselben Anlegestelle gehen von Mitte Mai bis Mitte Oktober auch Hafenrundfahrten mit der *Haligonian III* ab, ℂ (902) 423-1271, einem Ausflugsdampfer mit Ca-

feteria und Bar für 200 Passagiere und mit ausgezeichneten Kommentaren zu den vorbeiziehenden Sehenswürdigkeiten.

Unten am Hafen, nördlich der Duke Street, sind die **Historic Properties** (Kulturerbe) eine Gruppe alter Kais und alter Gebäude, die bis auf das Jahr 1800 zurückgehen. Restauriert und neu ausgestattet, sind sie Teil einer Fußgängerzone mit Läden, Galerien, Restaurants und Straßenkünstlern. In **Privateers' Warehouse** horteten Piraten im 19. Jh. ihre Beute. Es ist das älteste Bauwerk in diesem Gebiet. Sehenswert auch der **Old Red Store**, in dem das Touristenbüro untergebracht ist. Das **Maritime Museum of the Atlantic**, ein paar Blocks südlich der Historic Properties in der Lower Water Street 1675, ℂ (902) 429-8210, zeigt Schiffsmodelle, Schiffsinstrumente, Waffen und viele Gegenstände aus Halifax' Seefahrtgeschichte.

Sport

Auf dem Halifax Common gibt es öffentliche **Tennisplätze** und im Umkreis von 16 km von der Innenstadt fünf 18-Loch-Golfplätze. Der **Ashburn Course** in Halifax, ℂ (902) 443-8260, und der **Brightwood Golf and Country Club**, ℂ (902) 466-7688, in Dartmouth (gegenüber dem Hafen) sind beide sehr beliebt und stehen beide auch Nichtmitgliedern offen. Zum **Schwimmen** und zum **Jogging** geht man in den Point Pleasant Park. Die nächstgelegenen guten **Angelgründe** bieten die Seen und Flüsse an der Küste nordöstlich von Halifax; dem Atlantiklachs stellt man am besten im St. Mary's River bei Sherbrooke nach.

Einkäufe

Neben der bunten Auswahl an Läden in den **Historic Properties** und rund um sie herum gibt es zwei Einkaufszentren an den entgegengesetzten Enden der Barrington Street. Dort finden Sie wahrscheinlich alles, was Sie sich wünschen. Im größeren der zwei, dem **Scotia Square** bei den Historic Properties, sind auf zwei Ebenen über 100 Läden und Restaurants untergebracht (ein Informationsstand auf der unteren Ebene). Die **Maritime Mall** in der Barrington Street 1505 nahe der Ecke Spring Garden Road beherbergt rund 30 Geschäfte.

Wenn Sie gern Arbeiten örtlicher Künstler, Töpfer, Juweliere, Keramiker und Weber sehen möchten, fragen Sie beim Department of Tourism nach einem kostenlosen Exemplar des *Buyer's Guide to Arts and Crafts in Nova Scotia*.

einer langen Party zu sein scheint. In dieser Zeit geht auch in **Privateers' Warehouse** in den Historic Properties eine große Party vonstatten: Unter dem ausgezeichneten Restaurant Upper Deck (siehe RESTAURANTS) liegt die Lounge **Middle Deck**, wo Rock, Blues und Jazz von Bands dargeboten werden. Darunter füllt im **Lower Deck** kernige Seefahrermusik die Luft. Rockbands spielen jede Nacht im **Misty Moon** in der Barrington Street 1595, ℂ (902) 454-6666; es ist bis 3 Uhr morgens geöffnet. Auch das **Palace** in der Brunswick

Street 1721 gegenüber der Zitadelle, ℂ (902) 429-5929, ist jede Nacht offen; hier ist die musikalische Auswahl größer. Nicht weit von den Historic Properties sollten Sie in der Granville Street das **Split Crow Pub** und das **Scoundrel's** beachten. **Ginger's** in der Hollis Street schenkt sein eigenes Bier aus und läßt in erster Linie Folk- und Blues-Musik aufspielen. Auch die Lounges aller großen Hotels warten mit Live-Unterhaltung auf.

Nachtleben

Halifax wirkt nachts überraschend lebendig. Das gilt vor allem für die **Argyle Street**, die Freitag- und Samstagabend Schauplatz

OBEN: Die restaurierten Historic Properties im Hafenviertel von Halifax.
GEGENÜBER: Aufgetürmte Hummerkörbe auf Cape Breton Island.

Konzerte aller Art finden regelmäßig im **Metro Centre** in der Brunswick Street nahe der Zitadelle statt; Informationen unter ℂ (902) 451-1202. Das intime **Neptune Theatre** in der Sackville Street 5216, ℂ (902) 429-7070, spielt Dramen und Komödien.

Unterkunft

Luxusklasse

Die luxuriöseste Adresse in Halifax ist das **Halifax Sheraton** in den Historic Properties, Upper Water Street 1919, Halifax B3J 3J5, ℂ (902) 421-1700, gebührenfrei ℂ (800) 325-3535. Obwohl groß (356 Zimmer), modern und mit jeglichem Luxus ausgestattet, wurde es so geplant und verwirklicht, daß es großartig zwischen die historischen Gebäude rundum paßt. Nicht weit entfernt finden Sie im neuen Komplex des Scotia Square das **Chateau Halifax**, Barrington Street 1990, Halifax B3J 1P2, ℂ (902) 425-6700, gebührenfrei ℂ (800) 268-9411. Da es an das größte Einkaufszentrum Nova Scotias grenzt, bietet dieses Canadian Pacific Hotel nicht nur alle Annehmlichkeiten eines Luxushotels, sondern auch den Vorteil, daß man jede denkbare Art an Läden zu Fuß erreicht. Mit der Metro ist das **Prince George Hotel** durch einen unterirdischen Gang verbunden; Market Street 1725, Halifax B3J 3N9, ℂ (902) 425-1986, gebührenfrei ℂ (800) 565-1567. Das elegant eingerichtete Haus wurde 1986 eröffnet; es liegt nicht nur günstig beim Kongreßzentrum, sondern rühmt sich auch eines preisgekrönten Restaurants.

Mittlere Preislage

Halifax ist mit einer beträchtlichen Zahl großartiger Mittelklassehotels gesegnet. Das **Citadel Inn Halifax**, ein Schwesterhotel des Prince George, ist vielleicht um eine Idee besser als die anderen; Brunswick Street 1960, Halifax B3J 2G7, ℂ (902) 422-1391, gebührenfrei ℂ (800) 565-7162. Von seinen 270 Luxuszimmern liegen einige in Nichtraucheretagen und andere blicken auf den Hafen. Ein anderes erstklassiges Hotel in dieser Kategorie ist das **Delta Barrington**, Barrington Street 1875, Halifax B3J 3L6, ℂ (902) 429-7410, gebührenfrei ℂ (800) 268-1133. Nahe den Historic Properties, ist es ein weiteres klassisches Beispiel dafür, wie man ein äußerst modernes Hotel errichten kann, ohne das Ensemble zu sprengen; in diesem Fall trug man eine hundert Jahre alte Fassade ab und legte sie dann über den Neubau. An Eleganz und Charme ist das **Halliburn House Inn** kaum zu schlagen; Morris Street 5184, Halifax B3J 1B3, ℂ (902) 420-0658. Diese geschützte Heritage Property mit ihren 44 Zimmern erstand 1820; sie wurde komplett renoviert und modernisiert, ohne daß ihr ursprünglicher Zauber im geringsten verlorenging. Das Restaurant gehört zu den besten in Halifax.

Ein Hochhaus ist das **Holiday Inn Halifax Centre** in der Robie Street 1980, Halifax B3H 3G5, ℂ (902) 423-1161, gebührenfrei ℂ (800) HOLIDAY; mit Schwimmhalle, kostenloser Tiefgarage und gutem Restaurant mit Pianobar. Ein etwas älteres, aber geschmackvoll renoviertes Hotel ist das **Halifax Hilton**, Hollis Street 1881, Halifax B3H 2P6, ℂ (902) 423-7231, gebührenfrei ℂ (800) 268-9275; einige Luxuszimmer, Swimmingpool und Tennisplatz sowie kostenloser Pendelverkehr ins Zentrum. Altehrwürdig präsentiert sich das **Lord Nelson** gegenüber den Public Gardens in der South Park Street 1515 (Ecke Spring Garden Road), Halifax B3J 2T3, ℂ (902) 423-6331, gebührenfrei ℂ (800) 565-2020. Schließlich wäre das **Waverley Inn** zu nennen; Barrington Street 1266, Halifax B3J 1Y5, ℂ (902) 423-0167. Das freundliche Haus mit seinen 32 Zimmern besteht seit 1876 und zählte Oscar Wilde zu seinen Gästen; vollkommen renoviert, bietet es attraktive Preise.

Preisgünstig

Die Nummer eins in dieser Kategorie ist wohl das **Chebucto Inn**, obwohl es recht weit vom Zentrum entfernt liegt. Seine 32 klimatisierten Zimmer mit allen Standardeinrichtungen sind in einem hübschen zweistöckigen Gebäude untergebracht; Lady Hammond Road 6151, Halifax B3K 2R9, ℂ (902) 453-4330. Eine andere reelle Wahl ist das **Travelers Motel** direkt an der Stadtgrenze von Halifax am Bedford Highway 773, Bedford B4A 1A4, ℂ (902) 835-3394. Es besitzt 25 Motelzimmer und 10 Cottages, einen Pool, ein Restaurant; die TV-Filme sind kostenlos. Das im Preis gleiche

Motel Esquire daneben hat 30 Zimmer, einen Pool und ein Restaurant; Bedford Highway 771, Bedford B4A 1A1, ✆ (902) 835-3367. Gegenüber dem Hafen von Halifax kann ich in Dartmouth zwei Häuser sehr empfehlen: das **Dartmouth Inn**, Braemar Drive 9, Dartmouth B2Y 3H6, ✆ (902) 469-0331, mit 116 klimatisierten Zimmern, Lounge mit Alkoholausschank, Speisesaal, Andenkenladen und Steakhouse, und das **Country Inn and Suites**, Yorkshire Avenue Extension 7, Dartmouth, ✆ (902) 465-4000, gebührenfrei ✆ (800) 465-4000; eine einfallsreiche Auswahl kostenloser Serviceleistungen gesellt sich hier zum leiblichen Wohlbehagen.

Eine wirklich preiswerte Bleibe vermittelt **Halifax Metro Bed and Breakfast**, P.O. Box 1613, Station M, Halifax B3J 2Y3, ✆ (902) 434-7283. Sie besitzen eine Liste der Mitglieder von B&B mit Preisangaben.

Restaurants

Teuer

Wie in allen kleineren Städten befinden sich die besten Restaurants in den besten Hotels. In Halifax kann ich zwei davon ganz besonders empfehlen: **The Great Banker** im Sheraton Halifax, ✆ (902) 421-1700, und das großartige Restaurant im **Halliburton House Inn**, ✆ (902) 420-0658. Im Restaurant **Upper Deck**, ✆ (902) 422-1289, im 3. Stock des Privateers' Warehouse in den Historic Properties, wird in einer Ausstattung der Seefahrerzeit ausgezeichnet gekocht; der Service ist freundlich. Ebenfalls zum Hafen hin sind im **Clipper Cay**, ✆ (902) 423-6818, an Privateers' Wharf, die Meeresfrüchte unübertrefflich. Es ist wirklich schwer, in Halifax *keine* guten Meeresfrüchtegerichte zu finden, wenn Sie aber in einem ungewöhnlichen und bezaubernden Rahmen speisen möchten, sollten Sie das **Five Fishermen**, ✆ (902) 422-4421, in der Argyle Street 1740 gegenüber dem Grand Parade aufsuchen. Das Restaurant befindet sich im Obergeschoß eines umgebauten Schulhauses und wird von echten Tiffanylampen erhellt. Auf jeden Fall besuchen sollten Sie das alte Stadthaus in der Barrington Street 1150: das **Old Man Morias**, ✆ (902) 422-7960, ein wunderbares griechisches Restaurant, das von zwei griechischen Einwanderern geführt wird.

Mittlere Preislage

Zu mittleren oder teuren Preisen können Sie ganz nach Wunsch in **Ryan Duffy's Steak and Seafood** speisen; im Einkaufszentrum Spring Garden Road, ✆ (902) 421-1116. Wenn Sie zum Beispiel ein Steak bestellen, wird es vor dem Braten an Ihrem Tisch genau nach Ihren Angaben zurechtgeschnitten, und der Preis richtet sich strikt nach dem Gewicht des von Ihnen gewählten Stücks. Ein sehr

gutes Angebot. In der Dresden Row 1569 ist das **Scanway**, ✆ (902) 422-3733, ein reizendes skandinavisches Restaurant inmitten einer kleinen Gruppe von Geschäften, die sich The Courtyard nennt (nahe der Spring Garden Road). **Thackeray's** in der Spring Garden Road 5407, ✆ (902) 423-5995, serviert in einem Stadthaus aus dem 18. Jh. ausgesprochen gutes Essen bei einem ausgesprochen fröhlichen Service. Das **Silver Spoon** in der Hollis Street 1865, ✆ (902) 422-1519, wäre selbst dann ein prächtiges Eßlokal, wenn es auf seiner Rückseite nicht einen Süßwarenladen gleichen Namens gäbe – aber es gibt

Fischer mit seinem Fang im malerischen Peggy's Cove westlich von Halifax.

ihn. Gegenüber dem Maritime Museum of the Atlantic serviert in der Lower Water Street 1680 das **McKelvie's**, ☎ (902) 421-6161, in einer umgebauten Feuerwehrwache köstliche Meeresfrüchte.

Preisgünstig

An der Argyle Street liegen entlang des Grand Parade eine große Anzahl preiswerter Lokale. Drei davon möchte ich nennen. Das **Guru** in der Argyle Street 1580, ☎ (902) 422-6347, ist ein sehr angenehmes indisches Restaurant, was auch für seine Preise gilt.

Faßbier und herzhafte Kost in einer freundlichen, lauten Atmosphäre.

ANREISE

Air Canada fliegt täglich von New York, Boston, Toronto und Montreal nach Halifax, während Canadian Airlines International täglich Flüge aus vielen kanadischen Städten anbietet. Canadian Airlines' Schwestergesellschaft Air Atlantic verbindet Halifax mit dem Rest der Maritimes (Ostküstenprovinzen) und mit Newfoundland. Informa-

Das heitere und beliebte italienische Restaurant **Lawrence of Oregano** in der Argyle Street 1727, ☎ (902) 422-6907, serviert exzellente Pizzas und Spaghettigerichte. Im **Graduate** in der Argyle Street 1567, ☎ (902) 423-4703, gibt es Durchschnittskost (Steaks, Hähnchen usw.) zu Billigpreisen.

An der Ecke Grafton Street und Blowers Street wird im **Mariano's** mexikanisch gekocht – gut und preiswert. Höchst beliebt bei Studenten ist an der Ecke Grafton Street und Princess Street die **Midtown Tavern**:

tionen gibt es innerhalb Kanadas kostenlos unter ☎ (800) 565-1800.

Wenn Sie mit dem Auto unterwegs sind, führen zahllose Fernstraßen zum Trans-Canada Highway, der in Amherst von New Brunswick her Nova Scotia erreicht. Greyhound-Busse aus den USA und Voyageur-Busse aus Montreal haben Anschluß an die SMT-Buslinien in New Brunswick, die ihrerseits in Amherst die Verbindung zum Netz der Acadian Lines von Nova Scotia herstellen.

Fähren nach Halifax gibt es nicht, dafür aber Fähren von Newfoundland nach North Sydney (im vorhergehenden Kapitel besprochen) und zwischen Mai und Dezember täglich eine Fähre von Wood Islands

Zwei Möglichkeiten, Meeresfrüchte einzufahren: OBEN Fischerboote vor Anker in Peggy's Cove und GEGENÜBER Hummerkörbe im Cape Breton Highlands National Park.

auf Prince Edward Island nach Caribou in Nova Scotia. Betreiber: **Northumberland Ferries**, P.O. Box 634, Charlottetown, Prince Edward Island C1A 7L3, gebührenfrei aus den Maritimes ((800) 565-0201. Über die Fähren aus den USA nach Yarmouth berichte ich im nächsten Kapitel.

VON HALIFAX INS UMLAND

Geographisch kann man Nova Scotia in zwei Teile zerlegen, in die Halbinsel und in Cape Breton Island. Ethnisch aber ist das Land ein reines Puzzle. Während Halifax nach Geschichte und Charakter sehr englisch ist, zeigt der Rest der Provinz kulturelle Einflüsse von Einwanderern aus England, Irland, Frankreich, Deutschland und Schottland – deren Nachkommen heute ein Drittel der Bevölkerung ausmachen. Wenn Sie durch Nova Scotia reisen, werden Ihnen diese Einflüsse sehr ins Auge fallen.

Allgemeine Informationen

Die beste Informationsquelle für die Provinz insgesamt ist natürlich auch hier das Department of Tourism and Culture in Halifax. Neueste Reiseauskünfte oder gewünschte Reservierungen liefert der kostenlose Kundendienst Check In. Zusätzliche Informationszentren gibt es quer durch die Provinz:

Südufer: Lunenburg, ((902) 634-8100, und Shelburne, ((902) 875-4547, haben beide Touristenbüros; Yarmouth unterhält ein Tourist Information Centre, ((902) 742-5033 (von der Fähranlegestelle den Hügel hinauf).

Annapolis Valley: Das Tourist Information Centre, ((902) 245-2201, in Digby liegt auf dem Weg vom Fährhafen an der Shore

Route, das in Annapolis Royal, ((902) 532-5454, im Annapolis Power Tidal Projekt an der Route 1.

Cape Breton Island: Wenn Sie den Damm überquert haben, finden Sie in Port Hastings rechts das Tourist Information Centre, ((902) 625-1717. Auf der Insel gibt es auch ein Informationsbüro des Cape Breton Highlands National Park, ((902) 285-2270, und ein Louisbourg Visitor Centre, ((902) 733-2280.

Peggy's Cove

Ich habe den Verdacht, daß Peggy's Cove, 43 km westlich von Halifax an der Route 333, heimlich von Kodak gesponsert wird, denn es muß das am meisten fotografierte Fischerdorf in ganz Kanada sein. Es stammt aus dem Jahr 1811, zieht sich um einen engen Meeresarm und wird von einem Leuchtturm auf massiven Granitblöcken beherrscht. Seine freundlich gestrichenen schindelverkleideten Häuser schmiegen sich an die Granitklippen rund um den reizenden kleinen Hafen, in dem Fischerboote ankern und Fischerhütten auf Pfählen im Wasser stehen.

Leider ist Peggy's Cove schon so bekannt, daß es im Sommer von Touristen überfüllt ist. In dieser Zeit sollten Sie frühmorgens kommen, und, falls Sie das Auto dabeihaben, auf dem öffentlichen Parkplatz am oberen Ende des Dorfes parken.

Das Südufer

Das entzückende Küstendorf **Chester** liegt an der Route 3 südwestlich von Halifax auf einer Halbinsel an der Einfahrt zur malerischen, von Inseln durchsetzten Mahone Bay. Einwanderer aus Neuengland besiedelten es schon 1760 (und gaben ihm damals den Namen Shoreham), und bis heute ist es Sommersitz einer Reihe amerikanischer Familien geblieben – und gleichzeitig ein bevorzugter Ruhesitz reicher Kanadier. Besucher können zwar die Tennisplätze oder den 18-Loch-Golfplatz auf einem Kap über der Bucht benutzen; die meisten von ihnen kommen aber zum Segeln. Der Höhepunkt der Sommersaison ist Mitte August die Chester Race Week, die größte Segelregatta in den Maritimes.

Das Städtchen **Mahone Bay**, 21 km südwestlich von Chester an der Route 3, kennt man heute vor allem wegen seines Kunstgewerbes und wegen der Antiquitäten. Seine Wahrzeichen sind die drei Kirchen, die Seite an Seite am Kopfende des Hafens

stehen. Im Jahrhundert nach seiner Gründung (1754) durch Kapitän Ephraim Cook gab es aber auch eine Zeit, in der es hauptsächlich als Versteck für Piraten und Schmuggler berüchtigt war. Das Wort «Mahone» soll übrigens vom altfranzösischen «*Mahonne*» abgeleitet sein, einer Art Enterboot der Piraten. Einer der erfreulichsten Aspekte des Ortes liegt in den vielen Läden, Studios, Galerien und Restaurants, die in Häusern aus dem frühen 19. Jh. untergebracht sind.

Von Mahone Bay die Küste hinab gelangen Sie nach **Lunenburg**, das lange Zeit als erster Fischerhafen Nova Scotias galt. Auch Lunenburg war bis weit ins 19. Jh. hinein ein beliebter Piratenhafen. Protestanten aus der

Lüneburger Heide gründeten den Ort 1753. Aus seinem bunten Seefahrererbe sticht vor allem die *Bluenose* hervor, der berühmte Hochseeregattaschoner, der 1921 hier gebaut wurde, nie eine internationale Wettfahrt verlor und der auf der Rückseite des kanadischen Dime (Zehncentstück) abgebildet ist (1963 baute man in Lunenburg eine Nachbildung, die *Bluenose II*, die meist im Hafen von Halifax ankert). Auf einer malerischen Halbinsel gelegen und dadurch mit zwei Häfen gesegnet, ist Lunenburg seit kurzem auch ein wichtiger Touristenhalt

niger Jahre verfünffachte sich die Bevölkerung; das machte Shelburne zur seinerzeit größten Ansiedlung im britischen Nordamerika. Die Bevölkerung schrumpfte jedoch genauso schnell wieder, wie sie explodiert war. Die bodenständigen Siedler verwandelten Shelburne danach in ein Fischerei- und Werftenzentrum – und tatsächlich entstanden hier einige der großartigsten Jachten der Welt. Noch immer stammt eine ganze Reihe von Häusern in Shelburne aus loyalistischer Zeit. Zwei davon bedürfen besonderer Erwähnung: das **Ross-**

mit Läden, Galerien und mit vielen Arten von Erholungseinrichtungen einschließlich des **Blue Nose Golf Course** (9 Loch) oberhalb des Vorderen Hafens. Lunenburg beherbergt auch das interessante **Fisheries Museum of the Atlantic**, ((902) 634-4794, mit Ausstellungen auf drei Etagen und mit einem Aquarium.

Nach **Shelburne** gelangt man auf der Route 102. Die «Stadt der Loyalisten» entstand 1783, als 3000 teilweise reiche Loyalisten aus New York City flohen. Sie kamen in 30 Schiffen an und schufen umgehend eine blühende Stadt, und zwar dort, wo früher nichts als Wildnis gewesen war. Um genau zu sein: nichts als Wildnis und einer der besten Naturhäfen der Welt. Innerhalb we-

Thomson House (1784), einst ein Kaufladen und heute ein Loyalistenmuseum mit Regalen voller Waren aus den achtziger Jahren des 18. Jh., und das **David Nairn House** (1787), heute Sitz des Shelburne County Museums.

Mit 7700 Einwohnern ist **Yarmouth** der größte Seehafen Nova Scotias westlich von Halifax, und seine Schiffahrtstradition geht bis auf die Ortsgründung im Jahr 1761 zurück. Heute jedoch ist Yarmouth vor allem als «Tor nach Nova Scotia» von Interesse, als Anlaufhafen der Fähren von Portland

---

GEGENÜBER: Die Kirche in der Grand Pré National Historic Site erinnert an die Vertreibung der Akadier. OBEN: Historic Gardens in Annapolis Royal.

und von Bar Habor in Maine (USA). Bekannt sind in erster Linie seine guterhaltene viktorianische Architektur und der **Runenstein** in der Main Street, dessen Inschrift zufolge die Wikinger vor 1000 Jahren hier eintrafen.

ANNAPOLIS VALLEY

Benutzen Sie die Route 1 durch die wunderschöne Landschaft des Annapolis Valley von Yarmouth nach Windsor; denn damit bewegen Sie sich auf dem **Evangeline Trail**. Seinen Namen erhielt er von der Heldin in Longfellows berühmtem gleichnamigem Versepos über die Tragödie der Akadier, die man 1755 von hier vertrieb. Dies ist das Herzland von Akadien.

Der erste bedeutendere Ort ist **Digby**, bekannt für seine Digby-Muscheln. Das bekannteste Produkt der Stadt wird im August mit den Digby Scallop Days gefeiert. Fast genauso bekannt ist der geräucherte Hering, genannt Digby Chicks. Digbys Lage an einem Arm der Bay of Fundy ist nicht nur schön, sondern auch günstig: Nämlich als Endpunkt der Fähre von St. John in New Brunswick.

Das von Samuel de Champlain 1605 gegründete **Annapolis Royal** hieß ursprünglich Port Royal und stand über ein Jahrhundert lang im Zentrum des Kampfes zwischen Franzosen und Engländern um die Vorherrschaft in diesem Gebiet. Schließlich triumphierten 1710 die Engländer und gaben dem Ort zu Ehren Königin Annas den Namen Annapolis Royal. Obwohl Annapolis Royal bis zur Gründung von Halifax die Hauptstadt Nova Scotias war, blieb es eine englischsprachige Insel in einem Meer französischsprachiger Akadier – bis diese 1755 aus der Provinz vertrieben wurden. Den Mittelpunkt der Stadt bildet die **Fort Anne National Historic Site**, ✆ (902) 532-2397, mit guterhaltenen Schanzwerkbefestigungen, mit einem Museum und mit einem Pulvermagazin (1708). Ein Besuch lohnt sich auch in den **Annapolis Royal Historic Gardens**, ✆ (902) 532-7018, beim Fort in der Upper George Street, wo

Mutter Natur und junge Siedlungen: Cape Breton Island.

die Geschichte dieses Gebietes in seinen Gärten deutlich wird. In der **Port Royal National Historic Site**, 10 km westlich von Annapolis Royal, finden Sie **Champlains Habitation**, ℂ (902) 532-2898, einen restaurierten französischen Pelzhandelsposten, der sich von 1605 bis 1613 hier befand.

Grand Pré, die «große Wiese» eingedeichten Landes entlang der Küste ein paar Kilometer östlich von Wolfville, war die wichtigste akadische Siedlung vor der Deportation und diente als Hintergrund für Longfellows *Evangeline*. Auf der **Grand Pré National Historic Site**, ℂ (902) 542-3631, steht eine Bronzestatue der Evangeline; dazu gesellen sich ein Brunnen, eine Schmiedewerkstatt und eine Steinkirche als Gedenkstätte für die Akadier und als Museum, das die Geschichte der Vertreibung zeigt.

Der Evangeline Trail endet in **Windsor** am östlichen Ende des Annapolis Valley genau auf der Hälfte des Weges zwischen Äquator und Nordpol. Die Akadier ließen sich am Ende des 17. Jh. nicht lange nach der Gründung von Grand Pré in Windsor nieder. 1755 hörte es auf, akadische Stadt zu sein, um kurz danach als loyalistischer Stützpunkt Auferstehung zu feiern. Heute kennt man den Ort vor allem als Heimat von Richter Thomas Chandler Haliburton, dem «kanadischen Mark Twain», der die denkwürdige Figur des Sam Slick schuf; viele von dessen Aussprüchen sind inzwischen Allgemeingut geworden, und Haliburtons Haus (1833) ist jetzt ein Museum.

CAPE BRETON ISLAND

Mit dem Festland durch den kilometerlangen Canso Causeway verbunden, bieten die 10 300 km² von Cape Breton Island eine der schönsten Landschaften Nordamerikas. Nach Überqueren des Dammes begeben sich die meisten Besucher auf dem Trans-Canada Highway hinauf nach Baddeck, wo sie auf den **Cabot Trail** stoßen. Diese 294 km lange Schleife macht Kaliforniens berühmtem Highway 1, was die Aussicht angeht, mit Recht Konkurrenz.

Nachdem Sie den Trans-Canada Highway verlassen haben, sollten Sie dem Cabot Trail im Uhrzeigersinn folgen: über Hunter's Mountain ins Middle River Valley und dann ins üppig grüne Tal des Margaree River mit seinen bekannten Lachsteichen. Die Straße schneidet dann durch sanftes Farmland, bis sie an der Küste Margaree Harbour erreicht, wo sie das Delta des Margaree River überquert und die Küste hinaufführt; herrliche Blicke entfalten sich auf die Northumberland Strait und den Gulf of St. Lawrence. Nach etwa halbstündiger Fahrt von Margaree Harbour die Küste hinauf gelangt man nach **Chéticamp**, einem akadischen, französischsprachigen Fischerdorf. Die von einheimischen Frauen in Handarbeit hergestellten Teppiche und Matten haben es bekannt gemacht. Es gibt eine große Zahl Kunstgewerbeläden und das **Musée Acadien** mit seiner herrlichen Sammlung von Teppichen, mit einem Café und mit einem Kunsthandwerksladen.

Etwa 5 km östlich von Chéticamp kommen Sie zum Eingang des **Cape Breton Highlands National Park**, 958 km² steiler Berge, steiniger Küsten, tiefer Wälder, sandiger Strände und atemberaubender Meeresblicke – eine Wildnis mit vielen Camping- und Picknickplätzen. Das wichtigste Erholungsgebiet am Cabot Trail ist die Region **Ingonish** am Osteingang des Parks (105 km von Chéticamp). Hier ist die Parkverwaltung untergebracht. Zum großen Angebot an Freizeiteinrichtungen zählen Golfplatz, Tennisplätze, Camping- und Picknickplätze, Möglichkeiten zum Baden (beaufsichtigt), zum Bootfahren und zum Segeln und im Winter zum Skifahren. Südlich von Ingonish finden Sie in Ingonish Beach das Keltic Lodge, eines der besten Urlaubshotels in Ostkanada. Von dort können Sie das 366 m hohe **Cape Smoky** erklettern, einen nebelverhangenen Landvorsprung, von dem der Trail zur Küste zurückbiegt und am Nordufer weiterführt. Dieses Gebiet war ursprünglich von Pionieren aus dem schottischen Hochland besiedelt. Nun geht es hinunter nach South Gut St. Ann's unterhalb von St. Ann's Harbour. Von hier legen Sie die restlichen 18 km zum Ende der Schleife in Baddeck wieder auf dem Trans-Canada Highway zurück.

Wenn Sie den Trans-Canada Highway (Route 105) in der anderen Richtung, nach

Osten, befahren, gelangen Sie nach **North Sydney**, von wo die Fähre nach Newfoundland abgeht. Bevor Sie nach North Sydney hineinfahren, können Sie auf der Route 125 nach rechts abbiegen und den Sydney River überqueren. Nun sind Sie in den Außenbezirken von Sydney, der «Stahlstadt», Nova Scotias drittgrößtem (und gewiß eintönigstem) Stadtgebiet. Nehmen Sie jetzt die Route 22 nach Süden. Nach 37 km kommen Sie zur **Fortress of Louisbourg National Historic Site**, der ausgedehntesten historischen Stätte Kanaderhergestellt, in den Straßen und in den Geschäften bewegen sich Menschen in der Kleidung jener Zeit, die Gasthöfe und Tavernen servieren authentische Speisen und Getränke aus dem 18. Jh. Diese Stätte vermittelt Ihnen auf bemerkenswerte Weise die Vorstellung von einem französischen kolonialen Außenposten jener Zeit.

Ein warnendes Wort: Das Wetter ist in Louisbourg oft nebelig und kalt, bringen Sie also für alle Fälle einen Pullover und einen Regenumhang mit.

das. Das Fort selbst bewacht die Einfahrt in den St. Lawrence und somit den Zugang nach Quebec. Ein Vierteljahrhundert (1719–1744) benötigten die Franzosen für den Bau, und als das Fort 1745 von einer 4000 Mann starken Armee aus Neuengland angegriffen wurde, war es noch immer nicht völlig fertiggestellt. Nach 49 Tagen Belagerung ergab man sich. Nach dem Vertrag von Aachen fiel das Fort 1748 an die Franzosen zurück, aber 1758 nahmen die Briten es abermals. Zwei Jahre später ließ Premierminister William Pitt die Befestigungen sprengen. Seit 1961 sind Fort und Stadt das größte Rekonstruktionsprojekt, an das sich Kanada je heranwagte. Über 40 Bauwerke wurden schon äußerst genau wie-

UNTERKUNFT

Peggy's Cove
Am nettesten in Peggy's Cove kommt man in zwei Herbergen in **Indian Harbour** unter (2,5 km nordwestlich an der Route 333). Das **Clifty Cove Motel**, Box 10, Site 30, RR1, Tantallon, Nova Scotia B0J 3J0, ℂ (902) 823-3178, vermietet 10 Zimmer mit Bad/Dusche und TV. Derselben Familie gehören daneben auch die **Lover's Lane**

OBEN: Auch lange nachdem die Flammen verglüht sind, bleibt die Erinnerung an einen schrecklichen Waldbrand im Cape Breton Highlands National Park lebendig. NÄCHSTE SEITEN: Die zerklüftete Schönheit der Küste von Cape Breton Island.

Cottages by the Ocean, Box 4, Site 31, RR1, Tantallon B0J 3J0. Die sechs Cottages sind wie die Motelzimmer voll ausgestattet und preisgünstig. Nahe der Route 333 liegt der **King Neptune Campground**, ((902) 823-2582, mit Bootspier und den üblichen Einrichtungen.

Das Südufer

In **Chester** ist die erste Wahl das **Windjammer Motel** an der Route 3 an der südlichen Abzweigung zur Stadt; Box 240, Chester B0J 1J0, ((902) 275-3567. Die 18 Zimmer umgibt ein gepflegtes Areal, sie haben kleine Kühlschränke und Minibars; Picknicktische, Barbecues, Minigolf und ein Pool sind ebenfalls vorhanden; und teuer ist es nicht. Noch preiswerter ist das **Casa Blanca Guest House and Cabins**, Duke Street 463, Chester B0J 1J0, ((902) 275-3385. Vier der acht Zimmer haben Bad, die anderen vier teilen sich in zwei Bäder. Gleich daneben steht eine Hütte mit allen Einrichtungen; Frühstück inbegriffen.

Im nahen **Hubbards** bieten sich in der Shore Club Road zwei entzückende Unterkünfte an. Eine ist das **Anchorage House and Cabins**, RR2, Hubbards B0J 1T0, ((902) 857-9402, mit sieben Cottages, zwei Hütten und fünf Zimmern im Haupthaus. Es veranstaltet Angelausflüge und vermietet an der eigenen kleinen Anlegestelle kleine Boote. Sehr maßvoll im Preis. Teurer ist das **Dauphinee Inn**, Shore Club Road 167, Hubbards B0J 1T0, ((902) 857-1790; nur sechs Zimmer, aber Alkoholausschank im Speisesaal, eine Lounge, ein Geschenkladen und eine Bootsanlegestelle.

In **Mahone Bay** gibt es zwei reizende Bed & Breakfast. Das **Sou'Wester Inn**, Main Street 788, Mahone Bay B0J 2E0, ((902) 624-9296, hat vier Zimmer, eines mit Bad, die anderen teilen sich in ein Bad; die Zimmer sind mit alten Möbeln ausgestattet, die Veranda blickt auf die Bucht; es ist preisgünstig, und Frühstück ist im Preis inbegriffen. **Longacres Bed & Breakfast** ist ein Haus aus dem Jahr 1800 in der Clearland Road 122, Mahone Bay B0J 2E0, ((902) 624-6336; drei Zimmer, zwei davon mit Bad; Wanderweg, Strand-Fahrräder und ein Teich. Der Preis in der mittleren Kategorie schließt das Frühstück ein.

Die vornehmsten Hotels in **Lunenburg** sind das **Boscawen Inn**, Cumberland Street 150, Lunenburg B0J 2C0, ((902) 634-3325, und das **Bluenose Lodge**, Falkland Avenue 10, Lunenburg B0J 2C0, ((902) 634-8851. Beide werden in restaurierten viktorianischen Villen voller Antiquitäten und Stilmöbel betrieben. Das Boscawen ist etwas teurer als das Bluenose und mit 17 Zimmern etwas größer. Beide haben Alkoholausschank im Speisesaal (drei Mahlzeiten täglich). Eine ausgezeichnete Wahl ist das **Homeport Motel**, Victoria Road 167, Lunenburg B0J 2C0, ((902) 634-8234; sechs klimatisierte Zimmer und sechs neue Wohneinheiten; Kabel-TV, Sprudelbad, Badewanne, breite Betten; sehr konkurrenzfähige Preise. Ein Campingplatz erstreckt sich neben dem Informationszentrum für Touristen an der Blockhouse Hill Road.

In **Shelburne** sollten Sie **The Coppers Inn** versuchen; Dock Street 36, Shelburne B0T 1W0, ((902) 875-4656; ein prächtig restauriertes Haus am Hafen aus dem Jahr 1785 mit ausgezeichnetem Restaurant (Alkoholausschank); drei Zimmer, alle mit Bad; preisgünstig und Frühstück schon eingeschlossen. Noch preisgünstiger ist das **Loyalist Inn**, Water Street 160, Shelburne B0T 1W0, ((902) 875-2343, mit 18 klimatisierten Zimmern mit Bad und Kabel-TV. Ein weiterer guter Tip ist das **Ox Bowl Motel**, Box 459, RR2, Shelburne B0T 1W0, ((902) 875-3000; am Ufer des Lake George etwa 5 km östlich von Shelburne; 47 Zimmer, davon 13 Wohneinheiten; Speisesaal (Alkoholausschank), beheizter Pool, Lounge und Coffeeshop.

Das nobelste Hotel in **Yarmouth** ist ohne Zweifel das **Rodd Grand Hotel**, Main Street 417, Yarmouth B5A 4B2, ((902) 742-2446, gebührenfrei aus den Maritimes ((800) 565-0207, aus Quebec und aus Ontario ((800) 565-0241; 138 Luxuszimmer mit Blick auf den Hafen sind auf 7 Etagen verteilt; mit allen Einrichtungen eines Hotels in mittlerer Preislage. Billiger ist das Schwesterhotel **Rodd Colony Harbour Inn**, Forest Street 6, Yarmouth B5A 3K7, ((902) 742-9194, gebührenfrei wie Rodd Grand; 65 Zimmer; liegt dem Fährhafen gegenüber; sein Colony Restaurant ist zu Recht sehr bekannt, und die Howthorne's Lounge gilt als Yarmouths geselligster Treff für Zecher. Mit 45 Zimmern ist das **Best Western Mermaid Hotel** etwas kleiner; Main Street 545, Yarmouth B5A 1J6, ℂ (902) 742-7821, gebührenfrei ℂ (800) 528-1234; Lounge und Sportpub im englischen Stil, beheizter Swimmingpool, Geschenkladen; nur Minuten vom Fährhafen entfernt. An der Route 1 in Dayton, 4 km von Yarmouth entfernt, liegt über dem Doctors Lake das **Voyageur Motel**, Box 1020, RR1, Yarmouth B5A 4A5, ℂ (902) 742-7157, gebührenfrei aus den Maritimes ℂ (800) 565-5026; 29 Motelzimmer und 4 Wohneinheiten; alle Zimmer, selbst die in der De-Luxe-Kategorie, in mittlerer Preislage. Nur 1,5 km von Yarmouth entfernt, gehört der **Doctors Lake Camping Park**, ℂ (902) 742-8442, zu den bestausgerüsteten Campingplätzen von ganz Nova Scotia.

Annapolis Valley

Wenn Sie über **Digby** schon Bescheid wissen, so wissen Sie auch, daß dort das **Pines Resort Hotel** liegt; Shore Road, Digby B0V 1A0, ℂ (902) 245-2511. Die 83 Zimmer im Haupthaus und die 61 Zimmer in den 30 Cottages sind teuer, jawohl – aber sie sind das auch wert. Das Pines gehört zu den drei großartigen Ferienanlagen der Provinzregierung, hat einen eigenen 18-Loch-Golfplatz, Tennisplätze mit Flutlicht, ein beheiztes und verglastes Schwimmbad, einen Krocketrasen, Wanderwege und vieles mehr. Das beste Hotel danach ist das **Admiral Digby Inn**, Shore Road, Digby B0V 1A0, ℂ (902) 245-2531; nur 1 km von der Anlegestelle der New-Brunswick-Fähren entfernt; 44 Motelzimmer, zwei De-Luxe-Cottages; beheiztes Hallenbad und alle Einrichtungen eines Hotels der mittleren Kategorie. Preisgünstige, aber extrem angenehme Unterkunft bietet das **Kingfisher Motel**, Warwick Street, Digby B0V 1S0, ℂ (902) 245-4747; 37 gut ausgestattete Zimmer und ein gutes Restaurant.

In **Annapolis Royal** ist die Auswahl an hübschen Unterkünften groß. Am allerbesten um leibliches Wohlergehen sorgt sich das **Auberge Wandlyn Royal Anne Motel** westlich der Stadt an der Route 1; Box 628, Annapolis Royal B0S 1A0, ℂ (902) 532-2323, gebührenfrei aus den Maritimes ℂ (800) 561-0000; moderne Zimmer, Sauna, Strudelbäder, Kabel-TV und Restaurant. Was Charme und Geschmack angeht (und günstige Lage), kann ich drei Häuser empfehlen. The **Bread and Roses Country Inn**, Victoria Street 82, Annapolis Royal B0S 1A0, ℂ (902) 532-5727; eine Ziegelsteinvilla aus dem Jahr 1882; 9 Zimmer mit Bad und antiken Möbeln. The **Garrison House Inn**, St. George Street 350, Annapolis Royal B0S 1A0, ℂ (902) 532-5750, liegt direkt gegenüber Fort Anne und stammt aus dem Jahr 1854. The **Queen Anne Inn**, Upper St. George Street 494, Annapolis Royal B0S 1A0, ℂ (902) 532-7850, ist eine eingetragene Heritage Property (Kulturerbe) mit 10 Zimmern (alle mit Bad); Kabel-TV im Aufenthaltsraum.

Im Gebiet von **Grand Pré** bevorzuge ich das **Old Orchard Inn**, P.O. Box 1090, Wolfville B0P 1X0, ℂ (901) 542-5751; nur 5 km vom Grand Pré National Historic Park entfernt (Ausfahrt 11 auf Route 101). Aus einem reizenden Apfelbaumgarten heraus blickt es auf Wolfville; 110 gut ausgestattete Zimmer, 30 rustikale Chalets, ein beheiztes Hallenbad, Tennisplätze, Saunas, Spielplatz und Skipisten – alles in der mittleren Preislage. Der **Blomidon Inn**, Main Street 127, Wolfville B0P 1X0, ℂ (902) 542-2291, hat 27 elegant ausgestattete Zimmer, Erholungseinrichtungen und einen erstklassigen Speisesaal; ebenfalls mittlere Preislage. Wenn Sie nach einer besonders günstigen Herberge Ausschau halten, müssen Sie nur bis zum **Evangeline Motel** blicken; Grand Pré B0P 1M0, ℂ (902) 542-2703, an der Kreuzung der Route 101 mit der Straße in den Park; 21 bequeme Zimmer, ein Pool und ein Restaurant, und es kostet so viel, wie anderenorts allein der Mehrwertsteuer-Anteil des Zimmerpreises beträgt.

In **Windsor** sollte die Wahl eindeutig auf das **Hampshire Court Motel and Cottages** fallen; King Street 1081, Windsor B0N 2T0, ℂ (902) 798-3133; eine schöne, klimatisierte Anlage mit Tennisplätzen, Kabel-TV, einem hübschen Picknickplatz – und dafür überraschend preisgünstig.

Cape Breton Island

Am **Canso Causeway** finden Sie an der Kreuzung der Routen 19, 104 und 105 zwei sehr angenehme Motels der mittleren Preisklasse. Das **Keddy's Inn**, Box 50, Port Hastings B0E 2T0, ☏ (902) 625-0460, gebührenfrei ☏ (800) 561-7666, ist etwas größer und etwas teurer als das **Skye Motel** mit dem besseren Restaurant; Box 190, Port Hastings B0E 2T0, ☏ (902) 625-1300.

Auf der Reise über den **Cabot Trail** lohnt es sich, im Margaree Valley im **Normaway Inn** abzusteigen; Box 100, Margaree Valley B0E 2C0, ☏ (902) 248-2987, gebührenfrei ☏ (800) 565-9463; 9 Zimmer im Haupthaus, 17 Hütten, Tennisplätze und Vermittlung von Kanufahrten, von Reiten, von Lachsangeln usw; verhältnismäßig teuer. In **Chéticamp** ist das **Laurie's Motel** Spitzenreiter, Main Street, Chéticamp B0E 1H0, ☏ (902) 224-2400; 55 Zimmer, einige mit Balkon, und ein überragendes Restaurant; mittlere Preislage. Etwas billiger ist das **Park View Motel**, Box 117, Chéticamp B0E 1H0, ☏ (902) 224-3232; Blick auf den Parkeingang und auf den Gulf of St. Lawrence; Speisesaal mit Ausschank und eine freundliche Lounge für späte Stunden. Das **Ocean View Motel**, Box 419, Chéticamp B0E 1H0, ☏ (902) 224-2313, verlangt etwa denselben Preis und bietet Baden im Meer und Roste für Barbecues.

Einen erstaunlich hohen Gegenwert für die verlangten mittleren Preise erhält man in **Ingonish** im **Glenhorm Resort**, Box 39, Ingonish B0C 1K0, ☏ (902) 285-2049; 74 Motelzimmer und 11 Cottages auf dem Meer zugewandten 22 Morgen (zwar rechnet Kanada heute vollständig im metrischen System, der Morgen jedoch wird als Maß weiter verwendet, siehe Abschnitt MASSE UND GEWICHTE im Kapitel RATSCHLÄGE FÜR REISENDE); mit Swimmingpool. Beim Osteingang zum Park finden Sie in Ingonish Beach das eindrucksvolle und eindrucksvoll teure **Keltic Lodge**, eine weitere Erholungsanlage der Provinzregierung; Box 70, Ingonish Beach B0C 1L0, ☏ (902) 285-2880. Es steht auf einer Halbinsel, die in den Atlantik ragt, und besitzt ein herrschaftliches Haupthaus mit 32 Zimmern, das White Birch Inn mit 40 Zimmern und 9 Cottages mit 26 Zimmern; dazu kommen ein eigener 18-Loch-Golfplatz und eigentlich alles, was ein anspruchsvoller Urlauber sich wünscht. Weit einfacher und weit billiger, aber noch immer sehr komfortabel sind die **Skyline Cabins**, die Joyce Marra ein paar hundert Meter vom Parkeingang entfernt betreibt; Box 26, Ingonish Beach B0C 1L0, ☏ (902) 285-2055; 11

Auf Cape Breton Island macht Ethel unverblümt Jagd auf ausgehungerte Motoristen.

Wohneinheiten; alle besitzen Bad und Dusche. Im nahen Park gibt es drei ausgezeichnete Zeltplätze.

Viel zu bieten hat in **Baddeck** das **Inverary Inn**, Box 190, Baddeck B0E 1B0, ☏ (902) 295-2674: eine große Auswahl an Motelzimmern und an Cottages (insgesamt 160), einen eigenen Strand am Bras d'Or Lake, eine weitläufige Anlage, Swimmingpools im Freien und unter Dach, Tennisplätze und ein wundervolles Restaurant. Das **Silver Dart Lodge**, Box 399, Baddeck B0E 1B0, ☏ (902) 295-2340, ist kleiner und billiger, hat aber trotzdem seinen eigenen Strand, einen Spielplatz, einen Swimmingpool, Luxussuiten, Chalets, Sprudelbäder und dergleichen mehr.

In **Louisbourg** gibt es ein Anzahl völlig ausreichender B&Bs. Ich selbst ziehe das **Louisbourg Motel** vor; Main Steet 1225, Louisbourg B0A 1M0, ☏ (902) 733-2844; recht preisgünstig und trotzdem mit allen Bequemlichkeiten eines modernen Motels plus ausgezeichnetem Speisesaal (mit Alkoholausschank).

Restaurants

Peggy's Cove
Was Peggy's Cove vor allem auszeichnet, sind seine Snackbars und Schnellgaststätten: Fallgruben für den hungrigen Touristen. Es gibt aber auch das **Sou'Wester**, ☏ (902) 823-2561, an der Route 333 auf der Hügelspitze beim Feuerturm, das auf Hummer frisch aus dem Wassertank spezialisiert ist.

Das Südufer
Wenn Sie in **Chester**, wie ich empfohlen habe, im Windjammer Motel abgestiegen sind, essen Sie auch dort. Wenn nicht, begeben Sie sich zum **Galley Restaurant & Lounge**, ☏ (902) 275-4700, zwischen den Ausfahrten 98 und 9 auf der Route 3. Zu den herrlichen Speisen gesellen sich herrliche Blicke auf den Jachthafen von Marriott Cove. In **Mahone Bay** ist **Zwicker's Inn**, ☏ (902) 624-8045, in einem renovierten Posthaus aus dem Jahr 1805 in der Main Street 662, für besonders köstliche Fischsuppen, für Teigwaren, Brot und für Eiscreme bekannt – alles hausgemacht. Ein Besuch lohnt sich auch im **Innlet Café**, ☏ (902) 624-6363, in Kedy's Landing in Mahone Bay. Schmuck ausgestattet, nimmt es den Flügel eines 200 Jahre alten Hauses ein; seine Spezialitäten sind verschiedene Kaffeearten und Desserts – und was davor kommt, ist auch nicht zu verachten.

In **Lunenburg** ißt man am besten im **Boscawen Inn** und im **Bluenose Lodge** (beide schon oben erwähnt). Gut ist auch das **Capt'n Angus Seafood Restaurant**, ☏ (902) 634-3030, im zweiten Stock des Fisheries Museum of the Atlantik, das traditionelle Speisen aus Lunenburg auf den Tisch bringt.

In **Shelburne** bietet sich neben dem **Copper's Inn** und dem **Loyalist Inn** – in einem von beiden sollten Sie abgestiegen sein – das **McGowan's**, ☏ (902) 875-3602, an: ein Speiselokal (mit Alkoholausschank) und eine Lounge in der Dock Street 1 in der oberen Ebene über der Bruce's Wharf.

In **Yarmouth** verfügen, wie gehabt, die besten Hotels auch über die besten Restaurants: **Rodd Colony Harbour Inn** und **Rodd Grand Hotel**. Danach sollten Sie **Captain Kelley's Kitchen**, ☏ (902) 742-9191, in der Main Street 577 ausprobieren: sehr gutes Essen zu volkstümlichen Preisen. Außerhalb des Ortes an der Route 1 gegenüber dem Voyageur Motel liegt das wenig verheißungsvoll benannte **Harris' Quick 'n' Tasty**, ☏ (902) 742-3467, das aber viel besser ist, als es klingt, und dem Gast «cholesterinfreies Anbraten» verspricht.

Annapolis Valley
In **Digby** sollten Sie im **Pines Resort Hotel** essen. Empfehlen kann ich auch den **Admiral Digby Inn**. Um etwas Abwechslung in Ihren Speiseplan zu bringen, können Sie im **House of Wong**, ☏ (902) 245-4125, in der Water Street 110 in Digby köstlich chinesisch speisen; es ist schon ein halbes Jahrhundert in Betrieb. Gleich außerhalb von Digby wartet in Smith's Cove das **Harbourview Inn**, ☏ (902) 245-5686, mit einer sehr guten Küche auf Gäste.

In **Annapolis Royal** serviert in der George Street 469 das **Historic Garden Restaurant**, ☏ (902) 532-7062, in einem viktorianischen Haus über einem wunderschönen

Nova Scotia

Garten delikate Gerichte aus Meeresfrüchten. Mehr an Gourmands als an Gourmets wendet sich das **Newman's**, ℂ (902) 532-5502, in der George Street 218; seine einfachen und gut zubereiteten Gerichte sind jedoch sehr preiswert.

Das beste Lokal in **Wolfville** ist das **Chez la Vigne**, ℂ (902) 542-5077, in der Front Street 17, wo Sie französische Küche in romantischer Umgebung erwartet. Koch und Besitzer Alex Clavel ist der «Kanadische Koch des Jahres 1989». Einfacher geht es im **Colonial Inn Restaurant**, ℂ (902) 542-7525, in der Main Street gegenüber dem Postamt im Stadtzentrum zu. Alles dort ist hausgemacht, einschließlich des Gebäcks, und wird in kolonialer Ausstattung serviert. Geschmackvolles Essen in geschmackvoller Umgebung – in dieser Kategorie ist der **Acadian Room** im Old Orchard Inn nicht zu schlagen. Dichtauf folgt der Speisesaal im **Blomidon Inn**.

Cape Breton Island

Einer der besten Orte zum Speisen auf Cape Breton Island ist einer der ersten Orte, auf den Sie auf der Insel treffen: das Restaurant im **Skye Motel** am **Canso Causeway**.

Auf dem **Cabot Trail** wartet das **Normaway Inn** im Margaree Valley mit einem großartigen Speisesaal im Haupthaus auf. In **Chéticamp** besitzt das **Laurie's Motel** ein sehr gutes Restaurant, allerdings schließt es etwas frühzeitig. Das **Harbour Restaurant**, ℂ (902) 224-2042, in der Main Street bietet in seinem Speisesaal und auf einem Patio über dem Meer in der Saison frischen Hummer. In **Ingonish** muß man natürlich im **Keltic Lodge** essen, wo es wohl die beste Küche auf der Insel gibt – und die teuerste. In **Baddeck** sollten Sie selbst dann das Restaurant im **Inverary Inn** aufsuchen, wenn Sie dort nicht übernachten. Ebenso gut speisen Sie aber auch auf der anderen Straßenseite im **McCurdy's Restaurant** des Silver Dart Lodge. Auch das **Bell Buoy Restaurant**, ℂ (902) 295-2581, in der Chebucto Street in der Innenstadt mag ich.

In **Louisbourg** liegt der Speisesaal im **Louisbourg Motel** über dem Durchschnitt. Planen Sie aber auf jeden Fall auch einen Besuch in einem der alten Restaurants in der Festungsanlage ein. Die zwei besten sind das **The Grubstake Restaurant**, ℂ (902) 733-2309, in der Main Street 1274, und das **Anchors Anweigh Restaurant**, ℂ (902) 733-3131, in der Main Street 1095; beide verfügen über eine eigene Bäckerei.

Anreise

Wenn Sie, ohne Halifax zu berühren, direkt nach Cape Breton Island fliegen möchten: Air Atlantic, ℂ (902) 564-4545, verbindet Sydney mit dem Rest der Atlantikprovinzen

Wenn Sie mit der Fähre aus den USA nach Nova Scotia anreisen, haben Sie die Wahl zwischen täglichen Verbindungen von Bar Harbor (6 Stunden) und von Portland (11 Stunden). Informationen: Marine Atlantic, P.O. Box 250, North Sydney, Nova Scotia B2A 3M3, oder Anruf in Bar Harbor unter ℂ (207) 288-3395. Informationen Portland: Prince of Fundy Cruises, International Terminal, Portland ME 04101, ℂ (207) 775-5616, gebührenfrei in den Maritimes ℂ (800) 565-7900.

Nova Scotia von innen und außen. OBEN: Lachs wird zum Räuchern vorbereitet. GEGENÜBER OBEN: Eine Scheune und ein Farmhaus in ihrer bewaldeten Umgebung. UNTEN: Die schindelverkleidete Wand einer Scheune.

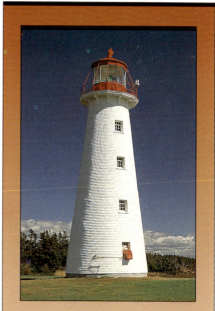

Prince Edward Island

EIN BLICK AUF DIE SPITZNAMEN von Prince Edward Island (P.E.I.) verrät allein schon sehr viel über diese Provinz. Phantasievoll und liebevoll gilt sie als «Kanadas Millionen-Morgen-Farm», als «Kartoffelinsel» und als «Garten am Golf». Ihr meist gewelltes Farmland streckt sich 224 km in die Länge und zwischen 6 und 64 km in die Breite. Berühmt ist die Insel für ihre Kartoffeln; sie ist wunderschön und weitgehend unberührt.

Vom Festland trennt die Insel die Northumberland Strait. Die Micmac-Indianer wohnten schon hier, als Jaques Chartier 1534 dieses «heiterste Land, das man sehen kann» betrat, es Ile St. Jean nannte und für Frankreich beanspruchte. Französische Siedler jedoch trafen in zählbaren Mengen erst im frühen 18. Jh. ein. Eine Verstärkung bildeten 1755 die von den Briten aus Nova Scotia vertriebenen Akadier und 1758 noch einmal französische Kolonisten, die nach dem Fall der Feste Louisbourg aus Nova Scotia flohen. Eine sichere Zuflucht war das allerdings nicht für lange. Später im selben Jahr (1758) eroberte eine Streitmacht unter Lord Rollo die Insel und deportierte den Großteil der französischsprachigen Bevölkerung. Fünf Jahre danach wurde die Ile St. Jean in «Island of St. John» umbenannt und Nova Scotia angegliedert. Charlottetown, nach Königin Charlotte, der Gattin König Georgs III., benannt, machte man 1764 zur Hauptstadt, und 1769 wurde die Insel eine eigenständige Kolonie.

Die Jahre nach der amerikanischen Revolution bescherten der Kolonialbevölke-

CHARLOTTETOWN UND DAS NORDUFER

Diese reizende kleine Stadt mit Straßen und Plätzen im Schatten von Bäumen, mit herrschaftlich-viktorianischen schindelverkleideten Häusern und mit monumentalen Kirchen ist nicht nur Provinzhauptstadt, sondern auch Touristik- und Handelszentrum der Insel. Sie liegt an einem Arm der Hillsborough Bay, die von der Northumberland Strait abgeht (zum Fährhafen Wood Islands sind es 55 km). Hier begannen 1864 die Verhandlungen, die zur Geburt des Dominions Kanada führten; «Wiege der Konföderation» wird die Stadt daher genannt.

Geschichte

Charlottetown liegt genau der Hafenseite gegenüber, an der die erste europäische Siedlung auf Prince Edward Island 1720 von 300 französischen Kolonisten gegründet wurde. Port-La-Joye nannten sie den Ort. Die Briten eroberten ihn 1758, bauten Fort Amherst und gründeten sechs Jahre später Charlottetown. Trotz des Zustroms von Loyalisten nach der amerikanischen Revolution und trotz der aufeinanderfolgenden Einwandererwellen aus Irland und aus dem schottischen Hochland wuchs die Stadtbevölkerung nur langsam, dafür aber stetig – ähnlich dem Lebensrhythmus Charlottetowns von heute. Im Jahr 1864 wurde die Stadt der Geburtsort Kanadas, als Delegierte der britischen Kolonien in Nordamerika im Province House zusammenkamen und die Vertragsartikel signierten, die zum kanadischen Staatenbund führten.

Mit viel gut erhaltener Kolonialarchitektur ist Charlottetown der hübsche und attraktive Beginn eines Besuchs der Insel.

rung und ihrer anglophilen Ausrichtung einen Aufschwung durch Loyalisten, die den neuen USA im Süden entflohen. Ein letztes Mal wurde die Insel 1799 zu Ehren von Prinz Edward umbenannt, dem späteren Herzog von Kent und Vater der künftigen Königin Viktoria. Die Selbstverwaltung erhielt die Kolonie 1851, und 1864 spielte sie den Gastgeber für die historische Konferenz, die 1867 zur Föderation von Kanada führen sollte. Prince Edward Island trat dieser Föderation 1873 bei.

Obwohl nur 130 000 Menschen auf der Insel leben, ist sie die dichtestbevölkerte Provinz Kanadas – denn sie ist mit Abstand auch die kleinste. Noch dichter besiedelt ist sie im Sommer, wenn über eine halbe Million Besucher ihre idyllische Landschaft

Typischer Landstrich auf Kanadas «Millionen-Morgen-Farm».

CHARLOTTETOWN UND DAS NORDUFER

ALLGEMEINE INFORMATIONEN

Nova Scotias ausgezeichnetes «Check In»-System hat auf Prince Edward Island seine Entsprechung im «Dial The Island», einem kostenlosen Informations- und Reservierungsdienst: kostenfrei in den Maritimes ℂ (800) 565-7421, im Rest Nordamerikas ℂ (800) 565-0267. Ein Exemplar des kostenlosen 200seitigen *Visitors Guide* der Provinz schicken Ihnen die Visitors Services, P.O. Box 940, Charlottetown, Prince Edward Island C1A 7M5. Das Charlottetown Visitor Information Centre, ℂ (902) 368-4444, finden Sie in der Einkaufspromenade Oak Tree Place an der Summer Street und an der University Avenue (die gleichzeitig der Trans-Canada Highway ist). Visitor Information Centres gibt es auch in Borden, Portage, Summerside, Brackley Beach, Cavendish, Stanhope, Wood Islands, Montague und Souris. Wenn Sie auf der Insel eine größere Zusammenkunft planen, wenden Sie sich an das P.E.I Convention Bureau in der Queen Street 11, Charlottetown C1A 4A2, ℂ (902) 368-3688.

Das Haus, das Literaturgeschichte gemacht hat: Green Gables House bei Cavendish, eine unverwüstliche Touristenattraktion.

WAS SIE SEHEN UND TUN KÖNNEN

Charlottetown

Herz und Seele von Charlottetown ist das **Convention Centre of the Arts**, ℂ (902) 566-2464, in der Queen Street (zwischen Richmond Street und Grafton Street). Es wurde 1964 zur Erinnerung an den 100. Jahrestag der historischen Konferenz gebaut, mit der die ersten Schritte in Richtung eines vereinten, konföderierten Kanada getan wurden. Das Zentrum erstreckt sich über zwei Blocks und enthält eine Gedenkhalle, ein Theater, eine Kunstgalerie, ein Museum, eine Bibliothek und ein Restaurant. Es ist Hauptschauplatz des jährlichen sommerlangen Charlottetown Festivals. Dann wird stets ein Musical gegeben, das auf dem klassischen Jungenbuch *Anne of Green Gables* (deutsch unter dem Titel *Anna auf Green Gables*) basiert.

Gegenüber dem Zentrum liegt in der Richmond Street das **Province House**, ein dreistöckiger neogeorgischer Sandsteinbau (1843–1847), in dem sich 1864 die Delegierten trafen, um den Prozeß zur Schaffung Kanadas einzuleiten. Ihr Beratungszimmer im zweiten Stock heißt jetzt Confederation Chamber und sieht noch genauso aus wie im Jahr 1864. Das Gebäude beherbergt außerdem das Provinzparlament.

Südlich vom Province House liegt an der Richmond Street die **St. Dunstan's Basilica**, eine der größten Kirchen Kanadas und leicht an ihren zwei neugotischen Türmen zu erkennen. Im Inneren ist außergewöhnlich schönes italienisches Schnitzwerk zu sehen. Die **St. Paul's Anglican Cathedral** in der Church Street stammt aus dem Jahr 1747, was sie zur ältesten protestantischen Kirche der Provinz macht. Ihr Inneres ist mit einigen Wandmalereien des Porträtisten Robert Harris geschmückt.

Golf können Sie im hübschen, halbprivaten Belvedere Golf and Winter Club, ℂ (902) 892-7838, spielen, nur ein paar Minuten Fahrt aus der Innenstadt auf dem Riverside Drive nach Nordosten. Des größten Zuschauerzuspruchs erfreuen sich in der Stadt jedoch **Pferderennen**, die an drei Abenden in der Woche im Charlottetown Driving Park, ℂ (902) 892-6823, in der Kensington Road stattfinden.

Für **Einkäufe** ist Prince Edward Island eine wahre Fundgrube an traditionellem Kunstgewerbe wie Stickerei, Stepparbeiten, Töpferei, Glaswaren, Leder, Holzarbeiten und Weberei. Informationen gibt The Manager, Craft Development Dept. of Community and Cultural Affairs, P.O. Box 2000, Charlottetown C1A 7N8, ℂ (902) 368-5280, oder der P.E.I. Crafts Council, Richmond Street 156, Charlottetown C1A 1H9, ℂ (902) 892-5152.

Das Nordufer

Die Route 2 nördlich von Charlottetown führt Sie gleich hinter Dunstaffnage auf die Route 6; diese geht nach **Dalvay** am Osteingang des **Prince Edward Island National Park**, der größten Touristenattraktion der Provinz. Der Park erstreckt sich über 40 km die Nordküste entlang und ist äußerst beliebt – dank seiner feinen weißen Sandstrände, die zu den schönsten Nordamerkas zählen, und dank des schönen klaren Wassers, das der Golfstrom erwärmt. Von den Stränden des Parks ist **Dalvay Beach** am wenigsten überfüllt, während **Cavendish Beach** am anderen Parkende zu den umtriebigsten in ganz Kanada zählt. Diese Strände sind von der Route 6 aus erreichbar. Hinter Brackley Beach wird Route 6 zu einem Teilstück des malerischen Blue Heron Drive, der sich um das Inselzentrum windet. Benannt wurde er nach den schönen Reihern gleichen Namens in der **New London Bay** gleich hinter Cavendish am Westende des Parks.

Nahe der Route 6 erhebt sich bei Cavendish das **Green Gables House**, das alte grüne und weiße Farmhaus der Cousinen von Lucy Maud Montgomery. In ihrem Roman *Anne of Green Gables* verewigte sie es als das Heim von Anne. Der sorgfältig restaurierte Bau wird jedes Jahr von Tausenden besucht. Ganz in der Nähe bietet der Vergnügungspark **Rainbow Valley**, ℂ (902) 836-3610, auf 30 Morgen Land Vergnügungsfahrten und Unterhaltung.

UNTERKUNFT

Charlottetown

Das größte und beste Hotel in Charlottetown ist über dem Hafen das neue 10stöckige **Prince Edward Hotel and Convention Centre**, Queen Street 18, Charlottetown C1A 8B9, ℂ (902) 566-2222, gebührenfrei ℂ (800) 268-9411; ein Canadian-Pacific-Hotel mit 211 Zimmern, mit Saunas, Strudel- und Heilbädern, mit Swimmingpool, mit Minibar in jedem Zimmer, mit zwei Restaurants und mit einer Lounge. Das andere echte Spitzenhotel ist das **Charlottetown**, ein

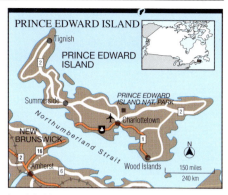

Rodd-Classic-Hotel an der Ecke Kent Street und Pownal Street, Charlottetown C1A 7K4, ℂ (902) 894-7371, gebührenfrei in den Maritimes ℂ (800) 565-0207, in Ontario und Quebec ℂ (800) 565-0241. Es ist ein bißchen billiger als das Prince Edward und etwa halb so groß, und es bietet dieselbe Auswahl an Einrichtungen im Herzen der Innenstadt.

In der mittleren Preisklasse fiele meine Wahl auf das **Inn on the Hill** an der Ecke University Avenue und Euston Street; P.O. Box 1720, Charlottetown C1A 7N4, ℂ (902) 894-8572; es ist recht modern, liegt günstig und hat das sehr gute Restaurant Sam's. Das **Kirkwood Motor Hotel**, University Avenue 455, Charlottetown C1A 4N8, ℂ (902) 892-4206, ist größer, hat zwei Restaurants und einen Swimmingpool mit Sonnendeck. Das **Dundee Arms Inn and Motel**, Pownal Street 200, Charlottetown C1A 3W8, ℂ (902) 892-2496, wird in einer restaurierten Villa aus der Jahrhundertwende betrieben, ist mit Antiquitäten ausgestattet und liegt in einer baumbestandenen Wohngegend. Sein Restaurant Griffon Room ist wohl das beste auf der Insel. Zimmer im Motelflügel sind biller als die im Inn. Am Trans-Canada Highway 3 km westlich von Charlottetown liegt das **Auberge Wandlyn Inn**, P.O. Box 9500, Charlottetown C1A 8L4, ℂ (902) 892-1201, gebührenfrei ℂ (800) 561-0000; Swimmingpool und Speisesaal mit Alkoholausschank; gutes Preis-Leistungs-Verhältnis. Ebenso günstig ist das **Elmwood Heritage Inn** in der ulmengesäumten North River Road; P.O. Box 3128, Charlottetown C1A 7N8, ℂ (902) 368-3310. In einer hübschen Anlage ist dieses große viktorianische Haus mit Antiquitäten möbliert; der Service ist freundlich und persönlich.

Von den weniger teuren Unterkünften liegen die drei am besten ausgestatteten ein paar Kilometer westlich der Stadt dicht beisammen am Trans-Canada Highway. Das schickste unter ihnen ist das **Queen's Arms Motel**, West Royalty RR7, Charlottetown C1A 7J9, ((902) 368-1110; alle 66 Zimmer klimatisiert, Kabel-TV, Restaurant und Swimmingpool. Das **Journey's End Motel**, Trans-Canada Highway 112, Charlottetown C1E 1E7, ((902) 566-4424, gebührenfrei ((800) 668-4200, ist typisch für diese Kette: 81 hübsch eingerichtete Zimmer mit Kabel-TV zu sehr angenehmen Preisen. Die kleinste und billigste der drei Unterkünfte ist das **Royalty Maples Court**, West Royalty RR7, Charlottetown C1A 7J0, ((902) 368-1030; 16 Wohneinheiten, 10 davon Cottages; in einem weitläufigen Gelände bei einer Einkaufsarkade und einem Golfplatz. Glücklicherweise gibt es für sehr schmale Geldbörsen eine Überfülle an Touristenheimen und an Frühstückspensionen (B&B) – in Charlottetown wie auf dem Rest der Insel. Eine ausführliche Liste verteilen die Visitor Services in Charlottetown.

Das Nordufer

Am östlichen Ende des Nationalparks erhebt sich beim Dalvay Beach das herrliche alte **Dalvay-by-the-Sea Hotel**, P.O. Box 8, York C0A 1P0, ((902) 672-2048, im Winter ((902) 672-2546. Alexander Macdonald, ein Magnat von Standard Oil, errichtete es sich 1895 als Sommerresidenz. Das Hotel steht nur 180 m vom Strand entfernt in einer reizenden Anlage und verfügt über ein ausgezeichnetes Restaurant, über einen 2-Loch-Fairway, einen Bowlingrasenplatz, über einen See mit Kanus, über Tennis- und Spielplätze und über Naturlehrpfade. Seine 26 Zimmer sind teuer; das muß man von einem Stück Paradies aber auch erwarten. Weiter westlich, an der Route 25 und über der Covehead Bay, liegt das **Stanhope by the Sea**, P.O. Box 9, York C0A 1P0, ((902) 628-7899, im Winter ((902) 672-2047, ein Landgasthof seit dem Jahr 1817; 35 Zimmer im Original-Inn, 24 im neuen Inn, 17 Motelzimmer, alle in mittlerer Preislage, dazu ein teures Appartement; alle kürzlich renoviert. Der Inn liegt nahe am Strand und verfügt über Tennisplätze und Segelboote. Das

Paradestück in Brackley Beach heißt **Shaw's Hotel**, Route 15, Brackley Beach C0A 2H0, ((902) 672-2022. Seit 1860 wird es von der Familie Shaw geführt; 22 Zimmer im Hauptbau, 12 Cottages (davon 6 Luxuschalets); wohlgepflegte Anlage und nur 500 m vom Strand entfernt.

Rund um die Rustico Bay finden Sie entzückende Unterkünfte, alle zu mäßigen Preisen. In South Rustico empfehle ich das **Barachois Inn**, P.O. Box 1022, Charlottetown C1A 7M4, ((902) 963-2194; ein viktorianischer Bau aus dem Jahr 1870 an der Route 243; fünf geschmackvoll ausgestattete Zimmer und eine Suite, kürzlich renoviert. In Rusticoville blickt **The Breakers by the Sea** auf Hafen und Meer; Box 38, Hunter River C0A 1N0, ((902) 963-2555; De-Luxe-

Cottages mit zwei Schlafzimmern, Kabel-TV und Propangas-Barbecue. In North Rustico bieten die **Gulf View Cottages** ebenfalls gut ausgestattete Häuschen mit zwei Schlafzimmern auf einem weitläufigen Gelände über dem Meer; P.O. Box 119, North Rustico C0A 1X0, ℂ (902) 963-2052.

Wie man angesichts des Green Gables House als Touristenmekka erwarten darf, ganz zu schweigen von der enormen Beliebtheit des Cavendish Beach, steckt das ganze Cavendish-Gebiet voller Unterkünfte. Ein paar hundert Meter östlich von Cavendish vermietet an der Route 6 das **Island Wild Resort** 11 De-Luxe-Cottages; Hunter River RR2, Cavendish C0A 1N0, ℂ (902) 963-2193; mit Satelliten-TV, Gas-Barbecues und mit beheiztem Pool; mittlere Preislage. Von hier erreicht man zu Fuß die **Sundance Cottages**, Hunter River RR1, Cavendish C0A 1N0, ℂ (902) 963-2149; ebenfalls 11 De-Luxe-Cottages mit derselben Ausstattung. Im Herzen von Cavendish ist das **Kindred Spirits Country Inn and Cottagès**, Cavendish C0A 1N0, ℂ (902) 963-2434, ein bezaubernder, mit Antiquitäten gefüllter Landgasthof auf einem wundschönen Gelände direkt neben dem Green Gables House und dem Golfplatz. Im Inn gibt es 10 große Zimmer, dazu 13 Cottages und einen großen Swimmingpool. Ebenfalls neben dem Green Gables Golf Course liegt das **Lakeview Lodge and Cottages**, Cavendish C0A 1M0, ℂ (902) 963-2436, mit 10 Zimmern im

Austernbänke in der Malpeque Bay.

Lodge und 22 Cottages. An der Route 13 bietet sich im Zentrum von Cavendish das **Shining Waters Country Inn and Cottages** an; Cavendish C0A 1M0, ☏ (902) 963-2251; ein weiterer freundlicher Landgasthof in mittlerer Preislage; 10 Zimmer im Haupthaus und 20 Cottages, glänzende Auswahl an Freizeitangeboten.

Man darf auch nicht vergessen, daß an dieser Küste überall ausgezeichnete Campingplätze warten. Drei davon betreibt der Nationalpark selbst. Dazu kommen noch die sehr preisgünstigen Zimmer in Farmhäusern und in Touristenheimen.

Restaurants

Charlottetown

In Charlottetown und wohl in der ganzen Provinz ißt man am besten (und im Kolonialstil) im **Griffon Room** im Dundee Arms Inn, ☏ (902) 892-2496. Natürlich ist es dort teuer, aber doch nicht ganz so teuer wie im **Lord Selkirk Room** im Prince Edward Hotel, ☏ (902) 892-9052. Ausgezeichnet sind sie auf jeden Fall beide, und dasselbe gilt für den **Confederation Room** im Charlottetown, ☏ (902) 894-7371, das der Geldbörse besser bekommt. **Samuel's** im Inn on the Hill, ☏ (902) 894-8572, bereitet seine delikaten Meeresfrüchte zu maßvollen Preisen zu.

Charlottetown besitzt eine schöne Auswahl an Lokalen der mittleren Preisklasse, die überdurchschnittlich gute Speisen auftragen. Eines davon ist **Lobsterman's Landing**, ☏ (902) 368-2888, in der Prince Wharf Street mit Blick auf den Hafen. Die verschiedenen Muschelarten dort sind außergewöhnlich köstlich. In der Queen Street 52 offeriert das **Queen Street Cafe**, ☏ (902) 566-5520, sehr schmackhafte und sehr preiswerte Gerichte; dazu kommt eine sehr reizvolle Ausstattung. Ein anderes beliebtes Lokal ist in der Queen Street 219 das **Town & Country Restaurant**, ☏ (902) 892-2282; gelobt werden seine Steaks und seine Salate.

Überraschenderweise weist Charlottetown eine ganze Reihe lohnender Restaurants mit fremdländischer Küche auf. Mein Lieblingslokal ist **The Dispensary**, ☏ (902) 894-5990, im Untergeschoß von Apothecaries' Hall in der Grafton Street 99; zur mexikanischen Küche gibt es an den Wochenenden abendliche Live-Musik. Chinesisch essen Sie am besten im **King Palace Restaurant**, ☏ (902) 894-9644, in der Queen Street 161. **Cedar's Eatery**, ☏ (902) 892-7377, in der University Avenue 81 ist ein einladendes Lokal, das sich auf libanesische Küche und auf hoch aufgetürmte Portionen spezialisiert hat. Ein guter Tip für italienische Küche ist in der Prince Street 186 das **Casa Mia**, ☏ (902) 892-8888; und schließlich bei jedermann beliebt ist **Pat's Rose and Grey Room**, ☏ (902) 892-2222, in der Richmond Street 132 gegenüber dem Confederation Centre. In diesem mahagonigebeizten und bleiverglasten Restaurant mit hoher Decke geht eine ausgesprochen freundliche Atmosphäre einher mit appetitanregenden Speisen.

Das Nordufer

Wenn Sie sich an meine Ratschläge bei den Unterkünften gehalten haben, sind Sie am richtigen Ort für ein gutes Essen. Der Speisesaal im **Dalvay-by-the-Sea**, ☏ (902) 672-2047, ist ausgezeichnet, die Meeresfrüchte kommen mit leicht anglo-französischem Akzent auf den Tisch. Ebenso fabelhaft, wenn nicht vollkommen, sind die Meeresfrüchte im **Stanhope by the Sea**, ☏ (902) 672-2048. Und wenn Sie sich in Brackley Beach einen Hochgenuß gönnen wollen, gehen Sie in den Speisesaal von **Shaw's Hotel**, ☏ (902) 672-2022; besonders gut ist dort das sonntägliche Buffet. Die Straße ein Stück weiter, an der Route 6 in Oyster Bed Bridge, können Sie im **Cafe St. Jean**, ☏ (902) 963-3133, ein wundervolles Mahl in wundervoller Umgebung zu wundervoll mäßigen Preisen einnehmen.

In North Rustico trifft sich die ganze Welt, so scheint es jedenfalls, im Hafen in **Fisherman's Wharf**, ☏ (902) 963-2669; es heißt, daß 10 Tonnen lebende Hummer für Hunderte von Gästen gehalten werden, die somit auf einmal Sitzung bedient werden können. Für einen ruhigeren Abend schlage ich in North Rustico das **Idle Oars Restaurant** vor, ☏ (902) 963-2534; außer Meeresfrüchten gibt es erstklassige Steaks und dazu einen Blick über wogendes Farmland.

In Cavendish warten viele – zu viele – Eßbuden, Imbißstuben und Schnellgaststätten auf Gäste und leider nur wenige nette Speiserestaurants. Eines davon ist an Route 13 **The Galley**, ((902) 963-3383; Meeresfrüchte und Steaks stehen auf der Karte. Wer beim Essen Spaß haben will, dem rate ich zum **Fiddles & Vittles**, ((902) 963-3003, neben dem Bay Vista Motor Inn an Route 6. Die Fiedelmusik kommt aus dem Hintergrund und ist meist Western und unaufdringlich, die Speisen im Vordergrund sind meist Meeresfrüchte und köstlich, und der Service dazwischen ist unfehlbar freundlich.

Tormentine in New Brunswick mit Borden auf Prince Edward Island. Die Fähre fährt im Sommer jede halbe Stunde, die Überfahrt dauert 45 Minuten. Da keine Reservierungen angenommen werden, ist es ratsam, bei An- und Abreise früh am Tag einzutreffen. Dasselbe gilt für die Fähre von Caribou in Nova Scotia nach Wood Islands auf Prince Edward Island. Sie fährt etwa alle Stunde und benötigt für die Überfahrt 75 Minuten. Informationen und Fahrpläne gibt es bei den Visitor Services oder bei **Marine Atlantic**, Kent Street 180, Charlottetown C1A 1N9,

ANREISE

Air Canada fliegt Charlottetown täglich aus verschiedenen kanadischen Städten an. Air Atlantic kommt von Halifax und Montreal, wo mit Canadian Airlines Anschlüsse von und zu vielen anderen Städten bestehen. Einzelheiten erfahren Sie bei Ihrem Reisebüro, beim Visitor Services in Charlottetown und beim kostenlosen Telefondraht «Dial The Island». **Air Canada** erreichen Sie in Charlottetown unter ((902) 892-1007 und **Air Atlantic** unter ((902) 892-3581.

Vom Festland verkehren zwei regelmäßige Fährdienste. Marine Atlantic verbindet das ganze Jahr hindurch Cape

((902) 855-2030, gebührenfrei in den Maritimes ((800) 565-9470, sowie bei **Northumberland Ferries**, P.O. Box 634, Charlottetown C1A 7L3, ((902) 894-3473, gebührenfrei in den Maritimes ((800) 565-0201.

Ein kleiner Prince-Edwardianer, der dem Leben noch seine beschaulichen Seiten abgewinnen kann...

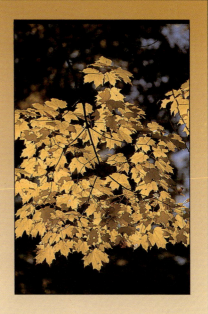

New Brunswick

«NEUBRAUNSCHWEIG», das «Tor zum atlantischen Kanada», kann sich zweier Naturwunder dieser Welt rühmen: der Flut in der Bay of Fundy und der Blätter auf seinen Bäumen. Zweimal täglich wirbeln 100 Milliarden Tonnen Wasser in die trichterförmige Bay of Fundy und schaffen Flutwellen von bis zu 15 m Höhe, die höchsten der Welt. Und einmal im Jahr kleiden sich die Bäume in New Brunswick mit solcher Farbenpracht – wenn sich ihre Blätter nämlich im Herbst golden, rot, orange und pupur färben –, daß das Department of Tourism sich veranlaßt sieht, über einen heißen Draht jeden Interessenten in Nordamerika über die täglichen Farbveränderungen der Blätter zu informieren.

Und es gibt eine Menge Blätter zum Verfärben, denn 80% der 74 437 km² von New Brunswick sind mit Wald bedeckt. Die Provinz grenzt im Westen an Maine (USA), im Norden an Quebec und ist im Südosten mit Nova Scotia durch den Isthmus von Chignecto verbunden. Die Küste ist etwa 2250 km lang. An ihr finden Sie Dutzende erstklassiger Strände und dazu noch Hunderte von bezaubernden kleinen Fischerdörfern.

Wie die beiden anderen Maritimes war New Brunswick schon mindestens 2000 Jahre, bevor es von Jacques Cartier 1534 «entdeckt» wurde, von Micmac-Indianern bewohnt. Samuel de Champlain errichtete 70 Jahre später eine Siedlung auf St. Croix Island; ernsthaft begann die Besiedlung der Provinz durch die Franzosen aber erst im frühen 18. Jh. Als der britische Druck stärker wurde, bauten die Franzosen 1751 zum Schutz der Siedler Fort Beausejour. Vergeblich. Vier Jahre später (1755) ergab es sich den Briten unter Oberst Moncton. Wenig später erging der Befehl zur Deportation der französischsprachigen Akadier.

Die ersten Schiffe mit Loyalisten aus den früheren amerikanischen Kolonien trafen 1783 in Parrtown (heute Saint John) ein. Im folgenden Jahr war die loyalistische Bevölkerung auf 14 000 Menschen gewachsen. Sie forderten eine neue Provinz und erhielten sie unter dem Namen New Brunswick (Neubraunschweig, nach dem Hannoveraner Georg I., der 1714 den englischen Thron bestieg und nominell den Titel «Herzog von Braunschweig» führte – de facto war Braunschweig allerdings nie Bestandteil des mit England in Personalunion vereinigten Hanover). Saint John wurde 1785 Kanadas erste eigenverantwortliche Kommune, während man Fredericton zur Provinzhauptstadt machte. Um diese Zeit etwa begannen Akadier, die 30 Jahre zuvor vertrieben worden waren, zurückzukehren, und heute spricht ein Drittel der 725 000 Einwohner der Provinz wieder Französisch. Auch war New Brunswick 1969 die erste offiziell zweisprachige Provinz des Landes.

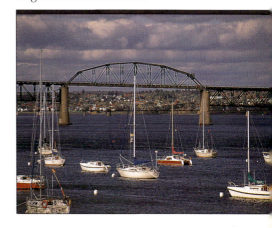

FREDERICTON

Als Sitz des Provinzparlaments und als Heimstatt der Universität von New Brunswick ist Fredericton das politische und intellektuelle Zentrum der Provinz. Bei einer Bevölkerung von nur 50 000 Menschen arbeitet die Mehrheit – wenig überraschend – entweder für die Regierung oder für die Universität. Und den Großteil ihrer Freizeit scheinen die Frederictoner denn auch mit der Planung und mit dem Besuch von Galadiners, Wohltätigkeitsbällen und Gartenpartys zu verbringen. Diese «Stadt der prächtigen Ulmen» mit ihren baumgesäumten Straßen und eleganten Häusern ist definitiv und deutlich sichtbar das Herz der High Society von New Brunswick.

Dank der üppigen Spenden des berühmtesten Sohnes der Stadt, Lord Beaverbrook, ist Fredericton auch ein wichtiges Kulturzentrum mit einer ausgezeichneten Kunstgalerie, einem Theater und einer Bibliothek. In den letzten Jahren wurde die Stadt dar-

Fredericton: St. Andrew's Church (GEGENÜBER) und Saint John River (OBEN).

über hinaus ein Zentrum für alle Arten von Kunstgewerbe – ein idealer Ort also, um nach Teppichen, nach Batik, Keramik, Emailarbeiten, Schmuck, nach Buntglas und nach Zinnarbeiten Ausschau zu halten. Fredericton hat mit anderen Worten das schwierige Kunststück vollbracht, einen perfekten Rahmen für Eleganz und für Kreativität zu schaffen.

Geschichte

Obwohl die Franzosen schon 1692 ein Fort

am Zusammenfluß von Nashwaak River und Saint John River bauten, dauerte es noch Jahrzehnte, bis eine nennenswerte französische Siedlung entstanden war. Ein langes Leben war diesem Pointe Ste. Anne nicht beschieden. Englische Truppen vertrieben die Siedler 1759 und gaben dem Ort den Namen Fredericton (nach dem zweiten Sohn von Georg II.). Mit der Ankunft der Loyalisten im Jahr 1783 wurde Fredericton eine eigenständige britische Stadt und die erste größere Inlandsiedlung. Im folgenden Jahr erhob man New Brunswick zur Pro-

Unter der Kuppel des Legislative Building liegt eines der wenigen Exemplare des originalen Domesday Book, des englischen Reichs-Grundbuchs von 1086.

vinz; ihr erster Gouverneur war Thomas Carleton. Dieser beschloß 1785, Fredericton zur Provinzhauptstadt zu machen und nicht das größere Saint John; denn Fredericton war von See her schwerer angreifbar. Der Ort wuchs schnell zu einer anziehenden und blühenden Stadt – und blieb dies bis heute.

Allgemeine Informationen

Die umfassendsten und neuesten Informationen über Urlaub in New Brunswick verrät Ihnen ein kostenloses Exemplar des *New Brunswick Travel Guide* von Tourism New Brunswick, P.O. Box 12345, Fredericton, New Brunswick E3B 5C3, gebührenfrei in New Brunswick ((800) 442-4442 und im Rest Nordamerikas ((800) 561-0123. Diese Nummern müssen Sie auch wählen, wenn Sie Auskünfte über die Blätterverfärbung im Herbst erhalten wollen.

In Fredericton gibt es zwei Informationszentren für Touristen, eines in der Innenstadt, in der City Hall, ((506) 452-9500, und das andere gleich bei der Route 2, dem TransCanada Highway, an der Ausfahrt 290.

Was Sie sehen und tun können

Die meisten Sehenswürdigkeiten, die Sie in Fredericton besuchen werden, liegen zentral in der Queen Street. Der schöne gotische Bau der **Christ Church Cathedral** wurde der Pfarrkirche von St. Mary in Snettisham (Norfolk) nachempfunden. Ihre Weihe im Jahr 1853 machte sie zur ersten neuen Kathedrale auf britischem Boden nach der normannischen Eroberung von 1066. Unter der Silberkuppel des **Legislative Building**, ((506) 453-2527, liegt eines der seltenen Exemplare des originalen Doomsday Book. Gegenüber dem Legislative Building (um 1885) besitzt die **Beaverbrook Art Galllery**, ((506) 458-8545, eine der eindrucksvollsten Kunstsammlungen in Nordamerika. Lord Beaverbrook selbst entwarf den Bau und schenkte ihn zusammen mit seiner privaten Kunstsammlung den Menschen von New Brunswick. Das Museum wurde 1959 eröffnet und hat sich seitdem beträchtlich vergrößert. Besonders bekannt ist seine große Auswahl an Meisterwerken britischer Künstler. Das eindrucksvollste Gemälde aber stammt

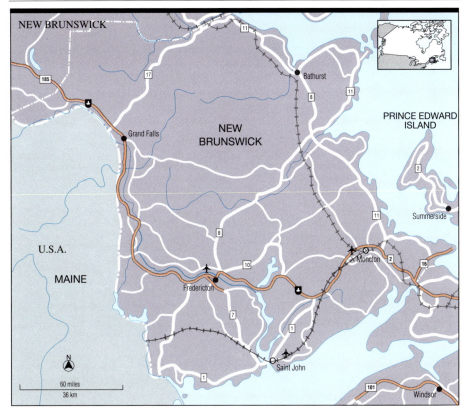

vom Spanier Dalí, das riesige *Santiago El Grande* am Eingang.

Ein anderes Geschenk Lord Beaverbrooks an die Stadt, in der er aufwuchs, war 1964 **The Playhouse**, ℂ (506) 458-8345. Es beherbergt das Theater von New Brunswick. Ebenfalls an der Queen Street erstreckt sich **Officers' Square**, ℂ (506) 453-3747, ein alter Paradeplatz, der jetzt an Wochentagen im Juli und August ein mittägliches Theater und kostenlose wöchentliche Konzerte von Bands bietet. Zwischen Queen Street und dem Fluß ist **The Green** ein großer, wunderschön gestalteter Park.

Als Sportenthusiast sollten Sie sich den **Mactaquac Provincial Park** nicht entgehen lassen; an der Route 105 (vom Trans-Canada Highway abgehend) nur 24 km westlich von Fredericton, ℂ (506) 363-3011. Dieser «Superpark» mit 1400 Morgen Land ist der größte Park in New Brunswick. Er erstreckt sich an der Nordseite des Mactaquac-Damms und bietet Segeln, Bootfahren, Wasserskilaufen, Angeln und liebliche Strände zum Baden. Zusätzlich gibt es einen 18-Loch-Golfplatz, beaufsichtigte Spielplätze, Führungen über Naturlehrpfade und 300 Zeltplätze. Am Saint John River, 37 km westlich von Fredericton, stoßen Sie auf die Rekonstruktion eines typischen Loyalistendorfes aus dem 19. Jh.: **King's Landing**, ℂ (506) 363-3081, gebührenfrei ℂ (800) 561-0123. Das Dorf mit über 50 Häusern liegt herrlich am Flußufer, es gibt ein Sägewerk und eine Getreidemühle, und 100 «Dorfbewohner» verbringen ihren Arbeitstag genau so, wie sie es im letzten Jahrhundert getan hätten, und erklären dabei den Besuchern, was sie tun. Das King's Head Inn serviert Gerichte und Getränke aus jener Zeit. Für Kinder gibt es eine Extraführung.

UNTERKUNFT

Selbst die besten Hotels in Fredericton – und es gibt einige sehr gute – verlangen nur mittlere Preise. Als dieses Buch entstand, war schwierig, ein Doppelzimmer zu finden, das über 105 $ kostete. Das ehrwürdige **Lord Beaverbrook Hotel** ist das beste der

Stadt. Es liegt sehr günstig gegenüber von The Playhouse in der Queen Street 659, Fredericton E3B 5A6, ((506) 455-3371, gebührenfrei ((800) 561-7666; aller Luxus, den Sie erwarten, ist vorhanden, eine beheizte Schwimmhalle zum Beispiel, und viele der 165 Zimmer blicken auf den Fluß. Das Restaurant gehört zu den besten der Stadt. Ähnlich in Preis und Ausstattung ist das **Auberge Wandlyn Inn**, Prospect Street West 58, Fredericton E3B 2T8, ((506) 452-8937, gebührenfrei in Ostkanada ((800) 561-0000. In die gleiche Kategorie fallen auch das **Fredericton Motor Inn**, Regent Street 1315, Fredericton E3B 1A1, ((506) 455-1430, und das **Howard Johnson Motor Lodge**, P.O. Box 1414, Fredericton E3B 5E3, ((506) 472-0480, gebührenfrei ((800) 654-2000.

Zu niedrigeren Preisen macht Fredericton vier besonders gute Hotelangebote: mit Blick auf den Fluß das **Diplomat Motor Inn**, Woodstock Road 225, Fredericton E3B 5A6, ((506) 454-5584; **Keddy's Inn**, Forest Hill Road 368, Fredericton E3B 5G2, ((506) 454-4461, gebührenfrei ((800) 561-7666, ebenfalls in schöner Lage und mit einer beheizten Schwimmhalle; das **Town and Country Motel**, RR3, Fredericton E3B 4X4, ((506) 454-4223, über dem Fluß gleich westlich der Stadt; und das **Carriage House Inn**, University Avenue 230, Fredericton E3B 4H7, ((506) 452-9924, eine viktorianische Villa, im Jahr 1875 für den Bürgermeister erbaut; direkt an The Green grenzend, mit hervorragender Ausstattung für seine sieben Zimmer, aber ohne Restaurant. Im Mactaquac

Park bei King's Landing ist das **Chickadee Lodge**, ℂ (506) 363-2759, ein hervorragendes Bed & Breakfast mit schönem Ausblick. Und überall gibt es natürlich Campingplätze.

Restaurants

Wenn Sie im Lord Beaverbrook Hotel wohnen, könnten Sie dort Wochen verbringen, ohne sich durch die Speisekarten hindurchgegessen zu haben. Zuerst zu nennen wäre der elegante **Terrace Room**, eines der besten Restaurants der Stadt; im Untergeschoß wartet der beliebte **Maverick Room** mit Steaks und einer lebhaften Bar, die bis Mitternacht offen bleibt; der **River Room** bleibt noch länger auf und bietet jeden Abend Live-Unterhaltung; auf dem Dach schließlich serviert das **Top Deck** im Sommer die Mahlzeiten unter großen Schirmen. Wohl das beste Restaurant der Stadt ist jedoch das **Eighty Eight Ferry**, Ferry Street 88, ℂ (506) 472-1988. Sommerliche Cocktails werden auf dem Rasen an einem kleinen Bach serviert, und die Mahlzeiten werden auf der Veranda eines reizenden alten Farmhauses aufgetragen. Es ist nicht billig, aber Speisen wie Service sind einfach hervorragend.

Lieben Sie ausgezeichnete Steaks und Meeresfrüchte zu mäßigen Preisen in echt viktorianischem Rahmen? Dann machen Sie sich am besten ins **Victoria & Albert** auf, Queen Street 642, ℂ (506) 458-8310. Was chinesisches Essen betrifft, sind, seltsam genug, die kantonesischen Gerichte im Speisesaal des **Diplomat Motor Hotel** kaum zu schlagen. Für die Küche aus Sichuan schlage ich das sehr gute **Mei's** in der Regent Street 74 vor. Griechisch sollten Sie in der Queen Street 596 bei **Dimitri's** essen, ℂ (506) 452-8882. Schließlich gibt es noch zwei aneinandergrenzende Lokale in der Queen Street, die beide einen Besuch wert sind: **The Barn** (Nr. 540), ℂ (506) 455-2742, und **Benoit's** (Nr. 536), ℂ (506) 459-3666. The Barn ist eher ein Familienrestaurant, während Benoit's höhere kulinarische Ambitionen anmeldet.

Anreise

Fredericton wird von **Air Atlantic** angeflogen (aus den anderen Atlantikprovinzen und von überall in New Brunswick) und von **Air Canada** (aus entfernteren Städten). Einzelheiten erhalten Sie beim Tourism New Brunswick oder bei den Fluglinien selbst. Air Atlantic: gebührenfrei in New Brunswick ℂ (800) 565-1800; Air Canada: ℂ (506) 652-5440.

Autofahrer bringt der Trans-Canada Highway nach Fredericton. Er stößt von Nova Scotia über den Isthmus von Chignecto nach New Brunswick; von Quebec her betritt er die Provinz bei Edmundston, von wo er dem Saint John River Valley bis Fredericton folgt. Aus Maine (USA) führt die I-95 bei Woodstock nach New Brunswick hinein, wo sie sich im Saint John River Valley mit dem Trans-Canada Highway vereinigt.

GEGENÜBER und OBEN: Die fröhlichen, stolzen Gesichter von Ehrenlegionären und -legionärinnen in Fredericton.

SAINT JOHN

Für ihre Bürger ist Saint John die «Loyalistenstadt» und für den Rest von New Brunswick die «Nebelstadt». Als Saint John kennt sie eigentlich niemand. Sie ist Kanadas älteste Stadt in Eigenverwaltung, seit sie von ihren loyalistischen Siedlern 1785 übernommen wurde. Mit 77 000 Einwohnern ist sie auch New Brunswicks größte Stadt. Sie liegt im Mündungsgebiet des Saint John River und war lange ein wichtiger Hafen und ein

Geschichte

Im Jahr 1604, am Tag Johannes' des Täufers, landete Samuel de Champlain an der Flußmündung, und 1631 errichtete Charles de la Tour dort ein Fort und eine Handelsstation. In den folgenden anderthalb Jahrhunderten spiegelte sich in Saint John die Geschichte dieser Region; die akadische Bevölkerung wurde 1755 von den Briten vertrieben und die Stadt selbst 1763 offiziell an England abgetreten. Ihr wirklicher Geburtstag aber

Werftenzentrum. Heute bezieht sie ihr Haupteinkommen aus den Ölraffinerien und aus den Papierfabriken.

Öfter, als guttut, ist die Stadt von Nebel verhüllt; daher auch ihr Spitzname. Aber im Sommer, wenn der Rest der Provinz schwitzen muß, können die Dunstschleier über dem Meer willkommene Abkühlung bringen. Für seine Schönheit war Saint John früher nie berühmt. In den letzten Jahren hat sich da einiges geändert. Ein anspruchsvolles Entwicklungs- und Restaurierungsprojekt hat in der Hafengegend Wunder vollbracht und in der restlichen Stadt gekonnt Altes mit Neuem verbunden. Wenn sich der Nebel lichtet, zeigt Saint John heute ein recht hübsches Gesicht.

war der 18. Mai 1783 – der Tag, als Schiffe mit 3000 Loyalisten eintrafen. Was einst ein versteckter Handelsposten war, wurde plötzlich ein blühender loyalistischer Ort und wuchs durch Handel und Schiffbau zu einer wohlhabenden loyalistischen Stadt. Im 19. Jh. galt sie als das «Liverpool von Amerika».

Wachstum und Wohlstand, derer sich die Stadt seit Ankunft der Loyalisten fast ununterbrochen erfreute, kamen in der zweiten Hälfte des 19. Jh. zu einem abrupten Ende. Als die Segelschiffe aus Holz veralteten, wurden Saint Johns Werften in den Bankrott getrieben. Um die Grausamkeit des Schicksals noch zu vertiefen, fegte 1877 eine verheerende Feuersbrunst durch die

Straßen und vernichtete über die Hälfte der Stadt. Es dauerte lange, bis sich Saint John davon erholte. Die Stadt erholte sich aber, und das Saint John von heute gleicht wieder dem stolzen, geschäftigen Saint John von einst.

ALLGEMEINE INFORMATIONEN

Zusätzlich zu den umfassenden Informationen des Tourism New Brunswick in Fredericton können besondere Anfragen betreffs Saint John gerichtet werden an: Saint John Visitor and Convention Bureau, P.O. Box 1971, Saint John E2L 4L1, ((506) 658-2990. Das Büro finden Sie im 11. Stock der City Hall in der King Street. In Market Slip beim Komplex des Market Square gibt es ein Tourist Information Centre, ((506) 658-2855, und ein weiteres an der Route 100 in Reversing Falls Bridge, ((506) 635-1238. Brandaktuelle Informationen über die atemberaubenden Meeresfluten von Saint John erhalten Sie bei Dial-A-Tide, ((506) 648-4429.

WAS SIE SEHEN UND TUN KÖNNEN

Es gibt viel zu sehen in Saint John – und am meisten bei «The Sight»: dem berühmten Phänomen der **Reversing Falls**, der rück-

läufigen Strömung. Zweimal täglich stellen sich die mächtigen Flutwellen der Bay of Fundy den Wassern des Saint John River entgegen und treiben sie den Flußlauf wieder hinauf. An der Stelle, an der sich der Fluß in die Bucht ergießt, liegt bei Ebbe die Wasserhöhe des Flusses 4 m über der Wasserhöhe in der Bucht. Bei Flut aber liegt das Flußwasser 4 m unter den heranbrausenden Meeresfluten (die sich um 8,5 m gehoben haben); der Fluß wird somit gezwungen, rückwärts zu strömen. Und weil sich das Flußbett dramatisch verengt und kurz

vor der Mündung in die Bucht um eine scharfe Biegung windet, entstehen Strudel und hüpfende Schnellen: die rückläufige Strömung. Dieses Kunststück der Natur bestaunt man am besten vom Beobachtungspunkt in Reversing Falls Bridge.

Die meisten Sehenswürdigkeiten in der Stadt können Sie vom King Square aus bequem zu Fuß erreichen, und die meisten besitzen ein deutlich loyalistisches Gepräge. Der ganze **King Square** kündet von der vergangenen und von der gegenwärtigen

GEGENÜBER: Die berühmten Reversing Falls (rückläufige Strömung) in Saint John.
OBEN: Der älteste Markt in Kanada ist der Old City Market in Saint John.

Einstellung der Stadt: Blumenbeete sind in der Form des Union Jack angelegt. In der Nähe steht an der Ecke Union Street und Germain Street das **Loyalist House**, ((506) 652-3590, eine Villa im georgianischen Stil aus dem Jahr 1816 und eines der wenigen verbliebenen Gebäude, die das schreckliche Feuer von 1877 überlebten. Östlich des King Square datieren die Grabsteine der **Loyalist Burial Grounds** bis 1784 zurück, dem Jahr nach der Ankunft der Loyalisten. Auf der Hafenseite der Straße ist der **Barbour's General Store**, ((506) 658-2939, ein

Saint John ist auch das Zuhause von Kanadas ältestem Markt, dem **Old City Market**, der seit 1876 in diesem Gebäude abgehalten wird. Viele Familien führen ihre Stände schon seit Generationen. Zu Fischen, Früchten und Gemüse gesellt sich hier eine große Auswahl an Kunsthandwerk und an Antiquitäten. Wenn Sie allerdings an Kunsthandwerk und an Antiquitäten besonders interessiert sind, müssen Sie sich in die **Prince William Street** aufmachen; sie ist mit Läden und Galerien gefüllt. Zeitgenössischeres Einkaufen garantiert seit 1983 der

roter schindelverkleideter Bau (1867) voller Waren aus jener Zeit, und die Belegschaft trägt die Kleidung von damals; dazu gehört ein alter Frisörladen. Eine weitere historische Sehenwürdigkeit ist der **Carleton Martello Tower**, ((506) 648-1957, eine steinerne Befestigungsanlage aus dem Krieg von 1812. Heute sorgt sie für einen beherrschenden Blick auf Stadt und Flußmündung.

Kanadas ältestes Museum (1842) liegt bei Reversing Falls Bridge in der Douglas Avenue 277: das **New Brunswick Museum**, ((506) 658-1842. Es beherbergt nationale und internationale Kunstschätze, historische Exponate und eine Abteilung für Naturwissenschaften.

Komplex des **Market Square**. Auf verschiedenen Ebenen finden Sie Geschäfte, ein Hotel und ein Konferenzzentrum.

Der **Rockwood Park** mit seinen fünf Seen im Zentrum der Stadt verfügt über Campingeinrichtungen, Bademöglichkeiten, über Schiffscooter, ein Erholungsgelände, Wassergolf, Drivingrange, Minigolf und über den 18-Loch-Platz des Rockwood Park Golf Club, ((506) 658-2733.

UNTERKUNFT

Das beste Hotel in Saint John ist das **Saint John Hilton**, One Market Square, Saint John E2L 4Z1, ((506) 693-8484, gebührenfrei ((800) 268-9275. Zu allem Luxus tritt hier noch die großartige Lage am Market Square mit direktem Zugang zu über 60 Läden, Boutiquen und Restaurants sowie zum Konferenzzentrum; dazu kommt ein herrlicher Blick aus den Zimmern auf die Bucht. Noch größer (255 Zimmer) und noch teurer als das Hilton ist das **The Delta Brunswick**, King Street 39, Saint John E2L 4W3, ((506) 648-1981, gebührenfrei ((800) 268-1133; luxuriös, komfortabel und ebenfalls zentral gelegen.

Unter diesen beiden Hotels rangieren verschiedene qualitativ ausgezeichnete Hotels der mittleren Preislage, jedes davon Mitglied einer für hohe Standards bekannten Kette. Das **Howard Johnson Hotel**, Main Street 400, Saint John E2K 4N5, ((506) 642-2622, gebührenfrei ((800) 654-2000, bietet 100 hübsch eingerichtete Zimmer, beheizte Schwimmhalle, Sauna usw. Das **Holiday Inn**, Haymarket Square 350, Saint John E2L 3P1, ((506) 657-3610, ist etwas billiger, aber nicht klimatisiert; in jeder anderen Beziehung aber sind seine Einrichtungen großartig. Ginge es um mein Geld, fiele meine Wahl auf **Keddy's Fort Howe Hotel**, Main Street und Portland Street, Saint John E2K 4H8, ((506) 657-7320, gebührenfrei ((800) 561-7666; es besitzt alle Annehmlichkeiten eines Luxushotels – Klimaanlage, Kabel-TV, beheizte Schwimmhalle, Sauna, Fitneßraum – und bewegt sich trotzdem in mittlerer Preislage. Sein Restaurant im obersten Stock mit Blick auf Stadt und Hafen gehört zu den besten. Nicht ganz so zentral wohnen Sie im **Colonial Inn**, City Road 175, Saint John E2L 3V6, ((506) 652-3000, gebührenfrei ((800) 561-INNS; das gute Preis-Leistungs-Verhältnis gilt aber auch hier; neben den üblichen Einrichtungen gibt es auch ein 24-Stunden-Restaurant. Vergeblich suchen Sie ein Restaurant im **Country Inn & Suites**, Fairville Boulevard 1011, Saint John E2M 4Y2, ((506) 635-0400, gebührenfrei ((800) 456-4000; zum Ausgleich gibt es kostenlose Videokassettengeräte in allen Zimmern, kostenlose Videofilme und kontinentales Frühstück sowie Mikrowellengeräte in den Zwei-Zimmer-Suiten.

Im Westteil von Saint John, gleich nördlich der Route 100 (Fairville Boulevard) und parallel zu ihr, verläuft die Manawagonish Road. An ihr finden Sie Motels und Gästehäuser jeder Art und jeden Zuschnitts, und alle sind sie preisgünstig. Fünf von den besten: das **Island View Motel**, Nr. 1726, Saint

GEGENÜBER: Golfplatz im Fundy National Park auf halbem Weg zwischen Saint John und Moncton.
OBEN: Kürbisverkauf vor den Toren Frederictons.

John E2M 3Y5, ℂ (506) 672-1381, mit beheiztem Pool und Kochnischen; das **Fundy Ayre Motel**, Nr. 1711, Saint John E2M 3Y2, ℂ (506) 672-1125, ebenfalls mit Zimmern zur Selbstversorgung und mit Appartements; das **Seacost Motel**, Nr. 1441, Saint John E2M 3X8, ℂ (506) 635-8700, mit Blick auf die Bucht; das **White House Lodge Motor Hotel**, Nr. 1400, Saint John E2M 4X9, ℂ (506) 672-1000, sehr angenehme Atmosphäre und mit dem guten McGuire's Steak House; und das **Hillside Motel**, Nr. 1131, Saint John E2M 3X5, ℂ (506) 672-1273, das preiswerteste der fünf, 17 Zimmer, alle mit Kabel-TV und Blick auf die Bucht.

RESTAURANTS

Bei weitem die drei besten Speiselokale der Stadt sind das **Turn of the Tide** im Hilton, ℂ (506) 693-8484, das **Top of the Town** im Keddy's Fort Howe Hotel, ℂ (506) 657-7320, und das Restaurant im **Delta Brunswick**, ℂ (506) 648-1981. Hier zahlen Sie für das Essen ganz ordentlich, aber Sie werden auch sehr ordentlich essen.

Liegt Ihnen weniger an einem vornehmen Dinner, schlage ich Ihnen den Market Square vor, wo Sie eine Auswahl an Restaurants und Cafés für jeden Appetit und für jede Geldbörse finden. So schwierig es auch ist, eines davon hervorzuheben, ich möchte **Grannan's**, ℂ (506) 634-1555, erwähnen, ein Meeresfrüchtelokal und eine Austernbar mit köstlichen Gerichten zu erschwinglichen Preisen. Wenn Sie sich die Qual der Wahl ersparen möchten oder einfach in Eile sind, schauen Sie im **Food Hall at Market Square** vorbei; dort gibt es viele Schnellimbisse, die Pizzas, Burgers, Sandwichs, Brathähnchen usw. verkaufen. Nur ein kurzer Spaziergang vom Market Square bringt Sie zum beliebten **Incredible Edibles**, ℂ (506) 633-7554, in der Princess Street 42, das sich auf Pastas und einheimische Desserts spezialisiert hat.

Sollte Ihnen nach New-Orleans-Küche zumute sein, im **Cafe Creole**, ℂ (506) 633-8901, am King Square geht es erstaunlich authentisch zu. Fast wieder in Europa werden Sie sich im **Mediterranean Restaurant**, ℂ (506) 634-3183, in der Rothesay Avenue 419 fühlen; es ist zuverlässig und verlangt mäßige Preise. Falls Sie gern elegant speisen, und zwar bei aufmerksamem Service und in einer Ausstattung des 19. Jh., dann wäre **La Belle Vie** das Richtige: Lancaster Avenue 325, ℂ (506) 635-1155.

ANREISE

Wie Fredericton wird auch Saint John von Air Atlantic und von Air Canada angeflogen. Einzelheiten bei Ihrem Reisebüro oder bei Tourism New Brunswick oder bei den besagten Fluglinien (Telefonnummern unter Fredericton).

Wenn Sie mit dem Wagen nach Saint John kommen, bringt die Route 1, die Hauptfernstraße von Norden nach Süden, Sie in die Stadt. Sie vereinigt sich mit dem

Trans-Canada Highway etwa 70 km vor Saint John in Sussex, und hinter Saint John im Süden kreuzt sie bei St. Stephen nach Maine hinein, wo sie zur U.S.1 wird. Von Fredericton her ist die Hauptstrecke die Route 7. Viel malerischer ist jedoch die kurvenreiche Route 102 am Saint John River entlang.

Mit dem Zug müssen Sie zuerst auf dem Streckennetz der VIA Rail bis Moncton fahren und dort in einen der beiden täglichen Züge nach Saint John umsteigen.

Marine Atlantic betreibt das ganze Jahr hindurch eine Fährverbindung von Digby in Nova Scotia nach Saint John. Informationen und Reservierungen bei **Marine Atlantic**, ✆ (506) 648-4048 in Saint John oder ✆ (902) 245-2116 in Digby; gebührenfrei in den Maritimes ✆ (800) 565-9470 und in Zentralkanada ✆ (800) 565-9411.

Farmerjungen radeln über eine Straße im Norden von Saint John.

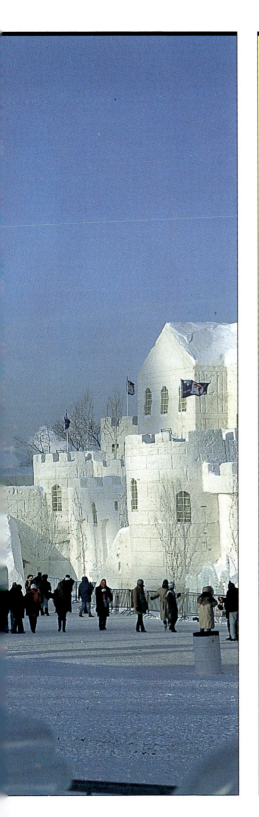
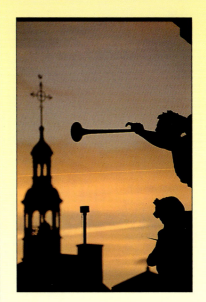

Quebec

DIE GRÖSSTE KANADISCHE PROVINZ ist wirklich sehr groß: Quebec erstreckt sich über 1,5 Mio km²; das ist ein Sechstel ganz Kanadas. Oder anders gesagt: Quebec ist dreimal so groß wie Frankreich. Am bekanntesten aber ist Quebec als «La Belle Province», als eine Bastion französischer Kultur in einer dominierend anglo-amerikanischen Welt. Und das zu Recht. Seit über vier Jahrhunderten nämlich haben sich die Menschen von Quebec hartnäckig gegen jeden Versuch von außen gewehrt, sich in ihre Lebensart einzumischen – zuerst versuchten

die Indianer, sie wieder hinauszubefördern, dann wollten die Briten sie unterwerfen, und schließlich versuchten ihre eigenen Landsleute, sie mit Geld zu ködern. Alles erfolglos. Die Quebecer waren entschlossen, nichts vom Erbe ihrer Vorväter herauszurücken. Diese Entschlossenheit drückt kurz und bündig der trotzige Wahlspruch der Provinz aus: *Je me souviens*, «Ich erinnere mich». Sie können ihn auf allen Autokennzeichen Quebecs lesen.

Die einzigartige Geschichte der Provinz bietet viel Anlaß zur Erinnerung. Obwohl Jaques Cartier schon 1534 in Gaspé landete und dieses Gebiet für Frankreich in Besitz nahm, begann die französische Geschichte der Provinz erst 1608, als Samuel de Champlain am St. Lawrence River an einer Stelle landete, die die Indianer *Kébec* nannten, die «Verengung des Wassers». Er gründete hier eine kleine Pelzhandelsstation. Drei Jahre später errichtete er einen weiteren Handelsposten an der Stelle des heutigen Montreal.

Waldszenerie in den Laurentians nördlich der Stadt Quebec.

Ständige Siedlungen erstanden in Trois Rivières (1634) und in Ville Marie (1642), dem heutigen Montreal. Obwohl feindliche Irokesen die Siedlungen ständig überfielen, wuchsen diese kontinuierlich, und am Ufer des St. Lawrence entstanden weitere Neugründungen. Um 1700 lebten am Strom schon 25 000 französische Kolonisten. Die französische Kolonie Neufrankreich erstreckte sich zu jenem Zeitpunkt von der Hudson Bay zum Golf von Mexiko und vom St. Lawrence bis fast zu den Rocky Mountains.

Die französische Oberhoheit über Quebec hielt sich relativ unangefochten über das nächste halbe Jahrhundert hinweg. Der Ausbruch des Siebenjährigen Krieges (1756) änderte dann alles. Um genau zu sein, es war lediglich ein 15minütiger Kampf auf den Plains of Abraham, bei dem die Briten unter Wolfe die Franzosen unter Montcalm besiegten und damit Frankreichs politischen Zugriff auf Quebec auf immer zerschlugen. Im Frieden von Paris (1763) traten die Franzosen alle ihre kanadischen Besitzungen an England ab. Im Jahr 1774 verabschiedete das Parlament den Quebec Act; das Recht der Franko-Kanadier auf ihre eigene Sprache, ihre Religion, ihr Eigentum und ihr Gesetzessystem wurde damit offiziell anerkannt. Dieses und weitere Zugeständnisse, besonders solche im Zusammenhang mit dem Pelzhandel, erbosten die amerikanischen Kolonialisten. Unter General Richard Montgomery entsandten sie eine Armee, die Montreal und die Stadt Quebec angriffen. Montreal fiel, Quebec aber hielt sich. Im folgenden Jahr wurde auch Montreal von den Briten wieder zurückerobert.

Mit dem Constitutional Act von 1791 teilte das Parlament Quebec in ein hauptsächlich englischsprachiges Oberkanada (heute Ontario) und in ein hauptsächlich französischsprachiges Unterkanada (heute Quebec). Diese Vereinbarung erwies sich in den folgenden vier Jahrzehnten als recht tragbar, trotz wachsender Verärgerung der Menschen in Unterkanada über eine englische Einwanderungswelle und darüber, einem britischen Vizegouverneur mit seinem handverlesenen Gesetzgebungsrat unterstellt zu sein. Schließlich mündete das 1837 in einer blutigen, aber erfolglosen Rebellion der Franko-Kanadier. Den Aufstand selbst konnte man zwar unterbinden, der Wunsch nach mehr Kontrolle über die eigenen Angelegenheiten jedoch sollte fort und fort weiterschwelen.

Im Jahr 1867 schlossen sich die neu gegründeten Provinzen Quebec und Ontario mit Nova Scotia und mit New Brunswick zum Dominion Kanada zusammen. Die Stadt Quebec wurde Provinzhauptstadt. Im restlichen Jahrhundert stützte sich Quebecs Wirtschaft hauptsächlich auf Handel und Landwirtschaft. Die Stadt Quebec festigte ihre Stellung als Sitz der Provinzregierung und als bedeutendster Wahrer franko-kanadischen Erbes und franko-kanadischer Kultur. Montreal entwickelte sich zum größten Hafen und zum finanziellen und industriellen Zentrum der Provinz; die Bevölkerung der Stadt erreichte 1911 eine halbe Million – und in den folgenden zwei Jahrzehnten verdoppelte sie sich.

Unglücklicherweise wurden Argwohn und Feindschaften in den komplizierten Beziehungen Quebecs mit den anderen Provinzen wieder an die Oberfläche gespült. Zu erneuter Mißstimmung kam es 1917, als Kanada zu Aushebungen greifen mußte, um die schrecklichen Breschen aufzufüllen, die die Kämpfe in Europa schlugen. Für die Franko-Kanadier waren diese Einberufungen nichts anderes als ein bösartiger Trick, sie im britischen Krieg gegen Deutschland als Kanonenfutter zu benutzen. Für den Rest Kanadas grenzte der Widerstand der Quebecer gegen die Einberufungen schon fast an Verrat.

Die alten, nie richtig verheilten Wunden öffneten sich wieder. Als die Partei Union Nationale von Maurice Duplessis in den dreißiger Jahren die Provinzregierung übernahm, schien die Entfremdung permanent zu werden – um so mehr, als die Auseinandersetzungen um die Einberufungen im 2. Weltkrieg wieder aufflammten. Die Union Nationale verlor erst 1960 ihr Mandat an die Liberalen. Bis dahin hatte sich Quebec nicht nur weit vom Rest Kanadas entfernt, es hinkte ihm auch weit hinterher. Um die traditionelle Agrarwirtschaft zu erhalten, war der industrielle Aufbau vernachlässigt worden; die kirchlichen Schulen der Provinz hatten sich um Wissenschaft und Wirtschaft wenig gekümmert, und die fortschrittlichsten Ideen einer Neubelebung der Provinz waren erfolgreich unterdrückt worden.

Die Liberalen unter Jean Lesage kamen 1960 an die Macht und setzten nun die «Stille Revolution» in Gang, ein anspruchsvolles Programm wirtschaftlicher und sozialer Reformen, das Quebec auf den Weg zu einer modernen Gesellschaft und zu einer dynamischen Wirtschaft stieß. Leider machte es aber auch den Mangel an Franko-Kanadiern sichtbar, die für verantwortliche Managerposten ausgebildet waren, d.h. die Bosse stellten die «Anglos» – was weitere Disharmonie schürte. In den späten sechziger Jahren machte die separatistische Parti Québecois unter René Lévesque auf sich aufmerksam. Bei den Provinzwahlen von 1970 erreichte sie 23% der Wählerstimmen, und die Wahlen von 1976 brachten sie erstaunlicherweise sogar an die Macht. Der Radikalismus von Lévesque, versehen mit einem Schuß Anglophobie, vertrieb die englisch sprechenden Wirtschaftskreise aus der Provinz, was wiederum Bürger verschreckte, die um ihre Arbeit fürchteten. Im Referendum von 1980 wiesen die Wähler daher die Idee einer Unabhängigkeitserklärung klar zurück, und 1985 mußte die Parti Québecois den Liberalen den Platz räumen. Momentan scheint das Pendel jedoch wieder zum Separatismus zurückzuschwingen. Die Zeit wird es zeigen – und die Zeit, denke ich, läuft langsam ab.

DIE STADT QUEBEC

Für welchen Weg sich die Menschen in Quebec auch entscheiden – entweder Festhalten am Status einer Provinz mit möglicherweise verstärkter Autonomie oder Unabhängigkeit als Nation –, eines ist sicher: Quebec wird eine gewaltige wirtschaftliche Macht darstellen. Allein schon die Naturschätze der Provinz garantieren dies. Mit 16% der Süßwasserreserven der Welt kann sie ungeheure Mengen an Energie freimachen (und verkaufen). Die riesigen Wälder nähren eine aufstrebende Holzindustrie; Quebec ist schon der wichtigste Papierproduzent Nordamerikas. Das urtümliche Felsgestein des Kanadischen Schildes strotzt vor Mineralien wie Eisen, Kupfer, Gold, Silber, Blei, Zink und Nickel; die Provinz ist einer der wichtigsten Aluminiumproduzenten der Welt. Die fruchtbare Schwemmebene des St. Lawrence garantiert eine blühende Agrarwirtschaft. Mit allen diesen Segnungen und bei einer Bevölkerung von nur 6,7 Mio. Menschen ist es eigentlich kein Wunder, daß Quebec 40% seiner Gesamtproduktion exportieren kann.

Und was ist zu diesen 6,7 Mio. Quebecern zu sagen? Sind sie nur eine englandfeindliche Abart heimlicher Franzosen? Weit gefehlt. Zuerst einmal sind sie gar nicht so homogen, wie das auf den ersten Blick scheint. Mindestens 10% von ihnen besitzen britische Ahnen (sie leben vor allem in Montreal), weitere 10% sind Immigranten aus Europa, Asien, Lateinamerika und aus der Karibik. Und während Französisch die offizielle Sprache Quebecs sein mag und Englisch als zweite Sprache weitgehend verstanden wird, sind in der Provinz noch 35 andere Sprachen zu hören. So stark ist die ethnische Vielfalt der eingewanderten Bevölkerung. Die französisch sprechenden Bürger sind auch keinesfalls die fanatischen Unzufriedenen, als die sie oft dargestellt werden. Im Gegenteil, sie sind herzlich, schwatzhaft, ungezwungen und liebevoll, und sie besitzen eine Lebensfreude, die ihr normannisches und ihr bretonisches Erbe noch unterstreicht.

Wenn es denn ihr Schicksal ist, die Fackel französischer Kultur in Amerika hochzuhalten, so tun sie es nicht nur stolz, sondern auch mit einem breiten Lächeln.

Der Jachthafen Bassin Louise in der Unterstadt von Quebec.

DIE STADT QUEBEC

Es paßt irgendwie, daß die einzige Stadt Nordamerikas mit dem UNESCO-Siegel «Weltkulturerbe» auch die einzige ummauerte Stadt Nordamerikas ist. Die einzige Möglichkeit, so scheint es, ein Juwel der Alten Welt im Rummel der Neuen Welt zu erhalten und zu schützen, lag wohl im Bau einer Abschirmmauer.

Quebec thront 110 m über dem St. Lawrence River auf einem Felsen und ist nicht nur eine der schönsten Städte Nordamerikas, sondern auch eine der *französischsten* Städte auf der ganzen Welt – einschließlich Frankreichs. Wie Charles Dickens schrieb, ist sie «ein Ort, den man nicht vergißt oder

im Geiste mit anderen Orten verwechselt». Wie könnte man auch eine ummauerte Stadt mit Pflasterstraßen auf einer Felsspitze vergessen, mit vielen Steinbauten aus dem 17. und 18. Jh., mit atemberaubenden Ausblikken, mit lebensfrohen Bistros und Cafés im Freien, mit prachtvollen Kirchen, eine Stadt voller Geschichte, eine Stadt, die nicht nur französisch spricht, sondern auch französisch atmet – und das in Nordamerika. Das wäre, als vergäße man Gibraltar oder verwechselte es mit irgendeinem anderen Ort. Und tatsächlich nannte Churchill die Stadt Quebec einmal «das Gibraltar Amerikas».

In Wirklichkeit müßte man «die Quebecs» sagen, denn es gibt eine *Haute Ville* (Oberstadt) mit der historischen Altstadt und ihren mauerbewehrten Befestigungen, mit reizenden Wohnvierteln und den Plains of Abraham sowie mit einigen Zugeständnissen an das 20. Jh. in Form moderner Bürogebäude und Einkaufsarkaden; dann gibt es noch die *Basse Ville* (Unterstadt) rund um den Fuß des Felsens. Sie erstreckt sich bis ins Tal des St. Charles River, wo die Industrieansiedlungen beginnen. Die offizielle Bevölkerungszahl liegt bei 600 000 Bürgern, es leben aber stets weit mehr Menschen in der Stadt, denn ihre Sehenswürdigkeiten machen sie zu einer der meistbesuchten Städte auf dem ganzen Kontinent.

Geschichte

Der erste Europäer, der den von Indianern *Kébec* genannten Ort erreichte, war 1535

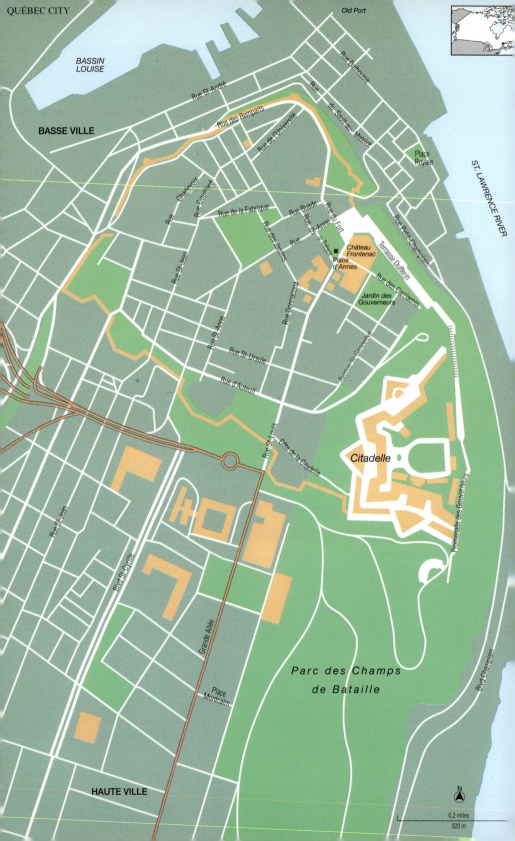

Jacques Cartier. Optimistisch nannte er den Felsen Cap aux Diamants (Diamantenkap), womit er auf die großen mineralischen Reichtümer anspielte, die er zu finden hoffte. Er hoffte vergebens. Als Samuel de Champlain 1608 hierherkam, bewies er ein viel realistischeres Auge für die Ausbaufähigkeit des Ortes. Er erkannte seine strategischen Vorteile, errichtete umgehend am Fuß des Felsens eine Handelsstation und 1620 auf der Spitze ein Fort. Dieses wurde 1629 von den Briten unter Admiral David Kirke eingenommen, drei Jahre später aber von den Franzosen zurückgewonnen. In den folgenden 130 Jahren wurde es wiederholt von Briten oder Irokesen belagert, bis es am Morgen des 13. September 1759 endgültig fiel, als die Truppen von Wolfe die französischen Streitkräfte unter dem Marquis de Montcalm auf den Plains of Abraham überraschten.

Mit dem Vertrag von Paris (1763) mußte sich das einstige Herz und die Seele Neufrankreichs in die Hauptstadt einer neuen britischen Kolonie verwandeln. Nachdem ein amerikanischer Angriff auf die Stadt 1775 abgewehrt worden war, verstärkten die Briten die Befestigungsanlagen und bauten die Zitadelle. Beide wurden nie benötigt. Obwohl die Stadt dank des Pelzhandels, des Werftbaus und der Holzindustrie im 19. Jh. weiter gedieh, wurde sie als Wirtschaftszentrum allmählich von Montreal und von Toronto überholt. Heute wird in Quebec vor allem regiert.

ALLGEMEINE INFORMATIONEN

Informationen und eine Auswahl kostenloser Publikationen gibt es beim Tourisme Québec, Case Postale 20 000, Quebec G1K 7X2, oder Sie können von überall in Kanada kostenfrei unter ((800) 363-7777 anrufen. Mit besonderen Anfragen befaßt sich auch das Quebec City Region Tourism and Convention Bureau, Rue St-Joseph Est 339, Quebec G1K 8E2, ((418) 522-3511. Ein Informationsbüro gibt es in der Rue Ste-Anne am Place d'Armes gegenüber dem Château Frontenac, ((418) 643-2280

WAS SIE SEHEN UND TUN KÖNNEN

Sehenswürdigkeiten
Über Treppen oder mit einer Standseilbahn überwindet man den Steilhang zwischen Haute Ville (Oberstadt) und Basse Ville (Unterstadt). Reizvolle alte Steinhäuser, enge gewundene Straßen, freundliche Plätze und Parks – es gibt viel zu sehen auf kleinem Raum. Der Besucher bummelt am einfachsten zu Fuß umher, denn die schmalen Gassen sind oft Fußgängerzonen.

Im Herzen der Haute Ville ist die **Place d'Armes** ein idealer Beginn einer Besichtigung, und er dient gleichzeitig als nützlicher Orientierungspunkt. Wenn Sie Ihre Tour völlig entspannt in Angriff nehmen wollen, steigen Sie in eine der von Pferden

gezogenen *Calèches*, die hier warten. Der Platz und sogar die Stadt wird vom imposanten **Château Frontenac** beherrscht, einer riesigen roten Ziegelkonstruktion mit einer Überfülle an Türmen, an Türmchen und an Brüstungen. Das Schloß sieht eher wie eine mittelalterliche Burg aus. Es erhebt sich an der Stelle des einstigen Château St. Louis, der Residenz des Gouverneurs von Neufrankreich, und erhielt seinen Namen von einem dieser Gouverneure, dem Comte de Frontenac. Die Canadian Pacific Railway Company errichtete es 1893 als Luxushotel. Inzwischen ist es das berühmteste, nicht zu übersehende Wahrzeichen der Stadt.

An das Schloß grenzt der **Jardin des Gouverneurs**, einst der Garten des Château St. Louis. Mitten in diesem kleinen Park steht ein Denkmal zu Ehren der beiden Generäle Wolfe und Montcalm. Im Sommer finden hier immer wieder Veranstaltungen statt. Gasthöfe im europäischen Stil reihen

Place d'Armes in Quebec.

sich an der Südseite des Parks in der **Avenue Ste-Geneviève**.

Vom Place d'Armes geht die lebendige, bunte **Rue de Trésor** ab, so benannt, weil einst das königliche Schatzamt hier stand. In den Sommermonaten wimmelt die Straße von Künstlern verschiedener Sparten, die ihre Werke zeigen oder Spaziergänger porträtieren. Biegen Sie am Ende der Rue de Trésor nach links in die Rue Buade ein; an der Ecke der Côte de la Fabrique steht dann die **Basilique Notre-Dame-de-Québec**. Der düstere graue Steinbau besitzt ein kunstvolles Inneres mit einigen interessanten Malereien. Champlain und Frontenac gehören zu den vielen Toten, die in der weitläufigen Krypta begraben liegen.

Der Eingang zum **Séminaire** links von der Basilika ist in der Rue de l'Université. Von Quebecs erstem Bischof François Xavier de Laval 1663 gegründet, entwickelte sich das Seminar zur Université Laval. Es besitzt einen schönen ruhigen Innenhof; die Hauptkapelle sollte man sich wegen ihrer Reliquien und wegen des herrlich gearbeiteten Grabes von Laval ansehen. Um weitere Teile des Seminars zu besichtigen, müssen Sie an einer Führung teilnehmen. Sie ist nicht teuer und wird zwischen Mitte Mai und Mitte August täglich angeboten. Im Se-

minar finden Sie auch das **Musée de Séminaire de Québec**, ℂ (418) 692-2843, mit einer großen und weitgestreuten Kunstsammlung aus Quebec und aus Europa; auch eine interessante Sammlung wissenschaftlicher Instrumente gibt es. Montags ist das Museum geschlossen.

In der nahen Rue Charleroix 32 ist das **Hôtel-Dieu** ein großes Krankenhaus. Augustinerinnen gründeten es 1639. Es beherbergt das **Musée des Augustines**, ℂ (418) 692-2492, das religiöse Gemälde und einige Stücke aus der Vergangenheit des Krankenhauses ausstellt; montags geschlossen, Eintritt frei.

Bleiben Sie nun in südlicher Richtung auf der religiösen Route. In der Rue Donnacona 12 erhebt sich der **Couvent des Ursulines**, ℂ (418) 694-0694. Das Kloster aus dem Jahr 1693 ist die älteste Mädchenschule in Nordamerika. Innerhalb der Konventmauern liegt das **Musée des Ursulines**, ℂ (418) 694-0694. Das Leben der Ursulinen unter französischer Herrschaft wird dargestellt, weiterhin sind Gemälde, Möbelstücke und einige exquisite Beispiele ihrer Stickereien zu sehen. Die kürzlich restaurierte **Chapelle des Ursulines** enthält interessante Reliquien. Montcalm liegt hier begraben (zumindest teilweise; seinen Schädel zeigt das Museum).

Konvent, Museum und Kapelle sind von Dienstag bis Samstag und sonntagnachmittags geöffnet. In der Rue des Jardins erwartet Sie die **Holy Trinity Anglican Cathedral**, ein schöner Bau in englischem Barockstil. Sie entstand 1804 und ist damit die erste anglikanische Kathedrale, die außerhalb Großbritanniens erbaut wurde.

Wenn Sie der «verstaubten» Vergangenheit nicht weiter nachhängen wollen, finden Sie hinter dem Château Frontenac die **Terrasse Dufferin**, eine breite Promenade nach Süden mit schönem Blick auf den St. Law-

ein kleiner Platz aus dem 18. Jh., die **Place Royale**. Sie war einst der Nabel des blühenden Handelszentrums der Stadt, bis sich die Geschäfte im 19. Jh. davonmachten. Das ganze Viertel ist jetzt sorgfältig restauriert, und in einigen der schönen Steildachhäuser am Platz sind Museen, Kunstgalerien, Restaurants und Läden untergebracht, was ihn nun abermals zum lebendigen Zentrum der Basse Ville macht.

An der Südseite des Place Royale erhebt sich **Notre Dame des Victoires**. Die kleine Kirche aus dem Jahr 1688 wurde nach dem

rence, auf die Basse Ville und auf das Gegenufer. Sie führt zur **Promenade des Gouverneurs**. Diese Treppe und Promenade klammert sich an den Felsrand und bringt Sie hinauf zur Zitadelle und weiter zu den Plains of Abraham.

Von der Terrasse Dufferin abwärts haben Sie die Wahl: Standseilbahn oder Côte de la Montagne. Letztere führt zur hübsch benannten Treppe Casse-cou (Genickbrecher); erstere wiederum mündet unten in die **Rue Petit-Champlain**, die älteste und engste Straße der Stadt. Es ist eine umtriebige, künstlich aufgemachte Gegend, in der eine Fülle von Kunstgewerbeläden und Cafés zum Schlendern und Schmökern einlädt. Im Norden (und etwas östlich) erstreckt sich

Kanonenbombardement von 1759 ausgiebig restauriert. Zu ihren Besonderheiten zählen der festungsartige Altar und das von der Decke baumelnde Holzmodell eines Bootes. Auf der anderen Seite des Platzes (Place Royale 1) verkauft die Québec Société des Alcools in der **Maison des Vins**, ((418) 643-1214, ihre besten seltenen und alten Weine. Ein Besuch der kühlen, von Kerzenlicht erhellten Gewölbe des ehrwürdigen Gebäudes lohnt sich; sonntags geschlossen, in der Nebensaison auch montags, Eintritt frei.

GEGENÜBER: Vom mächtigen Château Frontenac beherrscht, blickt die Stadt Quebec über den St. Lawrence River. OBEN: Mit einer Pferdekutsche (*calèche*) lernen Sie die Stadt am gemütlichsten kennen.

Gleich nördlich der Place Royale im Gebiet des Alten Hafens stoßen Sie in der Rue Dalhousie 85 auf den interessanten modernen und trotzdem in seine Umgebung passenden Bau des **Musée de la Civilisation**, ☎ (418) 643-2158. Es zeigt lebensnahe Multimedia-Ausstellungen über die Menschen, über die Gesellschaft und über die Kultur sowie eine besonders gute Ausstellung über Quebecs Gesellschaft und Geschichte. Täglich geöffnet, nur in der Nebensaison montags geschlossen. Auf der Südseite des Bootshafens Louise Bassin liegt der **Old Port**

einzigartigen Charakters dieser Stadt. Die Stadtmauer umgibt die Altstadt. Sie hat vier *Portes* (Tore). Am südlichen Ende erhebt sich die Zitadelle, die große sternförmige Festung hoch über den Ufern des St. Lawrence. Sie entstand zwischen 1820 und 1832 unter hohen Kosten und gibt jetzt dem Royal 22e Régiment Quartier. Führungen durch Festung und Museum werden angeboten, und im Sommer können Sie bei den Zeremonien der Wachablösung und des Zapfenstreichs zusehen. Der Eingang zur Festung ist an der Côte de la Citadelle, ☎ (418) 648-3563.

mit seinen Theatern, Läden, Appartements und Jachthäfen. Die Tage, als er zu den größten Häfen der Welt zählte, leben auf im **Port of Quebec in the 19th Century** in der Rue St-André; unter anderem sehen Sie dort Filme, Ausstellungen und Vorführungen zum Schiffbau und zum Holzhandel.

Befestigungsanlagen

In der Haute Ville rechtfertigen die Befestigungsanlagen eine eigene Besichtigung. Die Briten hatten sie vor allem zum Schutz gegen amerikanische Angriffe errichtet. Benötigt wurden sie nie, sie sind jedoch Teil des

Im **Poudrière de L'Espanade** (Pulvermagazin) in der Rue St-Louis 100 nahe der Porte St-Louis wird die Entwicklung der Befestigungsanlagen erläutert. Führungen beginnen hier, und von hier sollte auch ein Besuch der Wälle ausgehen. Wenn Sie dem Wall nordwärts folgen, erreichen Sie in der Rue d'Auteuil 2 leicht nördlich der Porte St-Jean den **Parc de l'Artillerie**, ☎ (418) 648-4205. Der Gebäudekomplex aus dem frühen 18. Jh. diente über die Jahre hinweg verschiedenen hauptsächlich militärischen Zwecken. Es gibt ein Informationszentrum; die Ausstellungen befassen sich vor allem mit militärischen Themen. Der Park ist täglich geöffnet; im Dezember und Januar bleibt er geschlossen.

GEGENÜBER: Die Statue der Jungfrau von Orléans in Quebecs Jardin Jeanne d'Arc. OBEN: Eingang zum Séminaire de Québec (1663).

Außerhalb der Stadtmauern

Der große und angenehme **Parc des Champs de Bataille** (Nationaler Schlachtfeldpark) im Westen der Festung ist von Gärten und Denkmälern durchsetzt und bietet einen eindrucksvollen Blick auf den St. Lawrence. Er umfaßt auch die Plains of Abraham, auf denen die blutige Schlacht von 1759 ausgetragen wurde. Zwei **Martello-Türme** aus dem frühen 19. Jh. erinnern mit Ausstellungen an die hier ausgefochtenen Kämpfe. In der Avenue Wolfe-Montcalm 1 am Südende des Parks beherbergt das klassizistische

Gebäude des **Musée du Québec**, ((418) 643-2150, eine schöne Sammlung alter und neuer Kunst aus Quebec. Museum und Park sind zwischen Mitte September und Mitte Juni montags geschlossen, ansonsten jedoch ganzjährig täglich geöffnet; der Eintritt ist frei.

Nun steht ein Bummel über die **Grande Allée** an. Die schöne Allee mit ihren Cafés, ihren Bars und Restaurants sprüht vor Leben; an ihrer Nordseite an der Ecke zur Avenue Dufferin erblicken Sie das Parlamentsgebäude. Die **Assemblée Nationale** ist ein prächtiger Neorenaissancebau (1886) und Sitz der Provinzregierung. Führungen durch einige der herrlichen Räume sind kostenlos. Einzelheiten unter ((418) 643-7239.

Weiter im Norden, über 3 km von der Porte St-Jean an den Ufern des Rivière St-Charles, liegt der **Cartier-Brébeuf National Historic Park**, Rue de l'Espinay, ((418) 648-4038. Ein Informationszentrum gibt Auskunft über die Erforschung und über die Entwicklung der Kolonie und zeigt, unter welch harten Bedingungen Cartier und seine Leute leben mußten. Die *Grande Hermine* ist eine Kopie des Schiffes, auf dem Cartier nach Nordamerika kam.

Wenn es Ihnen möglich ist, nehmen Sie sich die Zeit für einen Ausflug zur **Ile d'Orléans** im St. Lawrence. Mit ihren Häusern, Kirchen, Mühlen und Farmen ist sie ein Schatzkästlein aus dem 17. und 18. Jh. und vermittelt ein Bild vom ländlichen Leben im frühen Quebec. Überall auf der Insel können Sie einheimische Produkte und Webwaren kaufen. Route 368 führt in einer 64 km langen Schleife um die Insel und berührt dabei sechs Dörfer. Zur Insel nehmen Sie Route 440 East und dann Route 138.

Aus einer ganz anderen Perspektive sieht man alles bei einer **Kreuzfahrt** auf dem St. Lawrence an Bord der *M/V Louis Jolliet*. Die Ausflüge beginnen am Chouinard Pier, Rue Dalhousie 10, ((418) 692-1159; eingeschlossen ist ein Essen auf der Ile d'Orléans. Informationen bei: Beau Temps, Mauvais Temps, ((418) 828-2275. Es gibt eine ganze Auswahl an Flußfahrten, und die Touristenbüros an der Place d'Armes und der Place Royale können nähere Auskünfte erteilen.

Im frühen Juli feiert man das **Québec Festival d'Eté**, ein Kulturfest mit Konzerten, Theater, Jazz- und Folk-Musik und Tanz. Unterkunft muß voraus gebucht werden. Auskunft über das Fest beim Festival Office, P.O. Box 24, Station B, Quebec City G1K 7A1, ((418) 692-4540. Der **Carnaval d'Hiver** ist eine rundum derbe Angelegenheit. Gefeiert wird 10 Tage lang, meist gegen Ende Februar. Dann ist in Quebec wirklich etwas los. Das Fest beginnt, wenn ein 2 m hoher Schneemann fertig geformt ist, und es dreht sich um die wundervollen Eis- und Schneeskulpturen im Parc de l'Esplanade. Skulpturenwettbewerbe finden statt, Konzerte, Tänze, Umzüge, man läuft Schlittschuh, fährt Ski, und dabei wird jede Menge Caribou geschluckt, eine örtliche Mischung aus Schnaps und Wein. Buchen Sie Ihre Unterkunft lange im voraus, denn der Carnaval ist wirklich ein großes Ereignis, und die Stadt ist dann von Gästen überflutet. Informationen bei: Québec Carnaval, Joly 290, Quebec City, ℂ (418) 626-3716.

Sport
Eishockey spielen die Québec Nordiques in der National Hockey League zwischen Mitte September und April, und zwar im Colisée de Québec, Ave du Colisée 2205, Parc de l'Exposition, ℂ (418) 523-3333. **Pferderennen** finden im Hippodrome de Québec statt;

C.P. 2053, Parc de l'Exposition, ℂ (418) 524-5283.

Wer lieber selbst spielt als zuschaut, kann **Golf** wählen. In 20 km Umkreis um Quebec gibt es 18 Anlagen. Als beste gilt allgemein die im **Parc du Mont Sainte Anne** an der Route 360 nödlich der Stadt in Beaupré, ℂ (418) 827-3778. In den Sommermonaten sind Reservierungen nötig. **Tennis** spielen Sie am besten im Montcalm Tennis Club, Boulevard (künftig nur Blvd) Champlain 901, ℂ (418) 687-1250, mit Plätzen in der Halle und im Freien. Über sechs Hallenplätze verfügt der Tennisport, Blvd Hammel 4230, Ancienne Lorett, ℂ (418) 872-0111. Zum **Joggen** und **Fahrradfahren** eignet sich besonders gut der Schlachtfeldpark gleich außerhalb der Stadtmauern.

Die Saison für **Schlittschulaufen** dauert etwa von Dezember bis März. Sie können sich der Menge im Parc d'Esplanade zugesellen oder auf dem St-Charles zwischen den Brücken Samson und Marie l'Incarnation übers Eis gleiten. **Rodeln** oder mit Ihren Schlittschuhen durch Wälder laufen können Sie im Norden der Stadt, im Village des Sports in Valcartier. Zum **Skilanglauf** eignet sich der Schlachtfeldpark mit seinen Querfeldeinpisten, genauso aber auch die anderen Parks in der Nähe. Informationen beim Quebec City Bureau of Parks and Recreation, ℂ (418) 691-6071. Zum **Skiabfahrtslauf** fährt man zum Mont Ste-Anne, P.O. Box 400, Beaupré, im Nordosten der Stadt, wo 40 Abfahrtsstrecken, 14 Lifte und über 160 km Langlaufpisten warten. Informationen unter ℂ (418) 827-4561. Rund um die Stadt erstrecken sich noch drei weitere Skigebiete, die mit dem Wagen oder mit dem Skibus leicht erreichbar sind. Der Bus fährt von verschiedenen Hotels der Innenstadt und von Ste-Foy ab.

Wenn Ihnen **Angeln** vorschwebt, müssen Sie sich eine Erlaubnis besorgen. Diese erhalten Sie in den meisten Sportgeschäften oder beim Ministry of Recreation, Hunting and Fishing, Blvd St-Cyrelle E 150, ℂ (418) 643-3127. Mit der Erlaubnis bewaffnet, fahren Sie nun nach Norden zu den Seen der Réserve Faunique des Laurentides, ℂ (418) 848-2422.

Einkäufe
Die Geschäfte sind von Montag bis Mittwoch im allgemeinen von 9.30 bis 17.30 Uhr geöffnet, am Donnerstag und Freitag bis 21 Uhr und am Samstag bis 17 Uhr. In den Sommermonaten sind viele Läden auch sonntags geöffnet, und die Öffnungszeiten werden oft verlängert.

Den ungewöhnlichsten und vergnüglichsten Einkaufsbummel verspricht in Basse Ville die **Rue Petit-Champlain** mit ihren Nebengassen. Hier gibt es Kunstgewerbe aus Quebec in Hülle und Fülle, und die Cafés und Restaurants tragen zum Bummelspaß das Ihre bei. Ebenfalls in der Unterstadt finden Sie das **Antiquitätenviertel** an der Rue St-Paul im alten Hafengebiet. Dieses einst heruntergekommene Areal ist mit seinen Cafés und mit seinen Galerien heute eines der vornehmsten Viertel der Stadt.

In Haute Ville, der Oberstadt, hat sich außerhalb der Stadtmauer die **Place Québec** angesiedelt, ein mehrstöckiges Ein-

Hoch die Beine in der Unterstadt (OBEN) und Karnevalszeit in der Oberstadt (GEGENÜBER) von Quebec.

kaufszentrum mit rund 70 Geschäften, einigen Restaurants und zwei Kinos. Es liegt nahe der Assemblée Nationale am Place Québec 5, ℂ (418) 529-0551. Weit mehr Einkaufspassagen bietet die Vorstadt Ste-Foy. Die größte ist die **Place Laurier** mit über 300 Läden; Blvd Laurier 2700, ℂ (418) 653-9318.

Nachtleben

In Quebec ist nachts viel los, vor allem in der Altstadt und gleich außerhalb von ihr. Informieren Sie sich im *Quebec Chronicle-Telegraph*.

Viel Leben herrscht rund um die Clubs und Bars in der Rue St-Jean; im Sommer sind Teile der Straße Fußgängerzonen zum Umherschlendern, zum Ausruhen und zum Beobachten. Auch die Gebiete um die Grande Allée und den Alten Hafen sind nachts lebhafte Treffpunkte mit Bars und Clubs, die eine etwas ältere Kundschaft anlocken.

Bei der Jugend beliebt ist die **Bar Elite**, ℂ (418) 692-1204, in der Rue Couillard 54, während anspruchsvollere Gemüter das **Café St-Honoré**, ℂ (418) 529-0211, in der Grande Allée 570 vorziehen. Über eine Café-Terrasse und über eine Disko verfügt **Le d'Orsay**, ℂ (418) 694-1582, in der Rue Buade 68. Jazz und Blues spielt man in der **Bar 1123** in der Rue St-Jean 1123, während in der Rue d'Auteuil 33 die Blues-Musik im **Croque-Mitaine**, ℂ (418) 694-1473, die angenehme Stimmung auf der dortigen Café-Terrasse oft noch verstärkt.

Besten Jazz hören Sie im **L'Emprise** im Hôtel Clarendon, Rue Ste-Anne 57, ℂ (418) 692-2480, während im **Le Foyer**, Rue St-Jean 1044, ℂ (418) 692-0708, Rock und Folk erklingen. Tanzfreunde können sich ins **Le Bistro**, Rue St-Jean 1036, begeben; es ist eines der beliebtesten Lokale für die Jungen und die Junggebliebenen. Wer Hören gern mit Sehen verbindet, wird sich in der exklusiveren Atmosphäre des **Eden** wohlfühlen; es thront auf dem Quebec Hilton und ist, wie zu erwarten, teurer.

Theateraufführungen sind alle in Französisch. Im **Grand Théâtre de Québec**, Blvd St-Cyrille E 269, ℂ (418) 643-8131, spielt das Théâtre du Trident klassische und neue Stücke. Das Freilufttheater **Agora**, (418) 692-0100, in der Rue Dalhousie 160 im Alten Hafen, zeigt seine Shows und Schauspiele aus verständlichen Gründen nur im Sommer. Lieben Sie Theater in zwangloser Kaffeehausatmosphäre? Dann ist das **Théâtre**

OBEN: Dinner im Château Frontenac.
GEGENÜBER: In Quebecs Rue St-Louis wimmelt es von kleinen Hotels und Gästehäusern.

Petit-Champlain in der Rue Petit-Champlain 70 genau das Richtige.

Das **Orchestre Symphonique de Québec** spielt ebenfalls im Grande Théâtre de Québec. Klassische Musik können Sie auch in der **Bibliotèque Gabrielle-Roy**, ℂ (418) 529-0924, in der Rue St-Joseph 350 und im Agora hören.

Die meisten Filme in den Kinos sind in französisch. Englische Filme zeigt das **Cinéma Place Québec**, Place Québec 5, ℂ (428) 525-4524, manchmal auch das **La Boîte à Films**, 3ᵉ Ave 1044, ℂ (418) 524-3144.

Unterkunft

Während des Carnaval d'Hiver im Februar sind die Hotels meist ausgebucht. Wenn Sie gerade dann kommen wollen, müssen Sie schon sehr früh buchen.

Luxusklasse

Das **Château Frontenac**, Rue des Carrières 1, ℂ (418) 692-3861, mag nicht mehr das ultraluxuriöse Hotel sein, das es in seiner Glanzzeit einmal war; ein Hauch Romantik liegt aber noch immer darin, im berühmtesten – und auffälligsten – Wahrzeichen der Stadt Quebec zu übernachten. Die Lage an der Terrasse Dufferin und gleich bei der Place d'Armes könnte gar nicht besser sein. Es gibt einen gewaltigen Ballsaal, eine Pianobar, ein Café, Läden und ein sehr gutes Restaurant, das Le Champlain – dazu die Atmosphäre welkender Pracht. Die 525 Zimmer variieren in Größe und Lage. Da sich das Château einer umfassenden und dringend benötigten Renovierung unterzieht, sollten Sie sicherstellen, daß Sie einen neu hergerichteten Raum erhalten.

Das gegenwartsnähere **Hôtel des Gouverneurs**, Blvd St-Cyrille E 690, ℂ (418) 647-1717, gehört zu einer Luxushotelkette Quebecs. Das Hochhaus steht den Parlamentsbauten gegenüber; es verfügt über 377 gut ausgestattete Zimmer, eine Schwimmhalle, ein ausgezeichnetes Fitneßcenter, eine Pianobar und ein Restaurant. Ganz besonders gut ist der Service im **Hôtel Hilton**, Place Québec 3, ℂ (418) 647-2411, gebührenfrei ℂ (800) 268-9275. Die 564 Zimmer sind geräumig, die Ausstattung ist modern, und die Einrichtungen, darunter Fitneßcenter, zwei Restaurants und ein Nachtclub auf dem Dach, sind typisch Hilton. Die Lage beim Parlament ist günstig, zu einem großen Einkaufskomplex gelangt man direkt unter der Erde. Verlangen Sie ein Zimmer in den oberen Etagen, der Blick auf die Altstadt ist großartig.

Über den Parc des Champs de Bataille blickt das **Hôtel Loews Le Concorde**, Place Montcalm 1225, ℂ (418) 647-2222. Vom Herzen der Stadt ist das ein kurzer, angenehmer Spaziergang. Zum Erreichen der Cafés und Nachtclubs der Grande Allée liegt es ideal. Zu den Luxuseinrichtungen gehören Fitneß-

center, Bürozentrum, VIP-Stockwerke, Caféterrasse, Disko und auf der Spitze dieses aufragenden Betonturms ein Drehrestaurant.

Mittlere Preislage

Ein weiteres Wahrzeichen Quebecs ist in der Oberstadt das **Clarendon**, Rue Ste-Anne 57, ℂ (418) 692-2480. Das älteste Hotel der Stadt besticht durch seine wundervolle Einrichtung im Art-Déco-Stil und durch seinen Charakter. Die 89 Zimmer mit Bad sind hübsch möbliert; es gibt eine ausgezeichnete Jazzbar, eine Cocktail-Lounge und ein stimmungsvolles französisches Restaurant. Seine Lage direkt beim Rathaus macht es zum idealen Ausgangspunkt für Besichtigungen. In der Rue Ste-Anne 115 überrascht das **Fleur de Lys**, ℂ (418) 694-0106, als modernes Hotel mitten in der Altstadt. Der Service ist ausgezeichnet, die 32 Zimmer sind gut ausgestattet und schick möbliert.

Eine bezaubernde, elegant eingerichtete Villa ist das **Château de Pierre**, Ave Ste-Geneviève 17, ℂ (418) 694-0429. Die 15 Zimmer sehen vornehm aus, sind gleichzeitig aber auch modern und zweckmäßig. Das **Manoir Ste-Geneviève**, Ave Ste-Geneviève 13, ℂ (418) 694-1666, blickt auf den Jardin des Gouverneurs. Alte englische Landhausmöbel füllen den Bau aus dem frühen 19. Jh. und sorgen für eine gemütliche und angenehme Atmosphäre. In den neun klimatisierten Zimmern stehen Fernsehapparate.

Außerhalb der Stadtmauern bietet das **Château Laurier**, Grande Allée 695, ℂ (418) 522-8108, gut ausgestattete, einfache Zimmer (55), zu den Restaurants dieser Straße sind es nur ein paar Schritte, und das Nachtleben der Grande Allée spielt sich buchstäblich (und laut) direkt vor seiner Tür ab.

Preisgünstig
Viele kleine Familienhotels und Gästehäuser warten in der Rue St-Louis, darunter das **Auberge St-Louis** (Nr. 48), ℂ (418) 692-2424, mit 23 angenehmen Zimmern zu sehr guten Preisen, und das **Clos St-Louis** (Nr. 71), ℂ (418) 694-1311, mit sauberen, netten Räumen. Ähnliche Unterkünfte bietet die ruhige Rue Ste-Ursule; zum Beispiel das **Maison Demers** (Nr. 68), ℂ (418) 692-2487, mit acht gemütlichen Zimmern oder das **Hôtel Maison Ste-Ursule** (Nr. 40), ℂ (418) 694-9794, mit 15 Zimmern (überwiegend mit Bad). Ein Gästehaus (Nr. 19) ist das **Centre International de Séjour**, ℂ (418) 656-2921.

Einzelheiten über die Frühstückspensionen **Bed & Breakfast** in und um die Altstadt gibt es bei Bed & Breakfast – Bonjour Québec, Blvd Monaco 3765, ℂ (418) 527-1465, oder bei Bed & Breakfast in Old Quebec, Rue des Remparts 35, ℂ (418) 655-7685, das die teureren Unterkünfte in den alten Häusern der Altstadt vermittelt.

Zwischen Mai und August kann man auch auf dem Campus der **Universität** Zimmer bekommen. Einzelheiten beim Service des Résidences de l'Université Laval, Pavillon Parent Local 1634, Université Laval, Ste-Foy, ℂ (418) 525-9826.

Restaurants

Teuer
Das berühmteste und wohl das beste Restaurant der Stadt ist das **A la Table de Serge Bruyère**, Rue St-Jean 1200, ℂ (418) 694-0618: klassische französische Küche im eleganten Rahmen eines Gebäudes aus dem 19. Jh. Das *Menu Découverte* (Entdeckungsmenü) mit seinen sieben Gängen ist eine beliebte Bestellung. Französische Haute Cuisine serviert auch das **Saint-Amour**, Rue Ste-Ursule 48, ℂ (418) 694-9259, ein nettes Restaurant mit einer warmen, zwanglosen Atmosphäre. Hase ist stets eine gute Wahl, und die Schokoladendesserts sind wohlbekannt. Gut italienisch kocht das **Restaurant au Parmesan**, Rue St-Louis 38, ℂ (418) 692-0341.

Meeresfrüchte nach italienischer Art sind Spezialität im **Gambrinus**, Rue du Fort 15, ℂ (418) 692-5144. Zwar gibt es auch Fleischgerichte, die Teigwaren mit Meeresfrüchtesauce sind jedoch Spitze. Die besten Meeresfrüchtegerichte serviert wohl das **Marie Clarisse** in der Unterstadt, Rue Petit-Champlain, ℂ (418) 692-0875. Der Fisch kommt perfekt angerichtet auf den Tisch, aber auch Fleischliebhaber kommen hier nicht zu kurz.

Mittlere Preislage
Daß im **Au Chalet Suisse**, Rue Ste-Anne 32, ℂ (418) 694-1320, gut gekocht wird, bedarf keiner Erwähnung. Die große Speisekarte bietet einige besonders gute Fondues. Unter den Schirmen der Terrasse läßt sich ein schöner und langer Abend verbringen (es schließt erst spät). Das kleine und behagliche **Biarritz**, Rue Ste-Anne 136, (418) 692-2433, brilliert mit seinen Meeresfrüchten. Kulinarisch nach Osten wenden Sie sich im **Fleur de Lotus**, Rue de la Fabrique 50, ℂ (418) 692-4286. Zu mäßigen Preisen essen Sie hier vietnamesisch, thailändisch und kambodschanisch.

Traditionelle Gerichte aus Quebec gibt es wohl nirgends besser als im **Aux Anciens Canadiens**, Rue St-Louis 34, ℂ (418) 692-1627. Ausstattung und Service in diesem Haus aus dem 17. Jh. vermitteln eine wundervolle Wärme; probieren Sie die Erbsensuppe, eine kanadische Spezialität.

Preisgünstig

In Aussehen und Geschmacksrichtung ein französisches Café ist das **Chez Temporal**, Rue Couillard 25, ☏ (418) 694-1813, ein idealer Ort zum Frühstücken oder für einen Imbiß. Im **Au Relais de la Place d'Armes**, Rue Ste-Anne 16, ☏ (418) 694-9036, können Sie im Freien sitzen und gute herzhafte Gerichte bestellen. Essen im Bistro-Stil (darunter einige sehr gute Mittagsmenüs) serviert in der Unterstadt das **Trompe l'Œil**, Sault-au-Matelot 89, ☏ (418) 694-0152. Verläßlich gut italienisch kochen die **Pizzeria d'Youville**, Rue St-Jean 1014, ☏ (418) 694-0299, und das **Restaurant Le Petit Italien**, Rue St-Louis 49A, ☏ (418) 694-0044.

ANREISE

Quebec wird zwar von Air Canada und ein paar anderen größeren Gesellschaften angeflogen, die meisten Besucher kommen jedoch über Montreal und Toronto mit regionalen und kleineren Linien, die täglich mehrfache Verbindungen anbieten.

Mit dem Auto reist man aus den Küstenprovinzen auf dem Trans-Canada Highway an, von Montreal ebenfalls auf dem TCH (Route 20) oder auf der Route 40.

MONTREAL

Ich muß zugeben, ich bemerkte es auch erst, als ich Montreal schon verlassen hatte: Diese Stadt hat viel mit Manhattan gemein; sie ist eine Insel, sie war von einheimischen Indianern bewohnt, sie ist ein wichtiger Hafen, sie ist die kosmopolitischste und die «europäischste» Stadt des Landes, sie war Gastgeberin einer denkwürdigen Weltausstellung, sie hat den größten jüdischen Bevölkerungsanteil in Kanada, sie ist bekannt für ihre ausgezeichneten Restaurants und für ihr aufregendes Nachtleben, sie ist Heimat für über 100 verschiedene Volksgruppen, und sie besitzt ein Baseballteam in der Nationalliga, das seinen Fans Jahr für Jahr Anlaß zu viel Hoffnung und zu viel Leid gibt.

Dieser gedankliche Vergleich kommt aber zu einem abrupten Ende, wenn man die Landschaft einbezieht. Im Gegensatz zu Manhattan ist Montreal eine *große* Insel (51 km lang und an der weitesten Stelle 16 km breit), sie liegt über 1000 km vom Meer entfernt, sie besitzt ein großes und sicheres Metronetz, und die überwältigende Mehrheit ihrer Bürger spricht französisch als erste Sprache – Montreal ist die zweitgrößte französischsprachige Stadt der Welt. Und dann gibt es noch dieses gewisse *Je-ne-sais-quoi* – lassen Sie es mich *Joie de vivre*, Lebensfreude, nennen –, das Montreal ganz klar von Manhattan unterscheidet (oder von fast jedem anderen städtischen Zentrum, das man sich denken kann).

Montreal enstand rund um einen längst erloschenen Vulkan (Mont Royal, von den Einwohnern nur «der Berg» genannt). Die Stadt ist ein pulsierendes Beweis für geglückte Koexistenz, denn hier leben zwei große Sprachen friedlich miteinander, zwei Kulturen, zwei Traditionen, zwei Schulsysteme (katholisch und protestantisch) und sogar zwei Zeitalter: Der Vergangenheit, der Zeit Neufrankreichs, gedenkt man, indem man die Relikte aus jenen Tagen wohl verwahrt; das neue Montreal feierte seine Gegenwart und seine Zukunft mit der Weltausstellung EXPO '67, die 50 Mio. Besucher in die Stadt brachte, und danach mit den Olympischen Sommerspielen 1976. Das alles schuf ein blitzendes, leistungsfähiges und modernes Gemeinwesen, das nichts von seiner gallischen Lebensfreude verloren hat.

Eine weltweite Untersuchung über die Lebensqualität in Metropolen von 45 Ländern ergab Ende 1990, daß Montreal zusammen mit Melbourne und Seattle die Stadt ist, in der es sich am besten auf der Welt leben läßt. Niemanden, der jemals in Montreal war, überraschte das.

GESCHICHTE

Der Name der Stadt geht offensichtlich auf das Jahr 1535 zurück, als Jacques Cartier die Vulkanspitze der Insel als «*un mont réal*» (ein königlicher Berg) bezeichnete. Die Gründung der Stadt erfolgte erst 1611 mit der Einrichtung eines befestigten Handelspostens auf der Insel durch Samuel de Champlain. Nochmals 31 Jahre später kam Paul de Chomedey, Sieur de Maisonneuve, mit 53 Franzosen hierher und schuf eine permanente Siedlung mit Namen Ville Marie an der Stelle, die heute als Vieux Montréal bekannt ist. Das verbleibende Jahrhundert war von ständigen Angriffen der Irokesen gekennzeichnet, im 18. Jh. jedoch ließ diese Bedrohung nach, und die geschäftige Stadt Montreal – der Name Ville Marie war in jenen Tagen aufgegeben worden – gedieh dank ihres aufstrebenden Pelzhandels.

Als der Ort 1760 an die Briten fiel, lebten seine 5000 Bewohner alle im heutigen Vieux Montréal. Der britischen Eroberung und der nachfolgenden Abtretung Kanadas an England im Jahr 1763 folgte eine große Rückwanderung französischen Adels und Militärs nach Frankreich. Gleichzeitig kamen viele Einwanderer aus Schottland, die bald den profitablen Pelzhandel beherrschten. Die Eroberung der Stadt durch die Amerikaner unter General Montgomery und die sechsmonatige Besatzungszeit im Winter und Frühjahr 1775/76 zeitigten wenig Wirkung, obwohl die amerikanische Revolution selbst Montreal stark betraf, denn Tausende von Loyalisten entflohen der neuen Republik und ließen sich hier nieder.

Im Jahr 1783 gründeten Montreals führende Pelzhändler gemeinsam ein neues Unternehmen, die Northwest Trading Company. Diese festigte Montreals überragende Stellung im Pelzhandel und ermöglichte in großem Rahmen Pelzexporte nach Europa. Als die Northwest Trading Company mit ihrem mächtigeren Rivalen, der Hudson Bay Company, 1821 vereinigt wurde, ging die Bedeutung des Pelzhandels zwar allmählich schon zurück, der wirtschaftliche Aufschwung aber hielt an, denn nun begannen neue Industrien aufzublühen. Das frühe 19. Jh. spülte zusätzlich eine riesige Welle europäischer jüdischer Immigranten ins Land; deren mitgebrachte Kenntnisse waren für Montreals Entwicklung zu einem wichtigen Geschäfts- und Finanzzentrum von entscheidender Bedeutung. Als die Stadt 1832 Selbstverwaltungsstatus erhielt, spielte sie im kanadischen Leben bereits eine sichtbare Rolle. Zur Zeit der Konföderation 1867 war sie sogar die wichtigste Stadt Kanadas.

Bedeutung und Wachstum rettete sie auch ins 20. Jh. herüber. Zwischen den beiden Weltkriegen erwarb Montreal sich allerdings den fragwürdigen Ruf einer «Stadt der Sünde». Illegales Glücksspiel, Prostitution und Gangstertum gediehen unter dem Schutz korrupter Behörden. Mit der Wahl von Jean Drapeau zum Bürgermeister kam dieser Rutsch in die Dekadenz 1954 zu einem abrupten Ende. Korruption in der städtischen Beamtenschaft wurde ausgemerzt, Ganoven wurden verfolgt, Bordelle und Spielhöllen wurden geschlossen. Gleichzeitig setzte eine ausgedehnte Sanierung und Renovierung heruntergekommener Stadtteile ein, ein modernes U-Bahnnetz entstand, und die anspruchsvolle Place Ville Marie wurde gebaut, ein unterirdischer Einkaufskomplex in der Innenstadt. Mit Ausnahme eines kurzen Zeitraums in den frühen sechziger Jahren blieb Drapeau bis in die mittleren achtziger Jahre im Amt, eine bemerkenswerte Spanne von 25 Jahren, in der er buchstäblich das Gesicht der Stadt veränderte: mit spektakulären Einkaufskomplexen wie der Place Ville Marie, mit einer erstaunlichen Ansammlung von Bauten anläßlich der EXPO '67, mit dem prachtvollen Kunst- und Kulturzentrum, der Place des Arts, und mit vielen weiteren, nicht so deutlich erkennbare Beispielen für seine Entschlossenheit, die Stadt zu verschönern und zu modernisieren.

Wenn Montreal heute als eine der drei Städte gilt, in denen es sich auf der Welt am besten zu Hause sein läßt, so hat das in beträchtlichem Maße mit der Tatsache zu tun, daß Jean Drapeau hier lebte.

Allgemeine Informationen

Alle Arten von Informationen, Führern und Karten gibt es bei Tourisme Québec in Quebec City (siehe oben). Die gebührenfreie Telefonnummer ist in ganz Nordamerika ((800) 363-7777. Das Büro in Montreal finden Sie in der Maison de Tourisme, Centre Infotouriste, Rue du Square-Dorchester 1001 (Ecke Metcalf und Square-Dorchester), ((514) 873-2015. Ein Informationskiosk existiert in der Place Ville Marie 2 bei der University Street und der Cathcart Street; zwei kleinere Büros von Infotouriste finden Sie am Flughafen Dorval und in Vieux Montréal in der Rue Notre Dame Est 173. Das Greater Montreal Convention and Tourism Bureau ist in der Rue Ste-Catherine Ouest

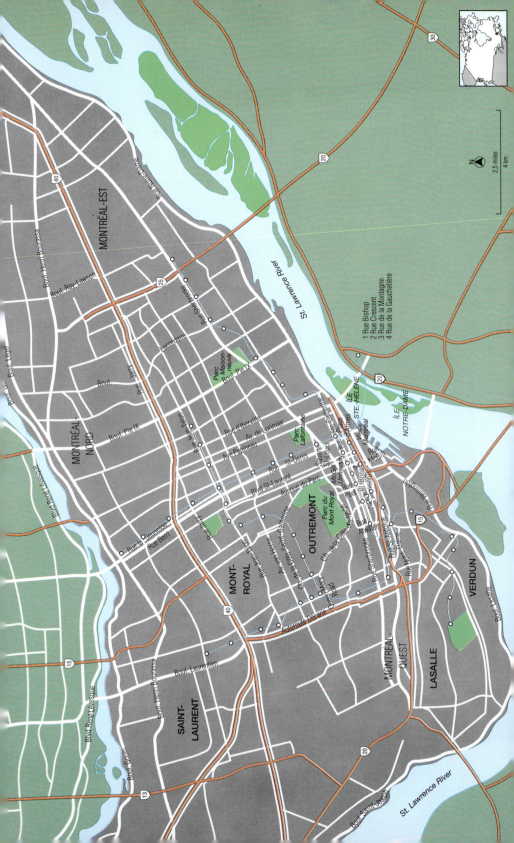

1010, Suite 410, Montreal H3B 1G2, ☏ (514) 871-1595/2015.

Was Sie sehen und tun können

Vieux Montréal

Vieux Montréal, das ist die Altstadt, wie sie von Rue Berri, Rue St-Antoine, Rue McGill und dem Hafen begrenzt wird. Bis ins 19. Jh. bestand Montreal nur aus diesem Gebiet. In den sechziger Jahren unseres Jahrhunderts war es nicht länger Mittelpunkt der Stadt, stand leer und verfiel langsam. Nun wurde die Regierung wach und erklärte es zu einem historischen Areal, woraufhin ein Programm zur Restaurierung und zur Renovierung attraktiver älterer Bauten in Schwung kam. Heute ist das Viertel wieder schön und lebendig, voller Restaurants, Bars, Geschäfte, Galerien, Straßencafés und Straßenkünstler. Am besten wandern Sie zu Fuß durch die engen Gassen und über die hübschen Plätze der historischen Altstadt. Vieux Montréal hat zwei Metrostationen: Place d'Armes und Champs-de-Mars.

Die wunderschöne **Place Jacques Cartier** ist ein straßenartig langgezogener, gepflasterter Platz, den alte Häuser, Restaurants und Kunstgewerbeläden umstehen. Im Sommer werden Touristen und Montrealer gleichermaßen von seinen Straßencafés, von den bunten Kunsthandwerk- und Blumenmärkten und von den Straßenkünstlern angelockt. Am Nordwestende des Platzes erhebt sich auf einer hohen Säule eine **Statue Lord Nelsons**; 1809 errichtete man sie zum Gedenken an seinen Sieg von Trafalgar. Jetzt haben Sie Zeit, sich im Touristenbüro am nordwestlichen Ende des Platzes (dort, wo die Rue Notre-Dame verläuft, siehe unten) mit Informationen zu versehen, danach über den Platz hinwegzuschlendern und in einem der Cafés bei einer

Erfrischung seine Atmosphäre in sich aufzusaugen. Am Südöstlichen Ende des Platzes verläuft die **Rue St-Paul**, eine lebhafte Hauptstraße voller modischer Geschäfte und Restaurants.

Am anderen Platzende in der Rue Notre-Dame erhebt sich das ehrwürdige **Hôtel de Ville** (Rathaus) und westlich davon der Kuppelbau des **Old Courthouse**. Gegenüber dem Rathaus an der Ecke von Notre-Dame und St-Claude liegt das elegante **Château de Ramezay** (1705). Ursprünglich wohnten hier die französischen Gouverneure, danach diente es einer Reihe von anderen Zwecken. Seine jüngste Bestimmung ist die eines Museums mit Stilmöbeln sowie Gegenständen und Schaustücken aus der

Geschichte der Stadt und des Schlosses selbst; Notre Dame Est 280, ℂ (514) 861-3708; täglich außer montags geöffnet.

Einen Block östlich von hier verläuft zwischen Notre-Dame und St-Paul die **Rue Bonsecours**, eine schöne kleine sehenswerte Straße. An ihr finden Sie die **Maison du Calvet** (1725), ein reizendes französisches, mit Antiquitäten ausgestattetes Kolonialhaus. Am Straßenende steht die liebenswerte Kirche **Notre-Dame-de-Bonsecours**. Einst kannte man sie als Seemannskapelle; das war zu Zeiten, als sie noch am Wasser stand; danach rückte sie durch Landgewinnungsmaßnahmen immer weiter ins Landesinnere. Die ursprüngliche Kirche ließ Marguerite Bourgeois 1657 erbauen. Sie war die Gründerin eines Ordens lehrender Nonnen. Umgebaut wurde das Gotteshaus 1678 und noch einmal 1772. Der Innenraum ist originell und interessant, von der Decke hängen Schiffsmodelle und Votivgaben von Seeleuten, und im kleinen Museum wird das Leben der Gründerin in einer sonderbaren Szenenfolge mit Puppen nachgestellt. Besteigen Sie den Kirchturm, der Blick auf Altstadt und Hafen ist sehr schön.

Wenn Sie am Wasser südlich der Place Jacques Cartier entlangwandern, kommen Sie zum **Vieux Port**, dem heute sanierten alten Hafen. Es gibt dort Parks, Restaurants und Cafés, in den Sommermonaten finden Rundfahrten auf dem Wasser statt, Ausstellungen und Freiluftunterhaltung aller Art und für jedes Alter werden präsentiert. Leuten mit Nase für Gelegenheitskäufe sei der **Flohmarkt** (Marché aux Puces) empfohlen.

Ein paar Blocks südwestlich der Place Jacques Cartier liegt an der Rue Notre-Dame die **Place d'Armes**. An dieser Stelle hatte 1644 ein Kampf zwischen Siedlern und Irokesen stattgefunden. An den französischen Sieg erinnert eine **Statue des Sieur de Maisonneuve** in der Platzmitte. An der Nordwestseite des Platzes erblicken Sie die **Banque de Montréal**, einen ehrwürdigen klassischen Bau mit einem prächtigen Säulenportikus. Das kleine, recht interessante Bankenmuseum ist an Wochentagen von 10 bis 16 Uhr geöffnet. An der Südostseite des Platzes versteckt sich hinter alten Steinmauern das älteste Gebäude Montreals, das **Séminaire de St-Sulpice** (1685). Den schönen alten Bau können Sie leider nicht durchforschen, denn er wird noch immer von den Sulpizianern benutzt und ist der Öffentlichkeit nicht zugänglich.

Neben dem Priesterseminar erhebt sich die weitläufige **Basilique de Notre Dame**, ein neugotischer Bau mit zwei Türmen (1829). Das riesige und reich geschmückte Innere enthält einige schöne Schnitzereien, einen prächtig verzierten Hauptaltar und ein kleines Museum, das die Geschichte der Kirche nachzeichnet. Die Kirche, ℂ (514) 849-1070, ist täglich geöffnet, Führungen werden veranstaltet; das Museum, ℂ (514) 842-2925, ist nur am Wochenende geöffnet.

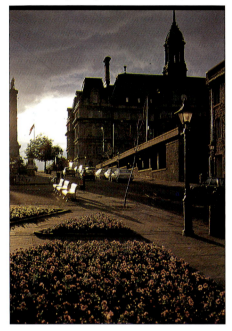

Das nahe **Montreal History Centre** ist in einer alten Feuerwache untergebracht; Place d'Youville 335, ℂ (514) 845-4236. Eine Reihe audio-visueller Vorführungen verdeutlicht die Geschichte der Stadt. Die letzte Show beginnt um 15.30 Uhr. Das Zentrum ist montags geschlossen. Gleich um die Ecke beherbergt das **Musée Fortin**, Rue St-Pierre 118, ℂ (514) 845-6108, die Werke von Mark-Aurèle Fortin (1888–1970), einem Landschaftsmaler aus Quebec; gelegentlich werden auch Ausstellungen anderer einheimi-

GEGENÜBER: Das Château de Ramezay ist heute ein Museum. OBEN: Die Place Jacques Cartier mit dem Standbild Lord Nelsons im Hintergrund.

scher Künstler gezeigt. Das Museum ist montags geschlossen.

Direkt gegenüber dem History Centre stehen die von Mauern umgebenen **Ecuries d'Youville**, eine Gruppe von Lagerhäusern und von Fabrikgebäuden aus dem frühen 19. Jh. Die Gebäude sind renoviert und dienen als Büros und Geschäfte, außerdem gibt es ein paar reizende Restaurants. Der nette Hof ist nach ermüdender Besichtigung eine Oase friedlicher Erholung.

Innenstadt

Das innerstädtische Viertel Montreals wird von den Straßen Atwater, St-Denis, St-Antoine und Sherbrooke begrenzt und besitzt einen ganz anderen Charakter. In den sechziger Jahren begannen hier, Wolkenkratzer aus Stahl und aus Glas, Hotelhochhäuser und Gebäudekomplexe zu entstehen. Diese drastische Modernisierung setzte sich auch unter der Erde mit der Schaffung der **Underground City** fort: ein gewaltiges Netzwerk aus Einkaufs- und Geschäftszentren, aus Kinos, aus Restaurants mit Zugängen zu Hotels, aus Bahnstationen und aus vielen anderen Einrichtungen. Ob man Einkaufsarkaden nun mag oder nicht, während winterlicher Regen- oder Schneeschauer ist es sehr angenehm, seine Besorgungen zu erledigen, ohne ins Freie zu müssen. Fußwege verbinden Komplexe wie **Place Bonaventure**, **Place du Canada** und **Place Ville Marie**, während man andere mit der Metro erreicht.

Das Zentrum dieses Netzwerks und der erste erbaute Komplex ist die **Place Ville Marie** (oft kurz PVM genannt). Oberirdisch wird der Platz vom 45stöckigen **Royal Bank Tower** beherrscht, einer bemerkenswerten kreuzförmigen Konstruktion des Architekten J.M. Pei, die zu den bekanntesten Wahrzeichen Montreals zählt.

Man kann sagen, der **Dominion Square** ist das Herz von Montreal. Da hier die Rundfahrtenbusse und die *Calèches* warten, ist er ein guter Ausgangspunkt für Besichtigungen. Bevor Sie aber losfahren, blicken Sie sich auf dem Platz um. Auf einer Seite erhebt sich das **Sun Life Building**, ein großer grauer Hochzeitskuchen, Montreals erster Wolkenkratzer und einst Kanadas höchstes Gebäude. Ihm gegenüber steht die **Bank of Commerce**, ein glattes Hochhaus aus Glas,

und das Hotel **Château Champlain**, eine weitere riesige moderne Konstruktion; ihren Spitznamen «Käseraspel» verdankt sie ihren halbrunden Fenstern. An der Südseite des Platzes am Blvd René Lévesque (früher Blvd Dorchester) verteidigt sich gegen diese Giganten tapfer die **Cathédrale Marie-Reine-du-Monde** (Kathedrale Marias, der Königin der Welt), eine Kopie St. Peters in Rom im Kleinformat.

Gehen Sie nun auf dem Blvd René Lévesque östlich am PVM vorbei, und biegen Sie dann in die University Street ein. Zwei Blöcks weiter finden Sie nun an der Rue Ste-Catharine die **Christ Church Cathedral**, eine schöne Kirche im gotischen Stil aus den fünfziger Jahren des letzten Jahrhunderts. Montreals Haupteinkaufsstraße ist die **Rue**

Ste-Catherine; westlich der Kathedrale sind die großen Kaufhäuser zu Hause. Noch weiter westlich auf der Rue Ste-Catherine, in und um die **Crescent Street** und die **Bishop Street**, entfaltet sich der schickste Teil der Stadt. Einst war das ein zwielichtiges, heruntergekommenes Viertel, heute aber sind die viktorianischen Häuser restauriert und beherbergen elegante Boutiquen, Cafés und Restaurants.

Zu einem kulturellen Intermezzo führt Sie die Rue Ste-Catherine nach Osten zur **Place des Arts**, ✆ (514) 842-2112, einem Kunstkomplex mit Theater, Oper, Ballett, Musik und Malerei. Falls Sie von Einkaufsarkaden zu diesem Zeitpunkt noch nicht genug haben, können Sie von der Place des Arts unterirdisch zum **Complexe Desjardins** überwechseln, der sich über und unter der Erde erstreckt. Eine ganz andere Art von Einkäufen verspricht Montreals **Chinatown**. Sie finden sie südlich von hier bei der Metrostation Place d'Armes rund um die Rue de la Gauchetière.

Auf der Nordseite der Rue Sherbrooke, an der Kreuzung mit der University Street, steht die berühmte **McGill University**. Wandern Sie über den freundlichen grünen Campus am Fuß des Mont Royal. Gegenüber dem Campus auf der Südseite der Rue Sherbrooke dokumentiert das **McCord Museum**, Rue Sherbrooke Ouest 690, ✆ (514) 392-7100, die Geschichte Montreals und Kanadas mit Exponaten, mit Kunst und mit Kostümen, mit Ausstellungen und mit einer gewaltigen Fotosammlung.

Das Häusermeer von Montreal.

Kunst aus allen Zeitaltern und aus allen Teilen der Welt präsentiert weiter im Westen Kanadas ältestes Museum, das **Musée des Beaux-Arts**, Rue Sherbrooke Ouest 1379, ((514) 285-1600; irgend etwas hier wird auch Ihren Geschmack treffen. Zur großen Sammlung kanadischer Kunst treten als ständige Ausstellungen eine anschauliche Darstellung europäischer Kunstbewegungen, Inuit-Skulpturen, afrikanische Masken und präkolumbische Figuren. Außerdem spielt das Museum für große internationale Ausstellungen den Gastgeber. Es

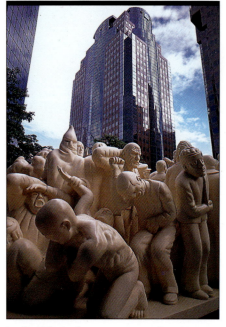

ist täglich, außer montags und an Feiertagen, geöffnet.

Wenn Sie Architektur interessiert, sollten Sie eine neuere Institution Montreals kennenlernen, das **Le Centre Canadien d'Architecture**, Blvd René Lévesque (bei der Rue Fort), ((514) 939-7000. Es besteht aus einem Architekturmuseum und einem Forschungszentrum mit Ausstellungssälen für die Öffentlichkeit; auch eine Buchhandlung ist vorhanden.

Quer durch die Stadtviertel

Das Quartier Latin von Montreal liegt rund um die **Rue St-Denis**. Dieses Viertel steckt voller lebensfroher Cafés, Restaurants, Nachtclubs, Bars, interessanter Läden und Kunstgalerien – eine Gegend groß an Atmosphäre und wohltuend für die Geldbörse. Sie ist Treff der Studenten der nahen **Université du Québec**, und passenderweise findet das jährliche Jazzfestival ebenfalls hier statt. Nach Norden zu, einen Block hinter der Kreuzung mit der Rue Sherbrooke, liegt links der **Square St. Louis**, ein bezaubernder Platz mit viktorianischen Häusern und mit Blick auf einen kleinen Park. Viele Schriftsteller, Künstler und Musiker sind hier zu Hause. Auf der Westseite des Platzes verläuft die **Rue Prince Arthur**; sie bietet kulinarische Genüsse verschiedener Länder, Geschäfte und Straßenunterhaltung.

Noch mehr fremdländische Stimmung erleben Sie, wenn Sie von der Rue Prince Arthur in den **Boulevard St-Laurent** einbiegen und mitten in einem Einwandererviertel sind, das Sie erfrischend unbekümmert finden werden. Es wimmelt von Läden, Bars, Cafés und Restaurants. Hier herrscht eine echte Mischung von Kulturen, und Sie können die unterschiedlichsten Küchen probieren: Osteuropa, Nahost, Italien, Griechenland, Spanien usw. St-Laurent war übrigens früher die Trennlinie zwischen der französisch- und der englischsprachigen Bürgerschaft und damit auch eine kulturelle Grenze; heute hat sich diese Grenze allerdings teilweise verwischt.

Eines der eindrucksvollsten Charakteristika Montreals ist natürlich der Berg, der das Stadtbild beherrscht, der **Mont Royal**; und der **Parc du Mont Royal** ist der schönste der Stadt. Er wurde von Frederick Law Olmstead, dem Architekten des Central Parks in New York, entworfen. Im Sommer lädt er zu Spaziergängen ein, zum Joggen oder Picknicken, zum Reiten oder Sonnenbaden oder einfach zum Dasitzen, um den Blick auf die Stadt zu genießen. Im Winter tauchen hier Schlittschuhe, Schlitten, Skier und Schneeschuhe auf. Zum Park gelangen Sie je nach Stimmung: mit der *Calèche*, mit dem Auto oder zu Fuß von den Straßen Peel, du Parc oder Drummond. Im **Chalet** gibt es Erfrischungen und von seiner Terrasse eine beeindruckende Aussicht. Im Osten erhebt sich ein großes, nachts angeleuchtetes und überall in der Stadt sichtbares Metallkreuz; es soll an das Holzkreuz erinnern, das der Sieur de Maisonneuve 1643 hier aufgestellt hatte.

Vielleicht sind Sie jetzt zu einem Pilgergang zum **Oratoire St-Joseph** am Westhang des Mont Royal bereit. Ein Mönch mit Namen Bruder André, der große Heilkräfte besessen haben soll, errichtete an dieser Stelle 1904 zu Ehren des heiligen Joseph eine Kapelle und arbeitete dort unermüdlich, um die Kranken gesund zu machen. Über die Kapelle baute man 1960 eine gewaltige Kuppelbasilika, die auf Kilometer im Umkreis sichtbar ist. Neben der Kapelle gibt es im Inneren auch ein Museum über Bruder André; zurückgelassene Krücken und Rollen, Bildergeschichten entnommenen Gehegen.

Weiter die Rue Sherbrooke entlang, gelangen Sie am Westrand der Stadt zum **Parc Maisonneuve** mit dem **Olympic Parc**. Letzterer entstand für die Sommerolympiade von 1976 (wirklich fertiggestellt wurde er erst 1987). Der gewaltige und ungeheuer kostspielige Komplex ist in seiner Gestaltung verwegen und verblüffend. Im Mittelpunkt steht das gigantische **Olympic Stadium** für 80 000 Zuschauer. Über ihm wacht ein eindrucksvoller schräger Turm zur

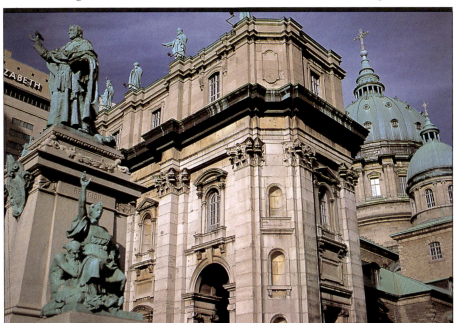

stühle zeugen von seinen Heilkräften. Die Kapelle in der Queen Mary Road 3800 ist täglich geöffnet; Metrostationen: Côte des Neiges oder Snowdon.

Ihren Besuch im Quartier Latin können Sie mit einem Abstecher in den **Parc Lafontaine** verbinden (bei der Rue Sherbrooke Est zwischen Ave Parc-La Fontaine und Ave Papineau; Metrostation: Sherbrooke). Das ist genau der richtige Ort, um ein wenig zu rudern oder in einem der öffentlichen Pools zu baden, um in den englischen und französischen Gärten zu flanieren oder um Freiluftunterhaltung bei einem Picknick zu genießen. Im Sommer, von Mitte Mai bis Ende September, ist ein Kinderzoo geöffnet. Die Tiere hausen in phantasievol-

Stützung des einziehbaren Daches. Das **Vélodrome** ist eine weitere erstaunliche Konstruktion, und im **Aquatic Centre** gibt es sechs Schwimmbecken verschiedener Größe. Den schrägen Turm können Sie mit einer Standseilbahn zu einer Aussichtsplattform erklimmen und Ihren Blick über die Anlage und bei schönem Wetter bis zu 80 km ins Umland schweifen lassen. Den Park erreicht man mit der Metro bis Viau oder Pie IX. Führungen werden in französisch und englisch veranstaltet. Informationen unter ((514) 252-4737.

Huldigung in Stein: die gedrängten Massen (GEGENÜBER) und die Heimstatt der Messen (OBEN), Montreals Cathédrale Marie-Reine-du-Monde.

Ein Erlebnis ganz anderer Art bietet neben dem Olympiagelände der **Jardin Botanique** (Botanischer Garten), Rue Sherbrooke Est 4101, ℭ (514) 872-1400. Er zählt zu den größten der Welt; auf einem Gelände von 180 Morgen wachsen 26 000 Pflanzenarten in Gärten und Treibhäusern. Im Sommer zeigen sich die Gärten zweifellos in ihrem schönsten Kleid, im Winter wandert der Besucher besser durch die exotische Atmosphäre der Treibhäuser. Der wahrhaft himmlische **Japanese Garden** ist einfach ein «Muß». Mit einer kleinen Bahn werden Führungen durch die Gärten veranstaltet; täglich geöffnet, Eintritt zu den Gärten frei, für die Gewächshäuser wird eine Gebühr erhoben. Metrostation: Pie IX.

Im St. Lawrence River liegt der Altstadt gegenüber die **Ile Ste-Hélène**. Mit Erdaufschüttungen wurde die Insel in den sechziger Jahren vergrößert. Ste-Hélène und die künstliche Nachbarinsel **Ile Notre-Dame** bildeten den Rahmen für die Weltausstellung EXPO '67. Nach Ende der Weltausstellung wurden die Pavillons zu ständigen Ausstellungshallen umfunktioniert. Dieser Komplex nennt sich nun **Man and His World** und spielt im Sommer den Gastgeber für eine Reihe Unterhaltungsveranstaltungen und Ausstellungen. Aktivere Unterhaltung finden Sie in **La Ronde**, ℭ (514) 872-6222, dem gewaltigen Vergnügungspark der Ile Ste-Hélène mit der zweithöchsten Berg-und-Tal-Bahn der Welt, mit anderen Erlebnisfahrten, mit Shows und mit Sensationen. Lachen und Schreien nehmen kein Ende. Vom späten Mai bis Ende August täglich von 11 bis 24 Uhr geöffnet. Den Adrenalinspiegel kann man auch im benachbarten **Aquarium** hochschrauben, wo Haie und andere Meerestiere einschließlich Robben und Pinguinen zu sehen sind. Täglich geöffnet, mit kürzeren Öffnungszeiten in der Nebensaison. Informationen unter ℭ (514) 872-4656.

Unter der Jacques Cartier Bridge liegt das **Old Fort**. Die Briten bauten es 1822. Heute beherbergt es das **David M. Stewart Museum**, das Soldatenuniformen, Ausrüstungen und Landkarten zeigt. Im Sommer herrscht im Fort Betrieb, dann finden Militärparaden und Scheingefechte statt. Fort und Museum sind täglich geöffnet, im Winter aber montags geschlossen. Informationen unter ℭ (514) 861-6701. Die der Insel nächstgelegenen Metrostationen sind Ile Ste-Hélène, Victoria Bridge und Jaques Cartier Bridge.

Sport

Baseball spielen die Expos, und zwar im prächtigen Olympiastadion auf dem Olympiagelände in der Ave Pierre-de-Coubertin. Metrostation ist Viau, Informationen unter ℭ (514) 253-3434. **Eishockey** ist Trumpf im Forum in der Rue Ste-Catherine Ouest 2313, ℭ (514) 932-6131. Die Montreal Canadians spielen in der höchsten Liga Nordamerikas. Karten sind oft schwer zu ergattern, zumal sich die Canadians im Juni 1993 nach 1986 zum zweitenmal den prestigeträchtigen Stanley Cup gegen Los Angeles sicherten.

Im August ist ein **Radrennen** angesagt: der Grand Prix Cycliste des Amériques. Die Rennstrecke führt über 224 km durch die Straßen Montreals und den Mont Royal hinauf. Informationen unter ℭ (514) 879-1027. Im Juni findet La Classique Cycliste Canadian Tire statt, eines der bekanntesten Ereignisse im Radrennsport in Amerika. Wer selbst gern Rad fährt, kann das im Parc Mont Royal tun. Durch Montreal selbst führen über 20 Fahrradwege.

Im Juni bekommen die Montrealer auch ein **Formel-Eins-Rennen** zu sehen, den Grand Prix Molson du Canada auf dem Gilles-Villeneuve Track auf der Ile Notre-Dame, ℭ (514) 392-0000. **Pferderennen** finden auf dem Hippodrome Blue Bonnets Racetrack statt, Blvd Dacarie 7440, ℭ (514) 739-2741. Die Rennen beginnen das ganze Jahr hindurch jeden Montag, Mittwoch und Freitag um 19.30 Uhr, am Sonntag um 13.30 Uhr.

Golf wird auf Plätzen gespielt, die nur eine kurze Fahrt von der Innenstadt entfernt liegen. Über die Route 20 erreichen Sie den 36-Loch-Platz Golf Dorval, Rue Reverchon, Dorval, ℭ (514) 631-6624. Auf der Route 20 noch weiter nach Westen wartet der 18-Loch-Platz des Fresh Meadows Golf Club, Ave du Golf 505, Beaconsfield, ℭ (514) 697-4036. Auf 18 Loch spielen Sie im Club de Golf de Laprairie, Blvd Taschereau 75, La-

---

GEGENÜBER: Der Botanische Garten Montreals gehört zu den größten der Welt – und zu den schönsten.

prairie (bei der Route 10 East), ☏ (514) 659-1908. Zum 9-Loch-Platz des Golf Municipal du Montréal, Boulevard Viau, ☏ (514) 872-1143, gelangen Sie sogar mit der Metro: Station Viau.

Tennis in Vollendung bietet jeden August das Player's-Challenge-Turnier im Jarry Tennis Stadium, Rue Jarry und Blvd St-Laurent, ☏ (514) 273-1515. Wenn Sie selbst spielen möchten, können Sie wirklich unter Hunderten von Plätzen wählen. Informieren Sie sich bei Montreal Sports and Leisure, ☏ (514) 872-6211. **Jogging** ist vor allem im

Parc du Mont Royal angesagt. **Schwimmen** ist überall in der Stadt in Frei- und Hallenbädern möglich (Einzelheiten wiederum bei Montreal Sports and Leisure), der beste Ort dafür ist jedoch der Olympic Parc mit seinen fünf für die Öffentlichkeit zugänglichen Becken; ☏ (514) 252-4622.

Stromschnellenfahrten über die Lachine-Schnellen sind ein berauschendes und bei jüngeren Leuten sehr beliebtes Abenteuer. Zwischen Mai und September beginnen die Exkursionen täglich fünfmal im alten Hafen am Victoria Pier.

Schlittschuhlaufen kann man in Montreal auf 170 Plätzen, die meisten davon im Freien und der größte davon das Olympic Rowing Basin auf der Ile Notre-Dame.

Auch die Parks sind bei Läufern sehr beliebt. **Skifahren**, sei es alpin oder Langlauf, ist im Winter ebenfalls eine Domäne der Parks, ebenso wie **Rodeln** und **Schneeschuhlaufen**. Eines der besten Wintersportgebiete liegt im Norden der Stadt in den Laurentians.

Einkäufe

Montrealer sind leidenschaftliche Käufer, und es gibt eine überwältigende Anzahl an Boutiquen, Einkaufsarkaden und Kaufhäusern für jeden Wunsch und für jede Stimmung. Montreal ist Kanadas Modezentrum und bekannt für seine erstklassigen Textilgeschäfte. Auch Kunst der Inuit und anderes Kunsthandwerk können Sie günstig erwerben. Die **Canadian Guild of Crafts**, Peel Street 2025, ☏ (514) 849-6091, verfügt über eine besonders schöne Auswahl und über Angestellte, die beraten können.

Die Geschäftsstunden liegen meistens zwischen 9.30 oder 10 Uhr und 18 Uhr, mit längerer Öffnungszeit (meist bis 21 Uhr) am Donnerstag und Freitag und kürzerer Öffnungszeit (meist bis 17 Uhr) am Samstag. Die Läden in der Underground City haben oft von Montag bis Freitag bis 21 Uhr geöffnet. Falls Sie bis zum Umfallen einkaufen möchten: in Vieux Montréal sind eine ganze Reihe Läden auch sonntags offen.

Zwei Ratschläge: Bezahlen Sie nicht mit US-Dollar, in den Banken erhalten Sie einen wesentlich besseren Kurs; und besorgen Sie sich ein kostenloses Exemplar des *Shopping, Restaurants and Nightlife Guide* des Tourist Office, das bei Einkaufsplanungen sehr nützlich ist.

Die Haupteinkaufsstraße ist die zentral gelegene **Rue Ste-Catherine**. In Ste-Catherine Ouest finden Sie die großen Kaufhäuser wie Simpson's, Ogilvy's, Eaton's und La Baie, in denen Sie fast alles bekommen.

Das exklusivste Modegeschäft aber ist Holt-Renfrew in der **Rue Sherbrooke Ouest** 1300. An diesem Straßenstück rund um das Musée des Beaux-Arts haben sich Antiquitätengeschäfte, Galerien und Kunstgewerbeläden angesiedelt. In der **Crescent Street** zwischen Sherbrooke und Ste-Catherine sind in reizenden viktorianischen Häusern schicke und exklusive Boutiquen, Kunstgalerien und Antiquitätenläden eingerichtet, aber auch Cafés und Bars, wo Sie sich eine Erholungspause gönnen können.

In **Vieux Montréal** gibt es viele Billig-Souvenirläden, ebenso jedoch Boutiquen, Antiquitäten- und Kunstgewerbeläden, vor allem um die **Rue St-Paul**, die **Rue St-Amble** und die **Rue St-Jacques**. In der **Rue Notre Dame Ouest** zwischen Rue Guy und Rue Atwater befindet sich das Gros der Antiquitätengeschäfte. Antiquitätenjäger sollten sich auch durch die Angebotstapel auf dem großen Flohmarkt, dem **Marché aux Puces**, arbeiten. Am Quai King Edward im Vieux Port findet er täglich statt. Es gibt alle Arten von Second-Hand-Waren und noch ältere Stücke: Schmuck, Möbel, Kleidung. Selbst wenn Sie die unschätzbare Antiquität nicht finden, nach der Sie suchen, werden Sie beim Stöbern viel Spaß haben.

Die **Chinatown** von Montreal erstreckt sich rund um die Rue de la Gauchetière zwischen Rue Jeanne-Mance und Blvd St-Laurent. Im Quartier Latin gibt sich die **Rue St-Denis** mit ihren Buchläden, den Kunstgalerien und den modernen Boutiquen einen intellektuellen Anstrich. Westlich davon am unteren Ende des **Boulevard St-Laurent** reihen sich Lebensmittelgeschäfte der verschiedenen Volksgruppen und Läden mit Waren aus aller Herren Ländern. Auch preiswerte Kleidung findet man hier. Wenn Sie nach Norden über den Mont Royal hinausgehen, ändert sich der Straßencharakter; die wahrhaft eleganten Geschäfte dort verkaufen Modellkleider und Zimmereinrichtungen.

Die **Underground City** bietet Kilometer an Einkaufsmöglichkeiten jeder Art und verbindet große Einkaufskomplexe wie **Place Bonaventure**, **Complexe Desjardins**, **Les Cours Mont-Royal** und **Place Ville Marie**, um nur ein paar zu nennen. Das Angebot hier ist unbeschreiblich. An bitterkalten Wintertagen oder an glühendheißen Sommertagen tauchen die meisten Kunden aufatmend in diese klimatisierten Oasen.

Nachtleben

Montreal besitzt seit langem einen wohlverdienten Ruf für ein sprühendes Nachtleben. Die Auswahl reicht beim Amüsement von anspruchsvoll bis ausgesprochen schäbig, und es gibt Massen von Bars und Clubs jeder Schattierung. Ausführliche Auskünfte finden Sie in der *Montreal Gazette* und in den Broschüren, die in Touristenbüros aufliegen.

Das bekannte **Orchestre Symphonique de Montréal** spielt im Salle Wilfrid-Pelletier an der Place des Arts (wenn es nicht auf Tournee ist oder anderswo in der Stadt gastiert). Informationen unter ((514) 842-3402. Das **Orchestre Métropolitain du Grand Montréal**, ((514) 598-0870, ist ein Orchester junger Musiker und tritt im **Théâtre Maisonneuve** ebenfalls im Place des Arts auf. Klassische Musik erklingt auch im **Théâtre**

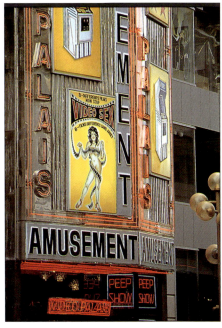

Port Royal an der Place des Arts und in der **Pollack Hall** in der McGill University, ((514) 398-4547. Für Opernliebhaber bringt die **Opéra de Montréal** pro Jahr vier bis fünf Inszenierungen im Salle Wilfrid-Pelletier zur Aufführung.

Auch Ballettfreunde können wählen. Es gibt die exzellenten **Grands Ballets Canadiens**, ((514) 849-8681, im Salle Wilfrid-Pelletier (wenn nicht gerade auf Tournee), die beliebten **Ballets Jazz de Montréal**, ((514) 875-9640, und verschiedene andere erfolgreiche moderne Tanztruppen.

GEGENÜBER: Ein Blick vom Turm der reizenden Notre-Dame-de-Bonsecours. OBEN: Nachtleben in einer schäbigen Straße.

Die Stadt verfügt über ein Dutzend Theater. Die meisten Aufführungen sind auf Französisch, die führende englischsprachige Bühne ist das **Centaur Theatre** in der Altstadt, ℂ (514) 288-3161. Jeden Sommer wird 10 Tage lang das **Just For Laughs Festival** in Konzerthallen und auf Freilichtbühnen überall in der Stadt veranstaltet. Einzelheiten unter ℂ (514) 845-3155. Burschikose Komik vermittelt in der Bishop Street 1234 das **Comedy Nest**, ℂ (514) 395-8118.

Kinogänger werden ihre Freude an Montreal haben, vor allem weil in der Stadt jährlich mehrere Filmfestivals stattfinden. Das bekannteste ist das **Montreal World Film Festival** im August. Englischsprachige Filme zeigt man in Kinos wie dem **Seville**, Rue Ste-Catherine Ouest 2155, ℂ (514) 932-1139, dem **Rialto**, Ave du Parc 5723, ℂ (514) 274-3550, und dem **Cinéma V**, Rue Sherbrooke Ouest 5560, ℂ l(514) 489-5559. Ein Filmerlebnis besonderer Art vermittelt im Alten Hafen das IMAX **Cinema**, ℂ (514) 496-IMAX, dessen Leinwand sechs Stockwerke hoch ist.

Hochkalibrige Pop- und Rockkonzerte finden im **Forum** statt, ℂ (514) 932-2582. Das große **Spectrum de Montréal**, ℂ (514) 861-5851, zeigt verschiedenartige Shows und der kleinere **Club Soda**, ℂ (514) 270-7848, ist ein altbekannter Treffpunkt für Rockbands – auch aus der internationalen Szene.

Jazz an Sommertagen bringt das zweiwöchige **Montreal International Jazz Festival**, das innen und im Freien veranstaltet wird. Einzelheiten unter ℂ (514) 288-5363. Montreal liebt den Jazz, und besonders gern geht man ins **Air du Temps** in der Altstadt, Rue St-Paul 191, ℂ (514) 842-2003, eine kleine freundliche Stätte. Empfehlen kann ich in der Innenstadt auch das **Biddles**, Rue Aylmer 2060, ℂ (514) 842-8656, wo Sie, während

Sie der Musik lauschen, an Rippchen oder an Hähnchenschenkeln nagen können, oder das bekannte **Bijou**, Rue Lemoyne 300, ℂ (514) 288-5508, mit einem Hang zum Blues.

Unterkunft

Luxusklasse

Fast jeder Wunsch wird erfüllt im **Bonaventure Hilton International**, Place Bonaventure 1, Montreal H3G 1Z5, ℂ (514) 878-2332, gebührenfrei ℂ (800) HILTONS. Es liegt zentral, ist im oberen Teil eines Wolkenkratzers untergebracht und bietet Einkaufsarkade, Restaurants, Zugang zur Metrostation, einen ganzjährig benutzbaren Swimmingpool auf dem Dach, zweieinhalb Mor-

OBEN: Dinner im Freien in der Rue Prince Arthur.
GEGENÜBER: Fassade an der Place Jacques Cartier.

gen Gärten, einen Fitneßclub und den gewohnt hohen Hiltonstandard. Das 37stöckige **Le Centre Sheraton**, Blvd René Lévesque 1201, Montreal H3B 2L7, ℂ (514) 878-2000, gebührenfrei ℂ (800) 325-3535, liegt günstig zu den gepflegten Geschäften und Restaurants im Viertel um die Rue Crescent. Das Hotel verfügt über mehrere Bars, einen Nachtclub, ein Restaurant, über einen Fitneßclub und über eine sehr elegante, moderne Inneneinrichtung. Die luxuriösesten Suiten und Räume nehmen die obersten fünf Etagen ein. Der Service hier ist besonders gut.

Dicht am Dominion Square steht das hohe und unverwechselbare **Château Champlain**, Place du Canada 1, Montreal H3B 4C9, ℂ (514) 878-9000, gebührenfrei ℂ (800) 828-7447, auch bekannt als «Käseraspel» (wegen seiner halbrunden Fenster). Es hat Restaurants, bietet Unterhaltung, und die Zimmer sind luftig und sehr gut ausgestattet. **La Reine Elizabeth**, Boulevard René Lévesque 900, Montreal H3B 4A5, ℂ (514) 861-3511, gebührenfrei ℂ (800) 268-9143, ist das größte Hotel der Stadt, und der Service ist hervorragend. Zu seinen verschiedenen Restaurants zählt der bekannte Beaver Club.

In bevorzugter Lage ist eines der besten Hotels Montreals das **Quatre Saisons**, Rue Sherbrooke Ouest 1050, Montreal H3A 2R6, ℂ (514) 284-1110, gebührenfrei ℂ (800) 332-3442. Der Service ist untadelig, die eleganten Zimmer sind mit allem ausgestattet, was Sie sich wünschen – und wenn etwas fehlt, wird man es schnell besorgen. Ein Rivale wartet gleich in der Nähe – das **Ritz- Carlton**, Rue Sherbrooke Ouest 1228, Montreal H3G 1H6, ℂ (514) 842-4212, gebührenfrei ℂ (800) 223-9868. Seit dem Jahr 1912 erfüllt das Hotel die Launen der Reichen und der Berühmten. Die Zimmer sind geschmackvoll und geräumig, der Service verläuft ganz nach Wunsch, und der Nachmittagstee im Garten ist eine Tradition.

Das **Delta Montréal**, Rue Sherbrooke Ouest 450, Montreal H3A 2T4, ℂ (514) 286-1986, gebührenfrei ℂ (800) 268-1133, ist ein hoher Turm mit schicken, geräumigen und gut ausgestatteten Zimmern. Das Hotel besitzt überragende Fitneßeinrichtungen wie Frei- und Hallenbad, Squashplätze und eine Turnhalle, dazu gibt es ein gut geplantes und beaufsichtigtes Zentrum für Kinder.

Mittlere Preislage

Eines der nettesten innerstädtischen Hotels ist das **Château Versailles**, Rue Sherbrooke Ouest 1659, Montreal H3H 1E3, ℂ (514) 933-3611, gebührenfrei ℂ (800) 361-7199. In vier liebenswerten alten Steinhäusern sind 70 komfortable, gut ausgestattete Zimmer mit Bad untergebracht, der Service ist warmherzig und freundlich. In einem Wohngebiet der Innenstadt, etwas weiter westlich bei der Sport- und Konzertstätte Forum, gibt es im **Manoir Lemoyne** nur Suiten; Blvd de Maisonneuve 2100, Montreal H3H 1K6,

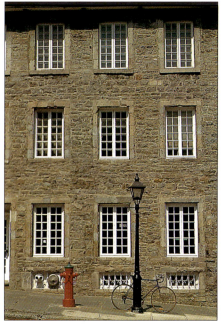

ℂ (514) 931-8861. Mit seinen Pools, Saunas, Restaurants und seinen Appartments für Selbstversorger schafft es diese Stimmung, fern von daheim zu Hause zu sein, die bei Familien und bei Langzeiturlaubern beliebt ist. Ähnlich im Konzept, aber zentraler in der Lage ist das **Hôtel l'Appartement Inn Montréal**, Rue Sherbrooke Ouest 455, Montreal H3A 1B7, ℂ (514) 284-3634. Seine 125 Appartements sind verschieden groß, es gibt einen Swimmingpool, eine Sauna und Wäschereieinrichtungen.

In idealer Lage zu den Restaurants und zum Nachtleben im Quartier Latin erwartet Sie das **Hôtel Holiday Inn le Richelieu**, Rue Sherbrooke Est 505, Montreal H4T 1S7, ℂ (514) 842-8581, gebührenfrei ℂ (800) HOLI-

DAY; 320 Zimmer, gute Ausstattung einschließlich Schwimmhalle. Nicht wegen seines Aussehens wird das **Hôtel de l'Institut** von den Gästen geschätzt, wohl aber wegen seines Service, wegen seiner günstigen Lage und wegen seiner günstigen Preise. Schüler des Instituts für Tourismus und Hotelmanagement werden hier ausgebildet, und sie geben ihr Bestes für den Gast. Die Zimmer sind komfortabel, das Hotel blickt auf die Place St-Louis und erhebt sich genau über der Metrostation Sherbrooke; Rue St-Denis 3535, Montreal H2X 3P1,

☏ (514) 282-5120. Nahe der Rue St-Denis und der Altstadt bietet das **Hôtel Lord Berri**, Rue Berri 1199, Montreal H2L 4C6, ☏ (514) 845-9236, gebührenfrei ☏ (800) 363-0363, Zimmer mit Minibar und Videofilmen, es gibt Nichtraucher-Etagen und ein helles, lebhaftes Straßencafé.

Preisgünstig
Nahe dem Herzen der Innenstadt steht ein reizendes altes Haus mit einer Auswahl an 22 verschiedenen Zimmern: das **Manoir Ambroise**, Rue Stanley 3422 (Nebenstraße der Rue Sherbrooke), Montreal H3A 1R8, ☏ (514) 288-6922. Eine angenehm unkonventionelle Atmosphäre herrscht im **Hôtel Château Napoléon**, Rue McKay 1030 (bei der vornehmen Rue Crescent), ☏ (514) 861-1500; die 61 freundlichen Zimmer haben alle Bad und TV.

Auch im **Hôtel Bon Accueil**, Rue St-Hubert 1601 (bei der Rue St-Denis), Montreal H2L 3Z1, ☏ (514) 527-9655, haben alle 20 Zimmer Bad und TV; es ist sein Geld wert. Dasselbe gilt für das nahe **Hôtel le Breton**, Rue St-Hubert 1609, Montreal H2L 3Z1, ☏ (514) 524-7273, mit 13 Zimmern, alle mit TV, sieben mit Bad. Gleich südlich der Rue Sherbrooke Est finden Sie das saubere und gemütliche **Castle St-Denis**, Rue St-Denis 2099, Montreal H2X 3K8, ☏ (514) 288-6922; 14 Zimmer.

In riesiger Auswahl von einfach bis luxuriös präsentieren sich die Frühstückspensionen **Bed & Breakfast**. Verschiedene Agenturen helfen Ihnen, Ihre Wünsche zu erfüllen: Downtown Bed & Breakfast Network, Rue Laval 3485, Montreal H2X 3C8, ☏ (514) 289-9749; Bed & Breakfast de Chez Nous, Rue Brodeur 5386, Montreal H4A 1J9, ☏ (514) 287-9653; und Relais Montréal Hospitalité, Rue Laval 3977, Montreal H2W 2H9, ☏ (514) 287-9653.

In der Innenstadt gibt es ein **YMCA**, Stanley Street 1450, Montreal H3A 2W6, ☏ (514) 849-8393. Das **YWCA** finden Sie am Blvd René Lévesque Ouest 1355, Montreal H3G 1T3, ☏ (514) 866-9941, und die **Auberge de Jeunesse Internationale de Montréal** in der Aylmer Street 3541, Montreal H2X 2B9, ☏ (514) 843-3317. Unterkunft zu niedrigen Preisen erhalten Sie auch in der innerstädtischen **McGill University**, ☏ (514) 398-6367; am **Collège Français**, ☏ (514) 495-2581; und an der **Concordia University**, ☏ (514) 848-4756.

Einzelheiten über **Campingplätze** verrät das Quebec Department of Tourism, Fish and Game, Blvd St-Cyrille Est 150, Montreal G1R 4Y1. Einige liegen am Südufer, andere südwestlich von Montreal und in Basses-Laurentides.

Restaurants

Restaurantbesuche sind ebenfalls ein bevorzugter Zeitvertreib der Montrealer, daher auch die Fülle an Lokalen und Bistros. Die französische und die französisch-kanadische Küche dominieren, aber auch die Küchen vieler anderer Länder sind vertreten. Viele Restaurants erlauben das Mitbringen eigener Alkoholika, erkundigen Sie sich vorher.

Teuer
Den **Beaver Club** gründeten die frühen Pelzhändler; im vergangenen Jahrhundert

OBEN: Eine ehrwürdige Bar in Alt-Montreal.
GEGENÜBER: Place Jacques Cartier.

hatte er sich zu einem Herrenclub entwickelt. Heute überlebt er als ein Restaurant im Hôtel Reine Elizabeth, Blvd René Lévesque Ouest 900, ℂ (514) 861-3511. Die Pelze und die Andenken an den Wänden sowie die förmliche Atmosphäre rufen seine Ursprünge deutlich ins Bewußtsein. Die Küche ist französisch – klassisch und auch *nouvelle* –, der Service einfach großartig. Ausgezeichnet französisch kocht auch das **Les Chênets**, Bishop Street 2075, ℂ (514) 844-1842. Warme leuchtende Farben bestimmen die Ausstattung; es gehört zu den teuersten

Restaurants Montreals. **Le Café de Paris** im Ritz-Carlton Hotel, Rue Sherbrooke 1228, ℂ (514) 844-4212, ist klassisch in Küche und eleganter Einrichtung, und Pianoklänge begleiten vorzügliche Mahle. Der ehrwürdige Weinkeller sorgt für eine ausgezeichnete Auswahl bei mittleren bis sehr, sehr teuren Preisen.

Im **Lutétia**, Rue de la Montaigne 1430, ℂ (514) 288-5656, explodieren die dekorativen Einfälle – barock im weitesten Sinne; ein idealer Ort für ein romantisches *dîner à deux*. Die ausgezeichnete Speisekarte ist klassisch und *nouvelle* und die Weinkarte von ähnlich hoher Qualität. Montreals wohl bestes und teuerstes Speiselokal ist weiter östlich das **Mignardises**, Rue St-Denis 2035-2037, ℂ (514) 842-1151. In dem kleinen, eleganten französischen Restaurant sind Service und Speisen ganz einfach perfekt.

Steakfreunde werden sich im Himmel fühlen: im **Moishe's**, Blvd St-Laurent 3961, ℂ (514) 845-1696, einem Steakhouse allererster Güte. Das Fleisch wird fachmännisch zubereitet, in den eigenen Kühlräumen des Restaurants abgehangen und über Holzfeuer gegrillt.

Ganz auf Altrußland getrimmt ist in Vieux Montréal das **Zhivago**, Rue St-Pierre 419, ℂ (514) 284-0333: Zigeunersänger, Wandbehänge und private Eßnischen. Diese Extravaganz spiegelt auch die Küche wider, die russisch im Geist ist, nicht aber streng authentisch.

Perfekt zubereitete Meeresfrüchte serviert in angenehmer altmodischer Ausstattung das **Chez Delmo**, Rue Notre-Dame Ouest 211, ℂ (514) 849-4601. Die Austern-Bars an der Frontseite des Restaurants werden gern zu einem zwanglosen Mittagsmahl besucht. Die Meeresfrüchte im **Marée**, Place Jacques-Cartier 404, ℂ (514) 861-8126, sind ebenfalls unnachahmlich gekocht und werden mit delikaten Saucen serviert; Atmosphäre und Einrichtung dieses Hauses aus dem 18. Jh. sind wunderschön.

Mittlere Preislage

Gute französische Küche, einfallsreich und gekonnt zubereitet, gibt es im **Vent Vert**, Rue de la Montagne 2105, ℂ (514) 842-2482. Um zu sehen und gesehen zu werden, sollten Sie das **Express**, ℂ (514) 845-5333, in der Rue St-Denis 3927 besuchen, ein überfülltes, lautes Bistro mit ausgezeichneter Wein- und Speisekarte. Ruhig hingegen geht es in Vieux Montréal im **Restaurant Jacques Cartier** zu, Rue St-Paul Est 254, ℂ (514) 398-0932. Das Essen ist schmackhaft und interessant, der Service freundlich und effektiv.

Gut griechisch ißt man bei **Milos**, Ave du Park 5357, ℂ (514) 272-3522. Sie wählen sich die Zutaten selbst unter den ausgelegten frischen Meeresfrüchten, dem Fleisch und dem Gemüse. Eines der besten indischen Restaurants ist **Le Taj**, Rue Stanley 2077, ℂ (514) 845-9015. Die Speisekarte ist nordindisch und führt auch *Tandoori*-Gerichte.

Leichte italienische Speisen gibt es im schicken **Prego**, Blvd St-Laurent 5142, ℂ (514) 271-3234, während im **Restaurant Vespucci**, Rue Prince Arthur Est 124, ℂ (514) 843-4784, die lange Speisekarte stärker traditionell italienisch ist.

Elegante und ruhige japanische Ausstattung und eine Speisekarte mit sämtlichen

Straßenszene in Montreal.

Sushi-Gerichten finden Sie im **Katsura**, Rue de la Montagne 2170, ℂ (514) 849-1172. Sie können einen privaten *Tatami*-Raum buchen und traditionell japanisch essen; auch eine *Sushi*-Bar ist vorhanden.

Quebecer Gerichte sollten Sie in der **Auberge le Vieux Saint-Gabriel** probieren, Rue St-Gabriel 426, ℂ (514) 878-3561. Das alte anziehende Gebäude in Vieux Montréal soll Nordamerikas ältestes Restaurant sein. Ebenfalls in der Altstadt hat sich in der Rue Bonsecours 415 das **Filles du Roy**, ℂ (514) 849-3535, auf Touristen eingestellt. Restaurant und Belegschaft sind in traditionell Quebecer Art ausstaffiert. Das Essen ist nicht besonders bemerkenswert, aber alles hier geschieht mit großem Enthusiasmus.

Preisgünstig

Das größte und geschäftigste Chinarestaurant ist in Chinatown das **Cathay Restaurant**, Rue de la Gauchetière Ouest 73, ℂ (514) 866-4016j; *Dim Sum* gibt es nachmittags. Seine Preise wert ist das **Café Jardin de Jade**, Rue de la Gauchetière 57, ℂ (514) 861-4941.

Montreal verfügt über einige ausgezeichnete sogenannte Delis, in denen Rauchfleisch in oder mit Roggenbrot serviert wird und Pickles die klassische Kost sind. **Ben's** am Blvd Maisonneuve 990, **Schwartz's** am Blvd St-Laurent 3895 und **Dunn's** in der Rue Ste-Catherine 892, das nie zumacht, versorgen eine begeisterte Kundschaft.

Hamburger ißt man am besten bei **La Paryse**, Rue Ontario Est 302, ℂ (514) 842-2042. Man macht sie dort mit gutem Rinderhack und einer Umenge Zutaten, um auch den größten Appetit zu stillen.

Herzhafte polnische Gerichte zu geradezu lachhaft niedrigen Preisen gibt es im **Mazurka**, Rue Prince Arthur Est 64, ℂ (514) 845-3539; kein Wunder, daß es immer voll ist. Eine Art Institution ist das **Laurier BBQ**, Ave Laurier Ouest 381, ℂ (514) 273-3671; hier versammeln sich gern franko-kanadische Familien und bestellen Quebecer Gerichte.

ANREISE

Fast alle internationalen Linien der Welt fliegen Montreal an. Flüge aus Südamerika, der Karibik, aus Europa, Afrika und aus Asien wickelt der Aéroport Mirabel ab (55 km nordwestlich der Stadt). Die Fahrt mit dem Taxi in die Stadt sollte ungefähr 45 Minuten dauern und etwa 60 $ kosten. Maschinen aus kanadischen, US-amerikanischen und mexikanischen Städten landen auf dem Aéroport de Dorval (22 km im Südwesten). Die Taxifahrt in die Stadt dauert 20 bis 25 Minuten und kostet rund 25 $. Busse von Aerocar, ℂ (514) 397-9999, pendeln regelmäßig zu sehr vernünftigen Preisen von diesen beiden Flughäfen zum Queen Elizabeth Hotel und zwischen den Flughäfen selbst.

Die Intercity-Züge des VIA-Rail-Netzes verbinden Montreal mit allen großen Städten Kanadas. Sie kommen im Gare Centrale an, unter dem Queen Elizabeth Hotel an der Ecke Blvd René Lévesque und Rue Mansfield; ℂ (514) 871-1331. Der Bahnhof ist mit der Metrostation Bonaventure und mit dem Bahnhof Windsor, einer Station für den Vorortverkehr, verbunden. Aus New York, Washington und Detroit in den USA verkehren Amtrak-Züge nach Montreal. Gebührenfreie Auskünfte unter ℂ (800) 872-7245.

Alle Städte Nordamerikas sind mit Montreal durch das Busnetz von Greyhound verbunden, ℂ (514) 593-2000. Busse von Voyageur, ℂ (514) 842-2281, kommen aus vielen Orten in Quebec und in Ontario.

Autofahrer aus den Maritimes benützen den Trans-Canada Highway (Route 20) und von Quebec City her entweder den TCH oder die Route 40. Von Toronto ist es die Route 401. Aus den USA können Sie wählen: die I-87 (Route 15 ab Grenze), die I-89 (Route 133 ab Grenze) und die I-91 (Route 55 ab Grenze, später Route 10).

HALBINSEL GASPÉ

Nicht allzuweit von Montreal, und doch eine Welt entfernt, liegt die Gaspé Peninsula, die Halbinsel Gaspé. Wie eine geballte Faust reckt sie sich in den Gulf of St. Lawrence. Diese altehrwürdige Landmasse wird im Norden vom breiten Mündungsarm des St. Lawrence River und im Süden von der Baie des Chaleurs (Bucht der Wärme) umspült. Aus dem stark bewaldeten Landesinneren steigen die Chic-Choc Mountains empor, eine Verlängerung der Appalachian-Bergkette. Ihre über 1220 m hohen

Gipfel sind die höchsten der Provinz. Die Jagdgebiete für Elche und für Hirsche und die Angelgründe für Lachse im Hochland und in den Flußtälern der Berge gehören zu den besten der Welt. Die wilde, felsübersäte Nordküste von Matane hinüber nach Percé ist eine der dramatischsten Landschaften Kanadas, regelmäßig durchsetzt von winzigen Fischerdörfern. Die sanftere, wärmere und weniger steile Südküste ist zwar auch von Fischerdörfchen übersät, hier findet man aber auch die meisten Farmen und Kleinindustrien der Halbinsel.

Was Gaspé neben der eindrucksvollen Landschaft aber so besonders bemerkenswert macht, ist das überwältigende Gefühl der Abgeschiedenheit. Nicht nur geographisch ist die Halbinsel ein wenig abgeschnitten vom Rest des Landes, auch die kleinen Dörfer scheinen irgendwie voneinander isoliert, selbst wenn sie nur ein paar Kilometer auseinander liegen. Und in den Dörfern scheint das 20. Jh. so fern; man geht dort seinen Geschäften auf haargenau dieselbe Weise nach – vor allem als Fischer, manchmal aber auch als Kaufmann oder als Handwerker –, wie dies die Vorväter vor Generationen taten. Diese Einfachheit und dieser hartnäckige Respekt vor der Tradition sind es, die Gaspé so bezaubernd, so malerisch machen.

Geschichte

Die ersten europäischen Besucher waren im 11. Jh. die Wikinger, vier Jahrhunderte später folgten die Basken; sie entdeckten die reichen Fischgründe im Gulf of St. Lawrence. Im Jahr 1534 war es – wer sonst? – Jacques Cartier, der an der Stelle der heutigen Stadt Gaspé landete, in Anwesenheit einer kleinen Gruppe verblüffter Micmac-Indianer auf einem Hügel über der Bucht ein Holzkreuz errichtete und das Gebiet für Frankreich in Besitz nahm. Er nannte es Gaspèche nach dem indianischen Wort *Gaspec*, («Ende des Landes»). Erst im frühen 17. Jh. kamen französische Fischer und bauten kleine Küstendörfer. Trotz der harten und primitiven Lebensbedingungen überlebten

Bescheiden zog das 20. Jh. auf der Halbinsel Gaspé ein.

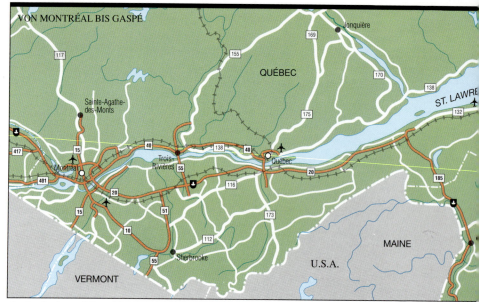

sie dank der reichen Ernte aus dem Meer. Noch mehr Dörfer errichteten in der Mitte des 18. Jh. die Akadier, nachdem sie von den Briten aus Nova Scotia vertrieben worden waren. Etwa zur selben Zeit begannen englische Siedler Farmgemeinden an der Südküste zu schaffen, die sich nach Eintreffen der Loyalisten nach Ende der amerikanischen Revolution noch vergrößerten.

Und dann ... schien die Zeit stillzustehen. Ein paar Wogen, oder besser Wellchen, von Einwanderern aus Schottland und Irland schwappten heran, das änderte aber nicht viel. Das Muster für das Dorfleben war festgelegt: Halte Dich an die Küste, und das Meer sorgt für den Rest. Das Rezept wirkte. Das Meer sorgte nicht nur für Fisch in Überfülle, im 18. und 19. Jh. sorgte es auch noch für Extraprämien in Form von Schiffswracks an der felsigen Nordküste Gaspés. Überlebende von Schiffsunglücken gründeten mit geretteten Vorräten und Ausrüstungsgegenständen ganze Dörfer. Wo es keine Überlebenden gab, begruben die Bewohner schon bestehender Dörfer die toten Seeleute und machten sich dann über die Fracht her.

Schiffswracks oder umherstreifende Indianerstämme oder primitive Außenposten der weißen Siedler gibt es nicht mehr, aber in vielen grundsätzlichen Aspekten blieb Gaspé bis heute unberührt – und damit unverdorben – von der modernen Welt.

Allgemeine Informationen

Neben der Fülle von Informationen, die Sie in den Informationsbüros der Provinz erhalten, liefert Ihnen die spezielleren Auskünfte über die Halbinsel die Gaspé Tourist Association mit einem Büro an der Route de la Mer 357, Sainte-Flavie, Quebec G0Y 1L0, ℂ (418) 775-2223, und mit der Briefadresse P.O. Box 810, Carleton, Quebec G0C 1J0, ℂ (514) 873-2015 (R-Gespräche werden akzeptiert).

Was Sie sehen und tun können

Wenn Sie auf Ihrer Reise enthang Gaspés Nordküste in östlicher Richtung durch **Grand Métis** kommen, sollten Sie wirklich haltmachen, um die herrlichen **Jardins de Métis** zu bewundern. Als Elsie Reford 1919 das Gut ihres Onkels bei Grand Métis erbte, nutzte sie ihre bemerkenswerten gärtnerischen Talente, um mit einer gewaltigen Auswahl ein- und mehrjähriger Sträucher eine ganze Reihe wundervoll gestalteter Landschaften zu schaffen. Ihre Leistung vergrößert sich noch durch die Tatsache, daß viele dieser Pflanzen nirgends sonst im hohen Norden zu finden sind. Ihr Haus im Park, die elegante **Villa Reford**, ist jetzt ein Museum mit Restaurant und

Laden. Der Park ist zwischen Juni und Mitte September täglich geöffnet; ((418) 775-2221.

Setzen Sie Ihre Fahrt auf der Route 13 weiter ostwärts fort. Sie gelangen dann in den Fischerort **Mantane**. Da die hiesigen Lachse und Garnelen sehr bekannt sind, sollten Sie eine Kostprobe nehmen. Ab Juni beginnen Lachse aus dem Atlantik zu ihren Laichgründen den Mantane River hinaufzuschwimmen. Der Damm auf ihrem Weg flußaufwärts besitzt eine besondere Passage für die Lachse. Von einem Beobachtungsstand am Damm können Sie zusehen, wie sich die Tiere aufwärts kämpfen; dazu gibt es Informationen vom Band. Etwas südlich von Mantane und gleich bei der Route 195 dürfen Sie im **Mantane Wildlife Preserve** Ihr Zelt aufschlagen und Kanu fahren oder angeln oder eine Wanderung unternehmen. Informationen unter ((418) 562-3700.

Wieder an der Route 132 bietet **Cap Chat** leidenschaftlichen Fischern und Anglern jede Menge Möglichkeiten. Die Seen strotzen vor Forellen, die Flüsse wimmeln von Lachsen, und einige Einheimische nehmen Sie zum Kabeljaufischen mit aufs Meer (Bezahlung nach Stunden).

Das nächste Dorf ist **Sainte-Anne-des-Monts**, und von hier bringt Sie die Route 299 nach Süden in den **Parc de la Gaspésie**.

Diese herrliche Wildnis von 500 Morgen umfaßt Seen, Wälder und das Wildreservat der Chic-Choc Mountains. Elche, Karibus, Hirsche und ein paar Schwarzbären sind hier unterwegs, die Landschaft ist großartig und abwechslungsreich. In den oberen Berglagen gedeiht auch arktische Fauna. Der höchste Gipfel ist der Mont Jacques Cartier (1268 m), und wenn Ihnen Kälte, Nässe und Wanderungen nichts ausmachen, ist der Lohn eine atemberaubende Aussicht. Der Park wird von Wanderwegen und Straßen durchzogen, die Fischgründe sind gut, und im Winter locken hier die Länglaufloipen. Etwa 40 km von Ste-Anne-des-Monts liegt an der Route 299 das **Gîte du Mont-Albert**, ein Hotel, von dem alle Wanderwege ausgehen. Sie können dort unterkommen oder auf dem Campingplatz zelten, es gibt ein Restaurant, eine Informationsstelle und ein Naturzentrum. Informationen unter ((418) 763-3039.

In **Mont-St-Pierre** sollten Sie zur Küstenstraße zurückkehren. Das kleine Dorf im Schutz einer schönen Bucht gehört zu Kanadas ersten Adressen im **Drachenfliegen**. Wenn Sie es selbst versuchen wollen: Zwischen Juni und August wird eine Drachenflugschule betrieben. Jeden Sommer feiert man auch das zweiwöchige Drachenflugfest **La Fête du Vol Libre**.

Die Nordostspitze der Halbinsel, die sich in den Golf hinauszieht, nimmt der **Parc National Forillon** ein, 238 km^2 spektakuläre Küstenlandschaft und ein Waldgebiet, in dem es von Wild wimmelt. Den Nordteil kennzeichnen unglaublich steile Kalksteinklippen, Kieselstrände und eindrucksvolle Landspitzen, von denen aus man Seehunde und gelegentlich Wale beobachten kann. Es gibt eine reiche und bemerkenswert abwechslungsreiche Flora, und unter den vielen Tierarten tummeln sich Elche, Luchse und Schwarzbären. Der Park bietet den Besuchern eine riesige Auswahl an Möglichkeiten: Führungen, Naturspaziergänge, Wanderwege, Bootsfahrten zu Seehundkolonien oder zu Walbeobachtungen, Tauchen oder Angeln – und Strände zur Erholung, wenn Sie all das getan haben. Im Winter gibt es Langlaufloipen für Skifahrer und Schneeschuhläufer.

Ab Rivière-au-Renard bringt Sie die Route 197 die westliche Parkseite entlang nach Süden nach Gaspé. Wenn Sie allerdings die herrliche nördliche Küstenlinie bewundern wollen, müssen Sie Route 132 nehmen. Sie führt die Küste entlang zum alten Dorf **Cap-des-Rosiers**, wo viele Schiffswracks liegen und wo Sie Kanadas höchsten **Leuchtturm** sehen können. Er stammt aus dem Jahr 1858 und ist von Juni bis August geöffnet; ((418) 892-5613. Ein Erläuterungszentrum gibt Auskünfte über den Park. Einige Privatboote unternehmen Ausflüge zum Hochseefischen und von der Parkverwaltung autorisierte Rundfahrten. Von hier geht es auf der Route 132 zur Südseite der Halbinsel, wo die Küste an der Baie de Gaspé sanfter ist und wo es mehr Sandstrände gibt.

Der Hafen **Gaspé** ist das industrielle und das administrative Zentrum der Halbinsel. Dem Touristen bietet der Ort nicht viel; seine historische Bedeutung jedoch ist unumstritten, denn hier landete Jacques Cartier 1534 erstmals auf nordamerikanischem Boden und nahm ihn im Namen des Königs von Frankreich in Besitz. An dieses Ereignis erinnert ein **Denkmal** mit Basrelief-Darstellungen der Reise Cartiers. Über dem Hafen und nahe dem Denkmal steht das **Musée de la Gaspésie**, in dem Sie eine angenehme Geschichtsstunde über die Insel verbringen können. Anglerfreunde sollten wissen, daß drei atlantische Lachsflüsse hier ins Meer münden. Mit einer Angelerlaubnis des zuständigen Regierungsamtes, das die Fischerei strikt kontrolliert, können Sie Ihr Glück versuchen. Ansonsten gibt es nichts, was Sie in Gaspé halten könnte.

Der kleine und freundliche Fischerort **Percé** liegt vor einer Gebirgskulisse, ist aber bekannt für den seltsamen und prachtvollen geologischen Aufbau seiner Landschaft. Klippen steigen steil aus dem Meer auf, und der Anblick des berühmten **Percé Rock** kommt für den Betrachter fast wie ein Schock. Über einen engen Sandstreifen mit Mont Joli verbunden, ist dieser majestätische rötlich-goldene Kalksteinfelsen 427 m lang und fast 91 m hoch; an seinem östlichen Ende wird er von einer lochförmigen Öffnung durchstochen (daher der Name Percé, «durchstochen»). Daneben erhebt sich eine Steinsäule. Sie ist der Rest eines Naturbogens, der im 19. Jh. zusammenfiel. Bei Ebbe können Sie zum Felsen hinauswandern und ihn aus der Nähe bewundern, bei Flut gelangt man über einen Pfad zu einer Höhle in seiner Nähe.

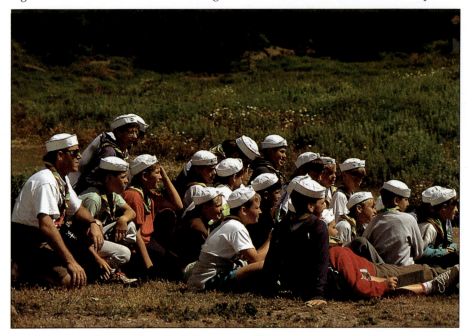

Vom **Mont Ste-Anne** genießen Sie eine wundervolle Aussicht auf die Gegend und auf den Felsen, und trotz seiner Höhe von 320 m ist der Aufstieg nicht schwierig, wenn Sie dem Pfad bei der Kirche folgen. Ein anderer Pfad, die Route des Failles, bringt Sie zum **Grande Crevasse**, einem interessanten Felsspalt westlich des Mont Ste-Anne.

Vom Kai gehen Boote zur **Ile Bonaventure**, einer Insel, die jetzt ein Vogelschutzgebiet ist. Sie ist Heim für verschiedene Meeresvogelarten und für eine gewaltige Kolonie von über 50 000 Tölpeln. Sie können sich

dem der Nordküste. Sie ist flach, ihre Strände sind sandig, und ein Teil des Landes ist bebaut. Während der amerikanischen Revolution flohen viele Loyalisten hierher, und eine Reihe von Orten trägt daher englische Namen.

Etwas nördlich von **Port Daniel** können Sie im **Port Daniel Park** nach Forellen und nach Lachsen angeln, und weiter westlich schmiegt sich das Städtchen **Bonaventure** in eine freundliche Bucht. Das dortige **Musée Historique Acadien**, Port-Royal Avenue 97, ℂ (418) 534-2550, zeigt Stilmöbel und

mit einer Fahrt rund um die Insel begnügen oder von Bord gehen und mit einem anderen Boot zurückkommen. Nehmen Sie Fernglas und Wanderschuhe mit; eine Kopfbedeckung wäre auch nicht schlecht.

Durch die anreisenden Touristen gibt sich der Ort nach Gaspé-Standard geschäftig. Es gibt Souvenir- und Kunstgewerbeläden, Cafés und einige ausgezeichnete Lokale. Das Percé Wildlife Interpretation Centre, ℂ (418) 782-2240, an der Route d'Irlande ist von Juni bis August täglich geöffnet. In der Stadt verstreut gibt es einige kleine Museen.

In Richtung Südosten bringt die Route 132 Sie zur Südküste von Gaspé. Deren Charakter unterscheidet sich völlig von

alte Haushaltsgeräte. Vom reizenden Städtchen **Carleton** aus sollten Sie zu Fuß oder mit dem Bus die Spitze des **Mont St-Joseph** erklimmen und den Panoramablick auf die Südküste von Gaspé und auf die Ufer von New Brunswick jenseits der Baie des Chaleurs genießen.

Das Museum im **Parc de Miguasha** widmet sich dem Studium von Fossilien, und es liefert Exemplare aus dieser Gegend an Museen in der ganzen Welt. Sie können die Klippen besichtigen, in denen man die Fossilien findet, und Sie lernen die Verfahren kennen, mit denen man sie aus den Felsen

GEGENÜBER und OBEN: Vogelbeobachter und beobachtete Vögel (im Bild: Tölpel) treffen sich in Scharen auf der Ile Bonaventure.

löst. Danach erreichen Sie auf der Route 132 **Restigouche**. Dort fand 1760 die entscheidende Seeschlacht zwischen Franzosen und Briten statt. An sie erinnert der **Battle of Restigouche Historic Park** in Pointe-à-la-Croix. Ein Informationszentrum (von Mitte Juni bis Anfang September geöffnet) zeigt unter anderem Teile der *Machault*, eines französischen Kriegsschiffs, das in der Schlacht sank.

Matapédia ist ein reizender kleiner Ort am Zusammenfluß von Matapédia und Restigouche. In beiden wimmelt es von Lach-

sen. Von hier wendet sich die Route 132 wieder nach Norden über 160 km nach Ste-Flavie am Nordufer. Es ist eine sehr malerische Straße durch das Matapédia-Tal mit seinen kiefernbedeckten Hügeln und den versteckten Dörfchen. Lassen Sie sich Zeit, und genießen Sie das.

UNTERKUNFT

In **Matane** steht das elegante **Hôtel des Gouverneurs**, Ave du Phare Est 250, Matane G4W 3N4, ☏ (418) 566-2651; es ist Teil einer Luxushotelkette. Zur gepflegten Ausstattung zählen Swimmingpool, Fitneßraum und ein gutes Restaurant. Von den 72 Zimmern haben viele schönen Meerblick. Die Preise liegen zwischen der unteren Grenze der mittleren und der unteren Grenze der teuren Kategorie. Das **Motel Inter-Rives**, Ave du Phare Ouest 1550, Matane G4W 3N4, ☏ (418) 562-6433, hat ebenfalls 72 Zimmer, bietet ähnliche Einrichtungen und liegt in der mittleren Preislage. Mittlere Preise verlangt auch das **Motel la Virgie**, Ave du Phare Ouest, Matane G4W 3M6, ☏ (418) 562-3664; 32 Zimmer, nahe beim Dock. Das **Hôtel-Motel Belle Plage**, Rue Matane-sur-Mer 1210, Matane G4W 3M6, ☏ (418) 562-2323, ist ausreichend gut und preiswert. Über **Campingplätze** informiert das Matane Wildlife Preserve, ☏ (418) 562-3700.

Am Strand von **Cap Chat** bieten die **Cabines Goemons sur Mer**, Rue Notre-Dame Est 195, Cap Chat G0J 2G0, ☏ (418) 786-2291, preisgünstige Unterkunft (Selbstverpflegung). In **Ste-Anne-des-Monts** gilt dasselbe für das **Motel à la Brunante**, Blvd Ste-Anne Ouest 94, Ste-Anne-des-Monts G0E 2G0, ☏ (418) 763-3366, 72 Zimmer, und für das kleinere und etwas teurere **Motel Monaco des Monts**, Blvd Ste-Anne Ouest 90, Ste-Anne-des-Monts G0E 2G0, ☏ (418) 763-3321, gebührenfrei ☏ (800) 361-6162: bequeme Unterkunft, ausreichend gutes Essen, günstige bis mittlere Preislage. Ein sehr gutes Restaurant und günstige Preise offeriert das **Hotel Beaurivage**, Ave Première Ouest 100, P.O. Box 1358, G0C 2G0, ☏ (418) 763-2224.

Im **Parc de la Gaspésie** bringt Sie das **Gîte du Mont Albert**, P.O. Box 1150, Parc de la Gaspésie G0E 2G0, ☏ (418) 763-2285, entweder im Haupthaus oder in Chalets unter. Die Zimmer sind recht einfach, dafür aber freundlich. Und wer wollte sich überhaupt beklagen: friedliche Lage, frische Gebirgsluft, Blick auf den Mont Albert und ein knisterndes Feuer im Kamin? Günstige bis mittlere Preise, Reservierungen unbedingt notwendig. Auch Camping ist möglich.

In **Mont-St-Pierre** macht das wohl beste Angebot das **Motel au Délice**, Rue Prudent-Cloutier 100, Mont-St-Pierre G0E 1V0, ☏ (418) 797-2850: 17 preisgünstige komfortable Zimmer mit Bad. Das ebenfalls preiswerte **Motel Mont-St-Pierre**, Rue Prudent-Cloutier 60, Mont-St-Pierre G0E 1V0, ☏ (418) 797-2202, genießt den Vorteil eines Restaurants. Im Forillon-Park warten einige gut ausgerüstete **Campingplätze**, und in **Cap aux Os** gibt es eine **Jugendherberge**. In **Cap-des-Rosiers** vermietet das **Hôtel-Motel le Pharillon**, Blvd Cap-des-Rosiers 1293, G0E 1E0, ☏ (418) 892-5641, seine 38 Zimmer mit TV und Kochnische zu günstigen Preisen. Ein Restaurant ist vorhanden.

Eines der besten Hotels der Halbinsel finden Sie in **Gaspé**: das **Auberge des**

Commandants, Rue de la Reine 178, Gaspé G0C 1R0, ℂ (418) 368-3355. Alle 44 Zimmer sind klimatisiert und haben TV; mittlere Preislage. Die beste Wahl in **Percé** ist das **Hotel-Motel La Normandie**, Route 132 Ouest 221, Percé G0C 2L0, ℂ (418) 782-2112, gebührenfrei ℂ (800) 463-0820. Der hübsche Holzbau verfügt über 45 freundliche Zimmer mit Bad und TV, einen Aufenthaltsraum, ein Restaurant, und die Gäste können einen Fitneßraum benutzen; kostenlos ist auch der Blick auf das Meer und den Percé Rock; günstige bis mittlere Preislage. Ähnliche Preise verlangt das **Motel les Trois Sœurs Pavillon le Revif**, Route 132 Nr. 77-B, Percé G0C 2L0, ℂ (418) 782-2183, gebührenfrei ℂ (800) 361-6162; sehr angenehme Zimmer und guter Service. Einen großartigen Blick auf den Felsen und das wohl beste Restaurant auf der Halbinsel präsentiert das **Auberge du Gargantua & Motel**, Route des Failles 222, Percé G0C 2L0, ℂ (418) 782-2852; 11 preisgünstige Zimmer. Einen altmodischen Charme verbreitet das **Maison Avenue House**, Ave de l'Eglise 38, Percé G0C 2L0, ℂ (418) 782-2954; fünf preisgünstige einfache und saubere Zimmer.

Am Südufer der Halbinsel besitzt **Bonaventure** zwei recht gute preisgünstige Motels: das **Motel Bourdages**, Ave Grand Pré 118, Bonaventure G0C 1E0, ℂ (418) 534-2053, und das **Motel de la Plage**, Ave Port Royal 136, Bonaventure G0C 1E0, ℂ (418) 534-2934. Die beiden besten Unterkünfte in **Carleton** fallen in die mittlere Preislage: das **Motel Baie Bleue**, Blvd Perron 1746, Carleton G0C 1J0, ℂ (418) 364-3355, gebührenfrei ℂ (800) 463-9099, 95 Zimmer, beheizter Swimmingpool, gutes Restaurant; und das **Manoir Belle Plage**, Blvd Perron 474, Carleton G0C 1J0, ℂ (418) 364-3388, ebenfalls mit Restaurant und mit Preisen, die in den teuren Bereich klettern können.

Restaurants

Es wird kaum überraschen, daß die Speisekarten der Cafés und der Restaurants von Gaspé mit Meeresfrüchten gespickt sind. Sie sind vorzüglich zubereitet und preiswert. Kabeljau-Zunge in Butter ist eine Spezialität mit einem erstaunlich feinen Geschmack. Da die Halbinsel ein echtes Freizeitgebiet ist, besteht auch die einfache Möglichkeit, Räucherfisch in einem der vielen ausge-

GEGENÜBER: Haus im Fischerdorf Percé.
OBEN: Der berühmte Percé Rock hält Wache am Meeresrand.

zeichneten Fischläden zu kaufen und irgendwo unterwegs zu picknicken.

Im Zentrum des **Métis-Park** können Sie im lebhaften Restaurant der **Villa Reford** traditionelle kanadische Gerichte probieren. In **Matane** gibt es ein gutes Restaurant in mittlerer Preislage im **Hôtel-Motel Belle Plage** (mit Flußblick); gut und zu ähnlichen Preisen essen Sie auch im Restaurant des **Hôtel des Gouverneurs**.

Auch in **Ste-Anne-des-Monts** sollten Sie zuerst in die Hotels schauen. Das beste Restaurant finden Sie im **Hôtel Beaurivage** und ein weiteres recht gutes im **Motel Monaco des Monts**. Wenn Sie für später ein Picknick im Parc de la Gaspésie planen, sollten Sie Ihren Räucherfisch unten am Dock einkaufen.

Im **Parc de la Gaspésie** selbst wartet ein wirklicher Genuß auf Sie: das Restaurant im **Gîte du Mont Albert**, Route 299, ((418) 763-3039. Das hochgelobte Lokal ist auf klassische französische und auf regionale Küche spezialisiert. Schüler des Quebecer Instituts für Tourismus und Hotelmanagement absolvieren hier einen Teil ihres Praktikums und sind sehr um die Gäste bemüht; Preise in der mittleren Kategorie, Reservierungen notwendig.

In **Mont-St-Pierre** bringt das Restaurant im **Motel Mont St-Pierre** gute preiswerte Gerichte auf den Tisch. Am Eingang zum Forillon National Park stoßen Sie auf massenhafte Imbißmöglichkeiten.

Wenn Sie die Wildnis wieder verlassen haben, bietet **Percé** eine Auswahl an Eßlokalen. Gaumenfreuden erwarten Sie im **Restaurant d'Auberge du Gargantua**, Route des Failles 22, ((418) 782-2852. Spezialisiert ist es auf französische Küche, auf Meeresfrüchte, auf Gerichte der Halbinsel und auf eine sündhafte Auswahl an Desserts; dazu gesellen sich eine schöne Lage und ein wundervoller Blick auf den Percé Rock. Die Preise fallen noch in die mittlere Kategorie, sind aber die teuersten in der ganzen Region. Ein Essen hier ist trotzdem einfach ein «Muß». Das Restaurant im **Hôtel-Motel La Normandie** serviert sehr gute Speisen in freundlicher Ausstattung mit Blick auf den Felsen. Meeresfrüchte stehen im Mittelpunkt im **Hôtel-Motel Bleu-Blanc-Rouge**, Route 132 Nr. 104, ((418) 782-2142; dazu gesellt sich eine gemütliche Atmosphäre, um sie zu genießen. Sehr gut essen Sie auch an der Anlegestelle im **Maison du Pêcheur**, Place du Quai, ((418) 782-5331; ausgezeichnete Hummer, mittlere Preiskategorie. Seine Lage macht es zum Mittagessen besonders interessant, wenn durch die großen Fenster viel zu sehen ist.

Das beste Restaurant in **Carleton** ist das Restaurant im **Motel Baie Bleue** (mittlere Preislage), und in **Matapédia** ist es das im **Hôtel-Motel Restigouche**, Rue du Saumon, ((418) 865-2155.

Anreise

Die Züge von VIA Rail verbinden Matane, Gaspé, Percé und die Orte an der Südküste. Wirklich erleben kann man dieses Gebiet aber nur mit dem Auto. Von Montreal oder Quebec City führt der Trans-Canadian Highway (Route 20) nach Rivière-du-Loup, von wo die Küstenstraße (Route 132) eine vollständige Schleife um die Halbinsel legt. Von New Brunswick her vereinigen sich die Routen 11 und 17 in Campbellton an der Grenze nach Quebec, wo Sie dann in die Route 132 einbiegen können.

GEGENÜBER: Der Leuchtturm von La Martre.
OBEN: Fischer in Rivière-du-Renard nördlich des Hafens Gaspé.

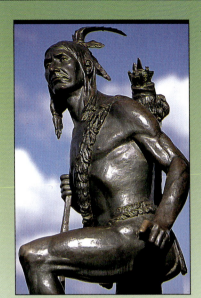

Ontario

ONTARIO ist zweifellos Kanadas wohlhabendste, bevölkerungsreichste und meistbesuchte Provinz. Neun Millionen Menschen, ein Drittel aller Kanadier, wohnen hier. Sie besitzt mehr Mineralvorkommen als jede andere Provinz. Ihr Farmland gehört zum fruchtbarsten der ganzen Nation, und die frostfreie Zeit, es zu bestellen, ist die längste in allen Provinzen. Ontario ist das industrielle Herzland Kanadas; die Hälfte aller Fertigwaren kommt von hier. Ottawa, die Hauptstadt Kanadas, liegt hier ebenso wie die größte Stadt des Landes: Toronto. Es gibt rund 400 000 Süßwasserseen, die eine Fläche von etwa 200 000 km² einnehmen. Mit einem Wort, Ontario besitzt einfach alles.

Ursprünglich war die Provinz Teil der französischen Kolonie Neufrankreich und danach der britischen Kolonie Kanada. Eine eigene Provinz wurde Ontario 1791 durch den Constitutional Act, der die Kolonie in ein überwiegend von Franzosen besiedeltes Unterkanada (Quebec) und in ein von Loyalisten beherrschtes Oberkanada (Ontario) teilte. Die erste Provinzhauptstadt war Niagara-on-the-Lake, 1793 wählte man jedoch Toronto und benannte es in York um. Die Amerikaner griffen York 1813 an und brannten es völlig nieder (ein Jahr später revanchierten sich die Briten und zündeten das Weiße Haus an – zumindest schwärzten sie es). Nach dem Wiederaufbau dehnte sich York dank einer Einwandererwelle aus England und Europa rasch aus. 1834 nahm die Stadt wieder ihren alten indianischen Namen Toronto an.

Als der British North America Act von 1867 das Dominion Kanada schuf, trat das frühere Oberkanada als neue Provinz Ontario der Konföderation bei. Der Name Ontario ist von einem Irokesenwort abgeleitet, das unterschiedlich als «leuchtende Wasser» oder «hohe Felsen nahe dem Wasser» übersetzt wird und sich auf die Niagara-Wasserfälle beziehen soll. Ottawa wurde die Hauptstadt des Staatenbundes Kanada, während Toronto Provinzhauptstadt blieb. Seitdem ist es mit Ontario stets aufwärts gegangen; im 20. Jh. wurde die Provinz das Wirtschaftszentrum der Nation und das Kulturzentrum des englischsprachigen Kanada.

Obwohl Ontario nach Quebec mit 1 068 587 km² die zweitgrößte Provinz Kanadas ist, konzentrieren sich Handel und Industrie fast vollständig auf die pfeilspitzenartigen Halbinsel, die sich von Toronto in den Südwesten nach Detroit hinunterzieht; ein Gebiet, das sozusagen den Motor Kanadas darstellt. Aber nicht nur das. Dieses Tiefland zwischen drei (Ontario, Erie, Huron) der fünf Großen Seen ist auch mit extrem fruchtbarem Boden gesegnet, der es darüber hinaus zu einem Landwirtschaftszentrum macht. Addieren Sie nun noch Torontos Vorrangstellung als Geschäfts- und Handelszentrum hinzu, dann verstehen Sie, warum diese Provinz gedeiht.

OTTAWA

Ottawa ist in fast jeder Beziehung eine ideale Hauptstadt. Sie ist beeindruckend: Ihre neugotischen Regierungsgebäude sitzen hoch auf einem Kliff über dem Ottawa River. Sie ist schön: Die vielen offiziellen Bauten und die hübschen Wohnviertel sind von zahlreichen Parks, Seen und offenen Freiflächen durchsetzt; das alles wird von einem 4 km breiten Grüngürtel umgeben und von klarer schmutzfreier Luft überzogen. Sie ist kultiviert: Sechs Nationalmuseen und das erstaunliche National Arts Centre sind nur der «offizielle» Teil eines Kulturspektrums, das herrlich abwechslungsreich und eindrucksvoll ist. Sie ist kosmopolitisch: Wie in keiner anderen Stadt Kanadas werden zwei Sprachen gesprochen, und einige der besten Hotels und Restaurants des Landes liegen in ihren Mauern. Und sie macht Spaß: Der Grund für die Existenz der Stadt, der Rideau Canal, windet sich durch das Herz Ottawas, und er ist einen Sommer lang der Himmel für Freunde des Kanu- und Rudersports, und im Winter wird er zur größten Eislaufbahn der Welt.

Zählt man alle Attraktionen dieses Musters einer Hauptstadt einmal zusammen, so bereitet die Tatsache fast einen Schock, daß hier vor 150 Jahren nur ein rauhbeiniges Hinterwäldlerdorf stand, in dem sich französische Holzfäller und irische Bauarbeiter regelmäßig Schlägereien lieferten. Nach dem Mann, der den Kanal baute, hieß der Ort damals Bytown. Den Namen Ottawa erhielt die Stadt 1855, als Königin Viktoria sie zur Hauptstadt der kurzlebigen Vereinten Provinz von Kanada machte, womit sie fast automatisch als Staatsmetropole zur Wahl stand, als die Konföderation 10 Jahre später ins Leben gerufen wurde.

Ottawa war anfangs sehr unpopulär, und es dauerte lange, bis die Kanadier aufhörten, die Stadt verächtlich «Westminster in der Wildnis» zu nennen. Diesem Ruf zum Trotz machten sich die Ottawaer sofort daran, Bauten hochzuziehen, die einer Hauptstadt zur Ehre gereichten, und – vielleicht genauso wichtig – sie machten sich daran, ihr Image zu ändern. Waren sie im ersteren Fall schon erfolgreich, so waren sie es im letzteren vielleicht zu sehr. Fast ein Jahrhundert lang war die Stadt Ottawa bekannt für ihre Solidität, für ihre Züchtigkeit, für ihre Würde und für ihren Anstand – mit anderen Worten für ihr betäubendes Langweilertum. In den sechziger Jahren dieses Jahrhunderts schien die Stadt dann in ihren zweiten Frühling zu kommen. Wunderschöne neue Gebäude wuchsen empor, das Kulturleben erhielt starke neue Impulse, die Vergnügungsszene weitete sich aus, Freizeiteinrichtungen wurden geschaffen; es war, als hätte Ottawa sich plötzlich entschlossen, das Leben zu genießen.

Das Ergebnis ist eine Stadt (und das können 4 Mio. Touristen im Jahr bestätigen), in der Besucher es leicht haben, sich zu vergnügen.

Geschichte

Als Philemon Wright 1800 von Neuengland heraufkam, fand er nur ein paar Outaouaic-Indianer vor, nach denen die Stadt benannt ist. Er gründete eine kleine Siedlung am Zusammenfluß von Ottawa, Rideau und Gatineau. Zu Recht sah er dies als idealen Ort an zur Verschiffung von Holz nach Quebec. Zu den Siedlern gesellte sich 1826 Oberst John By mit einer Gruppe von Ingenieuren und mit einer kleinen Armee hauptsächlich iri-

scher Arbeiter. Der Herzog von Wellington hatte sie ausgesandt, um einen Kanal zu bauen. Nach dem Krieg von 1812 hatte der Herzog nämlich festgestellt, daß ein langes Stück des St. Lawrence in bequemer Reichweite amerikanischer Kanonen lag, weshalb er sich zur Konstruktion einer alternativen Wasserverbindung vom Ottawa River zum Lake Ontario entschloß. Das Projekt wurde 1832 vollendet; ein 200 km langes System von Kanälen, Flüssen, Schleusen, Dämmen und Seen erstreckte sich nun von Bytown, wie der Ort damals hieß, bis Kingston (Ontario). Es erhielt den Namen Rideau Canal.

In der Mitte der dreißiger Jahre des vergangenen Jahrhunderts besaß Bytown eine blühende Industrie rund um das Holz:

Schlagen und Verschiffen. Philemon Wrights frühere Lagebeurteilung erwies sich als richtig. Zur Hauptstadt Kanadas wurde Bytown jedoch aus einer anderen Überlegung. Königin Viktoria war bekümmert über die bittere Gegnerschaft zwischen den größeren Städten Ober- und Unterkanadas in der Frage, welche nun die Hauptstadt der neuen Vereinten Provinz Kanada sein sollte; so wählte sie 1855 selbst Bytown aus, weil der Ort direkt an der Grenze zwischen beiden Kolonialprovinzen lag. Auf diese Weise geehrt, änderten die Bürger umgehend Bytowns Namen in Ottawa um und begannen, ihrem Holzgewerbe ein zweites hinzuzufügen, das des Regierens.

Heute können sich die 835 000 Bürger der Stadt, einst verhöhnt als «Westminster in der Wildnis», damit brüsten, im Gegensatz zu den Bürgern der meisten anderen Hauptstädte der Welt am Sitz der politischen Macht zu leben und trotzdem nur eine kurze Fahrt von echter herrlicher Wildnis entfernt zu sein. Diese Kombination hat sich als äußerst glücklich erwiesen.

Allgemeine Informationen

Ontario Travel veröffentlicht eine ganze Reihe kostenloser nützlicher Broschüren. Informieren Sie sich gebührenfrei unter ℂ (800) ONTARIO; oder schreiben Sie an Ontario Travel, Queen's Park, Toronto M7A 2R9. Kanadas Capital Visitor and Convention Bureau betreibt ein Visitor Information Centre im National Arts Centre, Elgin Street 65 (am Confederation Square), Ottawa, ℂ (613) 237-5158. Das City of Ottawa Information Centre ist in der Felman Mall in der Rideau Street, ℂ (613) 564-1415. Informationen über Hull, auf der anderen Flußseite in Quebec, gibt es beim Hull Information Kiosk in der Maison du Citoyen, Laurier Street, Hull, ℂ (819) 778-2222.

Was Sie sehen und tun können

Sehenswürdigkeiten

Ottawa besichtigen Sie am besten zu Fuß. Die Hauptsehenswürdigkeiten liegen alle dicht genug beieinander. Vielleicht möchten Sie aber auch eine Fahrt mit einem der Doppeldecker-Rundfahrtbussen unternehmen, die in den Sommermonaten regelmäßig vom Confederation Square abgehen.

Die Hauptsehenswürdigkeit ist zweifellos der **Parliament Hill** genau im Herzen Ottawas, an dem auch Sie Ihre Besichtigung beginnen sollten. Hier, hoch über dem Ottawa River, erheben sich einige prächtige Sandsteinbauten mit grünen Kupferdächern, ein neugotischer Luxus aus Türmen und Zinnen. Ein gewaltiges Feuer zerstörte 1916 die meisten der ursprünglichen Gebäude. Ein paar Jahre danach wurden sie wiederaufgebaut und im Zentrum der 92 m

aufragende **Peace Tower** hinzugefügt, ein Denkmal für die kanadischen Gefallenen des 1. Weltkriegs. Fahren Sie mit dem Fahrstuhl nach oben, und genießen Sie den herrlichen Blick auf Ottawa. In den **Parliament Buildings** sind Oberhaus («Senat») und Unterhaus («House of Commons») untergebracht. Kostenlose Führungen finden täglich in halbstündigem Rhythmus statt; Informationen unter ℂ (613) 996-0896. Wenn das Parlament tagt, können Sie auf der Besuchergalerie Platz nehmen. Die **East** und **West Blocks** sind der Öffentlichkeit nicht zugängliche Bürogebäude. In die **Parliamentary Library** hingegen können Sie eintreten. Dieser vieleckige Kuppelbau mit einem eindrucksvoll getäfelten Inneren hat als einziger das Feuer von 1916 überstanden.

Die **Wachablösung** findet vom späten Juni bis zum späten August täglich um 10 Uhr auf dem Rasen vor den Parliament Buildings statt. Das ist ein echtes Schauspiel: Militärmusik, bunte Uniformen und ein

OBEN: In der National Gallery. GEGENÜBER: Die Parliament Buildings in Ottawa.

herrlicher Hintergrund. Am Parliament Hill zeigt man jeden Abend **Son et Lumière**, eine Licht- und Tonschau.

Im Osten fließt der **Rideau Canal**. Er erstreckt sich über 200 km von Ottawa bis Kingston und dient heute nur noch Erholungzwecken. Der Kanal ist von Bäumen und Gärten gesäumt, im Sommer kann man herrlich an ihm entlangspazieren oder ihn mit einem Boot befahren; im Winter ist er eine Schlittschuhbahn. Anfang Februar steht der Kanal im Mittelpunkt des Festes **Winterlude**.

Blicken Sie von den Parliament Buildings ostwärts, sehen Sie die **National Gallery of Canada**, Sussex Drive, ((613) 990-1985, eine überwältigende neue Glaskonstruktion von Moshe Safdie. Sie wird von natürlichem Licht ausgeleuchtet und beherbergt eine der besten Sammlungen kanadischer Kunst sowie Werke vieler Künstler von Weltrang. Zu sehen ist auch eine große und eindrucksvolle Sammlung internationaler Fotografie. Im Sommer täglich geöffnet, donnerstags freier Eintritt. Gleich in der Nähe steht das **Canadian War Museum**, Sussex Drive 330, ((613) 992-2774, das Kanadas Militärgeschichte lebendig macht; eine spannende Ausstellung mit Toneffekten stellt das Leben in den Schützengräben dar.

Von der National Gallery erreichen Sie über die Alexandria Bridge auf der anderen Flußseite mit Front zum Parliament Hill das **Canadian Museum of Civilization**, Laurier Street 100, Hull, ((819) 994-0840. Der riesige Neubau birgt unter seinem Dach unter anderem ein Indianerdorf von der Westküste, einen Regenwald, ein Iglu und ein IMAX- und ein OMNIMAX-Theater. Das Schwergewicht liegt auf kanadischer Kultur und auf aktivem Mitmachen der Besucher.

In einem historischen viktorianischen Gebäude ist das **National Museum of Natural Sciences** untergebracht; McLeod Street und Metcalfe Street, ((613) 996-3102. Es befaßt sich mit der Erdgestalt und mit den Lebensformen auf ihr. Die Dinosaurier-Abteilung ist bei Kindern sehr beliebt. Im Sommer täglich geöffnet.

Bei Kindern wie Erwachsenen gleichermaßen beliebt ist wegen seiner Ausstellungen zum Anfassen das **National Museum of Science and Technology**, Blvd St-Laurent 1867, ((613) 991-3046. Es zeigt einige herrliche alte Dampfmaschinen, Oldtimerautos und Stücke aus allen Sparten der Technologie, darunter eine Raumkapsel Apollo 7. Viele der Exponate darf man berühren oder ausprobieren. Im Sommer täglich geöffnet, Eintritt frei.

Etwas nördlich können Sie über 100 Flugzeuge bewundern und die Luftfahrtgeschichte vom Beginn dieses Jahrhunderts bis heute verfolgen: im **National Aviation Museum**, Rockcliffe Airport (dicht beim Blvd St-Laurent), ((613) 998-4566. In den Sommermonaten täglich geöffnet, Eintritt frei.

Einen der bezauberndsten Parks der Stadt finden Sie am Driveway und an der Carling Avenue, den 12 000 Morgen großen **Central Experimental Park**, ((613) 995-5222. Einige Stunden lang läßt es sich hier herrlich entspannen, inmitten seiner Felder und wunderschönen Gärten; dazu gibt es eine Baumschule und ein Landwirtschaftsmuseum, Tiere und Rundfahrten in der Pferdekutsche. Der Eintritt ist kostenlos.

Stärker verwildertes Parkland zeigt der **Gatineau Park** nur ein paar Kilometer nordwestlich des Stadtzentrums. Auf seinen

OBEN: «Die längste Eislaufbahn der Welt» – der Rideau Canal im Winter. GEGENÜBER: Straßenunterhalter in Ottawas Byward Market.

88 000 Morgen Waldland, in den Seen und auf Hügeln tummeln sich Schwarzbären, Elche, Weißwedelhirsche, Waschbären und andere Wildtiere. Ideal kann man dort fischen, Boot fahren, baden, campen, wandern und picknicken. **Moorside**, ein historisches Haus an der Parkallee, ist ein wundervoller Ort für ein Mittag- oder Abendessen; Informationen unter ☏ (613) 992-5473.

Sport

Football spielen die Ottawa Rough Riders (Canadian Football League) im Lansdowne

Park im Civic Centre, ☏ (613) 563-4551. Für **Fußball** sind die Ottawa Intrepid (Canadian Soccer League) im Terry Fox Stadium am Riverside Drive zuständig; ☏ (613) 722-7774; von Mai bis Oktober. **Pferderennen** werden zwischen Juli und November auf dem Rideau-Carleton Raceway gelaufen, ☏ (613) 822-2211. So seltsam es in diesem eishockeyverrückten Land klingen mag, aber ein Eishockey-Profiteam gibt es nicht.

Golf können Sie auf einem der beiden öffentlichen 18-Loch-Plätze spielen: dem Champlain Golf Course in der Aylmer Road, ☏ (613) 777-0449, und dem Capital Golf Course an der Route 31, ☏ (613) 521-2612. Außerdem gibt es über 30 Privatclubs mit Grüngebühren. Anhänger von **Tennis** wird

es freuen, daß die Stadt überall kostenlose Plätze unterhält; Informationen beim städtischen Freizeitamt unter ☏ (819) 648-3222. Wer das Abenteuer **Wildwasserfahren** liebt oder es kennenlernen möchte, dem stehen verschiedene Agenturen zu Diensten, die Ein- oder Zwei-Tage-Ausflüge organisieren, zum Beispiel River Run, ☏ (613) 646-2501, oder Equinox Adventures, ☏ (819) 648-2241. An verschiedenen Stellen am Rideau Canal kann man auch **Ruderboote**, **Kanus** und **Paddelboote** mieten, etwa bei Dow's Lake Pavillon, Queen Elizabeth Drive 1001, ☏ (613) 232-1001, oder bei Hog's Back Marina zwischen Riverside Drive und Route 16, ☏ (613) 733-5065.

Im Winter laden nahe der Stadt die Gatineau Hills zum **Skilaufen** ein. Der nächstgelegene Ort dafür ist Camp Fortune an der Route 5. Vorhanden sind 5 Lodges, 19 Pisten, Möglichkeiten zu Nachtfahrten, Skivermietung, Skischule und ein Skigeschäft. In Mont Cascades, ☏ (819) 827-0301, an der Route 307 außerhalb von Cantley, gibt es 2 Unterkünfte und 10 Pisten; und 29 km von Ottawa entfernt an der Route 366 bei Wakefield liegt das Edelweiss Valley, ☏ (819) 459-2328, mit 18 Pisten, einer Skischule, Nachtfahrten sowie **Schlittschuhlaufen** und **Schlittenfahrten**.

Einkäufe

Eines der wichtigsten Einkaufsparadiese in Ottawa ist das **Rideau Centre** in der Rideau Street 50. Es erstreckt sich auf drei Ebenen über 14 Morgen und bietet unter anderem ein Konferenzzentrum, ein Luxushotel mit 475 Zimmern, 18 Restaurants, drei Kinos und einen Einkaufskomplex mit 220 Läden; das Parkdeck im Oberstock nimmt 5 Morgen ein. Ein weiteres bedeutendes Einkaufszentrum ist die **Sparks Street Mall** an der Sparks Street zwischen Elgin Street und Lyon Street. Dieses Zentrum war Kanadas erste Fußgängerzone. Auf einem Areal von fünf Häuserblocks finden Sie Boutiquen, Kaufhäuser, Straßencafés und historische Bauwerke, dazwischen Felsengärten, Skulpturen und Brunnen. Für Unterhaltung sorgen Straßenkünstler und Freilichtaufführungen.

In der Nähe, auf der anderen Seite des Rideau Canal, ist der **Byward Market** seit 1830 ein bodenständiger Markt der Farmer. Heute haben sich ihnen einheimische Künstler und Kunsthandwerker hinzugesellt, die ihre Werke im alten Marktgebäude zeigen. Delikatessengeschäfte und Restaurants sind hier ebenfalls aus dem Erdboden geschossen. Der Markt zwischen Clarence Street und George Street ist zwischen Mai und Oktober täglich geöffnet.

Nachtleben

Es muß gesagt werden: Nach Ottawa reist man nicht wegen des Nachtlebens. Das städtische Leben nach Einbruch der Dunkelheit hat sich in den letzten Jahren zwar positiv verändert, die beste Show Ottawas ist jedoch immer noch die nächtliche Ton- und Lichtschau **Son et Lumière** auf dem Parliament Hill.

Eine große Programmauswahl bietet das **National Arts Centre** mit einem Opernauditorium (2300 Plätze), einem Theater (950 Plätze) und einem kleineren Studio (150 Plätze) für Experimentalaufführungen. Sie können zwischen Ballett, Varieté und Oper wählen. Das Zentrum besitzt sein eigenes National Arts Centre Orchestra und ein zweisprachiges Theaterensemble. Informationen unter ((613) 966-5015, Reservierungen unter (613) 755-1111.

Rockmusik spielt man bei **Barymore's**, ((613) 238-5842, in der Bank Street 323 und im sehr beliebten **Grand Central**, ((613) 233-1435, in der George Street 141. Big-Band-Musik ist am Freitag- und am Samstagabend im **Penguin Café** in der Elgin Street 292 zu hören, und Jazz gibt es dienstagabends bei **Friends and Company** in der Rideau Street 221. Am Sonntagnachmittag und zu anderen Zeiten wird treppauf im **Rainbow Bistro**, ((613) 594-5123, in der Murray Street 76 Jazz gespielt, Blues dagegen im **Downstairs Club** in der Rideau Street 207. Auf Folk- und Country-Musik hat sich das **Bank Café** in der Bank Street 294 verlegt, und weiteres Country-Geklimper erklingt im **Gilmour** in der Bank Street 363. **Patty's Place** ist ein freundliches irisches Pub mit Folk-Musik von Mittwoch bis Samstag.

Unterkunft

Luxusklasse

Das berühmte **Château Laurier**, Rideau Street 1, Ottawa K1N 8S7, ((613) 232-6411 ist ein schöner schloßähnlicher Bau. 1912 öffnete es seine Pforten, und zu seinen Gästen zählten die Reichen, die Mächtigen und die Herrschenden. Am Fuß des Parliament Hill am Confederation Square gelegen, bietet es einen großartigen Blick aus vielen der 500 Zimmer und Suiten. Zu den Einrichtungen zählen eine Schwimmhalle, das feine Restaurant Canadian Grill und die gepflegte Zoe's Lounge. Das Château Laurier ist das Flaggschiff der Hotelkette Canadian National, und sein hoher Standard und seine angenehme Eleganz machen es noch immer zu *dem* Hotel Ottawas. Nahe am Parliament Hill erhebt sich auch das **Skyline**, Lyon Street 101, Ottawa K1R 5T9, ((613) 237-3600, das völlig renoviert wurde und 400 gut ausgestattete Zimmer bietet, dazu eine Schwimmhalle und zwei beliebte Restaurants, das Henry VIII und das Le Trianon.

Im **Four Seasons**, Albert Street 150, Ottawa K1P 5G2, ((613) 238-1500, finden Sie alle erforderlichen modernen Einrichtungen, Komfort, persönlichen Service und die teuersten Zimmer der Stadt. In den sechziger Jahren gebaut, ist das 17stöckige Hotel mit 236 freundlichen Zimmern ausgestattet, der Service läßt keine Wünsche offen. Es gibt eine Schwimmhalle, eine Sauna, einen Whirlpool, eine Weinbar und das elegante Restaurant Carleton Room.

Mit dem Rideau Centre verbunden ist das 24stöckige **Westin**, Colonel By Drive 11, Ottawa K1N 9H4, ((613) 560-7000. Es blickt auf den Rideau Canal und besitzt 475 geschmackvoll eingerichtete Zimmer, Squashplätze, Fitneßraum, Schwimmhalle, Sauna und Restaurants. Das **Radisson**, Lyon Street 100, Ottawa K1P 5R7, ((613) 237-3600, ist ein weiteres modernes Hochhaushotel mit fast 500 großen und gut ausgestatteten Zimmern, einem Fitneßclub, einer Schwimmhalle, Pianobar, einem Café und dem Drehrestaurant La Ronde mit großartigem Blick auf Stadt und Fluß.

Das **Hôtel-Plaza de la Chaudière**, Rue Montcalm 2, Hull J8X 4B4, ((819) 778-3880, ist ein Hotel im europäischen Stil, elegant und sehr gut und modern ausgestattet. Die Rezeption nimmt einen großen Raum ein, und das schöne Restaurant nennt sich Le Châteauneuf. Die luxuriöse Aufmachung zieht sich durch alle 240 Zimmer.

Mittlere Preislage

Das **Beacon Arms**, Albert Street 88, Ottawa K1P 5E9, ((613) 235-1413, hat vor kurzem seine Einrichtung und seine Beliebtheit erneuert. Für seine 154 Zimmer verlangt es, berücksichtigt man die Lage nahe dem Parliament Hill, sehr mäßige Preise. Ebenfalls beim Parliament Hill bietet das **Lord Elgin**, Elgin Street 100, Ottawa K1P 5K8, ((613) 253-3333, ein extrem gutes Preis-Leistungs-Verhältnis. Der prächtige Steinbau aus dem Jahr 1940 beherbergt 315 Zimmer, die Ausstattung ist schottisch, ebenso die ausgezeichnete Auswahl an Whisky an der Bar.

Sehr zentral liegt das **Hotel Roxborough**, Metcalfe Street 123, Ottawa K1P 5L9, ((613) 237-5171, gebührenfrei ((800) 263-4298. Es ist recht intim (nur 150 Zimmer), und seine gemütliche Pianobar, sein französisches Restaurant und die zusätzlichen kostenfreien Serviceleistungen wie Zeitung auf dem Zimmer, Schuheputzen und kontinentales Frühstück machen es zu einer ausgezeichneten Wahl. Eine günstige Lage zeichnet auch das **Park Lane Hotel** aus, Cooper Street 111, Ottawa K2P 2L5, ((613) 238-1331. Unter den 235 schicken und angenehmen Zimmern befinden sich auch Suiten mit Selbstverpflegung.

Die 130 komfortablen und gut ausgestatteten Appartements im **Cartier Palace Hotel**, Cooper Street 180, Ottawa K2P 2L5, ((613) 236-5000, sind verschieden groß, Hausmädchen und Wäscherei sind im Preis eingeschlossen, zu den Einrichtungen zählen Schwimmhalle, Fitneßhalle, Sauna und Restaurant. Kostenlos im Zimmer der Eltern übernachten Kinder unter 14 Jahren. Ein gutes Familienhotel ist das **Minto Place Suite Hotel**, Lyon Street 187, Ottawa K1R 7Y4, ((613) 232-2200. Seine 418 Suiten sind verschieden groß und mit Küche und komfortablem Wohnzimmer sehr gut ausgestattet. Zum Wochenende gibt es Sonderpreise, Jugendliche unter 18 übernachten in Elternbegleitung kostenlos. Dazu liegt das Hotel buchstäblich über einer Anzahl von Läden und Restaurants.

Preisgünstig

In einer Broschüre des Capital Visitor and Convention Bureau (siehe ALLGEMEINE INFORMATIONEN) finden Sie preisgünstige Unterkünfte aufgelistet, Sie können sich aber auch an Ottawa Area Bed & Breakfast, P.O. Box 4848, Station E, Ottawa K1S 5J1, wenden.

Sehr preiswert ist in der Innenstadt das **YM-YWCA**, Argyle Street 180, Ottawa K2P 1B7, ((613) 237-1320, mit 268 Doppel- und Einzelzimmern, klimatisiert, mit Telefon, einige mit Bad. Es gibt eine Schwimmhalle, Squashplätze, Fitneßhalle, Bibliothek und eine Wäscherei. Unterkunft im Schweizer Stil bietet ebenfalls in der Innenstadt das **Gasthaus Switzerland**, Daly Avenue 89, Ottawa K1N 6E6, ((613) 237-0335, 22 Zimmer, einige mit Bad. Eine gute Wahl treffen Sie

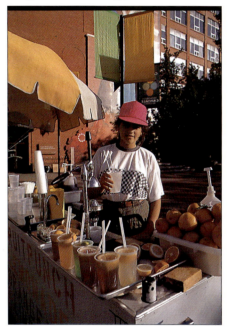

auch mit dem **Townhouse Motor Hotel**, Rideau Street 319, ((613) 236-0151, und mit dem **Parkway Motor Hotel**, Rideau Street 475, ((613) 232-3781. Nahe dem Kanal ist das **McGee's Inn**, Daly Street 185, ((613) 237-6089, ein großes viktorianisches Haus; von den 14 Zimmern haben einige Bad.

Am oberen Ende der preisgünstigen Kategorie bewegt sich westlich des Stadtzentrums das **Talisman Motor Inn**, Carling Avenue 1376, Ottawa K1Z 7L5, ((613) 722-7601, gebührenfrei ((800) 267-4166. Es steht auf einem orientalisch aufgemachten Gelände und bietet 300 attraktive Zimmer mit Balkon und einen Swimmingpool.

Durstlöschen Marke Ottawa.

Östlich und westlich Ottawas finden Sie je ein **Journey's End Motel** mit der sauberen, modernen und angenehmen Ausstattung, die man bei dieser Kette erwarten darf. Im Osten: Michael Street 1252, Ottawa K1J 7T1, ℂ (613) 744-2900; im Westen: Hearst Way 222, Kanété, Ottawa K2L 3A2, ℂ (613) 592-2200.

Im Osten der Innenstadt bietet das **Concorde Motel**, Montreal Road 333, Vanier, Ottawa K1L 6B4, ℂ (613) 745-2112, 36 bequeme und gut ausgestattete Zimmer mit TV, Swimmingpool und Pianobar, während das **Butler Motor Hotel**, Montreal Road 112, Ottawa K1L 6E6, ℂ (613) 746-4641, über 94 klimatisierte Zimmer mit TV, einen Pool, einen Patio, Speisesaal und eine Bar verfügt.

Restaurants

Teuer

Im Westboro-Viertel von Ottawa empfehle ich das **Opus Bistro**, Wellington Street 1331, ℂ (613) 722-9549. Das kleine Restaurant strahlt einfache Eleganz aus, und auf der Karte steht beste Gegenwartsküche; von Dienstag bis Samstag nur zum Mittagessen geöffnet. Im **Chez Jean Pierre**, Somerset Street 210, ℂ (613) 235-9711, richtet der Besitzer und Koch Jean Pierre Muller herrliche französische Speisen zu erwartungsgemäß hohen Preisen an; Sonntag und Montag geschlossen. Das **Le Jardin**, York Street 127, ℂ (613) 238-1828, ist für seine verläßlich hohe Qualität bekannt, Speisekarte und Ausstattung sind französisch. Der Speisesaal im Obergeschoß dieses Hauses aus dem 19. Jh. ist besonders schön; täglich nur zum Abendessen geöffnet.

Seit den zwanziger Jahren ist in Hull das **Café Henri Burger** in Betrieb; Rue Laurier 69, ℂ (819) 777-5646. Kürzlich wurde es renoviert, und es erfreut sich weiterhin verdientermaßen eines Rufes hoher Qualität. Französische Küche kommt in viktorianischer Ausstattung und in einer gemütlichen Atmosphäre bei **Oncle Tom**, Rue Wellington 138, ℂ (819) 771-1689, auf den Tisch. Eine kurze Fahrt in die Gatineau Hills lohnt sich, wenn Sie die schöne Lage und die herrlichen französischen Speisen im **Orée du Bois** genießen wollen; Kingsmere Road, Old Chelsea, ℂ (819) 827-0332.

Mittlere Preislage

Eine Art Institution ist das beliebte und stets volle italienische Restaurant **Mamma Teresa**, Somerset Street West 300, ℂ (613) 236-3023. Besonders die Teigwaren schmecken; die Atmosphäre ist freundlich. Auf der Speisekarte treffen sich Italien und Kalifornien im **Bay Street Bistro**, Bay Street 160, ℂ (613) 234-1111; das Resultat ist delikat und sehr beliebt; täglich geöffnet. Indische Küche sollten Sie im schicken und bekannten **Haveli** probieren, George Street 87, Market Mall, ℂ (613) 230-3566, oder im ausgezeichneten **Sitar**, Rideau Street 417A, ℂ (613) 230-2222, das täglich geöffnet ist. **Silk Roads**, Sparks Street Mall 300, ℂ (613) 236-4352, ist ein interessantes, täglich geöffnetes afghanisches Restaurant.

Ottawaer besuchen gern das **Place Next Door**, Rideau Street 320, ℂ (613) 232-1741. Zu köstlichen Steaks, Rippchen und Meeresfrüchten wird eine heimelig-freundliche Atmosphäre geliefert. Ausgesprochen englisch geht es im **Friday's Roast Beef House** zu, Elgin Street 150, ℂ (613) 237-5353; in sehr viktorianischer Austattung dominieren auch hier die Steaks und die Rippchen. Kanadische Gerichte und kanadische Weine serviert **Le Café**, ℂ (613) 594-5127, im National Arts Centre am Kanal. Zu jeder Tageszeit ist es ein angenehmes Eßlokal, und es hält abends lange offen (Montag bis Samstag).

Preisgünstig

Das **Elephant and Castle**, Rideau Street 10, ℂ (613) 234-5544, ist ein beliebter zentraler Treffpunkt mit Gerichten im Pub-Stil; täglich und den ganzen Tag geöffnet. Eines der besten Chinarestaurants Ottawas ist das **Golden Dragon**, Rideau Street 176, ℂ (613) 237-2333, mit einer großen Speisekarte, vielen Sitzplätzen und mit *Dim Sum* am Samstag- und Sonntagmittag. Ein wohlbekanntes und vielbesuchtes jüdisches Deli ist **Nate's**, Rideau Street 316, ℂ (613) 236-9696; von morgens bis sehr spät in die Nacht eine verläßliche Quelle guter billiger Nahrung.

Verschiedene gute Lokale gibt es im Gebiet des Byward Market. Dazu zählen: das **Ritz**, Clarence Street 15, ℂ (613) 234-3499, Filiale einer über ganz Ottawa verteilten

GEGENÜBER OBEN: Byward Market. UNTEN: Start zum Bettenrennen beim Winterlude-Fest.

RESTAURANTS   OTTAWA

italienischen Pizzeria-Kette; das **Café Bohemian**, Clarence Street 89, ℂ (613) 238-7182, mit vielen griechischen Speisen auf der Karte; und das **Khyber Pass**, Dalhousie Street 271, ℂ (613) 235-0881, mit sehr guten afghanischen Gerichten. In die fünfziger Jahre zurückversetzt fühlt man sich im **Zak's Diner**, Byward Market 14, ℂ (613) 233-0433, mit viel Vinyl, Chrom und mit Musik der Fünfziger aus der Jukebox. Lebendig und beliebt mit einfachen Burgers und Steaks ist **Hurley's Roadhouse**, York Street 73, ℂ (613) 230-9347.

Anreise

Viele internationale Gesellschaften, Air Canada und Canadian Airlines International fliegen Ottawa an. Der Flughafen liegt günstig südlich der Stadt nur 20 Minuten vom Zentrum entfernt. Busse und Taxis besorgen den Transport.

VIA Rail bietet täglich verschiedene Zugverbindungen von und nach Toronto und Montreal. Informationen unter ℂ (613) 238-4706; Reservierungen unter ℂ (613) 238-8289.

Die Busse von Voyageur Colonial, ℂ (613) 238-5900, verbinden Ottawa mit anderen kanadischen Städten. Für Autofahrer ist der Trans-Canada Highway (Route 417) die Hauptstraße nach und von Ottawa in Ost-West-Richtung. Aus dem Süden kommt man auf Route 16, die bei Ogdensburg (New York) die Grenze überquert und die auch die Verbindung zur Route 401 herstellt, der Autostraße von Toronto nach Montreal.

VON OTTAWA NACH SÜDWESTEN

Stellen Sie sich vor: Sie sind in einer Gegend zu Hause, an deren einem Ende sich eine kultivierte Stadt und eine bedeutende Weltstadt erstrecken (sagen wir Montreal und Ottawa) und am anderen Ende sich eine raumgreifende, reiche Metropole ausbreitet (sagen wir Toronto); wahrscheinlich fühlten Sie sich vom 20. Jh. ein wenig überwältigt. Und im Gebiet südwestlich von Ottawa gäbe es gute Gründe für ein solches Gefühl. Aber die Leute, die in diesem Teil Ontarios leben, besonders in Kingston und auf der Quinte's Isle, mögen es genau so, wie es ist, und sie geben sich dabei größte Mühe, Charakter und ruhige Würde einer früheren Zeit zu wahren.

Kingston

Der Ort war auf Grund seiner strategischen Lage am Ausfluß des St. Lawrence aus am Lake Ontario schon ein wichtiges indianisches Handelszentrum, lange bevor französische Pelzhändler in der ersten Hälfte des 17. Jh. eintrafen. Obwohl die Franzosen ihn sofort als idealen Platz für den Handel mit den Indianern ausmachten, verhinderten die ständigen Kämpfe zwischen Irokesen und Huronen die Errichtung eines Handelspostens. Erst eine Kampfpause im Jahr 1673 ermöglichte Louis de Buade, dem Grafen von Frontenac, den Bau einer befestigten

Siedlung. Fort Frontenac, wie sie sich nannte, blieb fast ein Jahrhundert französisch, bevor sie eine britisch-amerikanische Streitmacht noch vor dem Pariser Friedensvertrag von 1763 einnahm, der den Briten zur Kontrolle über ganz Kanada verhalf. Wie so viele andere Orte und Städte nahe der Grenze zu den östlichen USA wurde Kingston in den achtziger Jahren des 18. Jh. von Loyalisten neu besiedelt, die der Stadt auch ihren heutigen Namen gaben. Schnell entstanden ein wichtiger britischer Marinestützpunkt und eine große Werft. Den Krieg von 1812 überstand Kingston unbeschadet. Danach kam die Stadt in den Genuß von zwei bemerkenswerten wirtschaftlichen Schüben: 1832, als die Stadt der südliche Endpunkt des neuen Rideau Canal wurde, und 1841, als sie für Ober- und Unterkanada kurz als Hauptstadt diente. Als militärisches Zentrum schon etabliert, wurde Kingston mit der Gründung der Queen's University bald danach auch ein akademisches Zentrum.

In den 150 Jahren seit damals hat sich Kingston in verschiedener Hinsicht bemerkenswert wenig verändert. Als blühende Stadt mit 60 000 Einwohnern ist sie ihren Ursprüngen treu geblieben: Selbst heute sind nur wenige Gebäude höher als zwei, drei Stockwerke, und die Hauptstraße aus der 2. Hälfte des 18. Jh., die Brock Street, ist noch immer eine wichtige Verkehrsader mit einigen Läden, die schon vor zwei Jahrhunderten existierten. Auch die militärische Bedeutung blieb erhalten. Das Royal Mili-

Kingston: eine Oase viktorianischer Gelassenheit.

tary College, das National Defence College und das Canadian Army Staff College befinden sich hier. Vor allem aber hat die Stadt nicht nur ihre anmutigen öffentlichen Gebäude aus grauem Kalkstein erhalten und in vielen Fällen restauriert, sondern auch ihre vielen erlesenen viktorianischen Privathäuser. Fügen Sie dem noch die Parks, die reizende Uferfront und die farbigen Märkte unter freiem Himmel hinzu, dann erhalten Sie ein wundervolles und lohnendes Reiseziel.

Kingston hat sich aber auch seine strategische Bedeutung bewahrt. Zwar spielt die schen Zentrum zu machen, entschlossen sich die Siedler hier, den Vorteil der Lage und des reichen Bodens der Insel zu nutzen und sie in ein ruhiges Farmerparadies zu verwandeln. Als Ergebnis kommen heute von hier mehr Früchte und mehr Gemüse als aus irgendeinem anderen vergleichbaren Gebiet in Ontario. Ein Großteil wird von den Nachkommen der ersten Siedler angebaut. Die Straßen der Insel sind mit Ständen voller Frischwaren übersät.

Immer stärker übersät wird die Insel auch von Kunstgalerien und von Kunstgewerbeläden, denn viele Künstler und Kunsthand-

Stadt keine Rolle mehr in der kanadischen Marinestrategie, dafür aber ist sie von entscheidender Wichtigkeit in der Reisestrategie vieler Touristen, liegt sie doch fast genau in der Mitte zwischen Montreal und Toronto. Und genauso günstig liegt sie für Bootsausflüge auf dem Ontario-See und für Ausflüge in das Gebiet der Tausend Inseln.

QUINTE'S ISLE

Als ein ländliches Idyll wiegt sich die Quinte's Isle auf den Wassern des Lake Ontario vor Kingstons Ufern. Auch sie wurde von Loyalisten besiedelt, aber anstatt sie wie anderswo zu einem wirtschaftlichen, einem industriellen, zu einem kulturellen oder einem militäri-

werker zieht es hierher, weil sie den Unbilden und der Unruhe auf der anderen Küstenseite entgehen möchten. Der große kanadische Künstler D.R. Dawson hat sich zum Beispiel nach vielen Jahren Aufenthalt auf einer griechischen Insel auf Quinte's Ile im Ort Picton niedergelassen. Nicht zu vermeiden war dadurch natürlich, daß die Insel nun «entdeckt» wurde und jetzt mit Einrichtungen und mit Bauvorhaben für das Touristengeschäft aufwartet. Insgesamt aber blieb sie recht unberührt und durch und durch freundlich.

ALLGEMEINE INFORMATIONEN

Das Kingston Tourist and Visitors' Bureau finden Sie in der Ontario Street 209, Kingston K7L 2Z1, ✆ (613) 548-4415, und die Quinte's Isle Tourist Association in der Main Street 116, Picton K0K 2T0, ✆ (613) 476-2421.

WAS SIE SEHEN UND TUN KÖNNEN

Kingston

Von einer hohen Bergspitze blickt das massive und bedrohliche **Fort Henry** finster auf Kingston, das vom Fort durch den Cataraqui River getrennt ist. Diese robuste Befestigung entstand 1836, um die Marinewerft in Point Frederick vor Angriffen zu schützen. Teile

des Forts sind wiederaufgebaute Unterkünfte, Küchen und Offiziersquartiere, die zeigen, wie die Wachen im 19. Jh. lebten. Die besonders ausgebildete Fort Henry Guard veranstaltet täglich Exerzierübungen; im Juli und im August können Sie die Farben und die Musik des spektakulären Ceremonial Retreat – des zeremoniellen Zapfenstreichs – bewundern (montags, mittwochs und samstags um 19.30 Uhr). Zum Fort mit seinem Informationszentrum, ✆ (613) 542-7388, biegt man östlich der Stadt von der Route 2 ab.

Auf der anderen Seite der Navy Bay erhebt sich in Point Frederick das **Royal Military College**, auf dessen Gelände in einem Martello-Turm das **Royal Military College Museum** untergebracht ist. Es gibt Ausstellungen zur Geschichte des Colleges und verblüffenderweise eine kleine Waffensammlung von General Porfirio Díaz, dem Präsidenten Mexikos von 1886 bis 1912.

Die **City Hall** in der Ontario Street 264 wurde 1843 erbaut, als Kingston die Hauptstadt der Vereinten Provinz Kanada war. Der großkuppelige Bau zählt zu den schönsten Beispielen klassischer Architektur des Landes. Im Sommer werden von Montag bis Samstag Führungen angeboten. Vor dem Rathaus erstreckt sich der **Confederation Park** bis hinunter zum Wasser. Hier finden im Sommer Konzerte und Freiluftveranstaltungen statt. Hinter dem Rathaus werden in der **King Street** dreimal wöchentlich im Freien ein Markt und an Sonntagen ein Antiquitätenmarkt abgehalten.

Gehen Sie am Wasser in Richtung Osten, dann kommen Sie in der Ontario Street 55 zum **Marine Museum of the Great Lakes**. Es widmet sich der Schiffahrt auf den Seen vom 17. Jh. bis heute einschließlich der Schiffbaugeschichte in diesem Gebiet. Zu den Ausstellungsstücken gehört der 3000-Tonnen-Eisbrecher *Alexander Henry*. Von Mitte April bis Mitte Dezember ist das Museum täglich geöffnet.

Noch weiter im Osten residiert in einer restaurierten Pumpstation in der Ontario Street 23 das **Pump House Steam Museum**, ✆ (613) 546-4696. Unter anderem sind Dampfmaschinen, Modelle und die riesigen Dampfpumpen selbst zu sehen, die man wieder in arbeitsfähigen Zustand versetzt hat. Im nahen **Macdonald Park** steht noch ein Martello-Turm. Er heißt **Murney Tower** und gehört zu den Verteidigungsanlagen von 1846. Sein Museum befaßt sich mit der Geschichte der Region und bietet eine rekonstruierte Soldatenunterkunft. Von Mitte Mai bis Anfang September geöffnet.

In der University Avenue nahe bei der Queen's University beherbergt ein entzückendes Haus aus dem 19. Jh. das **Agnes Etherington Art Centre**, ✆ (613) 545-2190. Seine weitgestreute Sammlung umfaßt kanadische, afrikanische und europäische Kunst und Antiquitäten. Das Haus selbst ist mit Stilmöbeln ausgestattet. Von Dienstag bis Sonntag geöffnet, Eintritt frei.

GEGENÜBER: Appell in Kingstons Fort Henry.
OBEN: Im Bellevue House in Kingston wurzelt man noch in der Mitte des 19. Jh.

Auf einem hübschen Gelände in der Centre Street 35 steht **Bellevue House**, ((613) 542-3858, eine extravagante grün-weiße Villa in toskanischem Stil. Ein reicher Kaufmann baute sie 1840, und ihre reichen Verzierungen brachten ihr die Spitznamen «Pekoe-Pagode» und «Teedosen-Schloß» ein. Kanadas erster Premierminister John A. Macdonald wohnte 1848/49 hier. Das Innere wurde restauriert und mit Möbeln jener Zeit ausgestattet; gezeigt werden auch einige Erinnerungsstücke an Macdonald. Täglich geöffnet.

Östlich von Kingston liegen im St. Lawrence die **Thousand Islands**, die in Wirklichkeit mehr als 1000 zählen, darunter recht große und nur ein paar Meter lange Inseln. Manche sind bewaldet und grün, und die Häuser dort sind einfach bis palastartig. Seit langem ist dieser schöne 80 km lange Streifen am St. Lawrence ein beliebtes Urlaubsgebiet; es werden eine Menge Fahrten und Ausflüge zu den Inseln angeboten. Die größte der Tausend Inseln ist **Wolfe Island**. Von der kostenlosen Autofähre erhascht man auf dem Weg dorthin schöne Blicke auf Kingston und auf einige der Inseln. Über Ausflüge von Kingston können Sie sich informieren bei: Island Queen Showboat, ((613) 549-5544; Thousand Island Cruises, ((613) 549-1123; oder Catamaran Sea Fox II, ((613) 384-7899.

Der **St. Lawrence Islands National Park** zieht sich über 17 Inseln und über einen Teil Festland in Mallorytown Landing, wo sich das Visitor Centre des Parks befindet. Von Mitte Mai bis Mitte Oktober ist das Zentrum täglich geöffnet; es besitzt ein Informationszentrum, einen Campingplatz und Wassertaxis zu den Inseln, wo weitere Zeltplätze warten. Sehen Sie sich das Wrack der **HMS Radcliffe** an, eines mit Geschützen bestückten Bootes, das am Krieg von 1812 teilnahm und jetzt in einem Unterstand beim Informationszentrum vor Anker liegt.

Ein Leben unter freiem Himmel ermöglicht der nahe **Frontenac Provincial Park**. In dieser unberührten Wildnis auf dem Kanadischen Schild können Sie wandern, Kanu fahren oder bei entsprechendem Wetter Ski laufen. Das Trial Centre liegt ein paar Kilometer nördlich von Sydenham an der County Road.

Kanu- und Bootsfahrten erlaubt auch der historische **Rideau Canal**, der Kingston mit Ottawa verbindet. Sie können einen schönen Bootsausflug unternehmen oder sogar ein Hausboot mieten und die Parks und die Ortschaften am Ufer genießen.

Quinte's Isle

Eine Fahrt auf ruhigen Straßen rund um die friedliche Insel und durch ihre alten Siedlungen ist ein wunderschöner Tagesausflug. Zur Erholung kann man auch über ihr flaches Land radeln oder vor ihrer Küste segeln und fischen.

Die Kleinstadt **Picton** ist die größte dieses Gebietes und das Zentrum der Insel. Sie ist ein reizender ruhiger Ort mit einigen interessanten alten Gebäuden und einem Hochseehafen. Im Touristenbüro gibt es Karten und Führer. Auch Kunsthandwerk wird in Picton hergestellt. Jeden Sommer ist der Ort Mittelpunkt der **Quinte Summer Music**, an der führende kanadische Musiker mitwirken. In **Bloomfield**, einer Siedlung aus dem frühen 19. Jh., können Sie gut Kunsthandwerk, Tonwaren und Antiquitäten einkaufen. Ein kleines malerisches Dorf mit einem Mühlteich ist **Consecon**. Der Blick über das Wasser ist von hier bezaubernd.

Die Route 33 bringt Sie östlich von Picton zum **Lake on the Mountain**, einem kleinen See 60 m über dem Lake Ontario. Seine Herkunft ist unbekannt, der Legende nach wird er jedoch von den Niagara-Fällen gespeist. Den spektakulären Blick von hier über den Ontario-See sollten Sie sich nicht entgehen lassen.

Westlich von Picton erstrecken sich der **Sandbanks Provincial Park** und der **North Beach Provincial Park**, zwei ideale Orte zum Picknicken, Segeln und zum Baden. Sandbanks ist eine riesige Nehrung quer über die Bucht mit bis zu 24 m hohen Dünen. In North Beach kann man auch windsurfen, außerdem vermietet man dort Ausrüstung für verschiedene Wassersportarten und gibt Unterrichtsstunden. Informationen bei Sandbanks Provincial Park, RR1, Picton K0K 2T0, ((613) 476-2575.

Etwas über 6 km westlich von Route 62 liegt an der County Road das **Ameliasburgh Historical Museum**. Zu seinen Prunkstücken zählen eine restaurierte Dampfmaschine, ein Weberhäuschen, eine Kirche aus dem 19. Jh. und einige Bauten der frühesten Siedler komplett mit Möbeln, Werkzeugen und Gegenständen jener Zeit. Vom Victoria Day bis zum Labor Day ist es täglich geöffnet, bis zum Thanksgiving Day nur an Wochenenden.

UNTERKUNFT

Kingston

MITTLERE PREISLAGE

Nahe der City Hall ist das **Queen's Inn**, Brock Street 125, Kingston K7L 1S1, ℂ (613) 546-0429, ein reizender alter Steinbau mit 17 freundlichen Zimmern. Für Familien eignet sich besonders das **Seven Oaks Motor Inn**, Princess Street 2331, Kingston K7M 3G1, ℂ (613) 546-3655; 40 Zimmer auf einem weitläufigen Gelände mit einem sehr großen Swimmingpool. Eine sehr gute Wahl.

Näher am Wasser erhebt sich das elegante ältere Gebäude des **Belvedere Hotel**, King Street East 141, Kingston K7L 2Y9 ℂ (613) 548-1565, mit charmanten, individuell ausgestatteten Zimmern, alle mit Telefon und TV. Das **Prince George Hotel**, Ontario Street 200, Kingston K7L 2Y9, ℂ (613) 549-5440, residiert in einem schönen Haus aus dem frühen 19. Jh. und bietet 24 Zimmer mit Blick auf den See. Ein modernes Hotel mit Hafenblick ist das **Confederation Place**, Ontario Street 237, ℂ (613) 549-6300; 100 komfortable Zimmer, Swimmingpool und Restaurant.

In einem reizenden Haus aus dem frühen 19. Jh. ist das **Hochelaga Inn** untergebracht; Sydenham Street South 24, Kingston K7L 3G9, ℂ (613) 549-5534; 23 mit Stilmöbeln hübsch ausgestattete Zimmer. Mit 45 Zimmern und Einrichtungen wie Tennisplätzen und Swimmingpool wirbt bei Fort Henry das **Highland Motel**, RR2, Kingston K7L 5H6, ℂ (613) 546-3121.

PREISGÜNSTIG

Wegen Unterkünften der Marke **Bed & Breakfast** wenden Sie sich am besten an folgende Stellen: Kingston Area Bed & Breakfast Association, P.O. Box 37, Kingston K7L 4V6, ℂ (613) 542-0214, oder Mrs. Ruth MacLachlan, Westview Road 10, ℂ (613) 542-0214. Eine echt ungewöhnliche B&B-Version bietet der Eisbrecher **Alexander Henry**, ℂ (613) 542-2261, der am Marine Museum in der Ontario Street 55 angelegt hat. Sie können in den einstigen Mannschaftsquartieren unterkommen oder gegen einen Aufpreis in der Kapitänskajüte.

Außerhalb von Kingston gibt es **Unterkünfte in Farmhäusern**. Etwa 25 km nordwestlich von Kingston liegt inmitten 125 Morgen Farmland die **Hollow Tree Farm**, RR1, Yarker K0K 3N0, ℂ (613) 377-6793, ein Farmhaus aus dem 19. Jh. Schreiben Sie wegen Informationen und wegen eines Prospekts an die Farmbesitzer Maurice und Daphne Lalonde. Nahe am St. Lawrence erstreckt sich 19 km östlich von Kingston die **Leanhaven Farm** von Jean und Ross McLean, RR3, Route 2, Gananoque K7G 2V5, ℂ (613) 382-2698.

Ein sehr gut eingerichteter **Campingplatz** befindet sich am Ufer des Lake Ontario Park nicht weit vom Stadtzentrum. Einen weiteren finden Sie auf Wolfe Island und verschiedene andere auf den Inseln des St. Lawrence Islands National Park.

Quinte's Isle

MITTLERE PREISLAGE

Am oberen Ende dieser Kategorie steht das **Isiah Tubbs Resort**, RR1, West Lake Road, Picton, K0K 2T0, ℂ (613) 393-5694, mit einer breiten Auswahl an hübschen und an komfortablen Zimmern und Suiten im restaurierten Inn, in Lodges und in Häuschen, alle ausgezeichnet ausgestattet. Auf 30 Morgen Land bietet die Anlage eigene Erholungseinrichtungen in großer Zahl.

Wenn das Wasser auf Sie einen besonderen Reiz ausübt, sollten Sie sich für das **Tip of the Bay Motel** entscheiden; Bridge Street 35, Picton K0K 2T0, ℂ (613) 476-2156. Es blickt über die Picton Bay, hat seine eigenen Anlegestellen und bietet Ausflüge zum Fischen. Das **Merill Inn**, Main Street East 343, P.O. Box 2310, Picton K0K 2T0, ℂ (613) 476-7451, ist ein charmantes Hotel aus der zweiten Hälfte des 19. Jh. Jedes der 15 Zimmer ist mit Antiquitäten individuell eingerichtet, besitzt aber ebenso alle notwendigen modernen Annehmlichkeiten. Gäste können den entzückenden Aufenthaltsraum und die freundliche Veranda genießen.

PREISGÜNSTIG

Ein hübsches Haus mit drei Gästezimmern und innen wunderschön bis ins Detail ist das **Tara Hall**, Main Street 146, Wellington K0K 2L0, ℂ (613) 399-2801. Eine der reizendsten Unterkünfte auf der Insel bietet das **Mallory House**, RR1, Box 10, Bloomfield K0K 1G0,

✆ (613) 393-3458. Das Farmhaus aus dem frühen 19. Jh. steht in einer schönen Anlage, seine drei Gästezimmer sind komfortabel und gemütlich mit alten Möbeln ausgestattet. Das **Bloomfield Inn**, Stanley Street West 29, P.O. Box 16, Bloomfield K0K 1G0, ✆ (613) 393-3301, verfügt über 9 Zimmer und über eines der besten Restaurants der Insel.

Unterkunft im Farmhaus bietet die **Woodville Farm**, ein moderner Bau über der Bay of Quinte etwa 8 km nördlich von Picton. Sie wird geführt von Catherine und Glen Flake, RR2, Picton K0K 2T0, ✆ (613) 476-

5462. Die **Burowood Jersey Farm** ist eine Milchfarm 10 km südlich von Picton nahe dem Sandbanks Provincial Park; sie gehört Les und Jean Burrows, RR1, Cherry Valley K0K 1P0, ✆ (613) 476-2069.

Eine Liste und Prospekte zum Thema **Bed & Breakfast** gibt es bei Bed & Breakfast Independents of Prince Edward County, Box 443, Wellington K0K 3L0, ✆ (613) 399-3085.

Vier bekannte **Campingplätze** unterhält der Sandbanks Provincial Park. Einzelheiten beim Superintendent (Parkdirecktor), Sandbanks Provincial Park, RR1, Picton K0K 2T0, ✆ (613) 476-2575. In der Nähe existieren auch mehrere private Zeltplätze.

Restaurants

Kingston
MITTLERE PREISLAGE

Eines der bekanntesten Speiselokale Kingstons ist das **Firehall Restaurant**, Ontario Street 251, ✆ (613) 384-3551. In der alten Feuerwache aus dem Jahr 1840 werden regionale Gerichte in einer freundlichen und ungewöhnlichen Umgebung serviert. Im Obergeschoß befindet sich die Pampers-Loungebar und im Greenhouse-Saal schweift der Blick über Pflanzen und durch Buntglas hinunter zum Hafen. Im Westen der Stadt bringt das **Clark's by the Bay**, Bath Road 4085, ✆ (613) 384-3551, köstliche Gerichte in gemütlicher Atmosphäre auf den Tisch, und das Tagesmenü ist eine ausgezeichnete Wahl. Von Dienstag bis Samstag nur abends geöffnet.

Gutes italienisches Essen finden Sie bei **Gencarelli**, Princess Street 629, ✆ (613) 542-7976; bei warmem Wetter können Sie auf der schönen Dachterrasse speisen. Täglich zum Mittag- und Abendessen geöffnet.

PREISGÜNSTIG

Ein anderes wohlbekanntes Restaurant in Kingston ist in einem restaurierten Mietstall das **Chez Piggy**, Princess Street 68, ✆ (613) 549-7673. Die Innenräume sind entzückend und intim gestaltet, und die kleine Speisekarte führt einige interessante Gerichte. Dienstag bis Samstag zum Mittag- und Abendessen geöffnet, sonntags zum Brunch.

Die **Kingston Brewing Company**, ✆ (613) 542-4978 serviert in der Clarence Street 34 einfache Speisen inmitten der Tanks, in denen sie ihre sehr empfehlenswerten Biere braut. Meeresfrüchte und Burger sind die Spezialität im **Canoe Club** im Prince George Hotel, Ontario Street 200, ✆ (613) 384-3551. Gute vegetarische Küche gibt es im **Sunflower Restaurant** in der Montreal Street 20.

Quinte's Isle

Eine altehrwürdige Gemütlichkeit umgibt das **Waring House Restaurant** in einem Steinbau aus dem Jahr 1835 gleich westlich von Picton, RR 8, ✆ (613) 476-7367. Gekocht wird europäisch. Brot und Gebäck sind hausgemacht, und der Speisesaal strömt buchstäblich Wärme aus mit seinem offenen Kamin und mit seinem Holzboden. Reservierungen sind an Wochenenden und in den Sommermonaten notwendig; mittlere Preislage; Dienstag bis Freitag zum Mittag- und Abendessen geöffnet. Ebenfalls in Picton ißt man gut und preisgünstig im **Wheelhouse View Cafe** gleich bei der Adolphustown-Fähre.

OBEN: Kingstons Statue von John A. Macdonald, dem ersten Premierminister Kanadas.
GEGENÜBER: Skyline von Toronto.

ANREISE

In Consecon herrscht ländliche Pubatmosphäre im **Sword**, RR1, ((613) 392-2143. Spezialität sind Cajun-Speisen. Aber auch die anderen Gerichte in mittlerer Preislage schmecken. Die Weinkarte ist außergewöhnlich gut. Dienstag bis Sonntag geöffnet.

In viktorianischer Ausstattung ißt man sehr gepflegt in **Angéline's Restaurant** im Bloomfield Inn, Stanley Street West 29, Bloomfield, ((613) 393-3301. Das reizende alte Haus mit seiner warmen einladenden Inneneinrichtung bietet bei schönem Wetter auch die Möglichkeit, auf dem Rasen im Freien zu dinieren. Spezialitäten des Kochs sind Süßwasserfisch und Fasan, seine österreichische Herkunft verrät sich, wenn zum Nachmittagstee sein wundervolles Gebäck gereicht wird. Im Juli und August ist das Restaurant täglich zum Mittag- und zum Abendessen geöffnet, den Rest des Jahres von Donnerstag bis Montag. Zum Abendessen sind Reservierungen notwendig; mittlere Preislage.

Das beliebte **Maples Restaurant**, in Bloomfield, ((613) 393-3316, ist ein freundliches Lokal, spezialisiert auf preisgünstige Hausmannskost mit europäischem Geschmack. Von April bis Thanksgiving täglich geöffnet, und von Thanksgiving bis Januar von Mittwoch bis Sonntag.

ANREISE

Flugverbindungen gibt es nur mit Toronto, und zwar unter anderem mit Canadian Airlines International. Die meisten Besucher Kingstons kommen mit dem Auto. Die Stadt liegt an der Route 401 auf halbem Weg zwischen Montreal und Toronto. Von beiden Städten ist es eine angenehme Morgen- oder Nachmittagsfahrt – und noch schneller erreicht man sie von Ottawa oder von Syracuse in New York. Auch von Bussen wird Kings-

ton gut bedient, mindestens acht Verbindungen bestehen täglich von und nach Montreal, Ottawa und Toronto. Fahrpläne und Preise erhalten Sie bei Voyageur, ((613) 548-7738. Eine Fähre verkehrt zwischen Glenora und Adolphustown auf Quinte's Isle. Sie benötigt 15 Minuten und legt im Sommer jede Viertelstunde ab.

TORONTO

Sosehr man sich auch bemüht, an einem Ort ohne Vorurteile einzutreffen, stets werden im Hinterkopf gewisse Erwartungen hinsichtlich eines neuen Reiseziels schlummern. Als ich nach Toronto kam, erinnerte ich mich an Peter Ustinovs wundervolle Beschreibung der Stadt: «Ein von Schweizern betriebenes New York». Womit ich allerdings nicht gerechnet hatte, als ich beim Nachdenken über diese humorvolle Bemerkung in mich hineinlachte, war deren erstaunlicher Wahrheitsgehalt. Torontos Bauten sind nicht nur hoch, sie kratzen tatsächlich die Wolken; die Kriminalitätsquote ist nicht nur niedrig, sie ist die niedrigste in ganz Nordamerika; die Straßen sind nicht nur sauber, ich sah selbst, wie vor meinem Hotel zwei städtische Arbeiter mit Seife und Wasser einen Abfallkorb schrubbten – im Regen.

Mit einer Bevölkerung von rund 3 Mio. und einer Ausdehnung von 650 km^2 ist Toronto eine glänzende und nachdrückliche Widerlegung aller Theorien, denenzufolge große Städte unvermeidlich zu Brutstätten von Korruption, Armut, Gewalt, von Schmutz, Lärm, von Verzweiflung, Heimatlosigkeit, Schäbigkeit, von Gleichgültigkeit, Unfähigkeit und von Verbrechen werden müssen – zu Betondschungeln mit anderen Worten. Natürlich gibt es in Toronto eine Menge Beton, außerdem aber auch über 200 grüne Parks. Es gibt ein Menge glatter neuer Wolkenkratzer, aber auch viele liebevoll erhaltene alte Gebäude. Und selbstverständlich wächst Toronto in schnellem Tempo, aber das Wachstum wird sorgfältig kontrolliert, und zusammen mit neuem Büroraum entsteht stets auch neuer Wohnraum. Die Stadt ist groß, aber sie besitzt ein ausgezeichnetes öffentliches Verkehrsnetz einschließlich einer blitzenden und rationellen U-Bahn. Ihre Schulen sind gut, die kulturellen Einrichtungen erstklassig, die Straßen sind nicht nur sauber, sondern auch sicher, und ihre Bürger sind friedlich und höflich. Kein Wunder also: Menschen strömen herbei, um hier zu leben.

Während sich der Geist der Stadt im aufragenden CN Tower dokumentiert, repräsentiert ihren einfallsreichen Charakter die größte unterirdische Stadt der Welt – 12 Blocks mit Läden, Restaurants, Kinos und Cafés unter der Erde. Und während die Stadt einst in erster Linie wegen ihres erstickenden Sinns für Anstand berüchtigt war – jahrelang bestanden «blaue Gesetze», die das Trinken beschränkten, weshalb man spöttisch vom «braven Toronto» sprach –, ist sie jetzt ein lebendiges Erholungs-, Kultur- und Unterhaltungszentrum (nach New York besitzt sie die zweitmeisten Theater in Nordamerika). Den besten Beweis dafür, wie es Toronto schaffte, gerade den richtigen Ausgleich zwischen Alt und Neu, zwischen Dynamik und Tradition zu finden, liefert jedoch die Tatsache, daß Amerikaner sie für eine recht britische Stadt halten, während Europäer sie sehr amerikanisch finden. Und das macht sie wohl zur *kanadischsten* Stadt Kanadas.

Geschichte

Als heute größte Stadt Kanadas kam Toronto komischerweise nur sehr langsam aus den Startlöchern. Die Huronen, die ihr den Namen gaben (er bedeutet «Treffpunkt»), sahen den Ort nur als Anfang (oder Schluß) einer Landbrücke zwischen Lake Huron und Lake Ontario. Derselben Ansicht waren die frühen französischen Pelzhändler. In der ersten Hälfte des 18. Jh. hielten die Franzosen es dennoch für notwendig, hier ein Fort zu errichten, um die Händler zu schützen. Im Siebenjährigen Krieg wurde es zerstört. Danach zeigten die siegreichen Briten bis 1793 kein Interesse an einer Erschließung der Gegend. Dann aber ließ Vizegouverneur John Graves Simcoe hier eine Stadt bauen. Bald schon trat sie als Hauptstadt Oberkanadas an die Stelle von Niagara-on-the-Lake. Niagara hielt man durch die nahe amerikanische Grenze für zu gefährdet. Nach dem Sohn Georgs II., dem Herzog von York, benannte man sie in York um.

Yorks frühe Tage als Hauptstadt waren, vorsichtig ausgedrückt, unheilträchtig. Die wenigen Lehmstraßen ähnelten langgezogenen Sümpfen, und sie erhielt den wenig schmeichelhaften Beinamen «Schlamm-York». Zur Verbesserung ihres Rufs trug auch nicht bei, daß zu ihren ersten Gewerben die Viehschlachtung zählte, was ihr den Spitznamen «Schweinestadt» einbrachte. Eine amerikanische Streitmacht griff die Stadt 1813 an und brannte jedes größere Gebäude nieder. Wenn Yorks erste 20 Jahre also unheilvoll waren, so waren die nächsten 20 Jahre von Wirtschafts- und Bevölkerungswachstum gekennzeichnet. 1834 erhielt sie ihren Namen Toronto zurück.

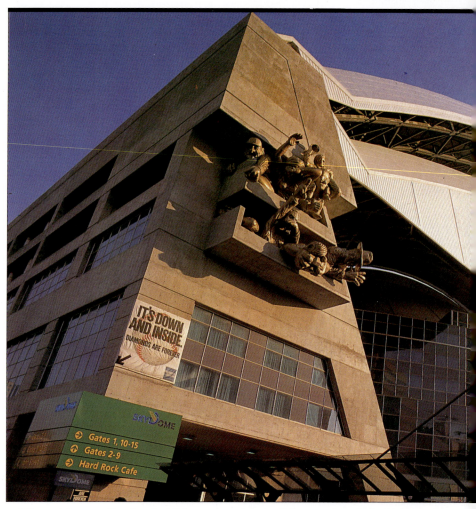

Wie auch immer, die wirtschaftliche und die politische Macht in Toronto – und übrigens in der ganzen Provinz – lag fast völlig in den Händen einer elitären Gruppe reicher Geschäftsleute. Die Macht dieses kleinen «Clubs» reichte weit über Regierung und Wirtschaft hinaus, sie beeinflußte ganz entscheidend jeden Aspekt des Lebens in Toronto. Da diese Leute englischsprachig und englandfreundlich waren, wurde Toronto in Sprache und Charakter englisch. Da sie puritanisch und philisterhaft waren, wurde Toronto zum «braven Toronto», zur anständigsten und langweiligsten aller kanadischen Städte. Die Bevölkerung wuchs bis zum Ende des 19. Jh. zwar rasch, vor allem dank der Schotten, die vor Verfolgungen daheim flohen, und dank der Iren, die einer Hungersnot entkommen wollten. Der Horizont der Stadt weitete sich aber erst etwas stärker nach dem 2. Weltkrieg. Damals spülte eine Flutwelle Einwanderer aus der ganzen Welt heran, vergrößerte die Stadt und machte sie lebendiger; eine glanzlos graue und streng tugendhafte Maus verwandelte sich plötzlich in diese ethnisch abwechslungsreiche, lebenssprühende und kosmopolitische Stadt, die heute das Nordufer des Lake Ontario ziert.

ALLGEMEINE INFORMATIONEN

Detaillierte Auskünfte über die Provinz Ontario und über deren Hauptstadt erhalten Sie bei Ontario Travel, Queen's Park, Toron-

Der Skydome in Toronto.

Was Sie sehen und tun können

Am Seeufer

Das auffallendste Bauwerk an Torontos Skyline ist der **CN Tower**, eine hohe schmale Betonkonstruktion, die einer gewaltigen Nadel ähnelt. Dieser Fernsehturm ragt 554 m in den Himmel und ist damit das höchste freistehende Bauwerk der Welt. Er besitzt ein Drehrestaurant, eine Disko und eine Innen- und Außenaussichtsplattform. Ein gläserner Fahrstuhl an der Außenseite des Gebäudes bringt Sie auf zwei Drittel der Höhe zur «Himmelsschale», und wer die Höhe wirklich liebt, kann sich von dort zu einem höheren Beobachtungsdeck mit gebogenen Glasfenstern weiterbegeben. Geradezu schwindelerregend liegt die Stadt nun direkt zu Ihren Füßen. Für Leute mit Höhenangst ist das wirklich nichts. Der Turm ist täglich geöffnet; Front Street West 301, ℂ (416) 360-8500. Am Fuß des Turms können Sie täglich an einer «Reise durch das Universum» teilnehmen, einem simulierten futuristischen Trip im Space-Shuttle einschließlich Einchecken im Raumfahrtflughafen. Das wird sehr überzeugend gemacht und bereitet großes Vergnügen.

Dicht bei der Front Street erhebt sich der bemerkenswerte **Skydome**, ℂ (416) 341-3663, ein überkuppeltes Sportstadion mit einem genial konstruierten 86 m hohen einziehbaren Dach. Hier spielen das Footballteam der Argonauts und das Baseballteam der Blue Jays. Das Stadion faßt bis zu 60 000 Zuschauer und besitzt die größte Anzeigetafel der Welt; es gibt ein Restaurant mit einem riesigen Sitzangebot, ein Hotel mit 364 Zimmern, von denen 70 auf das Spielfeld blicken. Bei einem berühmt gewordenen Vorfall sorgte 1990 eines dieser Fenster für eine ernste Ablenkung der Zuschauer vom Baseballspiel zwischen Toronto und Seattle. Ein Mann und eine Frau wurden in einem Zimmer mit voller Sicht für die Zuschauer «extrem intim». Nach den Worten des Hotelmanagers «wollten sich diese Leute aus ihren eigenen, speziellen Gründen vor 40 000 Fans produzieren». Seitdem verbieten neue Hotelregeln «in der Öffentlichkeit nicht angemessene Handlungen». Führungen durch das Stadion finden zwischen 9 und 18 Uhr statt (sofern nicht gespielt wird).

to M7A 2R9, ℂ (416) 965-4008, gebührenfrei (800) ONTARIO oder beim Information Centre auf Level 2 unter dem Kaufhaus Eaton's im Eaton Centre in der Yonge Street. Informationen über Toronto selbst gibt die Metropolitan Toronto Convention and Visitors Association, Queen's Quay Terminal, P.O. Box 126, Queen's Quay West 207, Toronto M5J 1A7, ℂ (416) 368-9821, gebührenfrei ℂ (800) 387-2999. Die MTCVA unterhält auch zwei ganzjährig geöffnete Auskunftsschalter, einen an der Südwestecke von Yonge Street und Dundas Street, der andere im Foreign Exchange Centre der Scotia Plaza. In den Hauptreisezeiten sind Informationskioske an folgenden fünf Orten geöffnet: Royal Ontario Museum, Metro Zoo, CN Tower, neben dem Hilton Harbour Castle Hotel und vor der Royal Bank.

Der Streifen am Wasser zwischen Bay Street und Bathurst Street heißt **Harbourfront** und entwickelt sich zu einem Stadtpark mit Einkaufs- und Erholungsmöglichkeiten und mit kulturellen Angeboten. Einst lagen hier verfallene Anlegestellen, Lagerhäuser und Fabriken. Die Regierung übernahm das ganze Areal und machte es durch Neubauten und Ausbesserungen zu einem Viertel mit Jachthäfen, Restaurants, Cafés, Läden, Kinos und Wohnhäusern. Manche Leute meinen sogar, mit alldem sei man schon viel zu weit gegangen, und die vielen

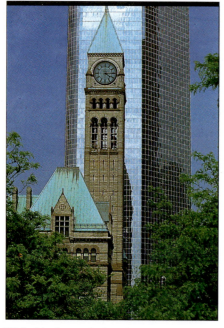

Wohnblocks verdürben heute die Gegend. Im **York Quay Centre** gibt es eine Kunstgalerie und ein Theater, in der Nähe liegt ein großer **Antiquitätenmarkt**. Im **Queen's Quay Terminal** finden Sie Läden, Büros und das Premiere Dance Theatre. Am **Pier 4** warten Segelschulen und Sportausrüster, und am **Spadina Quay** können Sie das **Canadian Railway Museum** besuchen; ℂ (416) 297-1464, von Juni bis Oktober geöffnet.

Weiter westlich wandeln Sie im **Fort York**, ℂ (416) 392-6907, an der Garrison Road auf den Spuren einer dramatischen Episode in Torontos Geschichte. Das Fort wurde 1793 gebaut, und als die Amerikaner 1813 die Stadt eroberten, sprengten die Briten auf ihrem Rückzug das Magazin in die Luft; 300 Amerikaner und 150 Briten kamen ums Leben. 1816 baute man das Fort neu auf und restaurierte es in den frühen Jahren dieses Jahrhunderts. Mit seinen möblierten Offiziers- und Mannschaftsunterkünften und mit Exerzierübungen in authentischen Uniformen in den Sommermonaten bietet es Besuchern einen schönen Einblick in das Leben britischer Soldaten im frühen 19. Jh. Nächstgelegene U-Bahnstation ist Bathurst.

Dem Wasser weiter nach Westen folgend, erreichen Sie Exhibition Place und damit das **Marine Museum of Upper Canada**, ℂ (416) 392-6827. Es befaßt sich mit der Schifffahrt und mit dem Handel in diesem Gebiet. Im Sommer ist der restaurierte Schlepper **Ned Hanlan** (1932) der Öffentlichkeit zugänglich. Exibition Place ist auch Pilgerziel für Hockeyfans wegen der täglich geöffneten **Hockey Hall of Fame**, ℂ (416) 595-1345.

Auf drei künstlichen Inseln im See ist **Ontario Place** ein großer Vergnügungskomplex; Lake Shore Boulevard West 955, ℂ (416) 965-7711. Futuristische hülsenförmige Strukturen auf hohen Stahlfüßen beherbergen Theater, die Shows und Filme über Ontario zeigen. Im großen Filmtheater **Cinesphere** laufen auf einer 18 m hohen Leinwand IMAX-Filme. Das **Forum** ist ein Konzertgelände im Freien für musikalische Unterhaltung, auch das **National Ballet of Canada** tritt hier auf. Im durchdacht angelegten **Children's Village** werden die Kinder beaufsichtigt. Alle Altersgruppen genießen den Besuch auf der **MS Haida**, einem kanadischen Zerstörer aus dem 2. Weltkrieg, der in einem Jachthafen vor Anker liegt. Von Mitte Mai bis Mitte September ist Ontario Place täglich geöffnet.

Von Ontario Place oder vom Pier am unteren Ende der Bay Street beim Harbour Castle Hotel können Sie sich auf eine Bootsfahrt zu den **Toronto Islands** begeben. Diese kleinen Inseln vor Torontos Innenstadt bieten Erholungsmöglichkeiten wie Baden, Fischen, Boot- und Radfahren. Sie sind bei Bürgern und bei Besuchern eine beliebte Zuflucht vor der sommerlichen Hitze. **Hanlan's Point** besitzt Tennisplätze und einen angenehmen Strand, **Ward's Island** eignet sich gut zum Baden, am beliebtesten ist

---

GEGENÜBER: Eingang zur Canadian National Exhibition. OBEN: Torontos altes Rathaus.

jedoch **Centre Island** mit einer Kinderfarm, mit Spielplätzen und Vergnügungsfahrten. Informationen bei Metro Parks, ((416) 392-8184.

Innenstadt

Das Gebiet von King Street und Bay Street ist Torontos Finanzzentrum. Der First Canadian Place ist die Heimat der **Toronto Stock Exchange** (Börse), ((416) 947-4676, wo Sie von einer Galerie das Treiben im Saal beobachten oder an einer Führung teilnehmen können. Von den Bankentürmen beeindruckt am stärksten die **Royal Bank Plaza** mit ihren zwei dreieckigen Türmen aus golden widerspiegelndem Glas. Sie liegt an der Front Street und an der Bay Street. Als wahre Handelszentrale beherbergt sie auch eine internationale Kunstsammlung, die eine enorme Skulptur aus 8600 Aluminiumrohren von Jesús Soto enthält.

Die **City Hall**, ((416) 392-7341, am Nathan Phillips Square ist ein hochgelobtes Beispiel moderner Architektur. Die Skulptur von Henry Moore an der Vorderseite heißt im Volksmund «Der Bogenschütze». Einige Blocks östlich der City Hall steht in der Bond Street 82 das **Mackenzie House**, ((416) 392-6915, ein viktorianisches Stadthaus, in dem Torontos erster Bürgermeister und der Anführer des Aufstands von 1837, William Lyon Mackenzie, wohnte. Nach der Rebellion lebte er in den USA im Exil, und als er in die Stadt zurückkehren durfte, übergaben ihm Freunde dieses Haus. Es ist jetzt restauriert und im Stil des mittleren 19. Jh. möbliert, die Ausstellungsstücke erzählen seine Lebensgeschichte. Nächstgelegene U-Bahnstation ist Dundas.

Ebenfalls östlich der City Hall zeigt die **Art Gallery of Ontario** eine der wichtigsten Kunstsammlungen des Landes; Dundas Street West 317, ((416) 977-0414. Das **Henry Moore Sculpture Centre** mit über 300 Werken ist die größte öffentliche Moore-Sammlung der Welt. Die **European Collection** überspannt Kunstbewegungen vom 17. bis ins frühe 20. Jahrhundert, während drei Galerien der detaillierten **Canadian Collection** vorbehalten sind. An die Art Gallery schließt sich das schöne georgianische Ziegelhaus **The Grange** an. Einst lebte in ihm die prominente Familie Boulton, dann war es das erste Zuhause der Art Gallery. Durch Restaurierung erhielt es wieder seine Eleganz einer Residenz der dreißiger Jahre des 19. Jh. zurück. Museum und The Grange sind von Mitte Juni bis August täglich geöffnet und den Rest des Jahres montags geschlossen. Die nächstgelegenen U-Bahnstationen sind St. Patrick und Dundas.

Rund um den Queen's Park

Etwas weiter nördlich finden Sie im Viertel um den Queen's Park das **Royal Ontario Museum** (ROM), Queen's Park 100, ((416) 586-5549; täglich geöffnet. Kanadas größtes

nichtprivates Museum und eines seiner vielseitigsten befaßt sich mit Kunst, mit Archäologie und mit Naturwissenschaften. Zu seinen bekanntesten Schätzen gehören chinesische Kunstwerke, ein Ming-Grab, eine Dinosaurier-Galerie, die gewaltige Nachbildung einer Fledermaushöhle komplett mit Spezialeffekten und die beliebte Discovery Gallery, in der man «mit den Händen» auf Entdeckung gehen darf. Filialen des Museums sind das **McLaughlin Planetarium**, ((416) 536-5736, gleich neben dem ROM; das **Sigmund Samuel Building**, ((416) 586-5549, in Queen's Park Crescent West 14 mit einer großen Sammlung Kanadiana einschließlich Zimmereinrichtungen und Volkskunst; und das **George R. Gardiner Museum of**

Ceramic Art, ((416) 593-9300, in Queen's Park 11, das unter anderem ausführliche Sammlungen präkolumbischer Töpferei, italienischer Majolika, englischen Steinguts und europäischen Porzellans aus dem 18. Jh. zeigt.

Nahe dem Museum am Queen's Park erhebt sich das **Provincial Parliament Building**, ((416), 965-4028, ein neuromanischer rosa Sandsteinbau aus dem späten 19. Jh. Während der Sitzungsperiode können Sie den Debatten beiwohnen.

Stadtviertel

Torontos Einwanderer wurden stets dazu ermutigt, ihre kulturelle Identität zu wahren. Daraus resultiert eine reiche und farbenfrohe ethnische Vielfalt. In Dundas Street East befindet sich zum Beispiel eine der beiden großen **Chinatowns**, die andere erstreckt sich an der Dundas Street West. Eine große italienische Gemeinschaft hat sich in der St. Clair Avenue West und in der Dufferin Street niedergelassen, und man munkelt, in diesem **Kleinitalien** gebe es mehr Italiener als in Florenz. **Kleinindien** ist die Gerrard Street East. Sirtaki-Musik erklingt im **griechischen Viertel** (als «the Danforth» bekannt) zwischen Pape Street und Woodbine Street. Zwischen Bathurst Street und Spadina Street breitet sich südlich der College Street der lebhafte und deutlich **portugiesische Kensington Market** aus.

Einige andere Viertel werden stärker durch Lebensstil und Einkommen und weniger durch Nationalität charakterisiert wie etwa das vornehme Gebiet von **Forest Hill** oder das Gebiet der Reichen von **Rosedale**. Das Viertel **Beaches** an der Queen Street East und der Woodbine Street verbreitet einen Hauch Kalifornien. Vor allem Angehörige gehobener Berufe bewohnen dieses Gebiet mit einem Strand, einer Parklandschaft, einer über 3 km langen Promenade und einer Ansammlung von Geschäften, Cafés und Restaurants. Die Gegend zwischen Parliament Street, Don River, Danforth Avenue und Gerrard Street kennt man als **Cabbagetown** (Kohlstadt). Gebaut hatte man hier ursprünglich Wohnungen für Fabrikarbeiter. In den sechziger Jahren war alles zum Slum verkommen. Nach ausgiebiger Renovierung ist die Gegend heute wieder ein freundliches Wohn- und Geschäftsviertel.

Queen Street West ist Torontos Gegenstück zu Londons King's Road, mit schicken Boutiquen, Galerien, mit Clubs, Bistros, Restaurants und mit Bars, die sich im Abschnitt zwischen University Avenue und Bathurst Street konzentrieren. Nahe dem College of Art strahlt die Straße eine gewisse Künstleratmosphäre aus; es macht viel Spaß, hier umherzubummeln. **Bloor/Yorkville** ist der schickste Teil der Stadt, und es ist eine echte Eleganz. Dieses Gebiet zwischen Charles Street, Davenport Road, Yonge Street und Avenue Road war früher ein schäbiger, unattraktiver Hippietreff, hat sich nach seiner Neugestaltung jedoch mit Kunstgalerien, Cafés, Restaurants und mit modischsten Geschäften gefüllt.

Eine ganz andere Atmosphäre durchdringt **Mirvish Village** südlich von Bloor an der Markham Street. Hier unterhält der Unternehmer Eddie Mirvish seinen Vorzeigeladen, den lauten und flotten «Honest Ed's». Mit seinem Geld machte sich Ed zu einem wohlbekannten Kunstmäzen, und er zeichnet verantwortlich für die Wiedergeburt dieses Häuserblocks hübscher viktorianischer Gebäude, in denen Restaurants, Bars, Antiquitäten-, Bücher- und Kunstläden untergebracht sind.

In den Außenbezirken

Die exzentrisch herrliche **Casa Loma** blickt von einer Hügelspitze auf die Stadt; Austin Terrace 1, ((416) 923-1171. Diese Feudalvilla mit 98 Zimmern war die Marotte von Sir Henry Pellatt. Der Finanzier baute sie zwischen 1905 und 1911 für 3,5 Mio. Dollar. Mit ihren Kellern, Türmen, Geheimgängen und Ställen wirkt sie eher wie eine Kulisse für alte Hollywoodfilme. Die Holzvertäfelung, das Marmorschwimmbad, der wuchtige Ballsaal und das Gewächshaus mit Buntglaskuppel und Marmorfußboden sind Beispiele der schrankenlosen Extravaganz, mit der dieser Schloßbau erstellt wurde – und die schließlich Sir Henry dazu zwang, seinen herrlichen Traum als Ausgleich für Steuerrückstände der Stadt zu vermachen. Die Casa Loma ist täglich geöffnet. Nächstgelegene U-Bahnstation ist Dupont.

Im **High Park** an der Queen Street West können Sie Tennis spielen, sich an den Gartenanlagen oder den Picknickplätzen erfreuen, Sie können angeln oder Boot fahren, die Kinder in den Zoo führen und an einem Sommertag Shakespeare im Freien aufgeführt erleben. Im Zentrum dieses größten Parks der Stadt steht **Colborne Lodge**, eine reizende Regency-Villa. Der Architekt und Besitzer John George Howard vererbte sie der Stadt. Das elegante Haus ist täglich für Besucher geöffnet. Einige der Aquarellbilder von Toronto stammen von Howard selbst. Howard war auch Ingenieur, und sein Haus rühmte sich der ersten Toilette mit Wasserspülung in Ontario. Man erreicht Park und Haus mit der Metro bis High Park.

ein weiteres Meisterwerk des Architekten Raymond Moriyama. Es paßt sich großartig in seine Umgebung ein. Die Gebäude sind durch Fahrstühle und über Rampen miteinander verbunden, von denen der Besucher herrliche Ausblicke genießt. Moriyamas Respekt vor der Schönheit der Natur soll Gerüchten zufolge sogar Strafklauseln für jeden zerstörten Baum in den Bauverträgen nach sich gezogen haben. Das hochbeliebte Museum vermittelt Wissenschaft und Technik, indem es den Besucher zur Teilnahme anregt. Nehmen Sie sich viel Zeit zum Um-

Zur Beobachtung von Wild oder einfach zu friedlichem Ausruhen sollten Sie sich in den **Tommy Thompson Park** (auch als Leslie Street Pit bekannt) aufmachen. Erdaushub von Baustellen schuf diese Landzunge, die sich in den See hinauszieht. Unerwarteterweise strömten die Tiere geradezu herbei. Heute ist der Park ein Schutzgebiet für Vögel wie Möwen, Gänse, Reiher, Schwäne und Enten, aber auch Füchse und Hasen treiben sich herum. Er liegt südlich der Kreuzung von Leslie Street und Queen Street East und ist für die Öffentlichkeit nur an Wochenenden geöffnet.

Etwa 11 km nördlich der Innenstadt erhebt sich in der Schlucht des Don River das **Ontario Science Centre**. Dieses Museum ist

sehen, und denken Sie daran, daß es an den Wochenenden sehr voll wird. Das Museum, ((416) 429-0193, in der Don Mills Road 770 ist täglich geöffnet.

Ausflüge

Wenn Sie am ländlichen Leben Ontarios im 19. Jh. interessiert sind, sollten Sie das **Black Creek Pioneer Village** besuchen. Sie finden es 29 km nordwestlich der Innenstadt am Murray Ross Parkway 1000, ((416) 661-6610. Das nachgestaltete Dorf besitzt eine Schmiede, eine Mühle und einen Kaufladen. Dorfbewohner in Trachten jener Zeit führen sie. Diese Leute demonstrieren auch

OBEN: Im Skydome spielen die Toronto Blue Jays, die 1992 die Baseball World Series gewannen.

ihre handwerkliche Geschicklichkeit. Manchmal wird ein besonderes Ereignis wie etwa eine Hochzeit nachgestellt. Von Mitte März bis 31. Dezember täglich geöffnet.

Nicht weit entfernt, etwa 32 km nordwestlich der Innenstadt, liegt in der Jane Street 7725 in Concord der riesige Unterhaltungspark **Canada's Wonderland**, ((416) 832-2205. Auf 370 Morgen verteilen sich verschiedene Themenbereiche, es gibt Fahrten, Shows, Berg-und-Tal-Bahnen, Wasserrutschen, Läden und jede Menge Kreischen und Jauchzen. Von Juni bis September täglich geöffnet.

Der **Metro Toronto Zoo** erstreckt sich im Tal des Rouge River 40 km nordöstlich der Innenstadt an der Meadowvale Road, ((416) 392-5900. Der nachgeschaffene natürliche Lebensraum beschert den Tieren größte Freiheit. Rund um den Zoo bildet eine unberührte Gegend den Rahmen für nordamerikanisches Wildtierleben. Man kann das Gebiet nur mit einer Einschienenbahn durchfahren. Durch den Zoo fährt Sie ein Zoomobil, wenn Ihnen nicht nach Gehen zumute ist. Im Winter lädt eine Loipe zum Skilanglauf ein. Täglich geöffnet (mit längeren Öffnungszeiten im Sommer).

Ein Besuch der **McMichael Canadian Art Collection**, ((416) 893-1121, in der Islington Avenue in Kleinberg etwa 40 km nördlich der Stadt gestaltet sich zu einem angenehmen Ausflug. Die bedeutendste Werkschau kanadischer Maler aus der «Group of Seven» wird hier gezeigt. Diese Maler bilden in der kanadischen Kunst eine revolutionäre Kraft, denn sie waren die ersten, die sich einer rein kanadischen, von der unberührten Schönheit der Landschaft Nordontarios inspirierten Malerei zuwandten. Auch Kunst der Inuit und der Indianer wird gezeigt. Die Galerie ist in einem hübschen Holz- und Steinbau mit Steildach untergebracht; aus dem Fenster blickt man nach draußen auf jene wundervolle Landschaft, die in die Gemälde innen eingeflossen ist.

Sport
Baseball spielen die Blue Jays, ((416) 595-0077, im spektakulären Skydome-Stadion. Und zwischen Juni und frühem November kämpfen die Argonauts, ((416) 595-1131, um Siege im **Canadian Football**. Die Toronto Maple Leaves, ((416) 977-1641, locken die Fans zum **Eishockey** in die Maple Leaves Gardens in der Carlton Street 60. Tickets sind nur schwer zu ergattern. Vollblüter laufen bei den **Pferderennen** auf dem Woodbine Racetrack, Rexdale Boulevard an der Route 427, Etobicoke, ((416) 675-6110, wo im Sommer um die bekannte Queen's Plate gekämpft wird und im Oktober das Rothman's International stattfindet. Vollblüter und Traber können Sie das ganze Jahr hindurch auf dem Greenwood Race Track, Queen Street East 1669, ((416) 698-3131, sehen. Wenn Sie **Golf** lieben, sollten Sie bei den

Canadian Open in Glen Abbey in Oakville, ((416) 844-1800, dabeisein.

Auch aktiven Sportlern bietet Toronto großartige Möglichkeiten. Einzelheiten erfahren Sie bei Sports Ontario, ((416) 964-8655, oder bei Metro Parks, ((416) 392-8184, die über Schwimmbäder, Strände, Golf- und Tennisplätze Auskunft geben.

Radfahren können Sie auf einer Menge Wegen in den Parks, Fahrradverleihe gibt es genügend. Beim **Angeln** sollten Sie immer bedenken, daß der Lake Ontario sehr verschmutzt ist, man also nur mit großem Vorbehalt essen darf, was dort gefangen wurde. Trotzdem strömen jedes Jahr die Angler zur Great Salmon Hunt und versuchen, den größten Lachs an den Haken zu bekommen.

WAS SIE SEHEN UND TUN KÖNNEN — TORONTO

Über **Segeln** und **Windsurfen** sollten Sie sich bei der Canadian Yachting Association erkundigen: River Road 333, Toronto K1L 8B9, oder bei der Ontario Sailing Association, ℂ (416) 495-4240. **Schwimmen** ist in einer großen Anzahl öffentlicher und privater Bäder oder an den Stränden der Toronto Islands möglich. Erkundigen Sie sich bei Metro Parks, ℂ (416) 392-8184.

In und um Toronto wird den Besuchern auf verschiedenen Plätzen **Golf** geboten. Informationen über öffentliche Plätze erhalten Sie von Ontario Travel, ℂ (416) 965-4008.

Kanada hergestellte Kleidung kaufen, nicht weil diese Waren besonders billig wären, sondern weil sie von besonderer Qualität sind. Die Öffnungszeiten der Läden bewegen sich von Montag bis Samstag zwischen 9 und 10 Uhr bis 18 Uhr, am Donnerstag oft bis in die späten Abendstunden. In der Underground City bleiben die Läden von Montag bis Freitag meist bis 21 Uhr geöffnet. An der Harbourfront sind manche Geschäfte sogar sonntags offen.

Eines der größten Einkaufszentren der Welt ist an der Yonge Street zwischen Dun-

Auch für Freunde des **Tennis** ist gesorgt. Über die vielen öffentlichen und privaten Plätze geben Auskunft: das Metropolitan Parks Department und die Canadian Tennis Association, Toronto Office, Imperial Street 25, ℂ (416) 488-5076.

Schlittschuhlaufen ermöglichen Torontos über 100 Natur- und Kunsteisbahnen in Hallen und im Freien. **Skilaufen** ist bei Torontos Bürgern ein beliebter Zeitvertreib, es sind Abfahrtspisten und Langlaufloipen vorhanden; einige davon führen hinaus auf den See.

Einkäufe

Toronto ist auf jeden Käufer und auf jede Geldbörse eingestellt. Hier sollte man vor allem kanadisches Kunsthandwerk und in

das Street und Queen Street das **Eaton Centre**. Es wird von einer gewaltigen gewölbten Dachkonstruktion aus Glas und Stahl überspannt, unter der eine wunderschön gestaltete Gänseschar über den Läden schwebt. Die Leute kommen, um zu staunen und um zu kaufen. Sie finden über 300 Geschäfte, viele Speiselokale und zwei der größten Kaufhäuser Kanadas – Eaton's und Simpson's. Das Zentrum ist mit der noch gewaltigeren **Underground City** verbunden, deren über 1000 Läden und viele anderen Einrichtungen sich von The Atrium in der Bay

Anspruchsvolles und weniger anspruchsvolles Einkaufen in Toronto: das Eaton Centre (GEGENÜBER) und Läden an der Yonge Street (OBEN).

Street bis zur Union Station hinunterziehen. Die Untergrundstadt ihrerseits ist mit großen Hotels und Bürogebäuden verbunden, besitzt Anschluß an sieben U-Bahnstationen und bietet eine willkommene Zuflucht vor bitterkaltem Winterwetter und vor der Schwüle heißer Sommertage.

Im Viertel von **Bloor/Yorkville** finden Sie die exklusivsten und schicksten Geschäfte Torontos an und um Bloor Street, Yorkville Avenue, Hazelton Avenue und Cumberland Street: Chanel, Cartier, Hermès, Louis Vuitton usw. Es gibt Einkaufspassagen wie das Holt Renfew Centre, das Manulife Centre und die Hazelton Lanes sowie reizende alte Häuser mit Kunstgalerien, Boutiquen und Cafés. Eine andere Art von Schick herrscht in der **Queen Street West** zwischen John Street und Spadina Ave, wo stärker eine künstlerische Atmosphäre durchschlägt. Hier sind Buch- und Plattengeschäfte, modische und nicht so modische Kleiderläden, Galerien und Gesundheitsläden zu Hause.

Südlich der Bloor Street an der Markham Street kann man im **Mirvish Village** das **Honest Ed's** gar nicht übersehen. Ein Bummel durch diesen enormen Billigladen mit seinen Lichtern und Wegweisern ist ein Erlebnis für sich – und ein Schnäppchen läßt sich dabei auch noch machen. Nördlich von hier bei der Art Gallery of Ontario haben sich über 60 Geschäfte im **Village on the Grange** angesiedelt; McCaul Street, ((416) 598-1414. Sehen Sie sich hier nach ausgefallenen Geschenken um. Wie in einem Basar voller billiger Waren und Speisen geht es im **Kensington Market** zu; er wird begrenzt von Bathurst Street, Spadina Avenue, Dundas Street und College Street.

An der Harbourfront ist der **Queen's Quay Terminal** am Ende der York Street ein umgestaltetes Lagerhaus mit Geschenkläden und Boutiquen. In Queen's Quay West verkaufen die über 100 Stände des **Harbour Antique Market** sehr unterschiedliche Schätze.

Nachtleben

Toronto wird abends sehr lebendig und bietet eine weite Auswahl an Unterhaltungsmöglichkeiten. Einzelheiten entnehmen Sie freitags dem *Toronto Star*, samstags dem *Globe and Mail* und außerdem dem monatlichen Magazin *Toronto Life*. Karten für eine große Anzahl von Stücken, Shows und Konzerten erhalten Sie über Ticketmaster, ((416) 872-1111, und am Aufführungstag gegen Barzahlung gibt es für eine ganze Reihe von Veranstaltungen Tickets zum halben Preis bei Five Star Tickets, ((416) 596-8211.

Die Theaterlandschaft der Stadt ist weitgefächert, dynamisch und abwechslungsreich. Das **Royal Alexandré Theatre**, King Street West 260, ((416) 593-4211, erstrahlt nach der Restaurierung wieder in seiner wunderschönen Pracht der Jahrhundertwende; es bringt Produktionen vom Broadway, aus London und aus Kanada. Die **Elgin Winter Garden Theatres**, Yonge Street 189, ((416) 872-5555, präsentieren Musical und Schauspiel. Das größere Elgin-Theater hat seine Goldränder und seine Größe aus edwardianischer Zeit zurückerhalten, und eine Treppe höher soll das kleinere, wunderlich gestaltete Wintergarten-Theater einem englischen Garten ähneln. Im **St. Lawrence Centre for the Arts**, Front Street East 27, ((416) 366-7723, gehören klassische und kanadische Stücke zu den Aufführungen von Repertoiretheatern Torontos, und im **O'Keefe Centre**, Front Street East 1, ((416) 393-7469, stehen Musicals und Broadway-Shows auf dem Programm. Moderneres Theater sehen Sie im **Théâtre Passe Muraille**, Ryerson Avenue 16, ((416) 363-2416, und im **Poor Alex Theatre**, Brunswick Avenue 296, ((416) 927-8998, einem der führenden Theater Torontos auf diesem Gebiet. Im **Tarragon Theatre**, Bridgman Avenue 30, ((416) 531-1827, kommen gewöhnlich kanadische Stücke auf die Bühne.

Die **Canadian Opera Company** spielt zwischen September und Juni im O'Keefe Centre, Front Street East 1, ((416) 363-6671, ein Programm von sieben Opern. Das hochgeschätzte **National Ballet of Canada**, King Street East 157, ((416) 362-1041, ist ebenfalls im O'Keefe Centre zu Hause und tanzt im Sommer auch im Freilufttheater des Ontario Place. Klassische und moderne Werke bringt das **Première Dance Theatre**, Queen's Quay West 207, ((416) 973-4000.

Das **Toronto Symphony Orchestra**, ((416) 593-7769, musiziert zwischen September und Juni in der **Roy Thomson Hall**, Simcoe Street 60, ((416) 598-4822; im **Ontario Place** gastiert es im Juli und August. Die Roy

Thomson Hall, in der immer wieder erstrangige Musiker aller Sparten auftreten, ist auch die Heimat des **Toronto Mendelssohn Choir**, ℂ (416) 598-0422. Symphoniemusik wird in der **Massey Hall** gespielt, Victoria Street 178, ℂ (416) 363-7301; Kammermusik und Liederabende gibt man im **St. Lawrence Centre**, Front Street East 27, ℂ (416) 366-7723.

Filme sind im wundervollen **Cinéplex** im Eaton Centre, ℂ (416) 593-4535, mit 17 Kinos angesagt. Im **Ontario Film Institute** im Ontario Science Centre, Don Mills Road 770, ℂ (416) 429-0454, flimmern Retrospektiven und neue internationale Filme über die Leinwand. Auch verschiedene Repertoire-Kinos finden ihre interessierten Zuschauer.

Jazz sollten Sie sich in Torontos ältestem Jazztreff anhören, dem **George's Spaghetti House**, Dundas Street East 290, ℂ (416) 923-9887; lokale Bands spielen dort auf. Momentan beliebt ist auch das **Chick n'Deli**, Mount Pleasant Road 744, ℂ (416) 489-3313, und zum Jazz geht es treppab ins **Café des Copains**, Wellington Street East 48, ℂ (416) 869-0148. Rhythmus und Blues sind Markenzeichen im **Club Bluenote**, Pears Avenue 128, ℂ (416) 924-8244. In **Albert's Hall**, Brunswick House, Bloor Street West 481, ℂ (416) 964-2242, erklingen Blues und New-Orleans-Jazz. Das **Top O'The Senator** über dem Senator Restaurant, Victoria Street 253, ℂ (416) 364-7517, gehört zu den führenden Jazzlokalen und besitzt eine Reputation für das Aufspüren erstklassiger junger Talente. Jazz spielt man auch in der **Roy Thomson Hall** und in der **Massey Hall** (Einzelheiten siehe oben).

Beim Rock kommt das **El Mocambo** an erster Stelle, Spadina Avenue 464, ℂ (416) 961-2558. Über viele Jahre hinweg sind hier Spitzenbands aufgetreten. Für Rock und Country-Musik ist die **Birchmount Tavern** zu empfehlen, Birchmount Road 462, ℂ (416) 698-4115. Raggae und lateinamerikanische

Musik ertönen im **Bamboo**, Queen Street West 312, ℂ (416) 593-5771.

Auch Kabarett (d.h. *cabaret* im angelsächsischen Sinn) steht auf Torontos Programm, zum Beispiel im **Second City**, Lombard Street 110, ℂ (416) 863-1111. Der Nachtclub zeigt eine Unterhaltungsrevue, und schon mancher talentierte Komiker ist aus ihm hervorgegangen. Situationskomik gibt es in **Yuk-Yuk's Komedy Kabaret**, Bay Street 1280, ℂ (416) 967-6425, und Transvestitennummern im **An Evening at La Cage**, Yonge Street 279, ℂ (416) 364-5200. Konventionellere Kabarett-Unterhaltung verspricht der bezaubernde **Imperial Room** im Royal York Ho-

Alte und neue Bauten türmen sich in den Straßen Torontos.

tel, Front Street West 100, ℂ (416) 368-6175; in diesem Luxusnachtclub treten Entertainer mit großem Namen auf.

Tanzlokale entstehen und verschwinden hier wie anderswo, Einzelheiten müssen Sie daher den erwähnten Publikationen entnehmen. Schon länger im Geschäft und bei jungen Leuten beliebt sind das große **Copa**, Scollard Street 21, ℂ (416) 922-6500, und das **Down Towne Brown's**, Front Street East 49, ℂ (416) 367-4949. In der Yonge Street 2335 ist das **Berlin**, ℂ (416) 489-7777, ein mondäneres Etablissement mit etwas älteren und zahlungskräftigeren Besuchern. Das **Sparkles** sitzt hoch oben im CN Tower, Front Street 301, ℂ (416) 360-8500. Rock'n'Roll der frühen Jahre ist oft im ansonsten modernen **De Soto's** zu hören, Mount Pleasant Road 759, ℂ (416) 480-0222. Echte Rock'n'Roll-Fans aber treibt es treppabwärts ins **Studebakers**, Pell Street 150, ℂ (416) 597-7960.

Unterkunft

In der Hochsaison im Sommer werden die Unterkünfte in Toronto oft knapp. Wenn Sie in dieser Zeit kommen, sollten Sie frühzeitig reservieren. Accomodation Toronto, ℂ (416) 596-7117, hilft Ihnen bei der Suche nach der richtigen Bleibe und nimmt kostenlos Buchungen vor. An Wochenenden werden meist Rabatte gegeben, und Senioren gewährt man gewöhnlich einen Preisabschlag von 15%.

Luxusklasse

Nahe dem Theaterviertel der Innenstadt erhebt sich das **King Edward**, King Street East 37, Toronto M5C 1E9, ℂ (416) 863-9700, ein echtes Grand-Hotel aus dem Jahr 1903. Selbst wenn Sie sich den Aufenthalt dort nicht leisten können, sollten Sie es besuchen und seine Jahrhundertwende-Pracht mit Säulen, Marmor, poliertem Holz und herrlichen Decken bewundern. Die Zimmer sind schön, geräumig und gut ausgestattet; der Zimmerservice steht 24 Stunden bereit. Hier finden Sie eine der besten Speisekarten Torontos, und in der netten Lounge serviert man den Nachmittagstee und Cocktails.

Moderneren Luxus vermittelt am Seeufer das zweitürmige **Harbour Castle Westin**, Habour Square 1, Toronto M4J 1A6, ℂ (416) 869-1600. Seine fast 1000 komfortablen und gut eingerichteten Zimmer blicken auf den See oder auf die Stadtsilhouette, zur ausgezeichneten Ausstattung gehören auch ein Fitneßclub und ein Thermalbad. Eines seiner guten Restaurants ist das Drehrestaurant Lighthouse. Der Pendelverkehr in die Innenstadt ist kostenlos.

Für Geschäftsleute ideal liegt neben dem CN Tower das **L'Hôtel**, Front Street West 225, Toronto M5V 2X3, ℂ (416) 597-1400, gebührenfrei ℂ (800) 268-9420. Alle 587 Zimmer und Suiten sind geräumig, sie verfügen über Computeranschlüsse und Schreibtische. Im Fitneßcenter kann man danach den Streß abbauen. Gegenüber der Union Station steht das **Royal York**, Front Street West 100, Toronto M5K 1E3, ℂ (416) 368-2511, eines der bekanntesten Hotels Torontos. Seine 1438 Zimmer sind vielleicht etwas klein ausgefallen, die Einrichtungen sind jedoch erstklassig mit zwei Etagen für Kongresse, über einem Dutzend Restaurants, Geschäften, Fitneßclub, dem bekannten Nachtclub Imperial Room und vielen weiteren Serviceleistungen.

Einen äußerst hohen Standard weist beim Queen's Park das **Sutton Place Hotel Kempinski** auf; Bay Street 955, Toronto M5S 2A2, ℂ (416) 924-9221. Die 282 Zimmer sind elegant französisch ausgestattet und verfügen über alle erwarteten Annehmlichkeiten. Der Speisesaal Sanssouci ist für seine hervorragende Küche und für seine Ausstattung bekannt. Alexandré's Piano Bar ist der richtige Ort für ein Mittagessen. Als charaktervolles, efeuüberwachsenes viktorianisches Gebäude entpuppt sich das **Windsor Arms Hotel**, St. Thomas Street 22, Toronto M5S 2B9, ℂ (416) 979-2341. Als Appartement-Hotel hatte es 1928 eröffnet, heute bietet es 81 mit Antiquitäten hübsch eingerichtete Zimmer und Suiten. Das Hotel umgibt ein Hauch von Ruhe, der Service ist unaufdringlich und perfekt, die vier Restaurants werden hochgeschätzt. Auch Zimmer in mittlerer Preislage sind vorhanden.

In Yorkville gehört das hohe **Four Seasons Hotel**, Avenue Road 21, Toronto M5R 2G1, ℂ (416) 964-0411, gebührenfrei ℂ (800) 332-3442, zu einer ausgezeichneten Kette gleichen Namens. Den erwarteten hohen Standard übertrifft es sogar noch. Von den

381 reizenden und sehr komfortablen Zimmern bieten viele einen herrlichen Blick auf die Stadt, es gibt Einrichtungen für Geschäftsleute, einen Fitneßclub, einen Swimmingpool, Restaurants und einen aufmerksamen Service. Fitneß- und Sportfanatiker fühlen sich besonders wohl im **Four Seasons Inn on the Park**, nordöstlich der Innenstadt beim Ontario Science Centre, Eglinton Avenue East 1100, Toronto M3C 1H8, ℂ (416) 444-2561, gebührenfrei ℂ (800) 268-6282. In einem 500-Morgen-Areal liegt es prachtvoll über einer Schlucht. Die Zimmer sind nichts Besonderes, aber der Service gibt alles, was man bei Four Seasons erwarten darf. Das Hotel besitzt Swimmingpools verschiedener Größe, ein Fitneßcenter, Tennis-, Squash- und Rackettplätze; angeboten werden auch Aerobic-Kurse und Reitstunden. Für Kinder werden tagsüber beaufsichtigte Aktivitäten veranstaltet. Selbst ein hoteleigener Schönheitschirurg ist vorhanden.

Mittlere Preislage
Günstig in der Innenstadt liegt das **Delta Chelsea**, Gerrard Street West 33, Toronto M5G, 1Z4, ℂ (416) 595-1975. Das geschäftige Hotel verfügt über 1600 moderne Zimmer, einige mit Kücheneinrichtung; dazu kommen vier Restaurants, ein beaufsichtigter Kinderspielplatz, Swimmingpool und Fitneßclub. Wenn Ihnen Kultur am Herzen liegt, rate ich wegen der Nähe zum O'Keefe Centre und zum St. Lawrence Centre zum **Hotel Victoria**, Yonge Street 56, ℂ (416) 363-1666; 42 kleine moderne Zimmer mit Bad, Zugang zu einem nahen Fitneßclub, Speisesaal, Lounge mit Bar und eine elegante Rezeption. Eine sehr gute Wahl.

Die bekannte Holiday-Inn-Hotelkette besitzt hinter der City Hall das **Holiday Inn Downtown**, Chestnut Street 89, Toronto M5G 1R1, ℂ (416) 977-0707, gebührenfrei ℂ (800) HOLIDAY. Die 715 großen angenehmen Zimmer sind sehr gut eingerichtet. Schwimmen kann man in der Halle oder im Freien, ein Fitneßraum ist vorhanden, ebenso eine Sauna, ein Restaurant und ein paar freundliche Bars. Zu einer europäischen Hotelkette zählt nahe dem Eaton Centre das **Hotel Ibis**, Jarvis Street 240, Toronto M5B 2B8, ℂ (416) 593-9400. Von außen wirkt es nicht sehr anziehend, aber seine 294 netten und komfortablen Zimmer bieten viel Bequemlichkeit. Günstig liegt für Einkäufe und für Vergnügungen das **Primrose Hotel**, Carlton Street 111, Toronto M5B 2G3, ℂ (416) 977-8000, gebührenfrei ℂ (800) 268-8082. Die Klimaanlagen in den 338 großen schönen Räumen sind individuell regulierbar. Es gibt einen Swimmingpool, eine Sauna, ein Café im Wiener Stil, und unterhalten wird man in der Lounge One Eleven. Das Preis-Leistungs-Verhältnis ist ausgezeichnet, ein Grund für seine Beliebtheit bei Konferenz- und Tagungsteilnehmern.

Das zentral gelegene **Brownstone**, Charles Street East 15, Toronto M4Y 1S1, ℂ (416) 924-7381, gebührenfrei ℂ (800) 263-8967, ist eine reizende Unterkunft mit freundlichem Service und 108 geräumigen Zimmern mit Minibar. Es besitzt ein gutes Restaurant, eine Pianobar und einen Patio für warme Sommertage.

Etwa 16 km außerhalb der Stadt liegt in einer schönen und außergewöhnlichen Anlage das **The Guild Inn**, Guildwood Parkway 201, Scarborough M1E 1P6, ℂ (416) 261-3331. Dieses Gutshaus beherbergte 1932 die Guild of All Artists (Künstlergilde) mit ihren Kunst- und Kunsthandwerk-Workshops. Deren Beliebtheit zog viele berühmte Gäste an und machte damit Gästezimmer notwendig. Über 90 Morgen sind jetzt wichtige architektonische Fragmente verteilt, die gerettet werden konnten, als alte Bauwerke in Toronto niedergerissen wurden, um Neuentwicklungen Platz zu schaffen. Sie können unter anderem die Marmorfassade der Imperial Bank of Canada sehen, verschiedene Säulen und ein Schild aus Torontos alter Feuerwache. Das Hotel besitzt einen guten Speisesaal, eine Veranda, auf der Sie Ihren Cocktail nehmen können, einen Swimmingpool und einen Tennisplatz. Die Preise schwanken zwischen mittlerer und teurer Kategorie.

Preisgünstig
Am oberen Ende dieser Kategorie rangiert nahe dem Eaton Centre das **Bond Place**, Dundas Street East 65, ℂ (416) 362-6061; 285 kleine, aber gut ausgestattete Zimmer mit TV und regulierbarer Klimaanlage. Das **Strathcona**, York Street 60, Toronto M5J 1S8, ℂ (416)

363-3321, ist ein älteres, zentral gelegenes Hotel gegenüber dem Royal York. Mit seinen 200 Zimmern mit Bad und TV, mit einem Restaurant, einer Bar und einem Coffeeshop ist es eine ausgezeichnete Wahl. Ebenfalls zentral in der Jarvis Street 300 liegt das **Quality Inn**, ✆ (416) 977-4823, mit 96 Zimmern.

Die Hotel Association empfiehlt nahe dem Royal Ontario Museum das **Karabanow Guest House**, Spadina Ave 9, Toronto M5R 2S9, ✆ (416) 923-4004. Ein älteres Gebäude mit nett eingerichteten Zimmern ist

das **Burkin Guest House**, Palmerston Boulevard 322, Toronto M6G 2N6, ✆ (416) 920-7842.

Über **Bed & Breakfast** gibt es Auskünfte bei: Ashleigh Heritage Homes, Box 235, Postal Station E, Toronto M6H 4E2, ✆ (416) 535-4000; sie sind auf Familienanwesen von historischem Interesse und auf Häuser mit Gärten spezialisiert. Broschüre kommt nach Übersendung von internationalem Antwortschein. Eine kostenlose Broschüre verschickt Toronto Bed & Breakfast, College Street 253, P.O. Box 269, Toronto M5T 1R5, ✆ (416) 588-8800, und mit Listen über Unterkünfte kann Metropolitan Bed & Breakfast, Mount Pleasant Road 615, Suite 269, Toronto M4S 3C5, ✆ (416) 964-2566, dienen. Die Downtown Toronto Association of Bed & Breakfast Guesthouses, P.O. Box 190, Station B, Toronto M5T 2W1, ✆ (416) 977-6841, versorgt Sie mit einer Broschüre über renovierte viktorianische Häuser, alle in der Innenstadt und alle nur für Nichtraucher; Vermieter sind meistens Leute, die mit Kunst zu tun haben.

Im Umkreis von 40 km um die Stadt gibt es verschiedene Campingplätze, keinen jedoch im eigentlichen Stadtgebiet. Zu den näheren Plätzen zählt der **Toronto West KOA Kampground**, P.O. Box 198, Campbellville L0P 1B0, ✆ (416) 854-2495. Weitere Informationen über Campingplätze schriftlich oder telefonisch bei Ontario Travel, Queen's Park, Toronto M7A 2E5, ✆ (416) 965-4008.

Restaurants

Teuer

Bei **Julien**, King Street 387, ✆ (416) 596-6738, werden französische Speisen einfach und hervorragend angerichtet, der Rahmen ist hübsch und ruhig und der Service ausgezeichnet. Von Montag bis Freitag zum Mittag- und zum Abendessen geöffnet, am Samstag nur zum Abendessen. **Winston's**, Adelaide Street West 104, ✆ (416) 363-1627, serviert *Haute Cuisine* zwischen großartigen Wandmalereien und Jugendstilmöbeln. Das angesehene Speiselokal wird von vielen führenden Mitgliedern der Gesellschaft besucht; Essen, Weinkarte und Service sind überragend.

Bekannt für seine kreative Kontinentalküche, für seine Atmosphäre und für seine reizvolle Lage ist **Fenton's**, Gloucester Street 2, ✆ (416) 961-8485. Gespeist wird an drei Orten: im gemütlichen Fenton's Front Room, im sehr beliebten und freundlichen Fenton's Garden und im intimen bistroartigen und weniger teuren Restaurant. Vor allem zum Brunch am Sonntag wird es voll. Kontinentale Gerichte mit Akzent auf französisch und auf *Nouvelle Cuisine* gibt es im eleganten und teuren **Scaramouche**, Benvenuto Place 1, ✆ (416) 961-8011. Das Essen ist von höchster Qualität, die Desserts sind schon Legende, der Blick auf die Stadt ist wundervoll und die Atmosphäre eher formell.

In einem schönen alten Stadthaus lädt **La Scala**, Bay Street 1121, ✆ (416) 964-7100, in prunkvoller Ausstattung mit Kronleuchtern, Statuen und rotem Samt zu italienischen Köstlichkeiten ein. Von Dienstag bis Freitag zum Mittag- und Abendessen geöffnet, am Montag und am Samstag nur zum Abendessen. Eine Cocktail-Lounge ist vorhanden. Zwischen poliertem Metall und Stein ißt man sich quer durch Nordamerika im **North 44°**, Yonge Street 2537, ℂ (416) 487-4897. Zu den Gaumenfreuden zählen gebackene Austern über Jalapeño-Creme, angeröstetes Lamm und besondere Desserts; die Weinkarte ist außergewöhnlich gut.

Wohl die besten Steaks in der Stadt serviert das **Barberians**, Elm Street 7, ℂ (416) 597-0335. Die präzis präparierten Fleischstücke kommen ohne modisches Pipapo auf den Tisch. Die Atmosphäre ist freundlich, die Ausstattung entstammt dem frühen Kanada mit kanadischen Gemälden an den Wänden. In warmem altenglischem Stil präsentiert sich **Tom Jones Steakhouse**, Leader Lane 17, ℂ (416) 366-6583. Dieser alte Gasthof richtet seine Steaks einfach und sehr gut an und begleitet sie mit gedämpftem und angebratenem Gemüse. Auf der Speisekarte stehen auch Meeresfrüchte, die Betonung liegt jedoch auf traditioneller Kost. Von Montag bis Freitag ganztags geöffnet, samstags und sonntags nur zum Abendessen. Cocktails gibt es treppauf in der Pianobar.

Mittlere Preislage
Im intimen und netten **Le Bistingo**, Queen Street West 349, ℂ (416) 598-3490, widmet man sich mit großer Kenntnis der französischen Küche und im **Bistro 990**, Bay Street 990, ℂ (416) 921-9990, wird ebenfalls exzellent französisch gekocht und schlicht angerichtet; die Weinauswahl ist gut. Das Lokal sieht aus wie ein großer Weinkeller mit Gewölben und ungewöhnlichen Bildern an den Wänden. Eine heimelige Atmosphäre herrscht in **Jake's Restaurant**, Dupont Street 406, ℂ (416) 961-8341, wo man internationale Gerichte mit individuellem Einschlag zubereitet und wo auch für Vegetarier gut gesorgt wird.

Internationale Küche gibt es ebenso im kleinen und freundlichen **Berkeley Café**, Berkeley Street 141, ℂ (416) 594-6663. Die Hauptgeschmacksrichtung kommt allerdings aus Thailand und von den Philippinen, wo man scharf bis sehr scharf ißt. Sehr gute offene Weine werden ausgeschenkt. Ein sehr gutes und sehr beliebtes Thai-Restaurant ist das **Bangkok Garden**, Elm Street 18, ℂ (416) 977-6748. Die Kellner sind äußerst hilfsbereit, und der Rahmen wirkt etwas exotisch. Das winzige **Seri Batik**, Broadway Avenue 784, ℂ (416) 463-3663, serviert Gerichte aus Thailand, Malaysia und Indonesien. Die Saucen und die *Satays* sind besonders gut.

Ein ausgezeichnetes japanisches Restaurant ist das **Katsura** im Prince Hotel, York Mills Road 900, ℂ (416) 444-2511; es gibt traditionelles japanisches Essen, *Teppanyaki* und *Sushi*. Das **Tanaka** im Holiday Inn, King Street West 370, ℂ (416) 599-3868, umfaßt drei Restaurants einschließlich eines traditionellen *Tatami*-Raums und einer *Sushi*-Bar. Eine breite Auswahl indischer Gerichte finden Sie im **Cuisine of India**, Yonge Street 5222,

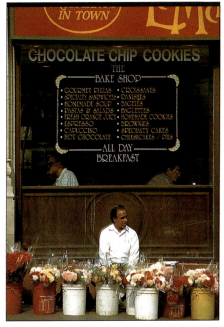

ℂ (416) 229-0377, darunter *Tandoori*-Speisen und ausgezeichnetes hausgemachtes Brot.

Kulinarisch erleben Sie Nordamerika im **Metropolis**, Yonge Street 838, ℂ (416) 924-4100, wo auf einer einfallsreichen Speisekarte vor allem Regionales zu finden ist: Hase, Würste und Unmengen von Ahornsirup; dazu gibt es einige gute kanadische Biere. Die Meeresfrüchte im beliebten **Mermaid**, Dundas Street West 330, ℂ (416) 597-0077, gehören zu den besten in der ganzen Stadt; unter anderem gibt es Austern, Hummer und Räucheraal. Markenzeichen der Gerichte sind großartige Zubereitung, Frische und Konsistenz.

GEGENÜBER: Das Drehrestaurant im CN Tower.
OBEN: Wer auf Pfunde achtet, sollte hier nicht anhalten.

Preisgünstig

Ein freundliches Restaurant ist das **Charmer's Café**, Bathurst Street 1384, ☏ (416) 657-1225; seine amerikanische Küche legt ihren Schwerpunkt auf Kalifornien und Mexiko. In Mirvish Village kommt man nicht herum um Ed Mirvishs Restaurant **Ed's Warehouse**, King Street West 270, ☏ (416) 593-6676; die einfache Kost wie Roastbeef und Steak genießen Sie in einer kitschig-spaßigen Ausstattung. Von Eds Eßlokalen ist dies das einzige, das (erstaunlicherweise) auf Jackett und Krawatte besteht. Zu den anderen Restaurants von Ed Mirvish in dieser Straße zählen das **Ed's Chinese**, das **Ed's Italian** und das **Ed's Seafood**, alle mit gutem Preis-Leistungs-Verhältnis. Traditionelle Deli-Kost gibt es bei **Switzers** in Chinatown, Spadina Avenue 322, ☏ (416) 596-6900; zu den Spezialitäten gehören Lachs aus Nova Scotia, Pastrami und Plinsen. Unterhaltung zum Essen präsentiert das **Groaning Board**, Jarvis Street 131, ☏ (416) 363-0265; jeden Abend zeigt man preisgekrönte Werbespots aus der ganzen Welt, dazu gibt es Hausmacherkost. Eine Hälfte der Speisekarte ist vegetarisch, und an einer riesigen Salatbar können Sie sich selbst bedienen.

Verschiedene chinesische Küchen finden Sie auf der Speisekarte des **Great Wall**, Spadina Avenue 442-444, ☏ (416) 961-5554. Die große Auswahl ausgezeichneter Speisen kommt in diesem großen und umtriebigen Lokal zu ausgezeichneten Preisen auf den Tisch. Zu den besten und bekanntesten China-Restaurants gehört das **Sai Woo**, Dundas Street West 130, ☏ (416) 977-4988: gute kantonesische Gerichte in geschäftigem einfachem Rahmen. *Dim Sum* wird an Wochentagen mittags serviert, und zweimal jährlich ist ein Bankett mit bis zu 15 Gängen angesagt. Authentisch japanisch essen Sie in der **Masa Dining Lounge**, Richmond Street West 195, ☏ (416) 977-9519. Das nette Restaurant offeriert unter anderem *Sushi* und vegetarische Speisen. Zusätzlich zu einer ausgedehnten traditionellen Speisekarte gibt es im **Sasaya**, Eglinton Avenue 257, ☏ (416) 487-3508, eine *Sushi*- und eine *Tempura*-Bar.

In der Gerrard Street East 1435 ist das **Madras Durbar** ein südindisches Restaurant mit ausschließlich vegetarischen Gerichten. Die Speisekarte in der **Indian Rice Factory**, Dupont Street 414, ☏ (416) 961-3472, ist klein, aber ausgezeichnet und listet ebenfalls vegetarische Gerichte auf.

Das **Kensington Kitchen**, Harbord Street 124, ☏ (416) 961-3404, hat sich auf Nahostküche spezialisiert, besonders gut sind die Appetithäppchen und das Gebäck. Marokkanische Speisen in exotischer Ausstattung gibt es bei Live-Musik und Tänzen im **The Sultan's Tent** in Yorkville, Bay Street 1280, ☏ (416) 961-0601.

Anreise

Toronto wird von allen großen einheimischen und von nahezu allen größeren internationalen Fluglinien bedient. Inlands- wie Auslandsflüge werden über den Lester B. Pearson International Airport abgewickelt. Die 29 km lange Fahrt in die Innenstadt dauert zwischen 30 und 45 Minuten, in Stoßzeiten auch länger. Mit dem Taxi kostet das 35 $ bis 40 $. Die Gray Coach Lines, ☏ (416) 393-7911, betreiben Airport-Expreßbusse, die alle 20 Minuten zwischen dem Flughafen und ausgewählten Innenstadthotels verkehren; der Preis liegt unter 10 $.

Züge von VIA Rail aus ganz Kanada und von Amtrak aus den USA kommen auf Torontos Union Station an; Front Street beim Metro Toronto Convention Centre und beim CN Tower, ☏ (416) 366-8411. Die U-Bahnstation Union liegt im Bahnhof.

Greyhound, Voyageur Colonial und Gray Coach fahren mit ihren Bussen Torontos zentralen Busbahnhof an; an der Ecke Bay Street und Dundas Street beim Eaton Centre. Informationen und Fahrpläne unter ☏ (416) 393-7911.

Wenn Sie mit dem Auto kommen, werden Sie von Detroit/Windsor im Westen oder von Montreal im Osten auf Route 401 anreisen. Von Niagara Falls nehmen Sie am besten den Queen Elizabeth Way, der bei der Einfahrt nach Toronto in den Gardiner Expressway mündet.

DAS GOLDENE HUFEISEN

«Das Goldene Hufeisen», jener Küstenstreifen, der sich von Oshawa im Nordosten Torontos nach Niagara Falls biegt, erhielt seinen Namen wegen seiner Hufeisenform

DAS GOLDENE HUFEISEN

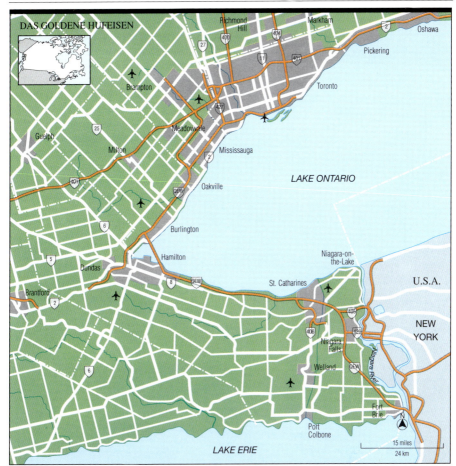

und wegen des Reichtums dieser Region. Ein großer Teil der verarbeitenden Industrie Kanadas ist hier konzentriert, besonders in und um die Stahlstadt Hamilton.

Die Halbinsel Niagara ist Kanadas Weinland, mehr als 80% der Reben des Gesamtstaates gedeihen hier, und nach letzter Zählung gab es 15 Weinkellereien. Auch Geschichte versteckt sich zwischen den Weinstöcken, denn hier schlich sich Laura Secord aus dem von Amerikanern besetzten Dorf Queenston und machte sich auf ihren 30-Kilometer-Marsch durch den Busch, um die Briten vor einer überraschenden Attacke der Amerikaner zu warnen. Ihr Haus steht noch in Qeenston ebenso wie das Denkmal General Isaac Brocks, der beim ersten Gegenangriff auf die Amerikaner im Krieg von 1812 fiel.

Wieviel Blut und Wein hier auch geflossen sein mögen, das Wasser ist es, das die Touristen anlockt: die Niagara-Fälle und Niagara-on-the-Lake, zwei der schönsten Orte auf Erden.

ALLGEMEINE INFORMATIONEN

Über **Hamilton** informieren die Hamilton-Wentworth Visitor and Convention Services, James Street South 1, Hamilton L8P 4R5, ((416) 526-2666. Für **Niagara-on-the-Lake** ist zuständig: die Niagara-on-the-Lake Chamber of Commerce, King Street 153, P.O. Box 1043, Niagara-on-the-Lake L0S 1J0, ((416) 468-4263. Auskünfte über **Niagara Falls** (und überc **Niagara-on-the-Lake**) gibt es beim Niagara Falls Visitor and Convention Bureau, Ontario Avenue 4673, Suite 202, Niagara Falls L2E 3R1, ((416) 356-6061. Weitere Informationen haben vorrätig: das Travel Information Centre, Stanley Avenue 5355, Niagara Falls L2E 7C2, ((416) 358-3221, und bei persönlicher Vorsprache die

Touristenbüros in der Falls Avenue 5629 und in der Innenstadt im Skylon Hotel.

ANREISE

Die Hauptstraße zwischen allen Orten und Städten des Goldenen Hufeisens von Toronto nach Niagara Falls ist der Queen Elizabeth Way. Die wichtigste amerikanische Fernstraße, die aus Südwesten und aus Südosten an die Fälle heranführt, ist die I-90. Zwischen Toronto und Niagara Falls gibt es stündliche Busverbindung, und zwei Busse verkehren

Elizabeth Way, der Toronto mit Niagara Falls verbindet. Hamilton ist Kanadas Zentrum der Stahlproduktion, und die Schwerindustrie brachte der Stadt mehr als nur einen normalen Anteil an Luftverschmutzung. Als durchwegs unattraktive Fabriklandschaft darf man sie aber nicht sehen. Es gibt einige renovierte alte Gebäude und einige eindrucksvolle Neubauten als Resultat von Stadtplanung und Stadterneuerung. Das Projekt Hamilton Place zum Beispiel ist ein großes neues Kunstzentrum und hat Hamilton ins kulturelle Rampenlicht gerückt.

täglich zwischen den Fällen und dem Prince of Wales Hotel in Niagara-on-the-Lake. Ein regelmäßiger Pendelverkehr zu den Fällen wird auch vom nahen internationalen Flughafen Buffalo unterhalten. Dreimal täglich verbinden Züge von VIA Rail Toronto und Niagara Falls, während Amtrak aus verschiedenen Städten der USA Buffalo anfährt.

HAMILTON

Hamilton erstreckt sich an der Westecke des Lake Ontario. Der Hafen ist durch eine Nehrung im See praktisch landumschlossen, Schiffe erreichen ihn durch einen Durchstich. Über die Nehrung schwingt sich der Burlington Skyway, ein Abschnitt des Queen

Was Sie sehen und tun können
Wie Yorkville in Toronto ist **Hess Village** an der Hess Street und der George Street ein freundliches Viertel voller renovierter schindelverkleideter Häuser, in denen jetzt Geschäfte, Restaurants und Cafés betrieben werden – eine Gegend zum Bummeln. Lebhaft geht es am nahen York Boulevard zu, wo in der Halle des riesigen und geschäftigen **Farmer's Market** am Dienstag, Donnerstag, Freitag und Samstag lokale Produkte verkauft werden. Auch die Läden am benachbarten **Lloyd D. Jackson Square** sind einen Besuch wert. In der King Street 123 ist

Landbestellung im Upper Canada Village, einem rekonstruierten Dorf des 19. Jh. am St. Lawrence River westlich von Cornwall.

in einem eindrucksvollen modernen Bau die **Art Gallery**, ℂ (416) 527-6610, untergebracht. Sie besitzt eine große Sammlung kanadischer und amerikanischer Kunst des 20. Jh. Dienstag bis Sonntag geöffnet, montags und an Feiertagen geschlossen. Gegenüber der Galerie ist an der Ecke von Main Street und MacNab Street der **Hamilton Place** ein modernes Kunstzentrum mit zwei Theatern. In dieser Heimstatt des Hamilton Philhamonic Orchestra, der Opera Hamilton und des Theatre Aquarius treten auch internationale Künstler aller Kunstzweige auf. Informationen unter ℂ (416) 522-2994, Reservierungen unter (416) 525-7710.

Gleich außerhalb der Stadt erhebt sich im Dundern Park auf einem Hügel das **Dundern Castle**, York Boulevard, ℂ (416) 522-5313. Der eindrucksvolle weiße Steinbau mit 36 Zimmern und einem ehrwürdigen Säulenportikus blickt auf die Bucht hinaus. In den dreißiger Jahren des vorigen Jahrhunderts ließ ihn Sir Allan Napier MacNab erbauen, von 1854 bis 1856 Premierminister der Vereinigten Provinzen von Kanada. Aus diesen Jahren stammt auch die Möblierung des in alter Pracht restaurierten Hauses. Das ganze Jahr hindurch finden Sonderausstellungen statt. Auf dem Schloßgelände befindet sich noch ein Militärmuseum.

Etwas weiter außerhalb der Stadt an den Routen 2 und 6 erstrecken sich die **Royal Botanical Gardens**, ℂ (416) 527-1158, am See entlang über 50 000 Morgen Land. Der größte Teil dieses Gebietes besteht aus natürlicher Parklandschaft, die von Pfaden durchkreuzt wird. Ansehen sollten Sie sich den Felsengarten, den Rosengarten und den überwältigenden Fliedergarten im Arboretum. Täglich von der Morgendämmerung bis zur Abenddämmerung geöffnet.

Das **Museum of Steam and Technology**, ℂ (416) 549-5225, haust genau passend in einem alten Wasserpumpwerk südlich des Queen Elizabeth Way an der Woodward Avenue 900. Das Werk aus dem Jahr 1859 ist selbst ein architektonisches Schaustück. Seine alten Dampfpumpen aus Messing und aus Mahagoni wurden restauriert und treten sonntags in Aktion. Ausgestellt sind weiterhin Dampfmaschinen und maßstabgetreue Modelle, dazu Exponate aus Hamiltons Industriegeschichte. Täglich außer samstags geöffnet.

Etwa 32 km nordwestlich von Hamilton finden Sie nahe der Route 8 das **African Lion Safari**, ℂ (519) 623-2620. Mit einem Safari-Tram können Sie durch die verschiedenen Reviere fahren, in denen die Tiere frei umherstreifen. Sie können den Park aber auch im eigenen Wagen erleben, nur denken Sie daran, daß die Paviane im Affendschungel-Revier ihn als Kletterspielzeug benutzen und alles entfernen, dessen sie habhaft werden. Kabrioletts müssen daher auch draußen bleiben. Weitere Attraktionen sind eine malerische Eisenbahn, eine Bootsfahrt und ein Spielplatz.

Unterkunft

MITTLERE PREISLAGE

Das **Sheraton Hamilton** liegt zentral in der King Street West 116, Hamilton L8P 4V3, ℂ (416) 529-5515, gebührenfrei ℂ (800) 325-3535; seine 300 modernen Zimmer sind nett möbliert und gut ausgestattet. Gäste können einen Fitneßclub und überdachte Schwimmbecken mit freundlichem Liegebereich benutzen. Zwei Restaurants sind vorhanden. Ein Hauch von Größe umgibt das **Royal Connaught**, King Street East 112, Hamilton L8N 1A8, ℂ (416) 527-5071. Es öffnete schon 1904 seine Pforten. Die Eingangshalle ist mit Kronleuchtern und Säulen üppig ausgestattet, und die 200 Zimmer verfügen alle über luxuriöse große Baderäume. Es gibt zwei Restaurants und eine Schwimmhalle.

PREISGÜNSTIG

Preisgünstige Hotelzimmer sind in Hamilton nur schwer zu bekommen. Das beste Angebot macht wohl das **Town Manor Motor Inn**, Main Street West 175, ℂ (416) 528-0611.

Unterkunft finden Sie auch in der **McMaster University**; Informationen darüber bei: McMaster University, Conference Services, Main Street West 1280, Hamilton L8S 4K1, ℂ (416) 525-9140, Apparat 4781.

Informationen und Broschüren über **Bed & Breakfast** gibt es bei The Hamilton Chamber of Commerce, King Street West 100, Suite 830, Hamilton L8P 1A2, ℂ (416) 522-1151, und bei der Hamilton Region & Rural B&B Association, Oakhill Place 194, Ancaster L9G 1C7, ℂ (416) 648-0461. **Unterkunft auf Farmen** ist ebenfalls möglich. 15 km östlich von Hamilton liegt die **Chris**

Utter Farm, RR1, Stoney Creek L8G 3X4, ℂ (416) 662-1167; die Obstfarm verfügt im Haupthaus über einen ausgebauten Dachboden mit Badezimmer und über zwei Einzelzimmer. Unterkunft in einem reizenden Steinhaus aus dem Jahr 1825 erwartet Sie 25 km westlich von Hamilton auf der **Troybrook Farm**, RR1, Route 5 West 1941, Troy L0R 2B0, ℂ (519) 647-3323.

Restaurants

Im Stadtzentrum an der King Street gibt es eine ganze Anzahl Restaurants, die meisten

Street 309 wartet **Pappa's Dining**, ℂ (416) 525-2455, mit Säulen, Statuen und Bedienung in griechischer Tracht auf – womit die Art der Küche außer Frage steht. Das gute Menü für zwei Personen umfaßt viele verschiedene Gerichte. Englische Kost serviert **The Winking Judge**, Augusta Street 25, ℂ (416) 527-1280. Im Speisesaal im Obergeschoß werden Gerichte wie Rind und Yorkshire Pudding aufgetragen, Pasteten und Snacks den ganzen Tag im Untergeschoß.

Im Hess Village läßt es sich in einigen Pubs und Restaurants gut essen. Einer der

davon sind preisgünstig. Gut indisch essen Sie im **Le Ganges Indian Restaurant**, King Street East 234, ℂ (416) 523-8812; die Auswahl an vegetarischen Speisen ist eindrucksvoll. Wenn Sie chinesische Küche vorziehen, sollten Sie im **Hunan House Restaurant** vorbeischauen; King Street East 273, ℂ (416) 529-0628. Deutsche Gerichte in vergnüglicher Atmosphäre bekommen Sie im geschäftigen **Black Forest Inn**, King Street East 255, ℂ (416) 528-3538, vorgesetzt.

Altenglisch geht es zu im **Shakespeare's Steak House and Tavern**, Main Street East 181, ℂ (416) 528-0689. Seine ordentlichen Steaks serviert es zu günstigen bis mittleren Preisen; Montag bis Freitag zum Mittag- und Abendessen geöffnet. In der Main

nettesten Plätze ist das elegante **Café Vienna**, Hess Street South 15, ℂ (416) 525-7607.

ST. CATHARINES

Diese Stadt ist das Herz der Wein- und Obstregion Ontarios, und nirgends wird dies deutlicher bewußt als auf dem **Farmer's Market** unter freiem Himmel bei der City Hall. Eine Überfülle örtlicher Produkte wird hier angeboten. Für Besucher ist er bei den vielen Festen dieses Gebietes oft ein Platz zum Ausruhen.

Was Sie sehen und tun können

Über acht Schleusen hinweg verbindet der 42 km lange **Welland Canal** den Lake Ontario mit dem viel höher gelegenen Lake Erie. Vom nahen Port Weller sticht er nach Port Colburne am Lake Erie hinüber und erlaubt damit Ozeandampfern das Befahren der Großen Seen. Der ursprüngliche Kanal wurde in St. Catharines gebaut, und in **Port Dalhousie** sieht man noch Abschnitte der ersten drei 1829, 1845 und 1887 gegrabenen Kanäle sowie einige Schleusen, Lagerhäuser und andere Bauten aus dem 19. Jh. Der gegenwärtige Welland Canal wurde 1933 fertiggestellt. Vom feinen neuen **Welland Canal Viewing Complex** an Schleuse 3 können Sie zusehen, wie Ozeanriesen die Schleuse passieren.

Eine komprimierte architektonische Weltreise ermöglicht die **Tivoli Miniature World**, ℂ (416) 834-7604; gleich beim Prudhomme Boulevard, Ausfahrt Victoria Avenue des Queen Elizabeth Way, nahe Vineland Station. Berühmte Gebäude wie St. Peter in Rom, der Eiffelturm und auch weniger bekannte Bauten sind im Maßstab 1: 50 nachgestaltet; von Mai bis September täglich geöffnet.

Für zwei große jährliche Ereignisse spielt St. Catharines den Gastgeber. Seit über 100 Jahren findet hier im frühen August die **Royal Canadian Henley Regatta** statt, zu der Weltklasseruderer aus der ganzen Welt heranströmen. Nur die Regatta gleichen Namens in England ist bekannter. Im späten September herrscht Partystimmung beim **Niagara Grape and Wine Festival**. Es besteht aus 10 Tagen mit Weinbergführungen, Konzerten, Tänzen, Sportveranstaltungen, Umzügen und vielem Trinken und Essen.

Unterkunft

MITTLERE PREISLAGE

Alles, was Sie benötigen, und mehr finden Sie im **Parkway Inn**, Ontario Street 327, St. Catharines L2R 5L4, ℂ (416) 688-2324. Es liegt günstig in der Innenstadt, hat 125 komfortable Zimmer, und zu den Einrichtungen zählen eine Schwimmhalle, eine Sauna und eine Bowlingbahn. Eine warme und gemütliche Atmosphäre herrscht im **Highwayman**, Ontario Street 420, St. Catharines L2R 5M1, ℂ (416) 688-1646; alle 50 Zimmer mit Bad und TV, dazu ein Swimmingpool. 140 Zimmer mit Bad und TV bietet auch das **Holiday Inn**, North Service Road 2, St. Catharines L2N 4G9, ℂ (416) 934-2561, gebührenfrei ℂ (800) HOLIDAY; Schwimmbecken in der Halle und im Freien, Sauna und Whirlpool sind vorhanden.

PREISGÜNSTIG

Unterkunft finden Sie in der **Brock University**; Einzelheiten darüber beim Director of Conference Services, Brock University, St. Catharines L2S 3A1, ℂ (416) 688-5550, Apparat 3749. Auskünfte über **Bed & Breakfast** gibt es bei St. Catharines (Homestay) B&B, Lantana Circle 17, St. Catharines L2M

4W9, ℂ (416) 934-5913. **Farmunterkünfte** existieren außerhalb der Stadt: Holländische Gastfreundschaft und häusliche Küche offeriert Maaike Dykstra in einem viktorianischen Haus etwa 18 km westlich von St. Catharines, dem **Maaike's Homestead**, RR1, Beamsville L0R 1B0, ℂ (416) 563-4335; in einem Farmhaus aus dem 19. Jh. führen Jake und Anne Dekker 20 km westlich von St. Catharines ihr **Dekker's Country Home**, Sixteen Road, St. Anne's L0R 1Y0, ℂ (416) 957-7912.

Restaurants

Traditionell japanisch in mittlerer Preislage essen Sie bei **Isseya**, James Street 22, ℂ (416) 688-1141; es gibt *Sushi-*, *Tempura-* und *Teriyaki-*Gerichte. Von Dienstag bis Sonntag nur zum Abendessen geöffnet. Eine angenehme Wahl für ein leichtes Mittag- oder Abendessen ist das **Wellington Court Café**, Wellington Street 11, ℂ (416) 682-5518. Von Dienstag

GEGENÜBER: Niagara-on-the-Lake. OBEN: Die Inniskillen-Weinkellerei bei Niagara-on-the-Lake.

bis Samstag geöffnet, montags nur zum Mittagessen, preisgünstig. Verschiedene Eßlokale finden Sie auch am Hafen im Gebiet von Port Dalhousie sowie an der Ontario Street.

NIAGARA-ON-THE-LAKE

An der Mündung des Niagara River in den Lake Ontario gehört das wunderbare Niagara-on-the-Lake zu Nordamerikas freundlichsten und besterhaltenen Städten aus dem 19. Jh. Von Loyalisten im späten 18. Jh. unter dem Namen Newark gegründet, wurde der Ort 1792 die erste Hauptstadt von Oberkanada. Die Amerikaner zerstörten sie 1813 vollständig, ihr Wiederaufbau aber ging schnell vonstatten – und seitdem scheint sie sich nur noch wenig verändert zu haben. Auf dem Weg zu den Niagarafällen bildet sie in ihrer reizenden Lage und mit ihren schönen schattigen Straßen, an denen sich schindelverkleidete Bauten und Ziegelhäuser reihen, einen angenehmen Zwischenstopp.

Was Sie sehen und tun können

Die **Queen Street** ist der Brennpunkt der Stadt und ihr einziger geschäftiger Teil. Sie ist ein *Chain* breit (ein veraltetes englisches Maß, etwa 20 m), und in ihren liebenswerten alten Häusern werden Bäckereien, Teegeschäfte und Restaurants betrieben sowie Läden, die Kunsthandwerk, Marmelade oder Süßwaren verkaufen. Der großartige, ehrwürdige **Niagara Apothecary Shop**, ✆ (416) 468-3845, stammt aus dem Jahr 1866 und hat sich seine ursprünglichen Ladentische aus Walnuß erhalten, ebenso herrlich beschriftete Schubladen und alte Gefäße. Arzneien werden hier nicht mehr gemixt, denn heute ist das Haus ein Museum, und Sie werden es daher kaum wunderlich finden, wenn Ihr Blick auf Rezepturen wie «Drachenblut» oder «Rosa Pillen für blasse Leute» fällt.

Die Hauptattraktion der Stadt ist jedoch das jährliche **Shaw Festival**. Theaterfreunde von nah und fern strömen dann herbei, um Spitzenkünstler in Stücken von Shaw und von dessen Zeitgenossen auftreten zu sehen. Von den drei Theatern der Stadt ist das **Festival Theater** das wichtigste, ein moderner Ziegel- und Glasbau mit hübscher Innenausstattung an der Queens Parade und an der Wellington Street. Das Festival dauert von Mai bis Oktober, gespielt wird täglich außer montags. Einzelheiten bei Shaw Festival, Box 774, Niagara-on-the-Lake L0S 1J0, ✆ (416) 468-2172.

Auf dem Niagara Parkway nach Süden stoßen Sie an der River Road auf den **Fort George Historic Park**, ✆ (416) 469-4257. Das Fort wurde zwischen 1797 und 1799 errichtet und war ein wichtiger britischer Stützpunkt im Krieg von 1812. Die Amerikaner zerstörten das Fort 1813. Zwei Jahre danach stand es es zwar wieder, später jedoch gab man es auf. In den dreißiger Jahren dieses Jahrhunderts wurde das Fort restauriert, und heute können Sie die Offiziersunterkünfte, die Mannschaftsquartiere, die Schmiede, das Pulvermagazin besichtigen und einer Vorführung des Fort George Fife and Drum Corps zusehen. Das Fort ist von Mitte Mai bis Oktober täglich geöffnet, Führungen nach Anmeldung werden nur im Winter durchgeführt. Über Niagaras Geschichte sollten Sie sich in der Castlereagh Street 43 in Davy im **Niagara Historical Museum**, ✆ (416) 468-3912, informieren, dem ältesten Museum dieser Art in Kanada.

Bei Niagara-on-the-Lake veranstalten verschiedene Kellereien Weinproben, zum Beispiel die Hillebrand Estates Winery, eine bezaubernde Anlage, die gut ins ländliche Frankreich passen würde. Ontario Travel gibt Auskünfte über Streifzüge durch Weinkellereien.

OBEN: Eingang zum Hotel Royal George in Niagara-on-the-Lake.

Unterkunft

Niagara-on-the-Lake ist eine Kleinstadt, und die Hotels sind im Sommer schnell ausgebucht. Wenn Sie diese Zeit für Ihren Besuch wählen, sollten Sie zuvor reservieren. Eines der führenden Hotels ist das **Prince of Wales**, Picton Street 6, Niagara-on-the-Lake L0S 1J0, ℂ (416) 468-3246; ein hübscher alter Gasthof mit 106 antik möblierten Zimmern (mit Bad) einschließlich einer Königssuite, die tatsächlich schon einmal königliches Geblüt beherbergte. Der Zauber der Alten Welt verbindet sich hier mit modernen Einrichtungen wie einem Fitneßraum, einer Schwimmhalle, einem Tennisplatz, Restaurants und Bars; mittlere bis teure Preislage.

Ein weiteres liebenswürdiges Hotel ist das **Pillar & Post Inn**, P.O. Box 1011, King Street und John Street, Niagara-on-the-Lake L0S 1J0, ℂ (416) 468-2123; mit 91 im frühen Kolonialstil möblierten Zimmern, die ebenfalls altmodische Eleganz mit modernen Einrichtungen verbinden. Dazu kommen ein freundlicher Swimmingpool, eine Sauna und ein Whirlpool; mittlere bis teure Preislage. Im Gegensatz dazu hat das **Gate House Hotel**, P.O. Box 1364, Queen Street 142, Niagara-on-the-Lake L0S 1J0, ℂ (416) 468-3263, seine 9 Zimmer schick und modern im Mailänder Stil eingerichtet; mittlere bis teure Preislage.

Zu den besten Hotels der Stadt zählt das **Oban Inn**, P.O. Box 94, Front Street 160, Niagara-on-the-Lake L0S 1J0, ℂ (416) 468-2165. Das reizende Gebäude aus dem frühen 18. Jh. blickt inmitten seiner schönen Gärten auf den See; die 23 Zimmer sind antik möbliert, es gibt eine Pianobar, ein gutes Restaurant und, wie es heißt, ein hauseigenes Gespenst. Mittlere bis teure Preislage. Ein historischer alter Kutschergasthof aus dem Jahr 1782 ist der **Angel Inn**, Regent Street 224, The Old Market Square, Niagara-on-the-Lake L0S 1J0, ℂ (416) 468-3411. In den 12 Zimmern stehen Himmelbetten und andere antike Möbel; ein Speisesaal ist vorhanden; mittlere Preislage.

Fitneß-Enthusiasten dürfte es in den **White Oaks Inn and Racket Club** gleich außerhalb der Stadt ziehen: Taylor Road 253, RR4, Niagara-on-the-Lake L0S 1J0, ℂ (416) 688-2550. Der Club verfügt über 90 schöne und gut ausgestattete Zimmer mit angenehmen Zusatzeinrichtungen. Die wahre Attraktion aber ist das Sportangebot mit 12 Tennisplätzen (vier im Freien, acht in der Halle), mit Squash- und Rackettplätzen, mit einer Sporthalle, aber auch mit Kinderbeaufsichtigung, mit Cafés und mit einem Restaurant. Wenn Sie es sich wirklich gut gehen lassen möchten, können Sie eine Sauna nehmen, ein Sonnenbad oder eine Massage. Mittlere Preislage.

Einzelheiten über **Bed & Breakfast** und über Touristenheime erhalten Sie schriftlich oder telefonisch bei der Niagara-on-the-Lake Chamber of Commerce, Masonic Lodge, P.O. Box 1043, Niagara-on-the-Lake L0S 1J0, ℂ (416) 468-4263.

Restaurants

In der Stadt gibt es einige gute Restaurants, und Sie essen grundsätzlich auch besser hier als später in Niagara Falls. Das Hotel **Oban Inn**, Front Street 160, ℂ (416) 468-2165, hat wohl das beste Restaurant in diesem Gebiet, und es besitzt eine Reputation für vornehmes Speisen in geschmackvollem Rahmen. Auf der Speisekarte stehen traditionelle englische Gerichte. Das Restaurant ist auch zum Nachmittagstee geöffnet; mittlere Preislage. Feine europäische Küche in eleganter Ausstattung serviert man im **Prince of Wales Hotel**, Picton Street 6, ℂ (416) 468-3246; täglich zum Mittag- und Abendessen geöffnet, sonntags zum Brunch; mittlere Preislage. Ein handfesteres Eßerlebnis bietet **The Butterfly** in der Queen Street 19. An den Wochenenden gibt man Henry-VIII.-Bankette, bei denen altenglische Gerichte von kostümierten Mägden aufgetragen werden und Bänkelsänger für Unterhaltung sorgen.

The Angel in der Regent Street 224, The Old Market Square, ℂ (416) 468-3411, schenkt 26 Biersorten aus; dazu gibt es Pub-Gerichte. Im Speisesaal des Hotels können Sie kontinental essen; täglich von mittags bis abends geöffnet; günstige bis mittlere Preise. Klassisch italienisch kocht das **Restaurant Giardino** im Gate House Hotel, Queen Street 142, ℂ (416) 468-3263; schicke und moderne Ausstattung, günstige bis mittlere Preise. Kantonesisch und sichuanesisch essen Sie gut und preiswert im **Fans**, Queen

Street 135, ((416) 468-4511. Mit Garnelen, Burgers, Hähnchenschlegeln und ähnlichem können Sie sich im **George III**, Melville Street 61, ((416) 468-7639, vollschlagen – zu wirklich niedrigen Preisen.

NIAGARA FALLS

Auf halbem Weg zwischen Lake Erie und Lake Ontario stürzt sich der Niagara River über eine 61 m hohe Felswand in die Tiefe, wobei pro Minute 155 Mio. Liter Wasser durch die Luft schießen und eines der größ-

ten Wunder dieser Welt schaffen. Von einer kleinen Insel getrennt, sind die Canadian Horseshoe Falls 793 m breit, die American Falls mit 305 m viel schmaler. Zeitweise werden über 75% der Wassermassen über Kanäle auf der amerikanischen und auf der kanadischen Seite zu Wasserwerken umgeleitet. Das Wasservolumen ändert sich daher je nach Tages- und Jahreszeit. Es heißt, die von den herabstürzenden Wassern verursachte Erosion werde die Fälle schließlich einebnen; das aber hat noch rund 25 000 Jahre Zeit.

Seit dem 17. Jh. reisen die Menschen aus großen Entfernungen heran, um die Fälle zu bewundern. Heute kommen jährlich im Durchschnitt 12 Millionen. Niemand kann genau sagen, warum gerade Flitterwöchner begeisterte Besucher sind. Der Überlieferung zufolge soll diese Tradition begonnen haben, nachdem ein Bruder Napoleons I. 1804 mit seiner Braut in einer Kutsche den weiten Weg von New Orleans zu den Fällen zurückgelegt hatt. Eigentlich kann man nur wiederholen, was Rupert Brooke einst über die Fälle sagte: «Ich war von den Niagarafällen so überwältigt. Ich hoffte, es nicht zu sein, aber ich war es in schrecklichem Maße.» So scheint es allen zu gehen, denn hier werden mehr Kodakfilme gekauft als irgendwo sonst auf der Welt.

Was Sie sehen und tun können
Der Innenstadtbereich ist bekannt unter dem Namen **Clifton Hill**, und er ist mit seinen Souvenirläden, seinen Museen und seinen Wachsfiguren recht geschäftstüchtig. Das **Niagara Falls Museum** in der River Road 5651 beherbergt die **Daredevil Hall of Fame** (Ruhmeshalle der Tollkühnen), die jenen gewidmet ist, die der Gewalt der Fälle auf mannigfache Weise zu trotzen wagten, nicht selten in Fässern. Die Sammlung altägyptischer Mumien hier hat eher einen bizarren Einschlag.

Die Wasserfälle selbst sind hoffnungslos sensationell, von wo Sie sie auch betrachten. Nachts werden sie von Scheinwerfern regenbogenfarbenen angeleuchtet. Im Winter, wenn der Sprühregen gefriert, kommen erstaunliche natürliche Skulpturen zustande. Kanada ist dann über Eis mit den USA verbunden. Die Fälle sollten Sie sich vom **Table Rock** aus ansehen. Hier sind Sie den Fällen am nächsten. Klammern Sie sich an die abgegriffenen Metallgeländer. Danach besteigen Sie im **Table Rock House**, ((416) 358-3268, einen Fahrstuhl, der Sie zu Tunnels hinunterbringt, die Ihnen die Fälle von hinten zeigen. Von den vielen angebotenen Bootsausflügen ist **Maid of the Mist**, River Road 5920, ((416) 358-5781, am berühmtesten; diese Fahrt ist ein ungeheuer erregendes, wenn auch feuchtes Erlebnis. Ausgerüstet mit Kapuzen-Regenumhängen, werden Sie zum Fuß der American Falls gebracht, und zwar so nahe, daß Sie der ohrenbetäubende Lärm fast erschlägt. Die Ausflüge finden von Mitte Mai bis Mitte Oktober täglich statt. Die **Niagara River Boat Company**, ((416) 468-4219/5154, veranstaltet zwischen Mai und Oktober auf dem altmodischen Ausflugsdampfer *Senator* Fahrten mit Tanz und Abendessen. Luftigere Aussicht auf die Fälle bieten drei

Zwei von 12 Millionen Menschen, die jedes Jahr zu den Niagarafällen strömen.

Türme; der beste davon ist der täglich geöffnete **Skylon** in der Robinson Street, ((416) 356-2651. Außenfahrstühle bringen Sie zur Spitze, wo ein Drehrestaurant, ein überdachtes Aussichtsdeck und ein Aussichtsdeck im Freien warten. Ganz aus der Luft können Sie die Fälle mit den **Niagara Helicopters**, ((416) 468-4219/5154, genießen.

Der **North Niagara Parkway** zieht sich am Fluß entlang in Richtung Lake Ontario über 26 km von den Fällen nach Niagara-on-the-Lakes. Mit den Parks, den Gärten und den historischen Gebäuden zu beiden Seiten ist dies eine herrliche Fahrt oder eine ebenso schöne Wanderung. Unterwegs müssen Sie den **Great Gorge Trip**, ((416) 356-0904, mitmachen, der zwischen Mai und Oktober stattfindet. Ein Fahrstuhl befördert Sie auf den Grund einer Schlucht, wo Sie Stromschnellen in wilder Raserei ganz aus der Nähe sehen. Ein Stückchen weiter bieten die **Niagara Spanish Aero Cars** Seilbahnfahrten über die Whirlpool Rapids mit dramatischem Blick auf die unten wirbelnden Wasser. In **Niagara Glen** führen Pfade zum Flußrand, und im Wald findet der müde Reisende friedliche Ruheplätze. Die nahe **Niagara Parks Commission School of Horticulture** besitzt viele Morgen herrlicher Gärten voller Büsche und Blumen, die von den Schülern gepflegt werden. Im Sommer täglich vom Morgengrauen bis in die Abenddämmerung geöffnet. Etwas weiter nördlich liegt **Queenston Heights**, der Ort, an dem die Briten 1812 den amerikanischen Versuch, Queenston zu nehmen, endgültig vereitelten. Jetzt erstreckt sich dort ein friedlicher Park, ein idealer Ort für ein Picknick.

Unterkunft

Die zahlreichen Hinweisschilder für Unterkünfte rund um Niagara Falls erschlagen den Besucher fast. Dabei ist es recht schwierig, die Unterkünfte nach Preisen einzuordnen, denn je nach Jahreszeit sind die Preisunterschiede sehr groß; zusätzlich scheinen sich die Preise auch noch entsprechend der täglichen Nachfrage zu ändern. Man sollte auf jeden Fall versuchen, einen Preisnachlaß auszuhandeln. Bei der Suche nach Unterkunft hilft ((416) 356-6061.

LUXUSKLASSE

Einen schönen Blick auf die Fälle hat man vom **Skyline Foxhead**, Falls Avenue 5875, Niagara Falls L2E 6W7, ((416) 357-3090, gebührenfrei ((800) 648-7200. Einige der 395 gut ausgestatten Zimmer besitzen Balkone mit Sicht auf die Fälle. Zu den Einrichtungen gehören ein Dach-Swimmingpool, Fitneßräume und ein gutes Restaurant. Gleich daneben wird das **Skyline Brock**, Falls Avenue 5685, Niagara Falls L2E 6W7, ((416) 374-4444, gebührenfrei ((800) 648-7200, am liebsten aufgesucht. Es besteht seit 1929 und besticht durch Eleganz. Rund drei Viertel der 210 Zimmer haben Blick auf die Fälle, und die Aussicht vom Restaurant im 10. Stock ist großartig. Die Preise variieren zwischen mittlerer Kategorie und dem unteren Ende der teuren. Das **Clarion Old Stone Inn**, Robinson Street 5425, Niagara Falls L2G 7L6, ((416) 357-1234, gebührenfrei ((800) 263-8967, vermietet in einem Gebäude mit dem Aussehen eines altmodischen Gasthofes 114 geräumige moderne Zimmer.

MITTLERE PREISLAGE

Über 200 geräumige Zimmer und einige Familiensuiten vermietet das **Skyline Village**, Falls Avenue 5685, Niagara Falls L2E 6W7, ((416) 374-4444, gebührenfrei ((800) 648-7200. Auf Familien liegt der Nachdruck nun keineswegs im **Honeymoon City Hotel**, Clifton Hill 4943, Niagara Falls L2G 3N5. Unter den 80 Zimmern sind ein paar besonders ausgestattete Flitterwochensuiten. Alle Zimmer haben Bad und TV, einige auch einen Balkon. Zentral liegt das **Best Western Your Host Motor Inn**, Murray Street 5551, Niagara Falls L2G 2J4, ((416) 357-4330, gebührenfrei ((800) 528-1234; auch hier finden Sie unter den 247 modernen Zimmern einige Flitterwochensuiten mit runden Betten und großen Bädern. Vorhanden sind außerdem ein Swimmingpool, eine Sauna, ein Restaurant und eine Bar.

Ein Motel auf einem großen Gelände mit Tennisplätzen und Swimmingpool ist das **Ameri-Cana**, Lundy's Lane 8444, Niagara

---

NÄCHSTE SEITEN: Die gewaltigen Wasserfälle aus majestätischer Nähe.

Falls L2H 1H4, ℂ (416) 356-8444. Und abermals: Von den 110 gut ausgestatteten Zimmern sind einige Flitterwochensuiten. Mit seinen Einrichtungen zur Selbstversorgung ist es auch ideal für Familien. Eine völlig andere Bleibe ist das **Reese's Country Inn**, Montrose Road 3799, Niagara Falls L2E 6S4, ℂ (416) 357-5640: ein Bau im Stil eines Schweizer Chalets, der in erster Linie Restaurant ist, aber auch vier reizende Suiten vermietet.

PREISGÜNSTIG
Einzelheiten über **Bed & Breakfast** verrät Bed & Breakfast of Greater Niagara, Dorchester Road 2631, Niagara Falls L2J 2Y9, ℂ (416) 295-6260. Sehr angenehme Zeltplätze und gute Einrichtungen bietet Campern das **Niagara Falls KOA**, Lundy's Lane 8625, Niagara Falls L2H 1H5, ℂ (416) 354-6472. Privatsphäre wird großgeschrieben auf den generös bemessenen Campingparzellen des regierungseigenen **Miller's Creek Park**, P.O. Box 150, Niagara Falls L2E 6T2, ℂ (416) 871-6557.

Restaurants
MITTLERE PREISLAGE
Der **Skylon Tower**, ℂ (416) 356-2651, besitzt das unvermeidliche Drehrestaurant (Abendessen) und die Summit Suite (für Frühstück, Mittag- und Abendessen). Im Restaurant von **Reese's Country Inn**, ℂ (416) 357-5640, gibt es gute internationale Küche mit einer herrlichen Aussicht auf Hügel und Gärten. Eine fröhliche ländliche Atmosphäre begleitet in der Robinson Street 5425 die internationalen Gerichte in **Miller's Bistro** im Clarion Old Stone Inn, ℂ (416) 357-1234. Gut italienisch essen Sie zwischen Säulen und Friesen in der **Casa d'Oro**, Victoria Avenue 5875, ℂ (416) 356-5646.

PREISGÜNSTIG
Der Niagara Parkway Commission gehört bei den Fällen das **Victoria Park Restaurant**, ℂ (416) 356-2217; Sie können drinnen essen oder draußen auf der Terrasse. Auf der interessanten Karte stehen einige sehr gute Gerichte. Die Commission betreibt ebenfalls das **Queenston Heights**, ℂ (416) 262-4266, das Sie genau im Ort Queenston Heights finden; auch hier können Sie drinnen und im Freien speisen und dabei eine großartige Aussicht genießen. **Betty's Restaurant and Tavern**, Sodom Road 8911, ℂ (416) 295-4436, ist ein wirklich preiswertes Lokal mit großzügig portionierten Muscheln, Hähnchen und Burgers, die es den ganzen Tag über gibt.

SÜDONTARIO

Südontario, das «Land zwischen den Seen», besteht aus Meilen um Meilen sanft gewellten Farmlands, durchzogen von Flüssen und Bächen, übertupft von reizenden Städtchen und Dörfern. Dank des reichen Schwemmbodens und des gemäßigten Klimas gedeihen in diesem Gebiet Obst und Gemüse in Hülle und Fülle. Das heißt, daß die größeren Städte echte Marktstädte sind, in denen Sie eine Auswahl örtlicher Produkte finden, die Ihnen das Wasser im Mund zusammenlaufen läßt. Und überall, wohin Sie kommen, finden Sie eine einladende Ansammlung von Gasthöfen und Tavernen nach englischem Vorbild.

Da wir gerade vom englischen Vorbild reden: Nicht nur Obst und Gemüse werden hier kultiviert, sondern auch das Englischsein selbst. Die Region ist ein kulturelles und ein agrarisches Saatbeet, auf dem im 18. Jh. eingesäte englische Lebensart heute in vielen Ortschaften in Blüte steht, in London etwa oder in Windsor, in Cambridge und Essex, in Waterloo, Woodstock, Blenheim und Stratford – wo das sommerlange Shakespeare Festival eine einzigartige Verherrlichung des Werks dieses Barden ist.

GESCHICHTE

Die indianischen Huronen erkannten als erste die landwirtschaftlichen Möglichkeiten dieser fruchtbaren Region, aber ihre Anbauversuche wurden ständig von den kriegerischen, raublustigen Irokesen zunichte gemacht. Erst nach dem englisch-französischen Vertrag von 1763 kamen Siedler in dieses Gebiet, und erst nach der amerikanischen Revolution, als die Loyalisten heranströmten, erhielt es seinen unverkennbar englischen Charakter. Die erste landwirtschaftliche Siedlung war Windsor, es folgten London und Stratford. Zu etwa derselben Zeit siedelten sich Deutsche im Gebiet von Kitchener-Waterloo an, außerdem viele Mennoniten aus Pennsylvania. Deren entschiedener Pazifismus während der amerikanischen Revolution hatte sie bei ihren amerikanischen Nachbarn unbeliebt gemacht.

Heute fällt die deutsche und die mennonitische Präsenz rund um Kitchener und Waterloo noch immer stark ins Auge. In Waterloo feiert die deutsche Bevölkerung ihr Oktoberfest, und die Deckenverkäufe der Mennoniten werden weiterhin regelmäßig durchgeführt. Insgesamt aber zeigt sich die Halbinsel so, wie sie vor zwei Jahrhunderten war: noch sehr hübsch anzusehen und noch sehr, sehr britisch in ihrer Art.

ALLGEMEINE INFORMATIONEN

Informationen über **Kitchener** gibt es bei der Kitchener Chamber of Commerce, King Street East 67, Kitchener N2H 6M2, ℂ (519) 576-5000; über **Waterloo** bei der Waterloo Chamber of Commerce, Bridgeport Road West 5, Waterloo N2L 2X9, ℂ (519) 886-2440; über **London** beim London Visitors and Convention Bureau, Dufferin Avenue 300, Ontario

London N6A 4L9, ℂ (519) 661-5000. Das Touristenbüro in **Stratford** ist in der Albert Street 38, ℂ (519) 271-5140, und das in **Windsor** in der Chatham Street East 80, ℂ (519) 255-6530.

ANREISE

Die Route 401 zwischen Toronto und Windsor ist das Betonrückgrat der Halbinsel. Nach Kitchener fährt man auf ihr von Toronto aus ein Stunde, London ist etwa anderthalb Stunden von Kitchener entfernt und

Windsor zwei Stunden von London. Aus den USA benutzt man von Detroit aus die Brücke oder den Tunnel nach Windsor. Der tägliche Amtrak-Zug von Chicago und Detroit nach Toronto und Montreal hält in Windsor und London. Canadian Airlines International, ℂ (519) 455-8385, fliegen Windsor und London ebenfalls an.

KITCHENER-WATERLOO

Etwa eine Stunde Fahrt von Toronto entfernt, ist diese industrielle Zwillingsstadt nun verschmolzen zu einer Kommune mit 190 000 Einwohnern. Sie liegt im Farmland

OBEN: Mennoniten-Kutsche in Kitchener.

Südontarios. Über die Hälfte ihrer Bürger ist deutscher Abstammung, und dieses gemeinsame deutsche Erbe gibt der Stadt ihren besonderen Charakter. Kitchener und Waterloo wurden 1800 von deutschen Mennoniten besiedelt. Diese strenge, aus der Täuferbewegung hervorgegangene Religionsgemeinschaft hatte sich zuerst in Pennsylvanien niedergelassen, mußte aber wegen ihrer pazifistischen Gesinnung während der amerikanischen Revolution weiterziehen. Viele ihrer Nachkommen leben heute in diesem Gebiet in mennonitischen Farmgemeinschaften, wo sie gläubig ihren Grundsätzen treu und damit dem Leben des 20. Jh. fern bleiben. Sie benutzen keine modernen Geräte, fahren in Pferde-Einspännern, die Männer tragen schwarze Anzüge und Hüte, die Frauen lange Kleider und kleine Hauben; ihre malerische Lebensart macht sie zu einer der Hauptattraktionen dieser Region.

Was Sie sehen und tun können
Neun Tage lang strömen im frühen Oktober die Menschen zum **Oktoberfest** in die Stadt. Das deutsche Erbe wird dann gefeiert: bei deutschem Essen und bei deutschem Bier, mit Trachtenkapellen, mit Tänzen und mit Sport- und Kulturveranstaltungen in Hallen und in rund um die Stadt aufgebauten Zelten. Etwa 600 000 Besucher reisen an, eine frühe Hotelreservierung ist also unbedingt notwendig. Über Einzelheiten informiert: Kitchener-Waterloo Oktoberfest Inc., P.O. Box 1053, Kitchener N2G 4G1, ((519) 576-0571.

Die bekannten Bauernmärkte ziehen viele Besucher an. Der **Markt in Kitchener** findet in einem modernen Gebäude an der Kreuzung von King Street East und Frederick Street statt. Das ganze Jahr hindurch am Samstagmorgen und zwischen Mitte Mai und Mitte Oktober auch am Mittwochmorgen werden mennonitisches Kunsthandwerk, Käse, Würste und Selbstgebackenes verkauft. Die Leute kommen zum Kaufen, aber ebenso, um die Farmer und ihre Familien in ihren traditionellen Gewändern und um die Pferdekutschen zu sehen. Zwei weitere Märkte gibt es in Waterloo: den **County Market**, der wie der Kitchener-Markt das ganze Jahr über am Samstagmorgen und von Juni bis zum frühen Oktober auch am Mittwoch früh offen ist, und den **Stockyard Farmers' Market**, der das ganze Jahr hindurch am Donnerstag- und am Samstagmorgen betrieben wird.

Nicht weit vom Markt in Kitchener steht in der Queen Street South 466 das **Joseph-Schneider-Haus**. Dieses deutsche Mennoniten-Haus sieht nach der Restaurierung wieder aus wie in den fünfziger Jahren des 19. Jh. Besondere Ereignisse und Vorführungen über das tägliche Leben in jener vergangenen Zeit werden hier geboten. Vom 24. Mai bis zum Labor Day ist es täglich geöffnet. Einen Einblick in die Zeit des späten 19. Jh. können Sie täglich und ganzjährig in der Wellington Street North 528 in Kitchener im **Woodside**, ((519) 742-5273, gewinnen. Hier lebte als Kind William Lyon Makkenzie King, der im frühen 20. Jh. Ministerpräsident Kanadas war. Es hat nach der Restaurierung wieder seine Gestalt aus den neunziger Jahren des letzten Jahrhunderts erhalten, und es zeigt Gegenstände aus dem Leben Kings.

Freunde eines guten Schlucks sollten wissen, daß das alte Faßlagerhaus der Seagram-Brennerei in der Erb Street West 57 in Waterloo heute als **Seagram Museum**, ((519) 885-1857, dient. Exponate und Filme gehen auf Geschichte und Erzeugung von Wein und Schnaps ein. Gleich bei der King Street, ebenfalls in Waterloo, erstrecken sich die schönen Anlagen der **Universitäten von Waterloo und Wilfrid Laurier**. Die University of Waterloo besitzt eine Kunstgalerie, ein Museum für Erdwissenschaften und ein Spielemuseum, Wechselnde Ausstellungen unterschiedlicher Thematik zeigt die Concourse Gallery der Laurier University. Ganzjährig von Montag bis Freitag geöffnet.

Südlich von Kitchener warten die **Doon Heritage Crossroads** mit einigen authentischen Pionierbauten auf. Die restaurierten Häuser sollen eine frühe Siedlung nachstellen. Es gibt einen Kaufladen, eine Kirche, einen Bahnhof, das Gingerbread House (aus dem späten 19.Jh. mit einer Puppensammlung) und ein Museum mit einer Ausstellung über Indianer und frühe Pioniere. Besondere Veranstaltungen, Ausstellungen und Feste finden hier statt. Von Mai bis

Dezember täglich ganztags geöffnet, im restlichen Jahr nur nachmittags.

Unterkunft

MITTLERE PREISLAGE

Das **Hotel Walper Terrace**, King Street West 1, Kitchener N2G 1A1, ℭ (519) 745-4321, ist ein renoviertes viktorianisches Gebäude mit 113 reizend möblierten und klimatisierten Zimmern mit Bad, TV und mit zwei Restaurants. Stärker der Gegenwart zugewandt ist das **Valhalla Inn**, King Street East 105, P.O. Box 4, Kitchener N2G 3W9, ℭ (519) 744-4141, gebührenfrei ℭ (800) 268-2500; die Zimmer mit Balkon sind nett ausgestattet, es gibt eine Schwimmhalle mit angrenzendem Café, eine Sauna, ein Fitneßcenter und eine Bar. Wie gewohnt eine gute Wahl ist das **Best Western Conestoga Inn**, Weber Street East 1333, Kitchener N2A 1C2, ℭ (519) 893-1234, gebührenfrei ℭ (800) 528-1234; von den 102 Zimmern sind einige Motelunterkünfte; eine Schwimmhalle, eine Sauna und zwei Restaurants sind vorhanden. Das **Holiday Inn**, Fairway Road South 30, Kitchener N2A 2N2, ℭ (519) 893-1211, gebührenfrei ℭ (800) HOLIDAY verfügt über 185 moderne Zimmer, Swimmingpools im Haus und im Freien, eine Sauna und Einrichtungen zur Kinderbeaufsichtigung.

PREISGÜNSTIG

Sehr gute Unterkunft bietet das **Riviera Motel**, King Street East 2808, Kitchener N2A 1A5, ℭ (519) 893-6641. Die 46 klimatisierten Zimmer sind hübsch eingerichtet, haben TV und blicken auf einen Swimmingpool. Das ausgezeichnete **Journey's End Motel**, Long Street East 2899, Kitchener M2A 1A6, ℭ (519) 894-3500, gebührenfrei ℭ (800) 668-4200, vermietet 103 geräumige klimatisierte Zimmer mit Bad und TV.

Informationen über **Bed & Breakfast** gibt es bei der B&B Southwestern Ontario Countryside Vacation Association, c/o Mrs. E. Alveretta Henderson, RR1, Millbank N0K 1L0, ℭ (519) 595-4604.

Kitchener besitzt ein **YMCA**, Queen Street und Water Street, ℭ (519) 743-5201, und ein **YWCA**, Frederick Street und Weber Street, ℭ (519) 774-0120. Auch in der **University of Waterloo** kann man unterkommen; Informationen beim Conference Manager, P.O. Box 610, Village Two, Waterloo N2J 4C1, ℭ (519) 885-1211. Einzelheiten über Unterkünfte in der **Wilfrid Laurier University** gibt es beim Conference Co-ordinator, University Avenue West 75, Waterloo N2L 3C5, ℭ (519) 884-8110, Apparat 251.

Restaurants

Zu den Restaurants, die sich an der King Street drängen, gehört das **Charcoal Steak House**, ℭ (519) 893-6570, in der King Street East 2980. In sechs hübschen und gemütlichen Räumen werden sehr gute Steaks zu mittleren Preisen serviert. Nach Schweizer Art ißt man im **Swiss Castle Inn**, King Street East 1508, ℭ (519) 744-2391: Fondues und andere Landesspezialitäten zu günstigen Preisen. An der King Street Ecke Water Street sollten Sie im **A la Cape Breton** frühstücken und die Crêpes probieren. In der Eby Street North 24 (Nebenstraße der King Street) verteilen sich im **Brittany**, ℭ (519) 745-7001, drei Speiseräume über ein altes Stadthaus. Die exzellenten Gerichte kommen zu mittleren Preisen auf den Tisch. Wegen seiner Popularität sollten Sie reservieren. Im preisgünstigen und angenehmen **Janet Lynn's Bistro**, Market Village 1, ℭ (519) 742-2843, sind die Speisen appetitlich, der Rahmen ist elegant. Gute und einfache Kost wie Burger und Salate gibt es im **Marbles**, William Street 8, ℭ (519) 885-4390.

STRATFORD

Mit der berühmten englischen Stadt gleichen Namens hat dieses reizende Städtchen (26 000 Einwohner) mitten im Farmland viel gemein. Und diese Gemeinsamkeiten sind keineswegs zufällig. Der Gastwirt William Sargint nannte 1830 seinen Gasthof Shakespeare Inn, worauf die Gemeinde ihren Namen in Stratford änderte und den Fluß in Avon umtaufte. Die wichtigste Verbindung wurde jedoch 1953 mit der Einführung des weltweit bekannten Shakespeare Festivals geschmiedet, zu dem in jedem Sommer ein großes internationales Publikum anreist.

Was Sie sehen und tun können

Das **Shakespeare Festival** war ein Traum des Lokaljournalisten Tom Patterson; ein

Traum, der mit Hilfe von Sir Tyrone Guthrie Wirklichkeit wurde, als 1953 in einem Zelt das erste Fest stattfand. Die Idee schlug ein, ein preisgekröntes Theater entstand, und das Festival wuchs an Umfang, an Beliebtheit und an Ruf. Rund 500 000 Menschen kommen heutzutage. Die Saison dauert von Juni bis Oktober. Zwar werden vor allem Shakespearestücke gegeben, aber auch andere klassische und moderne Werke werden gezeigt. Internationale Stars treten in hochgepriesenen Inszenierungen auf. Die Stadt verfügt über drei Theater: das Festival Theatre, Queen Street 55; das Avon Theatre, Downie Street 99; und das Third Stage, Lakeside Drive. Informationen über das Festival gibt es beim Stratford Festival, P.O. Box 520, Stratford N5A 6V2, ((519) 273-1600. Der Kartenvorverkauf beginnt Anfang März.

Im Zentrum des Festes steht das **Festival Theatre** aus den späten fünfziger Jahren. Einfallsreich wurde es konstruiert nach den Erfordernissen der elisabethanischen Bühne und in Erinnerung an die Art und Weise, wie ursprünglich einmal gespielt wurde. Die Rasen des hübschen **Queen's Park** in der Nähe ziehen sich bis zum Flußufer hinunter. Etwa ab hier ist der Fluß gestaut und bildet den Victoria Lake, der mit seinen Schwänen und Enten die Ähnlichkeit mit Englands Stratford noch verstärkt. Es gibt viele angenehme Wanderwege und Picknickplätze. Fußpfade führen hinter dem Damm durch ein altmodisches Tor in den wunderschönen **Shakespeare Garden**, einen englischen Garten mit der Büste des Dichters.

In einem alten Gebäude in der Romeo Street North 54 beim Confederation Park zeigt **The Gallery**, ((519) 271-5271, immer wieder zeitlich begrenzte Ausstellungen moderner Malerei und Bildhauerei, dazu gibt es Vorträge und Filme. Das Haus besteht aus drei Galerien, so daß man stets wählen kann; im Sommer täglich geöffnet, den Rest des Jahres montags geschlossen.

Unterkunft

MITTLERE PREISLAGE

Eines der ältesten Hotels in Stratford ist das **Queen's Inn**, Ontario Street 161, Stratford

Den Shakespeare Garden im Queen's Park von Stratford ziert diese Büste des Barden.

N5A 3H3, ((519) 271-1400; günstige zentrale Lage und in der Nähe aller drei Theater; 31 hübsche klimatisierte Zimmer mit Bad, zwei Restaurants. Die Preise ziehen sich bis in die teure Kategorie hinauf. Das **Jester Arms Inn**, Ontario Street 107, Stratford N5A 3H1, ((519) 271-1121, bietet 13 gut ausgestattete und hübsch möblierte Zimmer mit Bad und Kücheneinrichtung. Auch hier schwanken die Preise zwischen mittel und teuer. Einige Mini-Suiten vermietet neben seinen 39 geräumigen, modernen und klimatisierten Zimmern mit TV das **Albert Place**, Albert Street 23, Stratford N5A 3K2, ((519) 273-5800. Eine kurze Fahrt außerhalb der Stadt liegt das **Festival Inn**, P.O. Box 811, Ontario Street 1144, Stratford N5A 6W1, ((519) 273-1150. In dem Bau im imitierten Tudorstil sind 151 komfortable Motelzimmer verschiedener Art (alle mit Bad) untergebracht. In der hübschen Anlage finden die Gäste Tennisplätze, eine Schwimmhalle und einen Speisesaal.

PREISGÜNSTIG

Ebenfalls ein wenig außerhalb der Stadt verteilen sich auf einem Rasengebiet rund um den Swimmingpool die 31 komfortablen Motelzimmer des **Majer's Hotel**, RR4, Stratford N5A 6S5, ((519) 271-2010. Etwas näher an der Stadt können Sie in den 15 klimatisierten Zimmern des **Noretta Motel** unterkommen; Ontario Street 691, Stratford N5A 3J6, ((519) 271-6110.

Zu den interessantesten Häusern im Programm **Bed & Breakfast** dieses Gebietes zählt das **Brunswick House**, Brunswick Street 109, Stratford N5A 3L9, ((519) 271-4546. Es steckt voller Bücher und Gemälde, die sechs Zimmer sind individuell und gemütlich eingerichtet, und es wird von zwei Schriftstellern geführt. In einem Haus des 19. Jh. dicht bei der Innenstadt bietet auch das **Crackers**, Erie Street 433, Stratford N5A 2N3, ((519) 273-1201, fünf ungewöhnliche und individuell möblierte Zimmer; eines davon mit Himmelbett. Details und Broschüren über weitere B&B-Möglichkeiten bei The Southwestern Ontario Countryside Vacation Association, c/o Mrs. E. Alveretta Henderson, RR1, Millbank N0K 1L0, ((519) 595-4604, und bei Stratford Festival, P.O. Box 520, Stratford N5A 6V2, ((519) 273-1600.

Restaurants

MITTLERE PREISLAGE

Essen müssen Sie auf jeden Fall im **Church Restaurant**, Brunswick Street 70, ☏ (519) 273-3424. Sollten Sie das jedoch zu Festivalzeiten tun wollen, müssen Sie mit Ihrer Kartenbestellung auch gleich einen Tisch reservieren – d.h. bis zu sechs Monate im voraus. In der einstigen Kirche aus dem 19. Jh. wird feinste französische Küche serviert. Altar, Buntglas und das originale Holzwerk sind erhalten geblieben. Im Belfry (Grillroom und Bar) sind Speisen, Snacks und Getränke billiger. Das Restaurant ist täglich außer montags geöffnet, die Preise schwanken zwischen mittel und teuer.

Ein anderes ausgezeichnetes Restaurant ist das **Rundles**, Coburg Street 9, ☏ (519) 271-6442. Es liegt herrlich am Victoria Lake, seine Inneneinrichtung ist modern und mit Gegenwartsmalerei ausgestattet. Die phantasiereichen Speisen lassen dem Gast das Wasser im Mund zusammenlaufen. Ich empfehle das Tagesmenü mit drei Gängen. Für Festivalbesucher werden auch delikate Lunchpakete zusammengestellt. Die Öffnungszeiten des Rundles richten sich nach dem Spielplan, normalerweise aber ist es von Mittwoch bis Samstag zum Mittag- und zum Abendessen geöffnet, nur zum Mittagessen am Sonntag; im Winter bleibt es geschlossen. Auch hier schwanken die Preise zwischen mittel und teuer. Einheimische Produkte nehmen einen wichtigen Platz ein auf der Speisekarte von **The Old Prune**, Albert Street 151, ☏ (519) 271-5052. Das Essen ist leicht, frisch und delikat; zum Dinner gibt es ein Tagesmenü, darüber hinaus ist die Auswahl aber groß.

PREISGÜNSTIG

Ein Gebäude aus dem Jahr 1856 und möbliert wie ein ländliches englisches Pub: Das ist **Bentley's Pub and Restaurant**, Ontario Street 99, ☏ (519) 271-1121. Auf der guten Speisekarte stehen Rind, Fisch, Teigwaren und Gebäck frisch aus dem Ofen. Am Eingang befindet sich eine Bar. Bei **Wolfy's**, Downie Street 127, ☏ (519) 271-2991, ist die Speisekarte relativ klein, aber interessant. Die geschmackvollen Gerichte werden in einem früheren Fish-and-Chips-Laden aufgetischt, die Preise schwanken zwischen günstig und mittel. Großartig für ein Frühstück ist das **Let Them Eat Cake**, Wellington Street 82, ☏ (519) 273-4774, und mittags gibt es gute Suppen und Snacks.

LONDON

An der Gabelung des River Thames ist diese Stadt das Industriezentrum der Region. Dank reizender alter Häuser, baumgesäumter Straßen und Plätze und außergewöhnlicher Begrünung wird das allerdings nicht so schnell erkennbar. Ein umfangreiches Programm zur Baumpflanzung wurde schon vor 100 Jahren initiiert, und es läuft noch heute.

Was Sie sehen und tun können

Die auffallend moderne **Art Gallery**, Ridout Street 421, ☏ (519) 672-4580, über dem Fluß hat Raymond Moriyama entworfen. Die ungewöhnliche Konstruktion besteht aus einer Reihe ineinandergreifender Tonnengewölbe. Die dabei entstandenen großen luftigen Galerien erhalten natürliches Licht aus gläsernen Kuppeln. Die Galerie zeigt wechselnde Ausstellungen nationaler und internationaler Kunst und besitzt ihre eigene große Sammlung kanadischer Kunst. Sie ist von Dienstag bis Sonntag geöffnet, der Eintritt ist frei. Andere kulturelle Unterhaltung bietet das **Grand Theatre**, Richmond Street 471, ☏ (519) 672-8800. Im herrlich restaurierten Gebäude der Jahrhundertwende gehen Komödien, Musicals und Dramen über die Bühne.

Wunderschöne Zeiten erleben Kinder im **London Regional Children's Museum**, Wharncliffe Road South 21, ☏ (519) 434-5726. Sie werden zum Erforschen, zum Teilnehmen und zum Spielen ermuntert und können in der Galerie «The Street Where You Live» in Kostüme oder in Uniformen schlüpfen, um ein Feuerwehrmann, eine Ärztin oder ein Baumeister zu sein. Sie dürfen erleben, wie das Leben in der Vergangenheit war, oder die Computer Hall erforschen oder ins Weltall hinausschauen. Das Museum ist von Montag bis Samstag täglich, am Sonntag nur nachmittags geöffnet.

VORHERGEHENDE SEITEN: Schwäne gleiten auf dem River Avon am Queen's Park in Stratford vorbei. GEGENÜBER: Folkloristische Darbietung im Fanshawe Pioneer Village.

Einen Blick in das Leben in Südwestontario vor Eintreffen der Siedler vermitteln das **Museum of Indian Archaeology** und das **Lawson Prehistoric Indian Village**, Attawandaron Road 1600, ℂ (519) 473-1360. Gezeigt werden die Vorgeschichte der Region und ein rekonstruiertes Attawandaron-Dorf. Von April bis November täglich geöffnet. Etwa 32 km südwestlich der Stadt ist das **Ska-Nah-Doht Indian Village** eine Nachgestaltung eines prähistorischen Irokesendorfes mit Ausstellungen und audiovisuellen Darbietungen, die Aspekte des da-

maligen Alltagslebens zeigen. Abgehend von der Route 2, findet man es auf dem Gebiet der Longwoods Road Conservation; es ist täglich geöffnet.

Das Leben in einer Pioniergemeinschaft wird nachgestellt im **Fanshawe Pioneer Village** im Fanshawe Park, ℂ (519) 451-2800, 14 km nordöstlich der Stadt. Das rekonstruierte Dorf besteht aus 24 Gebäuden. Sie können Demonstrationen handwerklicher Fähigkeiten der Pioniere beiwohnen oder eine Planwagenfahrt unternehmen. Vom frühen Mai bis zum Labor Day täglich geöffnet. Der Park selbst erstreckt sich über 1500 Morgen Land und enthält einen großen See und einen Pool; Sie können schwimmen, angeln, Kanu fahren, windsurfen und segeln; ganzjährig geöffnet außer an den Winterwochenenden.

Unterkunft

MITTLERE PREISLAGE

Die beste Unterkunft bietet wohl das **Idlewyld Inn**, Grand Avenue 36, London N6C 1K8, ℂ (519) 433-2891, eine prächtige Villa aus dem Jahr 1878 mit großen Fenstern, kunstvollem Holzwerk und einem großartigen Treppenaufgang. Die 25 Gästezimmer sind einmalig gestaltet in einer geglückten Kombination aus antiken Möbeln und modernen Einrichtungen. Ein ungewöhnlicher Rahmen und ein Hauch von Luxus zeichnen das **Sheraton Armouries Hotel** aus; Dundas Street 325, London N6B 1T9, ℂ (519) 679-6111. Ein mit Türmchen versehenes und massiv gemauertes Arsenal bildet den Hauptstock des Gebäudes, über dem sich ein Glasturm aufschwingt. Die 250 Zimmer sind hübsch möbliert, haben Bad und TV. Es gibt eine Schwimmhalle, Fitneßeinrichtungen, eine Lounge mit musikalischer Unterhaltung und zwei Restaurants, eines mit japanischer, das andere mit regionaler Küche. Eine günstige Lage zeichnet das gewohnt gute **Best Western Lamplighter Inn** aus; Wellington Road South 591, London N6C 4R3, ℂ (519) 681-7151. Alle 125 Zimmer haben Bad, außerdem gibt es ein paar Mini-Suiten.

PREISGÜNSTIG

In Flughafennähe finden sich unter den 25 Zimmern des **Motor Court Motel**, Dundas Street East 1883, London N5W 3G3, ℂ (519) 451-2610, einige Flitterwochen- und Familiensuiten, zu den Einrichtungen gehören Sauna und Whirlpool. Ein sehr gutes Preis-Leistungs-Verhältnis herrscht im **Golden Pheasant**, RR5, London N6A 4B9, ℂ (519) 473-4551, mit 41 klimatisierten Zimmern, einem Swimmingpool und einem Spielareal für Kinder. Einzelheiten über **Unterkunft an der Universität** gibt es beim **King's College** Conference Co-ordinator, Epworth Avenue 266, London N6A 3K7, ℂ (519) 433-3491. Eine Auflistung der Möglichkeiten von **Bed & Breakfast** erhalten Sie bei der London Area B&B Association, Headley Drive 72, London N6H 3V6, ℂ (519) 471-6228.

Auf dem Gebiet der **Fanshawe Park Conservation**, 14 km nordöstlich der Stadt, ✆ (519) 475-4471, können 600 Camper unterkommen, die Einrichtungen sind gut, die Umgebung mit einem Strand, einem großen See und Wald ist sehr hübsch.

Restaurants
Erstklassige Meeresfrüchte gibt es bei **Anthony's**, Richmond Street 433, ✆ (519) 679-0960; die Atmosphäre ist angenehm und freundlich, das Essen kommt wunderschön angerichtet auf den Tisch, und die Desserts sind hausgemacht. Montag bis Donnerstag zum Mittag- und zum Abendessen geöffnet, Freitag nur zum Mittagessen; Preise zwischen mittel und teuer. Für kontinentale Küche empfiehlt sich der **Wonderland Riverview Dining Room**, Wonderland Road South 284, ✆ (519) 471-4662; das beliebte Lokal mit Blick auf den Fluß besitzt auch eine Terrasse und eine Tanzfläche; täglich tagsüber geöffnet, Preise zwischen mittel und teuer. Ähnliche Preise zahlen Sie im **Maestro's**, Dundas Street 352, ✆ (519) 439-8983; serviert werden Speisen aus aller Welt und ein besonders gutes Frühstück.

Durch eine erstaunliche Auswahl an Weinen können Sie sich im **Taste Vin** trinken, Queen's Avenue 171, Richmond, ✆ (519) 432-WINE; zu günstigen Preisen gibt es dabei mittags und abends leichte und schmackhafte Gerichte. Traditionell kanadische Speisen in angenehm friedlichem Rahmen essen Sie im **Friar's Cellar II**, Bathurst Street 267, und gute Hausmannskost bei **Mr. Abnathy's**, King Street 299; beide preisgünstig.

WINDSOR

Nur der Detroit River trennt das amerikanische Detroit von Windsor. Die geographische Lage verhalf der Stadt schon im frühen 18. Jh., als sie ein Zentrum des französischen Pelzhandels war, zu großer wirtschaftlicher Bedeutung. Heute ist sie durch ihre umfangreiche Autoproduktion eng mit Detroit verbunden. Eine Brücke und ein Tunnel von Detroit machen Windsor zu einem Haupteinfallstor nach Kanada.

Was Sie sehen und tun können
Zwischen dem 19. Juni und dem 15. Juli feiern Windsor und Detroit jährlich gemein-

OBEN: Einer der zahlreichen farbenprächtig geschmückten Festwagen auf dem Umzug des International Freedom Festival in Windsor.

sam den amerikanischen Unabhängigkeitstag und den kanadischen Nationalfeiertag mit dem **International Freedom Festival**. Umzüge, Konzerte aller Art, Tanzdarbietungen und Sportereignisse münden zum Abschluß in einem gewaltigen Feuerwerk. Über zwei Oktoberwochenenden findet in Windsor auch ein **Oktoberfest** statt. Informationen unter ℂ (519) 966-3815.

Besuchen Sie als kulturelle Abwechslung die freundliche **Art Gallery of Windsor**, Riverside Drive West 445, ℂ (519) 258-7111. Sie finden sie in einem renovierten Gebäude am Ufer. Gezeigt wird eine permanente Ausstellung kanadischer Malerei und Bildhauerei. In einer Kindergalerie ist Spielzeug aus Pioniertagen zu sehen. Täglich außer Montag und an Feiertagen geöffnet.

Erstklassige **Pferderennen** werden auf dem **Windsor Raceway**, ℂ (519) 969-8311, geboten. Er liegt 10 km südlich der Stadt an der Route 18. Gelaufen wird von Mitte Oktober bis April an den Abenden zwischen Mittwoch und Samstag, manchmal auch Samstag nachmittags.

Unterkunft

Auf den Fluß blickt das **Holiday Inn**, Riverside Drive West 480, ℂ (519) 253-4411, gebührenfrei ℂ (800) HOLIDAY; Unterkunft im Motelstil in mittlerer Preislage und mit guten Einrichtungen einschließlich Swimmingpool, Restaurant und Coffeeshop. Schwimmhalle, Speisesaal und 150 Zimmer bietet in mittlerer Preislage das **Relax Plaza Hotel**, Riverside Drive East 33, Windsor N9A 2S4, ℂ (519) 258-7774; vor allem bei Familien beliebt. In einer schönen Anlage erstreckt sich das **Ivy Rose Motel**, Howard Avenue 2885, Windsor N8X 3Y4, ℂ (519) 966-1700; 91 geräumige Zimmer, zu den guten Einrichtungen zählen Swimmingpool, Kinderspielplatz und ein Restaurant. Die Preise schwanken zwischen günstig und teuer. Gewohnt hohe Qualität und Komfort dürfen Sie im **Journey's End Motel** erwarten, Dougall Avenue 2955, Windsor N9E 1S1, ℂ (519) 966-7800, gebührenfrei ℂ (800) 668-4200.

Das preisgünstige **Best Western Continental Inn**, Huron Church Road 3345, Windsor N9E 4H5, ℂ (519) 966-5541, gebührenfrei ℂ (800) 528-1234, besitzt 71 klimatisierte Zimmer und einen Swimmingpool. Zu den gepflegten Einrichtungen im **Cadillac Motel**, Dougall Avenue 2498, ℂ (519) 969-9340, zählen Wasserbetten, ein Swimmingpool und ein Babysitting-Dienst. Einige der 47 Zimmer sind Hochzeitssuiten, aber alle sind preisgünstig. Einzelheiten über **Unterkunft an der Universität** gibt die University of Windsor, Office of Conference Services, Windsor N9B 3P4, ℂ (519) 253-4232, Apparat 3276.

Auf dem **Windsor South KOA**, ℂ (519) 726-5200, sind 150 Campingparzellen angelegt, einige davon mit Elektrizität und fließendem Wasser; Wäscherei und Restaurant sind vorhanden.

Restaurants

Ein großartiges Herrenhaus aus dem 19. Jh. ist das **Maison-Girardot Alan Manor**, Mill Street 411, ℂ (519) 253-9212. Seine sechs reizenden Speisesäle sind mit Antiquitäten, Orientteppichen und Kronleuchtern ausgestattet. Die Speisekarte ist abwechslungsreich, die Preise sind günstig; täglich außer montags zum Mittag- und Abendessen geöffnet. Reservierung zum Wochenende empfohlen. Italienisch essen Sie am besten in der **Casa Bianca**, Victoria Street 345, ℂ (519) 253-5218. Ausgesprochene Fleischliebhaber sollten **Sir William's Steakhouse**, Ouellette Avenue 650, ℂ (519) 254-5119, ausprobieren.

NORDONTARIO

Als Nordontario gilt das Gebiet nördlich und westlich des Lake Nipissing zwischen der Grenze zu Quebec und der Nordspitze der Georgian Bay. Mit anderen Worten: Was die Größe angeht, nimmt Nordontario fast die Gesamtfläche Ontarios ein, was touristisches Interesse angeht, bietet es jedoch sehr wenig. Dicht bewaldet und dünn besiedelt, besitzt diese weite Wildnis außer in der Nähe reicher Erzlager und an den Ufern des Lake Huron und des Lake Superior keine nennenswerten Städte.

Wer der Zivilisation allerdings wirklich entfliehen will, der findet an Seen und an Flüssen und in der Tiefe der Wälder inmitten reicher Tierwelt das Ziel seiner Träume.

Allgemeine Informationen

Besucher von **Sudbury** sollten sich mit der Rainbow Country Travel Association in Verbindung setzen. Sie unterhält ein Welcome Centre an der Route 69 Süd in der Whippoorwill Road, RR 3, Site 14, P.O. Box 29, Sudbury P3E 4N1, ℂ (705) 522-0104. Auch ein Touristenbüro gibt es in Sudbury in der Brady Street, Civic Square, West Tower, ℂ (705) 673-4161. Reisende nach **Sault Ste. Marie** wenden sich an die Algoma Kinniwabi Travel Association, Queen Street East 616, Suite 203, Sault Ste. Marie P6A 2A4, ℂ (705) 254-4293. Ein Tourist Information Centre, ℂ (705) 253-1103, finden Sie in der Huron Street 120 bei der International Bridge.

In **Thunder Bay** gibt es zwei Touristenbüros: eines im Paterson Park an der Ecke von May Street und Northern Avenue, ℂ (807) 623-7577, und das andere, ℂ (807) 625-2149, an der Ecke von Red River Road und Water Street. Auskünfte über den gewaltigen Raum zwischen diesen Orten und über diese Orte hinaus besorgen Sie sich bei Ontario Travel, Queen's Park, Toronto M7A 2R9, ℂ (416) 965-4008, gebührenfrei ℂ (800) ONTARIO.

Anreise

Sudbury, Sault Ste. Marie und Thunder Bay werden alle von Air Canada angeflogen. Nordair fliegt nach Sault Ste. Marie und nach Thunder Bay, während Norontair die Stadt Sudbury und die Städte weiter im Norden der Provinz bedient.

Sault Ste. Marie besitzt keine Zugverbindung, der tägliche Zug von VIA Rail von Vancouver und Winnipeg nach Osten hält jedoch auf seinem Weg nach Ottawa und Montreal in Thunder Bay und in Sudbury. Dasselbe gilt für den Gegenzug. Eine tägliche Zugverbindung besteht auch zwischen Sudbury und Toronto.

Greyhound-Busse fahren aus großen kanadischen Städten regelmäßig nach Sudbury, Sault Ste. Marie und nach Thunder Bay. Nach Sault Ste. Marie kommen täglich auch Busse aus Detroit und aus Chicago.

Für Autofahrer verbindet der Trans-Canada Highway (Route 17) die drei Orte untereinander und erschließt die Regionen im Osten und Westen von ihnen. Von Süden her kann man Sudbury auf der Route 69 von Toronto her erreichen, Sault Ste. Marie auf der I-75 von Detroit und Thunder Bay auf der I-35 von Minneapolis/St. Paul und von Duluth (nach Grenzübertritt wird sie zur Route 61).

Sudbury

Sudbury erstreckt sich im weiten Becken von Sudbury, einer erzreichen Region von 37 km Länge und 27 km Breite. Das größte einzelne Nickelerzlager der Welt befindet sich hier. Sudbury gehört zu den wichtigsten Bergbaustädten Kanadas mit der größten Nickelförderungsanlage der Erde. Die daraus resultierende Verschmutzung hat zur Trostlosigkeit von einzelnen Landstrichen beigetragen. Diese Öde wird immerhin jedoch ausgeglichen durch das umliegende weite Land des Kanadischen Schildes, wild und wunderschön mit seinen Wäldern, Felsen und Seen, die dem Freiluftfanatiker jede erdenkliche Möglichkeit bieten.

Von Sudburys 149 000 Einwohnern ist ein Viertel frankophon. An der Laurentian University am Ufer des Lake Ramsey wird zweisprachig gelehrt. Die französische Kultur blüht hier.

Was Sie sehen und tun können
Hauptanziehungspunkt in der Stadt ist wohl **Science North**, ein eindrucksvolles Wissenschaftszentrum am Ufer des Lake Ramsey. Der Architekt Raymond Moriyama schuf diesen aufsehenerregenden Bau, dessen zwei schneeflockenförmige Gebäude sich über eine Höhle im Felsen spannen. Der Kleinere, achteckige Bau ist die Empfangshalle; mit der größeren «Schneeflocke», in der Sie die Ausstellungshallen finden, verbindet ihn ein Tunnel durch den Felsen. In der Dunkelheit der Höhle flimmert ein dreidimensionaler Film über die Landschaft Nordontarios über die Leinwand. Danach steigen Sie in den Ausstellungsbereich hinauf, wo Sie Wissenschaft mit den Händen greifen dürfen. Sie können Ihr ideales Körpergewicht bestimmen, Ihre Fitneß testen, eine Wetterstation besuchen oder herausfinden, wie hoch die Luftver-

schmutzung ist und wie sie im Atmosphere Laboratory untersucht wird. Computer ermutigen die Gäste, sich in eine ganze Reihe von Themen zu vertiefen: Insekten, Säugetiere, Kommunikationsmittel oder Weltall. Sie können im Zentrum essen, es gibt eine Loungebar und eine Buchhandlung. Science North, ((705) 522-3700, liegt 1,5 km südlich vom Trans-Canada Highway in der Ramsey Lake Road. Von Mitte Mai bis Mitte Oktober ist es täglich geöffnet, von Dienstag bis Sonntag den Rest des Jahres und im Januar bleibt es geschlossen.

Schmelzvorgänge in dieser Region. Ein Besuch in der **Inco Refinery** ist eingeschlossen. Von Juni bis zum Labor Day fahren die Busse dreimal täglich ab, Informationen unter ((705) 522-3700.

Wenn es Sie interessiert, wie die ersten Siedler lebten, müssen Sie in der Balsam Street in Copper Cliff das **Copper Cliff Museum** besuchen, eine Pionier-Blockhütte mit Möblierung und Werkzeugen jener Zeit. Ein weiteres Pionierhaus ist das **Flour Mill Heritage Museum**, Notre Dame Avenue 514, ((705) 675-7621. Gegenstände

Im Westen der Stadt erhebt sich zwischen vier weiteren riesigen Münznachbildungen Sudburys berühmtes Wahrzeichen, der 9 m hohe **Big Nickel** (kanadisches Fünf-Cent-Stück). Darunter liegt die **Big Nickel Mine**, ((705) 673-5659. Science North betreibt sie, und sie ist der Öffentlichkeit zugänglich. Ein Förderkorb bringt Sie in die Tunnels hinunter, wo der Abbauprozeß demonstriert wird. Von Mitte Mai bis Mitte Oktober täglich geöffnet. Am Big Nickel können Sie einsteigen zum **The Path of Discovery**, einer zweieinhalbstündigen Bustour durch das Sudbury-Becken. Sie wird ebenfalls von Science North organisiert und gibt einen Einblick in die umfangreichen Abbau-, Reinigungs- und

und Möbel aus dem 19. Jh. werden gezeigt. Von Mitte Juni bis zum Labor Day montags bis freitags und am Sonntagnachmittag geöffnet.

Auf Freunde der freien Natur wartet 80 km südwestlich von Sudbury der **Killarney Provincial Park**. Vor dem Hintergrund der schneebedeckten **La Cloche Mountains** nimmt er die schönsten 363 km^2 der schroffen Wildnis des Kanadischen Schildes ein. Von einigen Campingplätzen abgesehen, gibt es keine touristischen Einrichtungen. Unterwegs ist man zu Fuß, im Kanu oder auf Skiern. Zum Angeln und Wildwasser-

Symbolträchtiges Wortspiel: Dieser große «Nickel» – so heißt in Kanada das Fünf-Cent-Stück – ziert den Eingang zur Big Nickel Mine.

fahren bietet sich südlich von Sudbury zwischen Lake Nipissing und der Georgian Bay der **French River** an. Auch im Norden und überall rund um Sudbury finden Sie endlose Möglichkeiten zur Erholung im Freien. Unterkünfte in Lodges oder auf Zeltplätzen; organisierte Ausflüge werden angeboten.

Unterkunft
Sudburys Gäste kommen vor allem in den Motels am Stadtrand unter. Ein zuverlässiges **Journey's End Motel** beim Science North, Regent Street South 2171, Sudbury P3E 1B1, gebührenfrei ((800) 668-4200, vermietet preisgünstig 80 Zimmer mit gewohnt hohem Komfort. Genauso zuverlässig sind das **Holiday Inn**, St. Anne Road 85, P.O. Box 1033, Sudbury P3E 4S4, ((705) 675-1123, mit 145 Zimmern, einer Schwimmhalle und einer Sauna, und das **Senator Motor Hotel**, Elgin Street 390, Sudbury P3B 1B1, ((705) 675-1273; die Preise für beide liegen in der mittleren Kategorie.

Eine völlig andere Art Herberge ist die **Pinecrest Farm**. Auf der Milchfarm in einem ruhigen Tal 100 km westlich von Sudbury ist Bed & Breakfast das ganze Jahr hindurch preisgünstig zu haben. Wenden Sie sich an Mack und Beth Emiry, RR2, Massey P0P 1P0. Die **Laurentian University** vermietet im Südosten der Stadt freundliche Zimmer. Einzelheiten erfahren Sie beim Director of Services, Ramsey Lake Road, Sudbury P3E 2C6, ((705) 673-6597. Unterkunft gibt es auch im **Cambrian College**. Buchungen über den Co-ordinator of Residence, Regent Street South 885, Sudbury P3E 5M4, ((705) 566-8101, Apparat 7209. Das **Sudbury International Hostel** finden Sie in der Cedar Street 302, Sudbury P3B 1M7, ((705) 674-0104.

Restaurants
Viele Eßlokale Sudburys liegen außerhalb der Innenstadt. An der Regent Street South haben sich einige Schnellgaststätten etabliert. Von allen anderen empfehle ich das preisgünstige **Ponderosa Steak House** (Glied einer Restaurantkette), wo Sie sich die Beilage zum Steak selbst an der Salatbar holen, und das ebenfalls preisgünstige **Marconi's** mit italienischer Speisekarte. Europäische Speisen mit einer Reihe deutscher Spezialitäten serviert das **Continental Cafe** in der Notre Dame Avenue 302, und ein vertrauenswürdiges Deli ist **Frank's** in der Durham Street.

SAULT STE. MARIE

Als «Soo» bekannt, ist Sault Ste. Marie von der gleichnamigen Schwesterstadt in den USA durch die Stromschnellen des St. Mary's River getrennt, der den Lake Superior und den Lake Huron verbindet. Lange vor den weißen Entdeckern waren die Schnellen ein indianischer Treffpunkt für die Jagd auf den Weißfisch. Jesuitenmissionare gründeten Sault Ste. Marie im Jahr 1668. Heute ist es eine Industriestadt mit über 80 000 Einwohnern. Sie besitzt große Stahlwerke und Papierfabriken; außerdem ist sie ein wichtiges Schifffrachtzentrum. Eine Reihe von Staustufen im Fluß ermöglicht auch großen Schiffen die Passage zwischen Lake Huron und Lake Superior. Die Schnellen werden dabei umgangen. Dieser Kanal ist der verkehrsreichste Teil des St. Lawrence Seaway. 100 Mio. Tonnen Fracht werden jährlich auf ihm bewegt.

Soo ist mit der Schwesterstadt in Michigan durch Straßen- und Eisenbahnbrücken verbunden und daher ein beliebter Halt bei Reisenden. Im Norden liegt die unberührte und ungezähmte Wildnis von Algoma. Ausflüge von Sault Ste. Marie in den Agawa Canyon sind ein beliebtes Freizeitvergnügen.

Was Sie sehen und tun können
Vom unteren Ende der Huron Street blicken Sie auf die **Soo Locks**, die Verbindung zwischen den Seen, und auf eine ununterbrochene Reihe von Schiffen. Sie können das von einer Aussichtsplattform aus tun oder direkt an den Schleusen, zu denen angenehme Wanderpfade führen. Es gibt vier amerikanische Schleusen und eine kanadische. Diese stammt aus dem Jahr 1895 und ist die älteste des Systems. Sie wird von den Parks Canada betrieben und nur von Vergnügungsbooten benutzt. Einige hübsche Picknickplätze liegen in ihrer Umgebung. **Bootsausflüge** gehen vom Norgoma Dock (beim Foster Drive) ab, und zwar zwischen

Ende Mai und Mitte Oktober; Informationen unter ℂ (705) 253-9850. Die Fahrten berühren alle Schleusen und dauern etwa zwei Stunden.

Die **MS Norgoma** war der letzte Passagierausflugsdampfer, der speziell für die Great Lakes gebaut wurde. Er wurde in ein Seefahrtmuseum verwandelt und ankert jetzt fest am unteren Ende der Elgin Street. Von Juni bis September finden täglich Führungen statt. Wenn Sie sich über die Geschichte dieses Gebiets informieren möchten, ist ein Besuch im kleinen, aber gut geplanten **Sault Ste. Marie Museum** angebracht. Das alte Gebäude steht an der Kreuzung von Queen Street und East Street. Fast jeder Enwicklungsaspekt aus einer Zeit von 10 000 Jahren ist abgedeckt; Geschichte zum Anfassen bietet die Discovery Gallery. Montag bis Samstag und am Sonntagnachmittag geöffnet.

Das **Ermatinger Old Stone House**, Queen Street East 831, ℂ (705) 949-1488, ist ein reizendes georgianisches Gebäude aus dem Jahr 1814 und das älteste noch erhaltene Haus in Nordontario. Charles Oakes Ermatinger, ein reicher Pelzhändler, baute es für seine Frau, eine Prinzessin der Ojibwa-Indianer. Für viele Forschungsreisende war es eine Oase der Erholung. Ein Stockwerk ist restauriert und im Stil des frühen 19. Jh. möbliert. Die andere Etage beherbergt ein Museum. Von Juni bis September täglich geöffnet.

Größte Anziehungskraft übt die spektakuläre Fahrt mit der Algoma Central Railway in den **Agawa Canyon** nördlich der Stadt aus. Der neunstündige Ausflug beginnt in Soo, geht zuerst nach Hearst und stößt dann tief in die unberührte Wildnis, führt durch Wälder und über Flüsse und Schluchten, passiert Brücken und Felskanten und umrundet Seen. Für zwei Stunden kann man aussteigen, die Gegend erkunden, angeln, bergsteigen, fotografieren. Es gibt auch Ausflüge mit Übernachtungsmöglichkeit in Hearst. Einzig und allein mit der Eisenbahn erreichen Sie dieses Gebiet. Die Fahrten finden von Mitte Juni bis Mitte Oktober statt, frühe Buchungen empfehle ich sehr. Vom späten Dezember bis Mitte März ist der Algoma Central Snow Train an Wochenenden unterwegs, auch hier sind Reservierungen notwendig. Die Algoma Central Railway Station, ℂ (705) 254-4331, ist in der Bay Street 129.

Um noch mehr von der Naturschönheit dieses Gebiets mitzubekommen, müssen Sie den Trans-Canada Highway (Route 17) nördlich der Stadt nach Wawa nehmen. Die Strecke durch die zerklüftete Landschaft des Kanadischen Schildes ist 230 km lang und als **Lake Superior Drive** bekannt. Sie kommen dabei an der **Batchawana Bay** vorbei, einer riesigen Bucht am Lake Superior mit Meilen an Sandstränden und herrlichen Ausblicken. Unterkunft jeder Art und jeder Menge finden Sie hier. Weiter auf dem TCH über die wunderschöne **Alona Bay** hinaus, schlägt die Straße sich ihren Weg durch den **Lake Superior Provincial Park**, eine majestätische Wildnis aus Felsenklippen und Wäldern.

Aus dem See steigt hier der **Agawa Rock** empor. Die indianischen Felsmalereien an seiner Wand erzählen Geschichten, die Longfellow zu seinem Versepos *The Song of Hiawatha* inspiriert haben.

Einen atemberaubenden Blick auf den See und auf den St. Mary's River gewährt 26 km östlich der Stadt (auf Route 550) der Bergkamm **Gros Cap**, an dessen Rand ein markierte Pfad verläuft.

Sport
Der Lake Superior Provincial Park bietet einen herrlichen Rahmen zum **Rudern** und **Kanufahren** sowie zum **Angeln**. An der Batchawana Bay führen die Flüsse landeinwärts viele Fische (Angelmöglichkeit auch während des zweistündigen Stopps beim Ausflug zum Agawa Canyon). **Schwimmen**, wenn auch in kühlem Wasser, können Sie an den reizenden Stränden der Batchawana Bay und in der Kinsmen-Crystal Creek Conservation Area, dem sogenannten Hiawatha Park mit seinem Teich und seinen Wasserfällen (eine kurze Fahrt nordöstlich der Stadt).

Skilanglauf ist nach Anfahrt im Snow Train der Algoma Central Railway an Winterwochenenden möglich; Informationen und Reservierungen unter ℂ (705) 946-7300. Um die Stadt herum gibt es zahlreiche Langlaufloipen und eine beleuchtete Piste. **Abfahrten** sind in Ski Searchmont, 48 km im Norden an der Route 556, möglich. Hunderte von Kilometern an Pisten für **Motorschlitten** sind ebenfalls vorhanden.

Unterkunft
MITTLERE PREISLAGE
Dicht bei der Bahnstation Algoma Central erhebt sich das **Holiday Inn**, St. Mary's Drive 208, Sault Ste. Marie P6A 5V4, ((705) 949-0611, mit einer Schwimmhalle, einer Sauna, einem Restaurant und 195 Zimmern. Für Einkäufe ideal liegt das **Ramada Inn**, Great Northern Road 229, ((705) 942-2500, mit einer ausgezeichneten Auswahl an Einrichtungen, darunter zum Beispiel Minigolf in der Halle. Das **Bay Front Quality Inn**, Bay Street 180, Sault Ste. Marie P6A 6S2, ((705) 945-9264, ist ein Hotel mit 110 Zimmern, das Sie rundum zufriedenstellt, und das **Water Tower Inn**, Route 17B, ((705) 253-9751, ist ein Best Western mit großen freundlich möblierten Zimmern, mit einem Fitneßcenter, Swimmingpools in der Halle und im Freien und mit Restaurants.

PREISGÜNSTIG
Günstig in der Innenstadt gegenüber dem Bahnhof Algoma Central steht das **Empire**, Bay Street 320, ((705) 759-8200; 120 gut ausgestattete Zimmer, Sauna und Schwimmhalle – ein guter Tip. Alle angenehmen Erwartungen, die man bei Hotels dieser Kette hegt, erfüllt das **Journey's End Motel**, Great Northern Road 333, Sault Ste. Marie P6B 4Z8, ((705) 759-8000.

Farmunterkunft der Marke Bed & Breakfast offeriert in dieser Gegend in einem Bauernhaus aus dem späten 19. Jh. die **Rainbow Ridge Farm** auf St. Joseph Island 61 km östlich der Stadt. Einzelheiten bei M. Clement and N. Powis-Clement, RR1, Richards Landing, St. Joseph Island P0R 1J0, ((705) 246-2683. In der Stadt gibt es zwei **Jugendherbergen**: eine in einem alten Haus in der Bay Street 452, ((705) 256-7233; die andere heißt **L'Auberge de Sault Ste. Marie**, ((705) 946-0104, und liegt in der Queen Street East 8.

An gut eingerichteten **Campingplätzen** mangelt es nahe der Stadt nicht; so etwa der **KOA Campground** ca. 8 km nördlich an Route 17, oder **Bar X**, ((705) 253-9751, an der Allen's Side Road bei der Route 17N, oder die Zeltplätze im **Lake Superior Provincial Park**, ((705) 856-2284.

Restaurants
Gute Hausmannskost in netter, friedlicher Umgebung gibt es im **A Thymely Manner**, Albert Street East 531, ((705) 759-3262. Von Dienstag bis Freitag ist es ganzjährig zum Mittag- und Abendessen geöffnet; mittlere Preislage. In zwei älteren Häusern hat sich **Cesira's Italian Cuisine** etabliert; Spring Street 133-137, ((705) 949-0600; authentisch und gut, auch Steaks und Meeresfrüchte sind zu mittleren Preisen zu haben. Das **Barsanti Small Frye** serviert in der Trunk Road 23 gute einfache Kost zu wirklich niedrigen Preisen; täglich geöffnet. Den örtlichen Weißfisch und die Forelle testen Sie am besten im **Vavalas** an der Kreuzung von Queen Street und Dennis Street; zu günstigen Preisen gibt es aber auch andere Gerichte.

THUNDER BAY

Der Hafen Thunder Bay liegt am Ufer des Lake Superior praktisch genau in der Mitte von Kanada. Am westlichen Endpunkt des St. Lawrence Seaway ist er Zielhafen von Frachtern und darüber hinaus zentrales Verschiffungsdrehkreuz für Getreide und andere Produkte der Region. Dreizehn riesige Kornsilos beherrschen die Skyline der Stadt, aber in den vergangenen Jahren ist die Getreideverschiffung doch zurückgegangen. Die Wirtschaft der Stadt ist trotzdem typisch kanadisch geblieben und basiert immer nach in erster Linie auf Getreide, forstwirtschaftlichen Produkten und auf Bodenschätzen.

Die Arbeit im Frachtgewerbe zog viele Einwanderer nach Thunder Bay und schuf dort ein reiches Völkergemisch einschließlich einer großen finnischen Kolonie und etwa 10 000 Indianern. Mit den Wäldern und Bergen im Norden ist die Wildnis gar nicht so weit entfernt, und es ist überhaupt keine Sensation, wenn in der Stadt ein Elch oder ein Bär auftaucht. Eine Dame schwor sogar, sie habe einen Elch beim «Lauftraining» auf der High-School-Anlage gesehen.

Als es den St. Lawrence Seaway noch nicht gab, war das damalige Fort William ein wichtiges Pelzhandelszentrum. Indianer und Trapper mit ihren Fellen trafen hier an der Mündung der Kaministikwa auf die Aufkäufer, die ihre europäischen Waren den St. Lawrence heraufgebracht hatten. Great Rendezvous sagte man dazu. 1801 bauten die Briten Fort William, das der North West Company als Hauptquartier diente. In jedem Sommer kamen 2000 Reisende zum Great Rendezvous, dieser sechswöchigen Zeit der Diskussionen und der Feiern – und eines nicht unbeträchtlichen Alkoholkonsums. Fort William blieb bis ins späte 19. Jh. Pelzhandelsposten. Erst 1970 wurde Fort William mit Port Arthur zur Stadt Thunder Bay vereint.

Was Sie sehen und tun können
Der größte der gewaltigen Getreidesilos, der **Saskatchewan Wheat Pool Elevator**, zählt zu den größten der Welt und steht zur Besichtigung offen. Karten gibt es im Touristenbüro, ((807) 623-7577. Wenn Sie zusehen wollen, wie die Fracht verladen wird, sollten Sie durch den **Keefer Terminal** schlendern, am Ufer in der Main Street gleich bei der Fort William Road, ((807) 345-6812.

Außerhalb der Innenstadt wurde **Fort William** zusammen mit 50 Dorfgebäuden rekonstruiert. In Fort gehen Trapper, Reisende, Indianer und Händler ihren Geschäften nach. Zum Fort gelangen Sie nach 16 km auf der Broadway Avenue oder mit dem Boot vom Jachthafen Port Arthur; von Mitte Mai bis zum frühen Oktober täglich geöffnet, ((807) 344-2512.

Unter den Kunststätten ist der ganze Stolz der Stadt das **Thunder Bay Auditorium**, das 1985 fertiggestellt wurde. Zwar gab seine Architektur zu Kontroversen Anlaß, die Akustik jedoch ist hervorragend und lockt internationale Unterhaltungskünstler und Spitzenshows an. Die **Thunder Bay Art Gallery** auf dem Confederation Campus konzentriert sich besonders auf indianische Gegenwartskunst. Unter anderem sehen Sie Werke des in Thunder Bay geborenen wohlbekannten indianischen Künstlers Norval Morrisseau. Wechselausstellungen beschäftigen sich mit Kunsthandwerk, Bildhauerei und mit Fotografie.

Im Osten der Stadt zieht sich der bewaldete **Centennial Park** über 140 Morgen Land; er verfügt über ein Holzfällercamp, ein Museum und Naturlehrpfade. Der Park ist das ganze Jahr hindurch geöffnet, das Holzfällercamp nur von Mitte Juni bis zum Labor Day.

Noch weiter östlich der Stadt liegt der malerische **Sibley Provincial Park** mit Wanderpfaden, Klippen, Wald und einer Küste. Am Ende des Parks streckt sich der **Sleeping Giant** in den See hinaus. Der Legende nach hat diese Felsenformation etwas mit einer Silbermine, mit einem verräterischen Indianer und mit dem Großen Mani-

tou zu tun. An Route 11/17 finden Sie ebenfalls im Osten zwischen Kilometer 56 und 72 verschiedene **Amethystminen**, die Sie besichtigen können. Dabei dürfen Sie sich Ihren eigenen Amethyst suchen oder einen ausgestellten kaufen.

Sport
Zwischen Seezufluß und Rainy River läßt es sich besonders gut **Kanu fahren**, und im Centennial Park werden Kanus und andere Boote vermietet. **Angeln** sollte man zwischen Thunder Bay und Kenora, wo viele darauf spezialisierte Unterkünfte warten.

Windmühle in den Friendship Gardens, Thunder Bay.

Einzelheiten weiß das Touristenbüro. Zum **Schwimmen** bietet sich der Canada Games Complex in der Winnipeg Avenue 420 mit einem Swimmingpool olympischer Ausmaße und mit einer riesigen Wasserrutsche an, ebenso aber auch der Sibley Provincial Park und die Strände von Kakabeka Falls 25 km westlich der Stadt.

Die langen Winter und die kurzen Sommer schufen die einheimische Redensart von der «sechsmonatigen guten und der sechsmonatigen schlechten» Skisaison. Schon in unmittelbarer Nähe der Stadt ist **Skifahren** möglich. Es gibt dort drei Gebiete für Abfahrtsläufe mit ausgezeichneten Einrichtungen und mit Schneekanonen sowie fünf Langlaufloipen mit jeder Menge Après-ski und mit Pauschalangeboten. Vom Big Thunder Ski Jump im Südwesten der Stadt können Sie auch **Skispringen**, je nach Mut 70 m oder sogar 90 m weit. Das Nationalteam der Skispringer trainiert dort.

Unterkunft

MITTLERE PREISLAGE

Zu den besten Hotels in diesem Gebiet zählt nahe dem Flughafen das **Airlane Motor Hotel**, West Arthur Street 698, Thunder Bay P7E 5R8, ((807) 577-1181; 170 Zimmer, guter Service und jede Menge Einrichtungen wie Schwimmhalle, Sauna, gutes Restaurant und kostenloser Limousinentransport zum Flughafen. Ähnlich in Standard und Ausstattung ist das **Landmark Inn**, Dawson Road 1010, Thunder Bay P7B 5J4, ((807) 767-1681; 106 klimatisierte Zimmer mit Bad und TV. Zuverlässig wie immer: das **Best Western Crossroads Motor Inn**, West Arthur Street 655, Thunder Bay P7E 5R8, ((807) 577-4241, gebührenfrei ((800) 528-1234; 60 klimatisierte Zimmer mit Bad und TV.

PREISGÜNSTIG

Zentral liegt das **Shoreline Motor Hotel**, P.O. Box 3105, North Cumberland Street 61, Thunder Bay P7A 4L7, ((807) 344-9661; 69 Zimmer mit Bad und TV. Zuverlässig ist das **Journey's End Motel** in der Arthur Street West 660, Thunder Bay P7E 5R8, ((807) 475-3155. Ruhe außerhalb der Stadt finden Sie 36 km südlich vom Flughafen Thunder Bay im **Unicorn Inn and Restau-**

rant, RR1, South Gilles, Thunder Bay P0T 2V0, ((807) 475-4200. In ländlicher Umgebung schmiegt es sich mit drei Gästezimmern und einem Cottage in ein abgelegenes Tal. Das Haus mit seiner gemütlichen Holzauskleidung baute zur Jahrhundertwende eine finnische Familie.

Im **Longhouse Village Hostel**, Lakeshore Drive, 22 km östlich der Stadt, ((807) 983-2042, kommen Sie das ganze Jahr hindurch unter. Auch die **Lakehead University** vermietet Zimmer; Einzelheiten beim Director of Residence & Conference Services, Oliver Road 953, Thunder Bay P7B 5E1, ((807) 343-8612.

Südlich der Stadt wartet bei der Route 61 mit dem Chippewa Park eines der beliebten **Campinggebiete** der Gegend. Auch östlich

von Port Arthur gibt es Möglichkeiten zum Zelten, darunter einen KOA Campground.

Restaurants
Das **Circle Inn**, Memorial Park 686, ℂ (807) 344-5744, serviert gute Speisen in mittlerer Preislage. Fleischliebhaber kommen auf ihre Kosten im **Prospector** an der Kreuzung von Cumberland Avenue und Park Avenue, wo lokal gezüchtete Steaks und Rindfleisch die Speisekarte dominieren (mittlere Preislage). Außerhalb der Stadt offeriert das schon erwähnte prächtige **Unicorn Inn and Restaurant** eine ausgezeichnete Küche in einem friedlichen, entzückenden Tal, das man durch die großen Erkerfenster des Speisesaals bewundern kann. Das große, gemütliche **Hoito Restaurant**, Bay Street 314, ℂ (807) 345-6323, ist eine Art Institution, ein Treffpunkt der vielen finnischen Kanadier Thunder Bays. Preiswert sind die finnischen Speisen, dazu gibt es ein *Smörgåsbord* und ein herzhaftes traditionelles Frühstück. Eines der besten China-Restaurants ist **Chan's**, May Street North 130, ℂ (807) 622-2601. Als recht vornehmes kleines Lokal mit indischem Akzent präsentiert sich der **Bombay Bistro Club** in der Brodie Street 219.

Die Kakabeka Falls ein paar Kilometer westlich von Thunder Bay.

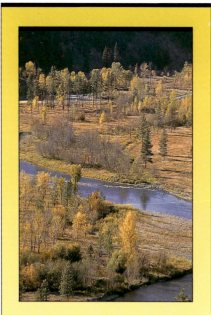

Ratschläge für Reisende

ANREISE

ICH HABE ES früher schon gesagt, und ich sage es wieder: Es geht nichts über ein gutes Reisebüro. Für dessen Informationen und Ratschläge gibt es einfach keinen Ersatz – nicht einmal dieses informative Kapitel. In einer Welt, in der sich Fahrpreise, Fahrpläne, selbst Fahrstrecken praktisch stündlich ändern, ist bei der aktuellen Reiseplanung jemand vonnöten, der sich die allerneuesten Informationen und Ratschläge besorgen kann, eben der/die Angestellte im Reisebüro.

Außerdem möchte ich darauf hinweisen, daß mit Ausnahme der Wetterbeobach-

tungen im Abschnitt REISEZEITEN die Informationen dieses Kapitels *ganz* Kanada betreffen und nicht nur den östlichen (oder westlichen) Teil des Staates. Zum einen enden Gesetze, Bräuche und allgemeine Merkmale dieser Nation keineswegs abrupt an der Grenze zwischen Ontario und Manitoba, und zum anderen ist das Land so liebenswert, daß der Besucher/die Besucherin den Aufenthalt meist gar nicht auf eine Seite dieser Grenze beschränken möchte.

ANREISE

MIT DEM FLUGZEUG

Alle großen internationalen Fluggesellschaften fliegen Kanada an; Air Canada, gebührenfrei ℂ (800) 4-CANADA, aber bedient mehr kanadische Städte als irgendeine andere Fluglinie. Und das gilt auch für Flüge

Alles einsteigen! Ein Bahnhof – und sei er noch so klein – ist immer in der Nähe.

aus den USA. Für Reisende aus Europa ist das recht wichtig, denn nicht selten ist es billiger, zuerst in die USA zu fliegen und dort in eine Maschine nach Kanada umzusteigen. Natürlich unterhält Air Canada auch ein dichtes innerkanadisches Streckennetz. Zugunsten Air Canadas spricht nach meiner Meinung außerdem, daß Rauchen verboten ist, nicht nur auf Inlands-, sondern auch auf Auslandsrouten. Selbst manche Raucher meinen, daß Flugreisen ohne Qualm angenehmer sind.

Ein weiterer allgemeiner Ratschlag hinsichtlich Flugreisen nach Kanada (oder auch anderswohin): Kommen Sie frühzeitig zum Flughafen. Ich weiß, das ist eine umstrittene Frage bei Vielfliegern, von denen einige am liebsten erst am Flughafen eintreffen, wenn der Pilot die Motoren anwirft. Für mich aber gibt es drei Gründe für eine frühe Ankunft. Einmal schaffen Sie sich einen Sicherheitsspielraum, wenn Probleme wie Verkehrsstau, Reifendefekt oder Umleitung auftreten. Überraschend viele Passagiere versäumen nämlich ihre Maschine, weil sie unerwartete Verzögerungen nicht einkalkuliert haben. Zweitens ist bei früher Ankunft die Sitzauswahl noch größer – und je länger der Flug, um so wichtiger ein guter Platz (in einem Jumbo von British Airways können Sie zum Beispiel oft einen Sitz in der oberen Kabine erhalten, wo es komfortabler und der Service aufmerksamer ist). Und drittens vermeiden Sie bei früher Ankunft die Warteschlangen an den Schaltern; mit anderen Worten, die Zeit, die Sie sonst damit verbringen, Ihr Gepäck langsam nach vorn zu bugsieren, können Sie mit Lesen, Einkaufen, mit einem Drink oder einem Mahl verbringen – Sie können sich entspannen.

MIT DER EISENBAHN

Amtrak unterhält täglich zwei Verbindungen von New York City nach Montreal. Der eine Zug fährt durch den Staat New York, der andere als Nachtzug ab Washington D.C. durch Vermont. Tageszüge verkehren auch von New York über Niagara Falls nach Toronto und von Chicago über Detroit nach Toronto. Einzelheiten bei Amtrak, North Capitol Street 400, N.W., Washington D.C. 20001, gebührenfrei ℂ (800) 872-7245.

MIT DEM BUS

Nur Greyhound verkehrt grenzüberschreitend, aber sein Streckennetz ist so dicht, daß Sie mit dem Bus von praktisch jedem Ort der USA praktisch jeden Ort in Kanada erreichen. Dazu gibt es ein höchst kompliziertes System von Fahrpreisen, ermäßigten Fahrpreisen, von Saisonfahrpreisen und unbegrenzt gültigen Reisepässen. Informieren Sie sich am besten bei Greyhound Line Inc., Greyhound Tower, Phoenix, Arizona 85077. Auskünfte über Greyhoundverbindungen nach Ostkanada unter ℭ (212) 971-6363 und nach Westkanada unter ℭ (213) 620-1200.

MIT DEM AUTO

An 13 wichtigen Grenzorten geht das amerikanische Highway-Netz direkt in das kanadische über. Der Grenzübertritt ist gewöhnlich eine schnelle, einfache Angelegenheit. In der Hauptreisezeit sollten Sie die stärker frequentierten Grenzstationen wie Detroit-Windsor oder Niagara Falls meiden. Sind Sie erst einmal in Kanada, ist der Trans-Canada Highway, egal wo Sie die Grenze überfuhren, nicht mehr weit.

INFORMATIONEN FÜR TOURISTEN

Kanada ist gesegnet mit einer ganzen Heerschar hilfsbereiter Agenturen, die den Touristen mit jeglichem Informationsmaterial versorgen. In den Abschnitten ALLGEMEINE INFORMATIONEN der vorausgegangenen Kapitel habe ich schon die Büros von Kommunen und von Provinzen aufgelistet. Nachfolgend einige weitere Adressen, an denen man über Gemeinden und Provinzen hinaus Auskunft über Kanada als Ganzes erhält.

IN KANADA
Tourism Canada, Queen Street 235, Ottawa, Ontario K1A 0H6, ℭ (613) 954-3854/3980.
IN DEN USA
Informationen erhalten Sie in folgenden kanadischen Generalkonsulaten:
Chicago: 12th. Floor, South Michigan Avenue 310, Chicago IL 60604, ℭ (312) 992-0637.
New York: 16th Floor, Avenue of the Americas 1251, New York NY 10020, ℭ (212) 586-2400.

San Francisco: Suite 2100, Freemont Street 50, San Francisco CA 94105, ℭ (415) 495-6021.
IN EUROPA
Kanadisches Fremdenverkehrsamt, Immermannstraße 65D, 40210 Düsseldorf 1, ℭ (0211) 360334 oder 360335.

BOTSCHAFTEN UND KONSULATE

DEUTSCHLAND
Botschaft
OTTAWA: Waverley Street 1, Ottawa, Ontario K2P 0T8, ℭ (613) 232-1101, Fax (613) 594-9330.
Generalkonsulate
EDMONTON: ManuLive Place 1220, 101 Street 10180, Edmonton, Alberta T5J 2J6, ℭ (403) 422-6175, Fax (403) 425-9768.
MONTREAL: Rue de la Montagne 3455, Montreal, Quebec H3G 2A3, ℭ (514) 286-182, Fax (514) 286-0175.
TORONTO: Admiral Road 77, Toronto, Ontario M5R 2L4, ℭ (416) 925-2813, Fax (416) 925-2818.
VANCOUVER: World Trade Centre 704, Canada Place 999, Vancouver, British Columbia V6C 3E1, ℭ (604) 684-8377, Fax (604) 684-8334.
Honorarkonsulate
CALGARY: 6 Ave SW 840, Calgary, Alberta T2P 3E5, ℭ (403) 269-5900, Fax (403) 265-3783.
HALIFAX: Barrington Street 1809, Halifax, Nova Scotia B3J 3K8, ℭ (902) 420-1599, Fax (902) 422-4713.
KITCHENER: Frederick Street 370, Kitchener, Ontario N2H 2P3, ℭ (519) 576-8650.
REGINA: Argyle Road 3543, Regina, Saskatchewan S4S 2B8, ℭ und Fax (306) 586-8762.
ST. JOHN'S: Poplar Ave 22, St. John's, Newfoundland A1B 1C8, ℭ (709) 753-7777, Fax (709) 579-2305.
WINNIPEG: Donald Street 310, Winnipeg, Manitoba R3B 2H4, ℭ (204) 947-0958.

ÖSTERREICH
Botschaft
OTTAWA: Wilbrod Street 445, Ottawa, Ontario K1N 6M7, ℭ (613) 563-1444, Fax (613) 563-0038.
Generalkonsulat
TORONTO: Bay Street 390, Toronto, Ontario M5H 2Y2, ℭ (416) 863-0649, Fax (416) 967-4101.
Honorarkonsulate
CALGARY: Kensington Road NW 1131, Calgary, Aberta T2N 3P4, ℭ (403) 283-6526, Fax (403) 283-4909.

REISEPAPIERE

HALIFAX: Argyle Street 1718, Halifax, Nova Scotia B3J 3N6, ☎ (902) 429-8200, Fax (902) 425-0581.
MONTREAL: Sherbrooke Street West 1350, Montreal, Quebec H3G, 1J1, ☎ (514) 845-8661.
REGINA: Saskatchewan Dr. Plaza 2401, Regina, Saskatchewan S4P 3H9, ☎ (306) 359-7777, Fax (306) 569-1203.
VANCOUVER: Seymour Street 525, Vancouver, British Columbia V6B 3H9, ☎ (604) 687-3338.

SCHWEIZ
Botschaft
OTTAWA: Marlborough Ave 5, Ottawa, Ontario

rio K1N 8E6, ☎ (613) 235-1837, Fax (613) 563-1394.
Generalkonsulate
MONTREAL: Ave Dr. Penfield 1572, Montreal, Quebec H3G, 1C4, ☎ (514) 932-7181, Fax (514) 932-9028.
TORONTO: University Ave 154, Toronto, Ontario M5H 3Y9, ☎ (416) 593-5371, Fax (416) 593-5083.
VANCOUVER: World Trade Center, Canada Place 999, Vancouver, British Columbia V6C 3E1, ☎ (604) 684-2231. Fax (604) 684-2806.
Konsulate
CALGARY: 4 Ave SW 144, Calgary, Alberta T2P 3N4, ☎ (403) 233-8919, Fax (403) 265-9655.
EDMONTON: 103 Ave 11207, Edmonton, Alberta T5K 2V9, ☎ (403) 426-2292, Fax (403) 425-6831.
Honorarkonsulat
QUEBEC: 1er Ave 3293, Quebec, Quebec G1L 3R2, ☎ (418) 623-9864, Fax (418) 623-6644.

REISEPAPIERE

Bürger Deutschlands, Österreichs und der Schweiz benötigen ihren gültigen Reisepaß, aber kein Visum. Wenden Sie sich bei jeder Art von Zweifeln an Ihr Reisebüro oder an das nächste kanadische Informationsbüro oder an die kanadische Botschaft.

ZOLL

Die Zollvorschriften ähneln denen der meisten anderen Länder mit dem üblichen Verbot der Einfuhr von Fleisch, Tieren und Pflanzen. Gegenstände für den persönlichen oder den beruflichen Bedarf müssen nicht deklariert werden. Sie können 200 Zigaretten oder 50 Zigarren und 1 Liter Wein oder Spirituosen sowie Geschenke im Wert von 40 $ mit sich führen. Die Ein- und Ausfuhr von Währungen ist unbeschränkt erlaubt.

Auch Jagd- und Angelausrüstung kann zollfrei eingeführt werden, Waffen und Munition müssen jedoch deklariert werden; nötig ist eine schriftliche Beschreibung jedes einzelnen Postens mit der Seriennummer der einzelnen Waffen.

Einzelheiten über Zollbestimmungen verrät das Revenue Canada, Customs and Excise, Connaught Building, Sussex Drive, Ottawa, Ontario K1A 0L5.

REISEZEITEN

Allgemein gesagt, und zwar *sehr* allgemein, gliedern sich die Jahreszeiten in den gemäßigteren Klimazonen Kanadas wie folgt: Winter von November bis Ende März, Sommer im Juni, Juli und August, und die «fragmentarischen» Jahreszeiten Frühling und Herbst beschränken sich auf April/Mai und September/Oktober.

In Newfoundland und in den Maritimes steigen die Wintertemperaturen selten über den Gefrierpunkt, hingegen können sie weit darunter fallen, besonders im Inland. Der Frühling ist kurz – der Natur bleibt gerade genug Zeit, um aus dem Winterkleid im Sommerkleid zu schlüpfen. Der Sommer ist mit Temperaturen zwischen 18° und 28°C angenehm mild. Am Herbst besticht die Farbenpracht (vor allem in New Brunswick), wenn die Blätter ein rot-goldenes Feuerwerk abbrennen.

In Ontario und in Quebec sind die Winter genauso kalt – und mancherorts sogar kälter. In Südontario können sie grau und feucht sein; verschneit, heiter und frisch sind sie in der übrigen Region. Wie in den Maritimes ist der Frühling angenehm und der Herbst schön, der Sommer jedoch ist beträchtlich wärmer und feuchter, besonders in Toronto.

Die Entscheidung über die ideale Reisezeit ist natürlich in erster Linie von Ihrem Reisewunsch abhängig. Und inzwischen sollten Sie schon einen recht guten Eindruck davon gewonnen haben, was jede Region zu welcher Jahreszeit zu bieten hat. Um Ihnen bei der Planung noch zusätzlich etwas zu helfen, nachfolgend die durchschnittlichen Tagestemperaturen für jeden Monat des Jahres in fünf Städten Ostkanadas.

QUEBEC CITY
Jan:	–12°C	Feb:	–11°C	März:	–5°C
Apr:	3°C	Mai:	10°C	Juni:	6°C
Juli:	19°C	Aug:	18°C	Sept:	13°C
Okt:	7°C	Nov:	–1°C	Dez:	–11°C

MONTREAL
Jan:	–9°C	Feb:	–9°C	März:	–2°C
Apr:	6°C	Mai:	14°C	Juni:	20°C
Juli:	22°C	Aug:	21°C	Sept:	16°C
Okt:	10°C	Nov:	3°C	Dez:	–7°C

TORONTO
Jan:	–5°C	Feb:	4°C	März:	1°C
Apr:	8°C	Mai:	11°C	Juni:	19°C
Juli:	22°C	Aug:	21°C	Sept:	17°C
Okt:	11°C	Nov:	5°C	Dez:	–2°C

ST. JOHN
Jan:	4°C	Feb:	4°C	März:	3°C
Apr:	3°C	Mai:	6°C	Juni:	11°C
Juli:	15°C	Aug:	16°C	Sept:	12°C
Okt:	8°C	Nov:	4°C	Dez:	–5°C

HALIFAX
Jan:	–4°C	Feb:	–6°C	März:	–1°C
Apr:	5°C	Mai:	9°C	Juni:	14°C
Juli:	18°C	Aug:	18°C	Sept:	15°C
Okt:	10°C	Nov:	5°C	Dez:	–1°C

REISEGEPÄCK

Ich rate Ihnen sehr zu leichtem Gepäck. Nehmen Sie nicht mehr mit, als Sie wirklich zu benötigen glauben. Worin ich mit anderen erfahrenen Reisenden nicht übereinstimme, ist die Frage, inwieweit man einem Reisenden helfen soll, dieses Benötigte zu umreißen. Ich für meinen Teil denke, das Kriterium darf nicht der Wunsch sein, einen

GEGENÜBER: Herbstfarben in New Brunswick.
OBEN: Schneeskulpturen beim Winterfest in der Stadt Quebec.

besonderen Artikel stets mit sich zu führen, sondern es muß der Wunsch sein, einen besonderen Artikel dabei zu haben, wenn man ihn wirklich braucht. Auf dieses Prinzip habe ich meine nachfolgende Liste von Dingen aufgebaut, die Sie auf keinen Fall daheim lassen sollten.

Mit Abstand an der Spitze dieser Liste steht ein Schweizer Offiziermesser (oder mit anderen Worten zwei Messer, zwei Schraubenzieher, ein Flaschenöffner, ein Dosenöffner, ein Korkenzieher, ein Zahnstocher, Pinzette, Nagelfeile und Schere). Dazu sollten

sich eine Minitaschenlampe und ein kleiner Reisewecker gesellen (oder ein Radiowecker). Und natürlich benötigen Sie einen Adaptor und/oder einen Transformator, wenn Sie elektrische Geräte mitbringen, die nicht mit 110 Volt arbeiten oder keinen amerikanischen Stecker besitzen.

Da kleinste körperliche Irritationen und Beschwerden eine Reise ruinieren können, wenn sie zur falschen Zeit auftreten (und das tun sie immer), rate ich zu Augentropfen, zu einem Inhaliergerät oder Nasentropfen, zu einer Salbe für aufgesprun-

gene Lippen, zu Aspirin oder Kodein, zu Tabletten gegen Durchfall, zu antiseptischen Salben, zu ein paar Mullbinden und zu einigen Päckchen Papiertaschentüchern (die im Notfall auch als Toilettenpapier dienen können).

Da ein gutes Aussehen manchmal zum Wohlbefinden entscheidend beiträgt, würde ich auch eine Tube Waschmittelkonzentrat, einen Fleckenentferner, Beutel mit Erfrischungstüchern, ein Schuhputzmittel und – ich bitte es zu beachten – einen kompakten und zusammenschiebbaren Regenschirm mitnehmen; letzteren gleichgültig, in welchen Landesteil Sie reisen.

Zu den wahlfreien «Fast-Notwendigkeiten» zähle ich Dinge wie ein Paar Plastikbecher, einen Tauchsieder, Kaffee- und Teebeutel, ein paar Bouillonwürfel, etwas Salz und Pfeffer und Süßstoff.

Alles, was ich bisher aufgezählt habe, paßt, abgesehen vom Regenschirm, problemlos in eine mittelgroße Plastikkühltasche. Und genau darauf wollte ich hinaus: Verschließbare Plastiktaschen sind auf Reisen sehr nützlich, nicht zuletzt, um Dinge zu trennen, die voneinander ferngehalten werden sollten, oder um feuchte und schmutzige Gegenstände auszusondern oder solche, die undicht geworden sind.

Wenn wir gerade davon reden, daß Gegenstände getrennt werden müssen, denken Sie daran, bei Flügen Ihr Schweizer Messer oder jeden anderen waffenähnlichen Gegenstand im Gepäck zu verwahren, das Sie einchecken. Nehmen Sie auf der anderen Seite aber alle batteriebetriebenen Geräte wie Rasierapparate, Kassettenrecorder usw. mit in die Kabine, oder nehmen Sie die Batterien vor dem Einpacken heraus. Das Sicherheitspersonal am Flughafen wird nämlich ausgesprochen nervös, wenn auf ihrem Durchleuchtungsschirm unidentifizierbare Objekte mit Batterien auftauchen.

Nun kommen wir zu Dingen, deren Mitnahme eigentlich pure Selbstverständlichkeit ist: Paß, Flugscheine, Führerschein, Krankenversicherungsnummer, Reiseschecks, Kreditkarten, Bargeld. Und wenn sie plötzlich ohne sie dastehen? Was dann? Dann geht das Theater los. Aber es gibt Möglichkeiten, diesem Theater aus dem Wege zu gehen, *bevor Sie abreisen.*

OBEN: Der Winter in Quebec ist die Zeit, sich warm einzuhüllen. GEGENÜBER: Die erste dampfgetriebene Uhr der Welt zeigt die Zeit in Vancouvers farbenfrohem Gastown-Viertel.

Vor allem notieren Sie sich die Nummern aller Reisedokumente, aller Karten und Schecks, die Sie mitnehmen werden, auf einer gesonderten Liste, dazu alle diesbezüglichen Telefonnummern. Das erleichtert Neuausstellungen bei Verlust enorm (ich habe auch Fotokopien meines Passes und aller Fahrkarten bei mir: Duplikate werden schneller ausgestellt, wenn die Leute eine Kopie des Originals sehen). Eine gute Idee ist es auch, mit internationalem Führerschein zu reisen und den nationalen an einem sicheren Ort zurückzulassen. An diesem Ort sollten Sie auch Ihre nicht benötigten Kreditkarten verwahren; und von denen, die Sie dabei haben, dürfen Sie auch nicht alle in der Brieftasche mit sich führen. Sie plazieren sie zusammen mit Paß, Führerschein und Reiseschecks an einem sicheren Platz am Urlaubsort. Nur so können Sie sicher sein, daß ein Verlust nur zeitweise Unannehmlichkeit bereitet.

Ich bin mir klar darüber, daß all dies fast wie eine etwas überausführliche Abhandlung erscheint. Aber ich kann Ihnen versichern, daß Sie sehr dankbar sein werden, eine Zweitbrieftasche sicher in Reserve zu haben, wenn Ihnen auf der Reise durch irgendein Mißgeschick die echte Brieftasche verlorengeht.

Was Kleidung, Toilettenartikel, Schmuck und Gerätschaften angeht, müssen Sie selbst die Auswahl treffen. Kanadier sind in Kleidungsfragen sehr zwanglos, Sie müssen also keineswegs formelle oder halbformelle Kleidung mitnehmen, wenn Sie nicht Ihrem Geschmack entspricht oder ein bestimmter Anlaß sie erfordert. Warme Kleidung allerdings muß in Ihrem Gepäck sein – ein oder zwei Pullover aus Wolle oder Cordsamt, eine Windjacke –, denn selbst im Sommer und selbst an den heißesten Orten kann es abends kühl werden, besonders wenn Sie sich irgendwo nahe am Wasser aufhalten.

Das letzte Wort zum Reisegepäck soll aber mein kanadischer Kollege Wallace Immen sprechen, der für den *Globe and Mail* in Toronto über Reisen schreibt. Er meint, Sie sollten sich auf Langstreckenflügen stets bequem kleiden, gleichzeitig aber auch ordentlich. Denn, merkt er an, wenn Ihr Gepäck einmal verlorengeht, kann das für längere Zeit Ihre einzige Kleidung sein.

WAS SIE WISSEN SOLLTEN

ZEIT

Kanada ist in sechs Zeitzonen eingeteilt, einschließlich der speziellen von Newfoundland; diese typisch schrullige Zeitzone liegt nur eine halbe Stunde vor der Atlantic Time der Maritimes. Die vier anderen Zeitzonen sind wie in den USA die Eastern Time, die Central Time, die Mountain Time und die Pacific Time.

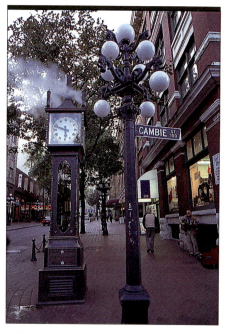

Die Atlantc Time hinkt fünf Stunden hinter der Mitteleuropäischen Zeit hinterher. Wenn also am Bodensee die 12-Uhr-Glokken läuten, schlägt es in den Maritimes 7 Uhr (und in Newfoundland rückt der Zeiger auf 7.30 Uhr vor). Quebec und ganz Ontario östlich von Thunder Bay richten sich nach der Eastern Time (6 Stunden hinter MEZ). In Manitoba und in der Osthälfte von Saskatchewan herrscht Central Time, im Rest Saskatchewans, in Alberta und im Nordosten von British Columbia Mountain Time. Ganz British Columbia westlich der Rockies stellt die Uhren nach der Pacific Time (9 Stunden hinter MEZ).

Der Staat Kanada – mit der äußerst geheimnisvollen Ausnahme des östlichen

GESUNDHEIT

Saskatchewan – hält sich vom ersten Sonntag im April bis zum letzten Sonntag im Oktober an die Sommerzeit.

ELEKTRIZITÄT

Die elektrische Spannung ist 110–120 Volt Wechselstrom. In die Steckdosen passen nur amerikanische Stecker mit zwei flachen Kontaktstiften.

MASSE UND GEWICHTE

Im Gegensatz zu Amerikanern und Briten benutzen die Kanadier offiziell wie inoffiziell fast ausschließlich das metrische System. Noch immer verwendet wird das Flächenmaß Morgen (acre). Ein Morgen sind 40,47 a (Ar), oder anders ausgedrückt ein Hektar (ha) sind 2,471 Morgen.

GESUNDHEIT

In dieser Beziehung müssen Sie sich wirklich keine großen Sorgen machen; Gesundheitsrisiken gibt es nur wenige, und die Gesundheitsfürsorge ist hervorragend. Allerdings kann sie recht teuer kommen. Erkundigen Sie sich bei Ihrer Krankenversicherung, und schließen Sie, wenn diese nicht ausreicht, eine zusätzliche Auslandskrankenversicherung ab.

Eine weise Vorsichtsmaßnahme ist das Mitführen einer Karte in Ihrer Brieftasche, auf der Ihre Blutgruppe, Allergien und chronische Krankheiten verzeichnet sind (auch wenn Sie Kontaktlinsen tragen, gehört das auf die Liste).

Darüber hinaus ist eine Mückensalbe sehr empfehlenswert, denn im Sommer müssen Sie jede Menge Insekten in die Flucht schlagen, vor allem Stechmücken. Ratsam ist auch eine Sonnencreme; die kanadische Sonne besitzt nämlich eine Brennkraft, die weit über ihre Heizkraft hinausgeht.

GELD

Kanadisches Geld ähnelt dem amerikanischen in allen wichtigen Aspekten außer im Wert: Die Münzen gibt es mit denselben Namen in derselben Abstufung (Cent, auch Penny genannt, Nickel, Dime usw.), die Noten haben alle dieselbe Größe, aber je nach Wert verschiedene Farben. Als Besonderheit taucht nur eine goldfarbene Ein-Dollar-Münze auf, der «Loonie» (Seetaucher), benannt nach dem abgebildeten Vogel.

Amerikanische Dollar werden zu ihrem höheren Wert weitgehend akzeptiert, ihre Verwendung bringt jedoch unnötige Komplikationen mit sich und so etwas wie unnötige Unhöflichkeit.

Wie in allen Staaten mit harter Währung geben die Banken die besten Wechselkurse – weit besser als die Hotels zum Beispiel. Bankstunden sind werktags von 10 bis 15 Uhr, freitags halten die meisten Banken jedoch länger offen. Alle wichtigen Kreditkarten werden überall, wo Sie hinkommen, akzeptiert. Bargeld müssen Sie also nur wenig dabei haben. Wenn Ihnen Plastikgeld nicht behagt, verwenden Sie Reiseschecks. Man kann sie mit korrektem Ausweis wie Paß oder Führerschein überall einlösen. Größere Scheckbeträge sind allerdings nicht sehr willkommen an Orten wie Restaurants, die sich nicht gern als Banken benutzen lassen.

Grundsätzlich empfehle ich, Kanada mit den kleinen Plastikkärtchen zu durchstreifen. Sie profitieren nicht nur von der detaillierten Auflistung, die die Kreditkartenfirma gibt, sondern Sie ersparen sich auch die Anzahlung in Höhe einer Übernachtung, die Hotels oft verlangen, und Sie borgen sich so zinsfrei das Geld für Ihre Reiseausgaben.

KRIMINALITÄT

Kriminalität? Was ist Kriminalität? Kanada dürfte das gesetzestreueste Land unter den Industriestaaten der Welt sein. Gewaltverbrechen sind nicht gerade unbekannt, aber man hört auch nicht oft von ihnen. Die Straßen in Kanadas Städten sind nachts so sicher wie am Tage.

All dieser Gesetzes- und Ordnungsliebe zum Trotz sollten Sie auch in Kanada die grundlegenden Vorsichtsmaßnahmen treffen, die man vernünftigerweise überall beachten wird: Wertsachen in den Hotelsafe, Verschließen von Hotelzimmer- und Autotür, keine Wertsachen sichtbar im Wagen plazieren, nicht zu viel Bargeld und Kreditkarten mit sich führen, keine nächtlichen Spaziergänge durch Slumgebiete. Kurz gesagt, setzen Sie einfach Ihren gesunden Menschenverstand ein.

REISEN IN KANADA

MIT DEM FLUGZEUG

Die zwei großen Fluglinien des Landes, Air Canada und Canadian Airlines International, bewältigen die Hauptlast am Mittel- und Langstreckenverkehr. Dutzende örtlicher Gesellschaften verbinden die restlichen Punkte des Landes. So gibt es in Kanada nur sehr wenige Orte, selbst solche auf entlegenen Inseln, die nicht ins Flugnetz einbezogen sind.

Die Flugpreise in Kanada sind vorhersagbar unvorhersagbar. Sie sollten jedoch wissen, daß Air Canada einen «Flexipass» anbietet, der Besuchern verbilligte Flüge zwischen beliebigen 28 kanadischen Städten erlaubt. Darüber hinaus haben sowohl Air Canada als auch Canadian Airlines verschiedene Urlaubspauschalen auf dem Programm, die sich Canadapass beziehungsweise Canadian Routes nennen. Für fast jeden vorstellbaren Urlaubswunsch gibt es dabei Sonderpreise. Fragen Sie in Ihrem Reisebüro nach, oder setzen Sie sich direkt in Verbindung mit:

Air Canada, Place Air Canada, Blvd Dorchester Ouest 500, Montreal, Quebec H2Z 1X5, ℂ (514) 879-7000, gebührenfrei ℂ (800) 4-CANADA.

Canadian Airlines International, Second Street SW 2800-700, Calgary, Alberta T2P 2W2, ℂ (403) 235-8100, gebührenfrei ℂ (800) 426-7000.

MIT DER EISENBAHN

In Kanada gibt es zwei Haupteisenbahnlinien, Canadian Pacific (CP) und Canadian National (CN). Der Passagierbereich wird von beiden durch die regierungseigene VIA Rail abgewickelt. Leider schrumpft das Verkehrsnetz von VIA Rail durch Kürzungen von Regierungszuschüssen. Regelmäßige Verbindungen zwischen den großen Städten, besonders in Ostkanada, bestehen aber noch immer. Und Sie können auch noch immer mit dem Zug eine transkontinentale Reise antreten, umhüllt vom Luxus eines eigenen rollenden Schlafzimmers oder einer *roomette* (Einbettabteil)..

VIA Rail gibt einen Canrailpass und einen Youth Canrailpass aus. Mit beiden spart man erheblich Geld. Sie erlauben unbegrenzte Fahrten in fest umrissenen Abschnitten über unterschiedlich lange Zeiträume sowohl in der Haupt- wie in der Nebensaison. Einzelheiten bei Ihrem Reisebüro oder bei:

VIA Rail, La Gauchetière Ouest 935, Montreal, Quebec H3C 3N3, ℂ (514) 871-1331, gebührenfrei ℂ (800) 663-0667.

MIT DEM BUS

Wo es in Kanada eine Straße gibt, werden Sie auch einen Bus finden, der Sie zu Orten an dieser Straße bringt. Greyhound betreibt ein landesweites Verkehrsnetz, dazu gibt es fünf, sechs große Regionalgesellschaften, die alle Örtchen und Eckchen bedienen, die Greyhound ausläßt. Die meisten dieser Buslinien beteiligen sich auch am Ameripass von Greyhound, der unbegrenztes Reisen zu verbilligtem Preis bietet. Zusätzlich dazu gibt es ein Across Canada Ticket und einen International Canadian Pass; in Quebec und in Ontario wird der Tourpass Voyageur angeboten.

Detaillierte Informationen gibt es bei Greyhound Lines Canada, Greyhound Way

---

Fähre über den St. Lawrence nach Rivière-du-Loup am Eingang zur Halbinsel Gaspé.

SW 877, Calgary, Alberta, ☏ (403) 265-9111, oder bei Voyageur Inc., Blvd Maisonneuve, Montreal, Quebec, ☏ (514) 843-4231.

Mit dem Auto

Kanada ist, kaum weniger als die USA, ein Traum für Autofahrer. Das Straßennetz mag nicht ganz so verzweigt sein wie beim Nachbarn, muß es aber auch nicht, denn alle Orte, die Touristen wie Einheimische besuchen möchten, liegen in bequemer Fahrtdistanz zum Trans-Canada Highway. Auch das Benzin ist nicht so billig wie in den Staaten, aber erheblich billiger als in Europa.

Alle großen US-Verleihfirmen (Hertz, Avis, Budget) sind überall im Land vertreten, ebenso Tilden, das bedeutendste kanadische Unternehmen, das mit National Car Rental in den USA zusammenarbeitet und über 370 Filialen in ganz Kanada unterhält. Wenn Sie im Sommer einen Mietwagen steuern möchten, sollten Sie ihn schon vor Reiseantritt zu Hause reservieren lassen.

Mit der Fähre

Auto- und Passagierfähren gibt es auf allen großen Seen und Flüssen Kanadas sowie zwischen dem Festland und den Inseln im Meer. Fähren über den St. Lawrence, nach Prince Edward Island und nach Vancouver Island müssen nicht vorhergebucht werden, bei allen anderen aber sollten Sie reservieren – und zwar sehr früh, wenn Sie mit dem Wagen kommen. Informationen bei Ihrem Reisebüro oder bei:

Marine Atlantic, P.O. Box 250, North Sydney, Nova Scotia B2A 3M3, ☏ (902) 794-7203, gebührenfrei ☏ (800) 341-7981.

M.S. Chi-Cheemaun, Owen Sound, Ontario N4K 4K8, ☏ (519) 596-2510.

British Columbia Ferry Corporation, Broughton Street 818, Victoria, British Columbia V8W 1E4, ☏ (604) 669-1211.

Mit örtlichen Verkehrsmitteln

Taxis warten stets an Flughäfen, an Bahnhöfen und vor großen Hotels. In den größeren Städten können sie auch problemlos an der Straße herangewinkt werden; an anderen Orten müssen Sie telefonieren. Die Preise

sind nach europäischen Verhältnissen günstig. Ein Trinkgeld von 15% ist die Regel. In einigen Provinzen haben die Taxis keinen Taxameter, hier sollte man sich vor Fahrtantritt über den Preis einigen.

In Toronto und in Montreal kommt man am besten mit der U-Bahn herum. Einzel- oder Mehrfahrtenscheine gibt es an Zeitungsständen und auf den Metrostationen. Wenn Sie mit dem Bus fahren, müssen Sie den genauen Fahrtpreis entrichten, der Fahrer hat kein Wechselgeld.

Autofahren in Kanada

Natürlich müssen Sie einen gültigen Führerschein besitzen. Und wie schon erwähnt, empfehle ich nachdrücklich einen Interna-

tionalen Führerschein. Zusätzlich benötigen Sie eine Versicherungskarte für Nichtansässige, die Interprovincial Motor Vehicle Liability.

Die Verkehrsregeln entsprechen denen in Europa: Rechtsverkehr, links überholen, an Kreuzungen haben Fahrzeuge von rechts Vorfahrt, das Anlegen der Sicherheitsgurte ist Vorschrift (außer auf Prince Edward Island und in Alberta), und Fahren unter Alkohol zieht strenge Strafen nach sich.

Das Tempolimit auf den Highways liegt gewöhnlich bei 100 km/h, auf kleineren Straßen bei 80 km/h und innerorts zwischen 50 und 80 km/h. Wenn Sie einen rot blinkenden Schulbus sehen, müssen Sie anhalten. Sie dürfen, außer in Quebec, bei Rotlicht rechts abbiegen, wenn Sie vorher angehalten und sich überzeugt haben, daß die Straße frei ist.

Achtung: Hüten Sie sich in Quebec vor Verkehrsverstößen, die Strafen sind weit strenger als anderswo in Kanada.

An den wichtigen Autostraßen sind die meisten Tankstellen 24 Stunden lang geöffnet. In den Städten schließen sie meist gegen 21 Uhr, in kleineren Städten schon um 19 Uhr, und dort bleiben sie auch sonntags geschlossen. Die Abfüllung erfolgt nach Litern, vorhanden sind alle Arten Benzin. Die meisten Tankstellen nehmen Kreditkarten, und an den meisten heißt es: Selbstbedienung.

Mitternachtssonne über einer einsamen Straße im Norden.

UNTERKUNFT

Bei einem Unfall sollten Sie am nächsten Telefon die 0 wählen. Die Vermittlung verbindet Sie dann mit der Polizei oder mit dem Notdienst.

Bei einer Panne können sich Mitglieder von Automobilclubs, die mit der Canadian Automobile Association zusammenarbeiten, unter ☏ (800) 336-4357 gebührenfrei an die CAA wenden. Nichtmitglieder wählen die CAA unter ☏ (613) 820-1400 an und bitten um Abschlepphilfe, die sie bezahlen müssen.

Zusätzliche Informationen bei: **The Canadian Automobile Association**, Court-

wood Crescent 1775, Ottawa, Ontario K2C 3J2, ☏ (613) 226-7631.

UNTERKUNFT

Es ist wenig sinnvoll, Gästeunterkünfte in Kanada ins letzte Detail zu diskutieren, denn sie entsprechen im allgemeinen vollkommen Ihren Erwartungen, und Sie erhalten im allgemeinen auch eine Menge für das, was Sie bezahlen. Die Touristenbüros aller Provinzen werden Ihnen liebend gern eine ausführliche und genaue Broschüre über die gesamten Unterkunftsmöglichkeiten in ihrem Gebiet übersenden. Zweierlei ist zu beachten: Gewisse Hotels verlangen eine Anzahlung (für eine Übernachtung), und im Preis ist nie eine Mahlzeit – also auch kein Frühstück – inbegriffen.

Überraschungen ergeben sich dabei eigentlich nur bei näherer Betrachtung des Begriffs «gesamte Unterkunftsmöglichkeiten». Denn abgesehen von der ungewöhnlich vielseitigen Auswahl an Hotels und Motels gibt es Landgasthöfe, Appartements, Bed & Breakfast, Jugendherbergen, YMCAs und YWCAs, «Touristenheime», Zimmer in Universitäten und an Colleges, Lodges in der Wildnis, Campingplätze und Zimmer in Farm- und in Ranchhäusern.

Sehr milde ausgedrückt: Sie haben die Qual der Wahl. Wo Sie auch immer in Kanada hinkommen, Sie finden Unterkünfte für jeden Geschmack und für jede Geldbörse. Wenn Ihnen an Luxus und Komfort liegt, finden Sie De-Luxe-Hotels, die es mit allen anderen auf der Welt aufnehmen können. Wenn Ihnen als Autofahrer eine günstige Lage wichtig ist, warten Motels in jeder Preislage überall an den Hauptstraßen und an den Highways. Wenn Sie ein wenig auf das Geld sehen müssen, sind das richtige für Sie Zimmer im YMCA, im YWCA, im College, an der Universität oder im Touristenheim – falls es nicht gerade der abgelegenste Ort ist, und manchmal selbst dort. Wenn für Sie neben dem Blick aufs Geld auch Konversation und «Charakter» zählen, dann sind Sie in einem Haus mit Bed & Breakfast gut untergebracht.

Wollen Sie längere Zeit an einem Ort verbringen (besonders mit Kindern oder in einer Gruppe), dann finden Sie Privatsphäre bei verminderten Kosten in einem Appartement eines der vielen Appartement-Hotels. Wenn Sie an einem Ort nur kurz verweilen möchten, vereinigen sich Sparsamkeit, Privatsphäre und lustige, erzählenswerte Begebenheiten auf einem der vielen Campingplätze. Rustikalen Charme verbreiten wiederum die über das Land verstreuten Gasthöfe. Und ganz rustikal wird es auf einer der Hunderte von Farmen und Ranches, die neben Unterkunft auch herzhafte Kost und herzhafte Aktivitäten bieten. Und wenn Sie nur einmal von allem Abstand gewinnen wollen, jagen oder fischen oder über das Leben nachdenken möchten, dann mieten Sie sich einfach in einer der wundervollen Lodges in der weiten Wildnis ein, wo die Natur direkt vor der Haustür beginnt.

Ist Ihnen im Urlaub aber nach einem wirklichen Heim zumute, sollten Sie einen Austausch mit einer kanadischen Familie in Betracht ziehen. Ich kann zwei Vereinigungen empfehlen, die solche Verbindungen herstellen:

Interhome Holidays Canada, Inc., Randall Street 156, Oakville, Ontario L6J 1P4, ((416) 849-9888.
West World Holiday Exchange, Platt Crescent 1707, North Vancouver, British Columbia V7J 1X9, ((604) 987-3262.

Wenn die Kostenfrage für Sie die größte Rolle spielt, erhalten Sie weitere Einzelheiten bei:

The Canadian Hostelling Association, James Naismith Drive 1600, 6th Floor, Suite 608, Gloucester, Ontario K1B 5N4, ((613) 748-5638.

The YMCA National Council, Yonge Street 2160, Toronto, Ontario M4S 2A1. Über örtliche YMCA und YWCA erhalten Sie Auskunft unter ((416) 485-9557 (YMCA) und unter ((416) 593-9886 (YWCA).

Wenn Sie sich über das Gesamtangebot an Unterkünften in einer bestimmten Region informieren möchten, sollten Sie sich an die behördlichen Touristenbüros der einzelnen Provinzen wenden, die Ihnen gern ausführliche Auskünfte zugehen lassen.

ESSEN

Restaurants mit Michelin-Sternen gibt es in Kanada nur wenige und nur in großen räumlichen Abständen. Das heißt aber nicht, Sie könnten im Land nicht gut oder nicht hervorragend speisen. Das Geheimnis – wenn man etwas so Offensichtliches überhaupt ein Geheimnis nennen kann – liegt darin, sich auf alle die köstlichen Spezialitäten zu konzentrieren, für die die betreffende Region bekannt ist.

Im Osten des Landes sollten Sie also eines der vielen Kabeljaugerichte probieren und die in Newfoundland berühmte Seehundflossenpastete. In Nova Scotia müssen Sie Muschelsuppe kosten und Digby-Muscheln, Lunenberg-Würste oder *Solomon Gundy*, eine Kreation aus eingelegtem Hering und kleingeschnittenem Fleisch, die viel besser schmeckt, als sich das anhört. Auf Prince Edward Island sind die wichtigsten Gaumenfreuden Malpeque-Austern und die örtlichen Käsesorten. In New Brunswick bestellt man gegrillten Atlantiklachs und gedämpfte *Fiddleheads*, junge Triebe eines eßbaren Farns, den es nur in dieser Provinz gibt. Überall in den Maritimes sollten Sie die herrlichen Desserts aus egal welchen Beeren genießen, von denen die Region überquillt. Und in allen diesen Provinzen bekommen Sie nach meiner Meinung die besten Austern auf der ganzen Welt.

Quebec, einst das Herz von Neufrankreich, müßte Neunormandie heißen, wenn es nach dem Magen geht. Die unverwechselbare Küche basiert noch immer auf der französischen Bauernkost der frühen normannischen (und in geringerem Ausmaß der bretonischen) Siedler. Natürlich können

Sie in Quebec auch klassisch essen – oder *nouvelle*; vor allem in Montreal und in Quebec City. Das können Sie aber auch in Wien, Bern und Berlin. Das Besondere an der Küche Quebecs ist jedoch, daß Nahrungsmittel der kanadischen Provinz zu Speisen einer französischen Provinz verwendet werden. Ein paar Beispiele: *Soupe aux Pois*, eine dicke Erbsensuppe; *Tourtières*, köstliche Fleischpasteten meist vom Schwein, es kann aber auch Hase und sogar Hirsch sein; *Cretons*, Speckgrieben, meist mit Roggenbrot serviert; *Cipaille*, eine lagenweise in Teig ge-

GEGENÜBER: Das angesehene Château Laurier in Ottawa. OBEN: Geruhsames Mittagessen in Montreal.

hüllte Pastete aus Wild und Kartoffeln; *Andouillette aux fines herbes*, eine scharfe Schweinekuttelnwurst; *Trempette*, frisch gebackenes Brot durchtränkt mit Ahornsirup und bedeckt mit Schlagsahne. Ahornsirup ist übrigens eine Art Leitthema, das sich durch (oder über) fast die gesamte Quebecer Küche zieht. Man findet ihn in Saucen, in Desserts, in geräuchertem Lamm – was niemanden wundern darf, denn die Provinz trieft förmlich vor Ahornsirup. Was eher als Überraschung kommt: Montreal macht New York Konkurrenz als Mekka für Liebhaber eines großartigen Deli-Sandwichs.

Glücklicherweise versiegt der französische Einfluß nicht – und ebensowenig der Ahornsirup –, wenn Sie nach Ontario kommen. Der kulinarische Schwerpunkt verschiebt sich hier allerdings auf Wildgeflügel – einen Haliburton-Fasan *müssen* Sie einfach essen – und auf eine verwirrende Auswahl an Süßwasserfischen aus den zahllosen Seen und Flüssen Ontarios. In Toronto machen zusätzlich immer mehr erstklassige ausländische Restaurants auf: griechische, italienische, chinesische, indische, polnische, ungarische und sogar japanische. Eine meiner liebsten *Sushi*-Bars liegt mitten in Toronto.

In der westlichen Landeshälfte munden in British Columbia vor allem der Pazifiklachs, die Garnelen, der schwarze Kabeljau und die Königskrabben. Abwechslung von den wunderbaren Meeresfrüchten bieten das Lammfleisch der Insel Saltspring und Elchsteaks aus Yukon. Danach oder zu jeder anderen Zeit können Sie die frischen Früchte aus dem Okanagan Valley genießen.

In Alberta dreht sich alles um «Das Steak». Selbst wenn Sie ansonsten kein Rindfleischesser sind, Albertas Rindfleisch wird Ihnen munden. Nur in Argentinien habe ich Steaks gegessen, die sich damit vergleichen lassen. Rindfleisch schmeckt natürlich in allen Prärieprovinzen großartig – genauso wie der Süßwasserfisch aus den Tausenden von Seen und Flüssen, die sich in die Prärien gegraben haben. In Saskatchewan und in Manitoba rate ich zu Wildgeflügel – besonders zu Rebhuhn und Wildente – und sogar zu Zuchtgeflügel, das hier schmackhafter ist als irgendwo sonst, weil die Tiere hier besseres Futter erhalten. In diesen Provinzen werden Sie auch auf den «Borschtsch-Gürtel» stoßen, in dem die große ukrainische Bevölkerung auf den Speisekarten ihre Anwesenheit dokumentiert, und zwar mit pikanten Würsten, mit Klößen und mit einer Auswahl an Kohlgerichten.

Wenn Sie andererseits nur kurz anhalten wollen, um schnell Ihren Hunger zu stillen, so können Sie das überall in Coffeshops, in Imbißlokalen und in Schnellgaststätten – sehr oft 24 Stunden am Tage.

In kanadischen Restaurants geht es eher zwanglos und gelassen zu. Sie servieren ihre

Mahlzeiten im allgemeinen auch früher als in Europa. Wenn Sie also ein spätes Essen planen (mittags oder abends), sollten Sie sich zuerst informieren, wann die Küche schließt.

TRINKEN

Was das Trinken betrifft (ich meine den Alkohol), sind die Kanadier recht komisch. Ich erinnere mich an meinen ersten Besuch Kanadas, als ich einen Ladenbesitzer nach dem nächsten Spirituosengeschäft fragte. Diese einfache Frage verursachte größte Bestürzung, dann folgten endlose Beratungen,

Schnell und einfach: *fast food* in Toronto.

und dann folgte ... *nichts*. Wie sich herausstellte, war der Grund, daß Spirituosenläden – oder einfache Lebensmittelgeschäfte und Supermärkte, die Alkohl verkaufen – außerhalb Quebecs einfach nicht existieren. Um eine Flasche Alkohol zu kaufen, müssen Sie sich, abgesehen von einigen Teilen Quebecs, an eine offizielle Verkaufsstelle der Regierung wenden; und von denen gibt es ärgerlich wenige, sie sind ärgerlicherweise abgelegen und abends und an Sonn- und Feiertagen ärgerlicherweise geschlossen. Dort, und nur dort, können Sie Ihre Getränke-Transaktionen abwickeln. Warum das so ist, weiß ich nicht. Was ich aber weiß, ist, daß dies eine gewaltige Geldfrage bedeutet. Denn auch die billigste aller Happy Hours ist nicht annähernd so billig wie ein selbstgemixter Cocktail, und ein Rémy in Ihrem Zimmer ist eine bessere Geldanlage als jeder Verdauungstrunk in einem Restaurant.

Selbst das fröhlichste Bechern wird durch örtliche Vorschriften kompliziert. An einigen Orten müssen Sie 18 Jahre alt sein, um einen Drink zu bekommen, an anderen 19. An einigen Orten schließen die Bars um Mitternacht, an anderen bleiben sie bis 4 Uhr geöffnet. An den meisten Orten können Sie sonntags nur in einem Restaurant oder im Speisesaal eines Hotels einen Drink bestellen, und auch nur, wenn Sie dort essen. An ein paar Orten können Sie keinen Drink bekommen, egal an welchem Tag. Alles sehr seltsam.

Ähnlich komisch: Die Kanadier sind keine großen Whiskytrinker, obwohl sie einige ausgezeichnete Marken produzieren. Aber sie sind große Biertrinker, obwohl ihr Bier bestenfalls mittelmäßig ist und schlechtestenfalls dem vergleichbar, was südlich der Grenze gerade noch als Bier durchgeht. Die einzige logische und vollkommen verständliche Reaktion, die ich bei kanadischen Trinksitten entdecken konnte, ist die offensichtliche Abneigung der Kanadier, viel von ihrem eigenen Wein zu trinken.

TRINKGELD

Wenn Sie etwas kaufen, können Sie nie ganz sicher sein, daß Sie auch exakt das erhalten, für was Sie gezahlt haben. Beim Trinkgeld ist das etwas anderes, da wissen Sie genau, für was Sie gezahlt haben. Nach dieser Feststellung möchte ich raten, außer in extremen Fällen, nie weniger als 10% zu geben. Einmal versuchte ich es mit der Taktik der Vergeltung und belohnte einen beleidigend schlechten Service mit einem beleidigend niedrigen Trinkgeld; schnell mußte ich aber erkennen, daß ich einer unbefriedigenden Erfahrung nur ein unerfreuliches Nachspiel angefügt hatte. Als Regel gebe ich daher stets um die 15% Trinkgeld; weniger, wenn der Service nicht so gut war, und mehr, wenn er ganz besonders aufmerksam war. Gepäckträger erhalten von mir pro Gepäckstück 1 $ und das Zimmermädchen bekommt den gleichen Betrag pro Tag, den man in der Addition je nach Verhalten auf- oder abrunden kann.

EINKÄUFE

Für Einkäufe gilt dasselbe wie für das Essen: Halten Sie nach lokalen Spezialitäten Ausschau. In den Küstenprovinzen sehen Sie sich also am besten nach handgestrickten Pullovern um, nach Jagdwesten und nach Angelausrüstung (Ölzeug zum Beispiel). In Quebec wird es Sie erstaunen, was man mit Ahornsirup alles anstellen kann. In Ontario sollten Sie auf die Korbwaren der Indianer achten. In den Prärieprovinzen, vor allem in Alberta, finden Sie alles, was zur Ausrüstung eines Cowboys gehört. Und in British Columbia wird Ihnen das herrlich geschnitzte Kunsthandwerk der der Indianer der Nordwestküste gefallen.

In diesem Zusammenhang allerdings erschallt auch der Ruf nach *Vorsicht*. Einheimisches kanadisches Kunsthandwerk gehört zu den reizendsten Dingen, die Sie im Land erwerben können, oft ist der Markt aber von billigen Imitationen überschwemmt. Seien Sie also vorsichtig, wenn Ihnen ein Stück besonders preiswert vorkommt. Wenn Sie ganz sicher gehen wollen, kaufen Sie am besten bei einer Kunsthandwerkerzunft, bei einer Kooperative oder in einem Museum.

Die Läden in Kanada sind im allgemeinen von Montag bis Samstag zwischen 9.30 und 18 Uhr geöffnet. Ausnahmen bilden die großen Einkaufsparadiese und die «unterirdischen Städte» von Toronto und

Montreal, wo die Geschäfte länger und manchmal auch sonntags offen bleiben.

Zur Erleichterung von Kleiderkäufen nachfolgend eine Gegenüberstellung kanadischer und europäischer Größen.

KANADA/EUROPA

Herrenanzüge

Kanada	Europa
34	44
35	46
36	48
37	49½
38	51
39	52½
40	54
41	55½
42	57

Damenkleider und Blusen

Kanada	Europa
6	36
8	38
10	40
12	42
14	44
16	46
18	48

Herrenschuhe

Kanada	Europa
7	39½
8	41
9	42
10	43
11	44½
12	46
13	47

Damenschuhe

Kanada	Europa
4½	35½
5	36
5½	36½
6	37
6½	37½
7	38
7½	38½
8	39
8½	39½
9	40

GEGENÜBER: Von malerischen Flußtälern zu weiten offenen Prärien – Kanadas Landschaften bieten jedem Geschmack etwas.

Herrenhemden

Kanada	Europa
14	36
14½	37
15	38
15½	39
16	41
16½	42
17	43

Herrenpullover

Kanada	Europa
KLEIN	
34	87
MITTEL	
36	91
38	97
GROSS	
40	102
42	107
EXTRA GROSS	
44	112
46	117

Herrenhosen (Bund)

Kanada	Europa
24	61
26	66
28	71
30	76
32	80
34	87
36	91
38	97

CAMPING

Kanada ist ein Paradies für Camper. Es gibt Tausende und Abertausende von Campingplätzen quer über das Land in jeder Größe und in jeder Ausstattung. Viele von ihnen befinden sich in den National- und in den Provinzparks, andere werden von den Kommunen betrieben, und wieder andere sind privat. Die meisten sind von Mai bis Ende September geöffnet. Die Preise liegen zwischen 10 $ und 15 $. Zur Einrichtung zählen normalerweise Toiletten, Duschen, eine Reinigung, Picknicktische, Feuerstätten und Stromanschlüsse für Wohnwagen. Die vornehmeren Plätze haben auch einen Laden und ein Restaurant. Grundsätzlich

CAMPING

besitzen die privaten Campingplätze mehr Einrichtungen und sind teurer. Die öffentlichen Plätze in den National- und Provinzparks liegen dafür schöner.

Da die meisten Plätze nach dem Motto «Wer zuerst kommt...» vermieten, sollte man sich in der Hochsaison im Juli und August schon am frühen Nachmittag nach einer Bleibe umsehen.

Drei nächtliche Plagen können einen Urlaub im Zelt allerdings ernsthaft verderben, wenn man nicht auf sie vorbereitet ist. Die erste Plage ist ein wohlbekannter Fluch: Die Stechmücken. Bringen Sie also jede Menge Mittel zur Mückenabwehr mit, und Ihr Zelt sollte natürlich ein Moskitonetz haben. Die zweite Plage sind hungrige Tiere – in Kanada oft ein Bär. Diese Kreaturen entmutigt man, indem man, außer in Dosen, nie Nahrung in oder am Zelt aufbewahrt, Essensreste sofort entsorgt und das Geschirr spült. Keine Reste, keine Probleme. Drittens kann die Temperatur nachts plötzlich so stark fallen, daß Sie im Zelt bibbern, wenn Sie nicht genügend warme Kleidung dabei haben.

Eine Liste der Zeltplätze erhalten Sie beim nationalen Touristenbüro oder bei den Touristenbüros der Provinzen, die Sie besuchen möchten. Die sehr informative Broschüre *National Parks* gibt es kostenlos beim Canadian Parks Service, Ottawa, Ontario K1A 0H3, ℂ (819) 997-2800.

JAGEN

Ein Wunder ist es eigentlich nicht, daß Jäger jedes Jahr (gewöhnlich im Herbst) in Scharen in Kanada einfallen. Einer der reichsten Naturschätze Kanadas ist schließlich seine Überfülle an Wild; Haarwild wie Elch, Karibu, Hirsch und Bär und Flugwild wie Rebhuhn, Ente und Gans.

Jede Provinz besitzt ihre eigenen Jagdregeln und Jagdvorschriften, zu denen die Bundesgesetze treten. Zum Beispiel müssen Waffen und Munition beim Zoll deklariert werden, und eine Exportgenehmigung ist erforderlich, wenn Sie Häute oder Jagdtro-

phäen mit nach Hause nehmen wollen. Streng verboten ist das Jagen in den Nationalparks, und Ausländer dürfen in den Wäldern nur in Begleitung eines offiziellen Führers auf Pirsch gehen. Bison, Eisbär, Nerz und Biber sind geschützt, für gewisse Zugvögel bestehen Jagdbeschränkungen. Wegen der Sonderregelungen jeder Provinz und wegen eines Antrags auf Jagdschein schreiben Sie an die Touristenbüros der Provinzen oder an das Ministry of Natural Resources, Wildlife Branch, Queen's Park, Toronto, Ontario M7A 1W3.

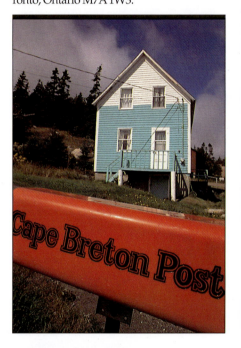

ANGELN UND FISCHEN

Hier gilt haargenau dasselbe wie bei der Jagd: eine Überfülle an Fischen, deren Fang von unterschiedlichen Provinzgesetzen geregelt ist. In den Maritimes gibt es den Atlantiklachs und vor der Küste tummeln sich Thunfisch, Kabeljau, Makrele und Heilbutt. In British Columbia ist es der Pazifiklachs und vor der Küste der Seebarsch. Im Land dazwischen wirft man die Angel aus nach Fischen wie Hecht, Flußbarsch, Weißfisch, Goldauge und allen bekannten Forellenarten.

Alle nichtansässigen Angler müssen eine Angelerlaubnis besitzen, die jedes

Vom Atlantik zum Pazifik: ein Haus auf Cape Breton Island (OBEN) und eine Telefonzelle in der Chinesenstadt von Vancouver (GEGENÜBER).

Touristenbüro einer Provinz, die örtlichen Sportartikelgeschäfte und die Jachthäfen ausstellen. Eine besondere Lizenz ist in den Nationalparks erforderlich. Sie gilt für alle Parks und wird von jedem Mitglied der Parkverwaltung ausgestellt oder vom Parks Canada, Ottawa, Ontario K1A 1G2.

SKIFAHREN

Nicht von ungefähr nennt man Kanada

auch den «Großen Weißen Norden». Was für Brasilien der Kaffee, ist für Kanada der Schnee. Wo der Schnee flach liegt, entstehen herrliche Langlaufloipen, wo er sich über Hänge zieht, finden sich wunderschöne Abfahrtspisten. Und wo er überhaupt nicht liegt oder nicht genug von ihm, da wird das Versehen der Natur von Schneekanonen ausgeglichen.

Bei der Topographie und den Ausmaßen des Landes vielleicht etwas überraschend: Sie müssen nie weit gehen, um auf gutes Skigelände zu stoßen. Selbst in Newfoundland und in den Maritimes, selbst in Manitoba und Saskatchewan warten ordentliche Skipisten. In Ontario erstrecken sich dicht bei Toronto und bei Ottawa ausgezeichnete Skigebiete. In Quebec und in den Rockies aber finden Sie Schneehänge von einem Abwechslungsreichtum und von einer Pracht, wie sie in der Welt nirgends übertroffen werden. Die Laurentian Mountains in Quebec brüsten sich allein mit 130 Skigebieten, und es war auch kein Zufall, daß die Olympischen Winterspiele 1988 in den Bergen um Calgary stattfanden.

Wenn Sie gern skilaufen und einen Kanadabesuch zwischen November und März planen, machen Sie sich auf eine sehr, sehr glückliche Zeit gefaßt.

FEIERTAGE UND FESTE

NATIONALFEIERTAGE

NEUJAHR: . Januar
KARFREITAG
OSTERMONTAG
VICTORIA DAY: Montag nach dem 24. Mai
CANADA DAY: 1. Juli
LABOR DAY: erster Montag im September
THANKSGIVING DAY: zweiter Montag im Oktober
REMEMBRANCE DAY: 11. November
WEIHNACHTEN: 25. Dezember
BOXING DAY: 26. Dezember

PROVINZFEIERTAGE

HEILIGE DREI KÖNIGE (Quebec): 6. Januar
ASCHERMITTWOCH (Quebec): erster Mittwoch in der Fastenzeit
ST. PATRICK'S DAY (Newfoundland): dem 17. März nächstgelegener Montag
ST. GEORGE'S DAY (Newfoundland): dem 23. April nächstgelegener Montag
HIMMELFAHRT (Quebec): 40. Tag nach Ostern
ST. JEAN BAPTISTE DAY (Quebec): 24. Juni
DISCOVERY DAY (Newfoundland): dem 24. Juni nächstgelegener Montag
MEMORIAL DAY (Newfoundland): dem 1. Juli nächstgelegener Montag
ORANGEMAN'S DAY (Newfoundland): dem 12. Juli nächstgelegener Montag
CIVIC HOLIDAY (fast überall außer in Quebec): erster Montag im August
ALLERHEILIGEN (Quebec): 1. November

Feste

JANUAR
New Year's Day Polar Bear Swim, Neujahrsschwimmen in Vancouver
Winter Festival in Montreal
International Boat Show, Bootsausstellung in Toronto
Ice Canoe Race, Kanurennen in Toronto

FEBRUAR
Winter Carnival, Winterfest in der Stadt Quebec
Winter Carnival in North York (Ontario)
Winter Carnival in Vernon (British Columbia)
Winterlude, Winterfest in Ottawa
Chinese New Year, Chinesisches Neujahr in Vancouver
International Auto Show in Toronto

MÄRZ
Outdoors Show, Freizeitmesse in Montreal
Springtime Craft Show and Sale, Frühjahrsmesse des Kunsthandwerks in Toronto
«Sugaring Off», Partys in den Eastern Townships (Quebec)

APRIL
National Home Show in Toronto
International Book Fair, Buchmesse in der Stadt Quebec
Shakespeare Festival beginnt in Stratford

MAI
Blossom Festival, Blütenfest in Niagara Falls
International Mime Festival, Pantomimenfestival in Montreal
Festival of Spring, Frühlingsfest in Ottawa
Scotia Festival of Music, Musikfest in Halifax
International Theatre Fortnight, Theatertage in der Stadt Quebec
Arts Festival, Kunstfestival beginnt in Banff
Shaw Festival beginnt in Niagara-on-the-Lake

JUNI
Summer Festival beginnt in Charlottetown
Molson Grand Prix, Autorennen in Montreal

Midnight Sun Golf Tournament, Golfturnier in Yellowknife (Northwest Territories)
All That Jazz Festival, Jazzfestival in Toronto
Nova Scotia Tattoo, Musikparade in Halifax
International Jazz Festival in Montreal

JULI
International Summer Festival in der Stadt Quebec
Just for Laughs Festival, Komödiantenfest in Montreal
Loyalist Days, Loyalistentage in Saint John (New Brunswick)
Molson Indy, Autorennen in Toronto
The Calgary Stampede, großes Volksfest in Calgary
Klondike Days, großes Volksfest in Edmonton
Nova Scotia International Tattoo, Musikparade in Halifax
Lobster Festival, Hummerfest in Shediac (New Brunswick)
Highland Games, Hochlandspiele in Antigonish (Nova Scotia)
Caribana, karibisches Musikfest in Toronto
National Ukrainian Festival, ukrainisches Fest in Dauphin (Manitoba)

AUGUST
International Film Festival in Montreal
Gaelic Mod, schottisches Hochlandfest in St. Ann's (Nova Scotia)
Festival by the Sea, Meeresfest in Saint John (New Brunswick)
Canadian National Exhibition, Nationalausstellung in Toronto
The Americas Cycling Grand Prix, Radrennen in Montreal
Old Home Week in Charlottetown (Prince Edward Island)
Folklorama, Folklorefest in Winnipeg
Buffalo Days, großes Volksfest in Regina
Oyster Festival, Austernfest in Tyne Valley (Prince Edward Island)
Player's International Tennis Championship, Tennisturnier in Montreal und in Toronto
Expo-Quebec in der Stadt Quebec
Acadian Festival, Akadierfest in Caraquet (New Brunswick)
Quidi Vidi Lake Regatta, Bootsregatta in St. John's (Newfoundland)

Canadian Open, Golfmeisterschaften in Toronto

SEPTEMBER
Festival of Festivals, Fest der Feste in Toronto
Niagara Grape and Wine Festival, Weinfest in St. Catherines (Ontario)
The Montreal Marathon, Marathonlauf in Montreal
The Molson Export Challenge, Pferderennen in Toronto
International Music Festival in Montreal

OKTOBER
Oktoberfest in Kitchener (Ontario)

NOVEMBER
Royal Agriculture Winter Fair, Landwirtschaftsmesse in Toronto

DEZEMBER
Crafts Show, Kunsthandwerkausstellung in Quebec City
Christmas Ice Bridge in Niagara Falls

KOMMUNIKATIONSMITTEL

POST

Obwohl viele Hauptpostämter in Kanada an Werktagen schon morgens um 8 Uhr öffnen und erst um 18 Uhr schließen und einige auch am Samstagmorgen geöffnet sind, ersparen Sie sich Enttäuschungen, wenn Sie von Montag bis Freitag zwischen 9 und 17 Uhr dort auftauchen. Im allgemeinen werden Sie auf Gänge zum Postamt ganz verzichten können, denn Briefmarken gibt es in den Hotels und an Automaten in Flughäfen, Bahnhöfen, Einkaufszentren, Drugstores und in vielen kleinen Läden. Briefe und Postkarten können in den meisten Hotels am Empfang abgegeben oder in die roten Briefkästen geworfen werden.

Wenn Sie Post an eine kanadische Adresse versenden, spart es eine Menge Zeit, wenn Sie die (zugegebenermaßen komplizierten) Postleitzahlen verwenden.

Wenn Sie sich Post nach Kanada schicken lassen möchten, aber nicht genau wissen, wann Sie wo sind, können Sie diese «c/o General Delivery» an das Hauptpostamt der Stadt adressieren lassen, in der Sie die Post abholen wollen. Beachten Sie aber bitte, daß dies innerhalb von 15 Tagen nach Briefankunft geschehen muß, sonst geht alles zurück an den Absender. Wenn Sie eine Kreditkarte von American Express oder Reiseschecks von American Express bzw. von Thomas Cook besitzen, kann Ihre Post auch an jedes beliebige Büro dieser beiden Gesellschaften gehen. Es sollte auf der Adresse nur «Client Mail» vermerkt werden. Die Abholfrist ist mit einem Monat beträchtlich länger.

Telegramme wickeln die CNCP Telecommunications ab. Die meisten guten Hotels verfügen über Telex und/oder Fax.

TELEFON

Das kanadische Telefonsystem ist völlig in das amerikanische integriert. Das heißt, es ist wirklich leistungsfähig und wirtschaftlich, und bei Gesprächen zwischen beiden Ländern ist keine internationale Vorwahl nötig. Auskünfte über örtliche Telefonnummern gibt 411, über Ferngesprächsnummern 1-555-1212. Bei Anrufen, bei denen man auf die Vermittlung angewiesen ist (etwa Gespräche mit Voranmeldung oder R-Gespräche oder Notrufe), wählt man die 0.

Wenn Sie innerhalb desselben Vorwahlbezirks einen Fernruf machen möchten, wählen Sie 1 + die Nummer des Teilnehmers. Bei Anrufen in einen anderen Vorwahlbezirk wählen Sie 1 + Vorwahl + Teilnehmernummer. Bei direkten Auslandsanrufen wählen Sie 011 + Landesvorwahl + Stadtvorwahl + Teilnehmernummer.

Anrufe am Abend und am Wochenende sind billiger. Jeder Anruf von einem Hotel zieht eine Gebühr nach sich – gewöhnlich eine recht hohe. Öffentliche Telefone gibt es fast überall, sie akzeptieren aber nur den kanadischen Quarter (25 Cents).

RADIO UND FERNSEHEN

Fast bin ich versucht zu sagen, wenn Sie in Kanada sind, sollten Sie sich gar nicht drinnen aufhalten, und es dabei belassen. Und dann bin ich fast versucht fortzufahren, wenn Sie sich in Nordamerika schon drinnen aufhalten, sollten Sie absolut keinen Fernseher einschalten. Sie kennen die Gründe; eine ganze Reihe davon sind dieselben wie in Ihrer eigenen Heimat. Trotzdem ist es schwierig, das Gefühl dumpfer Verzweiflung zu vermitteln, das jeden befällt, der sich einer geballten Heerschar von über 40 Kanälen gegenübersieht – von denen keiner so hell strahlt, daß er Ihre Aufmerksamkeit für mehr als ein paar Minuten fesseln würde.

In Kanada können Sie zu den kanadischen Programmen auch noch die amerikanischen sehen, die selbst dort dominieren, wohin sie nicht mehr aus eigener Kraft gelangen. Trotz notorischer finanzieller Schwierigkeiten gelingt es der CBC (Canadian Broadcasting Company), einige sehenswerte eigene Programme zu produzieren, und auch die französischsprachigen Programme liefern hin und wieder einen Augenschmaus. Aber seien Sie nicht enttäuscht, wenn Sie, um den *Teenage Mutant Ninja Turtles* zu entkommen, beim Kanalspringen in den Abenteuern von *Popeye et son fils* landen.

Für Sportfans – zu denen sich auch der Autor zählt – leuchtet ein echter Stern am kanadischen Fernsehhimmel. Und er geht zu einer Zeit auf, an der Sie sehr wahrscheinlich wirklich nichts anderes zu tun haben: Von September bis Mai bietet der Kanal Sports Network am Samstagmorgen um 9.30 Uhr Eastern Time ein Fußballspiel live aus der 1. englischen Liga.

Der kanadische Rundfunk spielt Musik über Musik – Klassik, Pop, Rock, Country, Jazz – und streut dazwischen Talkshows, Nachrichten und Hörertelefon-Sendungen.

Zeitungen und Zeitschriften

Der kanadische Journalismus ähnelt dem amerikanischen. Mit Ausnahme des *Globe and Mail* in Toronto sind alle Zeitungen Lokalblätter. Natürlich besitzen einige Großstadtzeitungen wie der *Toronto Star* nationales und sogar internationales Format, ihr Hauptanliegen ist jedoch die Berichterstattung über ihre eigenen Gemeinwesen. Diese erleuchtete Engstirnigkeit kommt dem Besucher nur zugute. Auf diese Weise erhält er stets die momentan interessantesten Lokalthemen serviert, und die Veranstaltungskalender und die Anzeigen sind ein hervorragender Führer durch örtliche Ereignisse und Vergnügungen. Auf viele der Orte, die ich Ihnen zum Besuch empfohlen habe, oder auf Dinge, die ich Ihnen zu tun riet, bin ich durch solche Artikel und Besprechungen in der Lokalpresse gestoßen. Unterschätzen Sie diese wertvolle Quelle also nicht, wenn Sie an einem neuen Ort ankommen.

Alle größeren Zeitungsstände in Kanada führen sowohl alle kanadischen als auch alle amerikanischen Zeitungen und Zeitschriften, seltener solche aus Europa. Ich wünschte, ich könnte sagen, daß ich bei meinem Schmökern zwischen den Regalen eine kanadische Zeitschrift von zwingendem Interesse entdeckt hätte. Ich habe es nicht. Man kann eben nicht alles haben.

Auf einen Blick von A bis Z
Orte, Sehenswürdigkeiten, Übernachtungsmöglichkeiten, Restaurants und wichtige Telefonnummern

Sterne vor Hotels und Restaurants beziehen sich nur auf die Preiskategorie. Einzelheiten über Ausstattung und eventuelle Empfehlungen finden Sie im Text.

A Aktivurlaub, allgemein 236–237
   Angeln und Fischen 236
   Jagen 236
   Skifahren 236
Alkohol 232
Angeln 236
Annapolis Royal 65, 69, 75, 77, 79
  allgemeine Informationen 65
   Tourist Information Centre ℂ (902) 532-5454 65
  Anreise 79
  Geschichte 69
  Restaurants 77
   Historic Gardens Restaurant
    ℂ (902) 532-7062 77
   Newman's ℂ (902) 532-5502 79
  Sehenswürdigkeiten 69
   Annapolis Royal Historic Gardens
    ℂ (902) 532-7018 69
   Champlain's Habitation ℂ (902) 532-2898 70
   Fort Anne National Historic Site
    ℂ (902) 532-2397 69
   Port Royal National Historic Site 70
  Unterkunft 75
   Auberge Wandlyn Royal Anne Motel
    ℂ (902) 532-2323, gebührenfrei in den Maritimes ℂ (800) 561-0000 75
   The Bread and Roses Country Inn
    ℂ (902) 532-5727 75
   The Garrison House Inn ℂ (902) 532-5750 75
   The Queen Anne Inn ℂ (902) 532-7850 75
Annapolis Valley 65, 69–70, 75, 77–79
  allgemeine Informationen 65
  Anreise 79
  Restaurants 77–79
  Sehenswürdigkeiten 67–70
   Evangeline Trail 69
  Unterkunft 75
Anreise 220
Appalachian-Region 32, 139
Autofahren 229
Avalon (Halbinsel) 44

B **Baddeck** 70, 76–77, 79
  Anreise 79
  Restaurants 79
   Bell Buoy Restaurant ℂ (902) 295-2581 79
   Hotelrestaurants 79
  Unterkunft 76, 77
   Inverary Inn ℂ (902) 295-2674 77
   Silver Dart Lodge ℂ (902) 295-2340 76
Baie des Chaleurs 139, 145

Bay of Islands, *siehe* Corner Brook, Umgebung
Bevölkerung 12
Blanc-Sablon, *siehe* Labrador, Anreise
Bonaventure 145, 147, 149
  Anreise 149
  Sehenswürdigkeiten 145
   Musée Historique Acadien 145
  Unterkunft 147
   *Motel Bourdages ℂ (418) 534-2053 147
   *Motel de la Plage ℂ (418) 534-2934 147
Bonavista Peninsula 46, 47, 50, 51
  Anreise 51
  Sehenswürdigkeiten 46
   Cape Bonavista 46
   Fischerdorf Bonavista 46
   Trinity 46
  Unterkunft 50
   **Holiday Inn ℂ (709) 466-7911,
    gebührenfrei ℂ (800) HOLIDAY 47
   *Village Inn ℂ (709) 464-3269 50
Borne Bay, *siehe* Gros Morne National Park
Botschaften und Konsulate 221–222
Bottle Cove, *siehe* Corner Brook, Umgebung
Brackley Beach 86, 88, 89
  Anreise 89
  Restaurants 88
   Shaw's Hotel ℂ (902) 672-2022 88
  Unterkunft 86
   Shaw's Hotel ℂ (902) 672-2022 86
British Columbia 25, 26

C Cabot Trail, *siehe* Cape Breton Island
Camping, allgemein 234–236
   Canadian Parks Service (kostenloses Informationsmaterial) ℂ (819) 997-2800 236
Canadian Pacific Railway 25, 26, 28
  Geschichte 25
Canadian Shield 32
Canso Causeway, *siehe* Cape Breton Island
Cap Chat 143, 146, 149
  Aktivurlaub 143
   Angeln und Fischen 143
  Anreise 149
  Unterkunft 146
   *Cabines Goemons sur Mer
    ℂ (418) 786-2291 146
Cap-des-Rosiers 144, 146, 149
  Anreise 149
  Sehenswürdigkeiten 144
   Leuchtturm, ℂ (418) 892-5613 144
  Unterkunft 146
   *Hôtel-Motel le Pharillon ℂ (418) 892-5641 146
Cape Bonavista 46
Cape Breton Highlands National Park 65, 70, 79

241

C

— siehe auch Cape Breton Island
allgemeine Informationen
   Park Information Office ✆ (902) 285-2270 65
Anreise 79
Cape Breton Island 22, 65, 70–71, 75–77, 79
allgemeine Informationen 65
   Tourist Information Centre 65
Anreise 79
Geschichte 22
Restaurants 79
Sehenswürdigkeiten 70–71
   Cabot Trail 70
   Fortress of Louisburg National Historic Site 70
Unterkunft 75–77
   ***Normaway Inn, gebührenfrei
      ✆ (800) 565-9463 7^
   **Keddy's Inn ✆ (902) 625-0460,
      gebührenfrei ✆ (800) 561-7666 76
   **Skye Motel ✆ (902) 625-1300 7^
Cape Spear (Newfoundland) 31
Caribou, siehe Halifax, Anreise
Carleton 145, 147, 149
Anreise 149
Restaurants 149
   **Restaurant im Motel Baie Bleue 149
Sehenswürdigkeiten 145
   Mont St-Joseph 145
   Parc de Miguasha mit Museum 145
Unterkunft 147
   **Manoir Belle Plage ✆ (418) 364-3388 147
   **Motel Baie Bleue ✆ (418) 364-3355,
      gebührenfrei ✆ (800) 463-9099 147
Cartwright, siehe Labrador, Anreise
Cavendish 85, 87, 88, 89
Anreise 89
Restaurants 89
   Fiddles & Vittles ✆ (902) 963-3003 89
   The Galley ✆ (902) 963-3383 89
Sehenswürdigkeiten 85
   Green Gables House 85
   Rainbow Valley (Vergnügungspark)
      ✆ (902) 836-3610 85
   Strände 85
Unterkunft 87–88
   Island Wild Resort ✆ (902) 963-2193 87
   Kindred Spirits Country Inn and Cottages
      ✆ (902) 963-2434 87
   Lakeview Lodge and Cottages
      ✆ (902) 963-2436 87
   Shining Waters Country Inn and Cottages
      ✆ (902) 963-2251 88
   Sundance Cottages ✆ (902) 963-2149 87
Charlottetown 83–89
Aktivurlaub 84
   Golf: Belvedere Golf and Winter Club
      ✆ (902) 892-7838 84
allgemeine Informationen 84
   Charlottetown Visitor Information Centre
      ✆ (902) 368-4444 84
   P.E.I. Convention Bureau ✆ (902) 368-3688 84
Anreise 88
Einkäufe 84
   Craft Development, Dept. of Community and
      Cultural Affairs ✆ (902) 368-5280 84
   P.E.I. Crafts Council ✆ (902) 892-5152 84

Geschichte 83
Restaurants 88
   ***Confederation Room ✆ (902) 894-7371 88
   ***Griffon Room ✆ (902) 892-2496 88
   ***Lord Selkirk Room ✆ (902) 892-9052 88
   ***Samuel's ✆ (902) 894-8572 88
   **Lobsterman's Landing ✆ (902) 368-2888 88
   **Queen Street Cafe ✆ (902) 566-5520 88
   **Town & Country Restaurant
      ✆ (902) 892-2282 88
   *Casa Mia ✆ (902) 892-8888 88
   *Cedar's Eatery ✆ (902) 892-7377 88
   *King Palace Restaurant ✆ (902) 894-9644 88
   *Pat's Rose and Grey Room ✆ (902) 892-2222 88
   *The Dispensary ✆ (902) 894-5990 88
Sehenswürdigkeiten 84
   Confederation Centre of the Arts
      ✆ (902) 566-2464 84
   Province House 84
   St. Dunstan's Basilica 84
   St. Paul's Anglican Cathedral 84
Sport 84
   Pferderennen ✆ (902) 892-6823/7838 84
Unterkunft 85–86
   ***Prince Edward Hotel and Convention
      Centre ✆ (902) 566-2222, gebührenfrei
      ✆ (800) 268-9411 85
   ***The Charlottetown ✆ (902) 894-7371,
      gebührenfrei ✆ (800) 565-0207 in den
      Maritimes, ✆ (800) 565-0241 in Quebec und
      Ontario 85
   **Auberge Wandlyn Inn ✆ (902) 892-1201,
      gebührenfrei ✆ (800) 561-0000 85
   **Dundee Arms Inn and Motel
      ✆ (902) 892-2496 85
   **Elmwood Heritage Inn ✆ (902) 368-3310 85
   **Kirkwood Motor Hotel ✆ (902) 892-4206 85
   **The Inn on the Hill ✆ (902) 894-8572 85
   *Journey's End Motel ✆ (902) 566-4424,
      gebührenfrei ✆ (800) 668-4200 86
   *Queen's Arms Motel ✆ (902) 368-1110 86
   *Royalty Maples Court ✆ (902) 368-1030 86
Chester 66, 71–74, 77, 79
Aktivurlaub 66
   Golf 66
   Segeln 66
Anreise 79
Restaurants 77
   The Galley Restaurant & Lounge
      ✆ (902) 275-4700 77
Sport 66
   Chester Race Week 66
Unterkunft 71–74
   *Casa Blanca Guest House and Cabins
      ✆ (902) 275-3385 74
   *Windjammer Motel ✆ (902) 275-3567 71
Chéticamp 70, 76, 79
— siehe auch Cape Breton Island
Anreise 79
Einkäufe 70
   Teppiche und Matten 70
Restaurants 79
   Harbour Restaurant ✆ (902) 224-2042 79
Sehenswürdigkeiten 70
   Musée Acadien 70

C

Unterkunft 76
 **Laurie's Motel ℂ (902) 224-2400,
  gebührenfrei ℂ (800) 432-7344 76
 **Ocean View Motel ℂ (902) 224-2313 76
 **Park View Motel ℂ (902) 224-3232 76
Chic-Choc Mountains 139, 143
Corner Brook 47, 51
 Anreise 51
 Umgebung 47
  Bay of Islands 47
  Bottle Cove 47
  Humber River 47
  Marble Mountain Ski Resort 47
 Unterkunft 51
  **Glynmill Inn ℂ (709) 634-5181, gebührenfrei
   ℂ (800) 563-4894 51
  **Holiday Inn ℂ (709) 634-5381,
   gebührenfrei ℂ (800) HOLIDAY 51
  **Mamateek Inn ℂ (709) 639-8901,
   gebührenfrei ℂ (800) 528-1234 51
  *Journey's End Motel ℂ (709) 639-1980,
   gebührenfrei ℂ (800) 668-4200 51

D

Dayton 74, 79
 Anreise 79
 Unterkunft 74
  Doctors Lake Camping Park
   ℂ (902) 742-8442 74
  Voyageur Motel ℂ (902) 742-7157,
   gebührenfrei in den Maritimes
   ℂ (800) 565-5026 74
Digby 65, 69, 75, 77, 79
 — siehe auch Annapolis Valley
 allgemeine Informationen 65
  Tourist Information Centre ℂ (902) 245-2201 65
 Anreise 79
 Feste 69
  Digby Scallop Days 69
 Restaurants 77
  Hotelrestaurants 77
  House of Wong ℂ (902) 245-4125 77
 Unterkunft 75
  ***Pines Resort Hotel ℂ (902) 245-2511 75
  **Admiral Digby Inn ℂ (902) 245-2531 75
  **Kingfisher Motel ℂ (902) 245-4747 75

E

Einkäufe, allgemeine Informationen 17, 233–234
Elektrizität 226
Eskimos, siehe Inuit
Essen und Trinken, allgemein 231–233

F

Feiertage 237
Fernsehen 239–240
Feste 237–239
Fischen 236
Flora und Fauna 32–33
Forscher und Entdecker
 Brendan (irischer Mönch) 20
 Cabot, John 20, 37, 38
 Cartier, Jacques 21, 82, 93, 111, 121, 141
 Champlain, Samuel de 21, 57, 69, 93, 106, 111
 Cook Ephraim 66
 Fraser, Simon 23
 Hudson, Henry 21
 Instad, Helge 47
 Mackenzie, Alexander 23, 57
 Rut, John 37
 Thompson, David 23

Wikinger 20, 37, 44, 57, 141
Wright, Philemon 154
Fredericton 93–97
 Aktivurlaub 95
  Golf, Angeln, Wassersport: Mactaquac
   Provincial Park ℂ (506) 363-3011 95
 allgemeine Informationen 94
  Informationszentrum für Touristen
   ℂ (506) 452- 9500 94
  Tourism New Brunswick, gebührenfrei
   ℂ (800) 442- 4442 (New Brunswick) und
   ℂ (800) 561-0123 (Nordamerika) 94
 Anreise 97
  Air Atlantic, gebührenfrei ℂ (800) 565-1800
   (New Brunswick) 97
  Air Canada ℂ (506) 652-5440 97
 Geschichte 94
 Restaurants 97
  Benoît's ℂ (506) 459-3666 97
  Dimitri's ℂ (506) 452-8882 97
  Eighty Eight Ferry ℂ (506) 472-1988 97
  Mei's 97
  Restaurant im Diplomat Motor Hotel
   ℂ (506) 454-5584 97
  Restaurant im Lord Beaverbrook Hotel
   ℂ (506) 455-3371 97
  The Barn ℂ (506) 455-2742 97
  Victoria & Albert ℂ (506) 458-8310 97
 Sehenswürdigkeiten 94–95
  Beaverbrook Art Gallery ℂ (506) 458-8545 94
  Christ Church Cathedral 94
  King's Landing ℂ (506) 363-3081,
   gebührenfrei ℂ (800) 561-0123 95
  Legislative Building, ℂ (506) 453-2527 94
  Mactaquac Provincial Park ℂ (506) 363- 3011 95
  Officers' Square ℂ (506) 453-3747 95
  The Green 95
  The Playhouse ℂ (506) 458-8345 95
 Unterkunft 95–97
  **Auberge Wandlyn Inn ℂ (506) 452-8937,
   gebührenfrei ℂ (800) 561-0000 96
  **Fredericton Motor Inn ℂ (506) 455-1430 96
  **Howard Johnson Motor Lodge ℂ (506)
   472-0480, gebührenfrei ℂ (800) 654-2000 96
  **Lord Beaverbrook Hotel ℂ (506) 455-3371,
   gebührenfrei ℂ (800) 561-7666 95
  *Carriage House Inn ℂ (506) 452-9924 96
  *Diplomat Motor Hotel ℂ (506) 454-5584 96
  *Keddy's Inn ℂ (506) 454-4461,
   gebührenfrei ℂ (800) 561-7666 96
  *Town and Country Motel ℂ (506) 454-4223 96
  Chickadee Lodge ℂ (506) 363-2759 97

G

Gander 46, 50, 51
 Aktivurlaub 46
  Angeln im Gander River 46
 Anreise 51
 Unterkunft 50
  **Albatross Motel ℂ (709) 256-3956,
   gebührenfrei ℂ (800) 563-4894 50
  **Holiday Inn ℂ (709) 256-3981
   gebührenfrei ℂ (800) HOLIDAY 50
  **Hotel Gander ℂ (709) 256-3931,
   gebührenfrei ℂ (800) 563-2988 50
  **Sindbad's Motel ℂ (709) 651-2678,
   gebührenfrei ℂ (800) 563-4894 50

Sehenswürdigkeiten 70
  Cape Smokey 70
  Unterkunft 76
    ***Keltic Lodge ((902) 285-2880 76
    **Glenhorm Resort ((902) 285-2049 76
    *Skyline Cabins ((902) 285-2055 76
Inuit 37, 52

J Jagen 236
K **Kanada,** allgemeine Informationen 220–240
  Aktivurlaub 234–237
  Alkohol 233–234
  Ankunft 220–221
    mit dem Bus 221
    mit dem Flugzeug 220
    mit dem Wagen 221
    mit der Eisenbahn 220
  Botschaften und Konsulate 221–222
  Camping 234
  Einkäufe 233
  Essen und Trinken 231–233
  Geld 226
  Gesundheit 226
  Kriminalität 226–227
  Reisegepäck 223–225
  Reisen in Kanada 227–230
    mit dem Bus 227
    mit dem Flugzeug 227
    mit dem Wagen 228, 229
    mit dem Schiff 228
    mit der Eisenbahn 227
    mit örtlichen Verkehrsmitteln 228
  Reisepapiere 222
  Reisezeiten 222–223
  Trinkgeld 233
  Unterkunft 230–231
  Zoll 222
Kingston 162–164, 165–166, 167, 168, 169
  allgemeine Informationen 164–165
    Kingston Tourist and Visitors' Bureau
      ((613) 548-4415 164–165
  Anreise 168–169
    Voyageur ((613) 548-7738 169
  Ausflugsfahrten 166
    Island Queen Showboat ((613) 549-5544 166
    Sea Fox II (Katamaran) ((613) 384-7899 166
    Thousand Islands Cruises ((613) 549-1123 166
  Einkäufe 165
    King Street 165
  Geschichte 162–164
  Restaurants 168
    **Clark's by the Bay ((613) 384-3551 168
    **Firehall Restaurant ((613) 384-3551 168
    **Gencarelli ((613) 542-7976 168
    *Canoe Club ((613) 384-3551 168
    *Chez Piggy ((613) 549-7673 168
    *Kingston Brewing Company
      ((613) 542-4978 168
    *Sunflower Restaurant 168
  Sehenswürdigkeiten 165–166
    Agnes Etherington Art Centre
      ((613) 545-2190 165
    Bellevue House ((613) 542-3858 166
    City Hall 165
    Confederation Park 165
    Fort Henry ((613) 542-7388 165
    Frontenac Provincial Park 166
    HMS Radcliffe 166
    Macdonald Park 165
    Marine Museum of the Great Lakes 165
    Murney Tower 165
    Pump House Steam Museum
      ((613) 546-4696 165
    Rideau Canal 166
    Royal Military College 165
    Royal Military College Museum 165
    St. Lawrence Islands National Park 166
    Thousand Islands 166
    Wolfe Island 166
  Unterkunft 167
    **Belvedere Hotel ((613) 548-1565 167
    **Confederation Place ((613) 549-6300 167
    **Highland Motel ((613) 546-3121 167
    **Hochelaga Inn ((613) 549-5534 167
    **Prince George Hotel ((613) 549-5440 167
    **Queen's Inn ((613) 546-0429 167
    **Seven Oaks Motor Inn ((613) 546-3655 167
    *Alexander Henry ((613) 542-2261 167
    Bed & Breakfast 167
    Campingplätze 167
    Farmunterkünfte 167
      Hollow Tree Farm ((613) 377-6793
      Leanhaven Farm ((613) 382-2698
Kitchener-Waterloo 199–201
  allgemeine Informationen 199
    Kitchener Chamber of Commerce
      ((519) 576-5000 199
    Waterloo Chamber of Commerce
      ((519) 886-2440 199
  Anreise 199
  Feste 200
    Oktoberfest ((519) 576-0571 200
  Restaurants 201
    **A la Cape Breton ((519) 745-7001 201
    **Brittany ((519) 745-7001 201
    **Charcoal Steak House ((519) 893-6570 201
    *Janet Lynn's Bistro ((519) 742-2843 201
    *Marbles ((519) 885-4390 201
    *Swiss Castle Inn ((519) 744-2391 201
  Sehenswürdigkeiten 200
    Doon Heritage Crossroads 200
    Farmermärkte 200
    Joseph-Schneider-Haus 200
    Seagram Museum ((519) 885-1857 200
    Universitäten Waterloo and Wilfrid Laurier
      ((519) 745-4321 201
    Woodside ((519) 742-5273 200
  Unterkunft 201
    **Best Western Conestoga Inn ((519) 893-1234,
      gebührenfrei ((800) 528-1234 201
    **Holiday Inn ((519) 893-1211,
      gebührenfrei ((800) HOLIDAY 201
    **Hotel Walper Terrace ((519) 745-4321 201
    **Valhalla Inn ((519) 744-4141,
      gebührenfrei ((800) 268-2500 201
    *Journey's End Motel ((519) 894-3500,
      gebührenfrei ((800) 668-4200 201
    *Riviera Motel ((519) 893-6641 201
    *YMCA ((519) 743-5201 201
    *YWCA ((519) 884-1970 201

Bed & Breakfast ((519) 595-4604 *201*
Universtitätsunterkünfte *201*
 University of Waterloo ((519) 884-1970
 Wilfrid Laurier University ((519) 884-8110
Klima *33, 222–223*
Kriminalitt *226–227*

L L'Anse aux Meadows *20, 37*
 Geschichte *20*
L'Anse aux Meadows National Historic Park *47, 50, 51*
 Anreise *51*
 Unterkunft *50–51*
  **St. Anthony Motel ((709) 454-3200 *50*
  **Vinland Motel ((709) 454-8843, *51*
  *Viking Motel ((709) 454-320 *50*
Labrador *36, 51–53*
 allgemeine Informationen *52*
 Department of Development and Tourism
  ((709) 282-5600, gebührenfrei
  ((800) 563-6353 *52*
 Anreise *53*
  mit dem Flugzeug: Labrador Airways,
   ((709) 896-3387 *53*
  mit dem Schiff: Marine Atlantic gebührenfrei
   ((800) 563-7336 *53*
  mit dem Zug *53*
 Geschichte *52*
 Sehenswürdigkeiten *52–53*
  Goose Bay *53*
  Labrador Heritage Museum (896-2762 *53*
  Labrador Straits Museum ((709) 927-5659 *53*
 Unterkunft *53*
Lewisporte, *siehe* Labrador, Anreise
London *199, 206–208*
 allgemeine Informationen *199*
  Visitors and Convention Bureau
   ((519) 661-5000 *199*
 Anreise *199*
 Restaurants *208*
  **Anthony's ((519) 679-0960 *208*
  **Maestro's ((519) 439-8983 *208*
  **Wonderland Riverview Dining Room
   ((519) 471-4662 *208*
  *Friar's Cellar II *208*
  *Le Taste Vin ((519) 432-WINE *208*
  *Mr. Abnathy's *208*
 Sehenswürdigkeiten *206–207*
  Art Gallery ((519) 672-4580 *206*
  Fanshawe Pioneer Village
   ((519) 451-2800 *207*
  Grand Theatre ((519) 672-8800 *206*
  Lawson Prehistoric Indian Village
   ((519) 473-1360 *207*
  London Regional Children's Museum
   ((519) 434-5726 *206*
  Museum of Indian Archaeology
   ((519) 473-1360 *207*
  Ska-Nah-Doht Indian Village *207*
 Unterkunft *207–208*
  **Best Western Lamplighter Inn
   ((519) 681-7151 *207*
  **Idlewyld Inn ((519) 433-2891 *207*
  **Sheraton Armouries ((519) 679-6111 *207*
  *Golden Pheasant ((519) 473-4551 *207*
  *Motor Court Motel ((519) 451-2610 *207*

Bed & Breakfast, London Area B&B Association, ((519) 471-6228 *207*
 Fanshawe Park Conservation *208*
 Universitätsunterkünfte *207*
  King's College ((519) 433-3491
Louisbourg *22, 65, 70–71, 77, 79*
 allgemeine Informationen *65*
  Louisbourg Visitor Centre ((902) 733-2280 *65*
 Anreise *79*
 Geschichte *22*
 Restaurants *79*
  Anchors Aweigh, ((902) 733-3131 *79*
  The Grubstake Restaurant ((902) 733-2309 *79*
 Sehenswürdigkeiten *70–71*
  Fortress of Louisbourg National Historic Parc Site *71*
 Unterkunft *77*
  *Louisbourg Motel ((902) 733-2844 *77*
Lunenburg *65, 66–67, 74, 77, 79*
 Aktivurlaub *67*
  Golf: Blue Nose Golf Course *67*
 allgemeine Informationen *65*
  Tourist Information Centre ((902) 634- 8100 *65*
 Anreise *79*
 Restaurants *77*
  Capt'n Angus Seafood Restaurant
   ((902) 634-3030 *77*
  Hotelrestaurants *77*
 Sehenswürdigkeiten *67*
  Fisheries Museum of the Atlantic
   ((902) 634-4794 *67*
 Unterkunft *74*
  Bluenose Lodge ((902) 634-8851 *74*
  Boscawen Inn ((902) 634-3325 *74*
  Homeport Motel ((902) 634-8234 *74*

M Mahone Bay *66, 74, 77, 79*
 Anreise *79*
 Einkäufe *66*
  Kunsthandwerk und Antiquitten *66*
 Restaurants *77*
  The Innlet Cafe ((902) 624-6363 *77*
  Zwicker's Inn ((902) 624-8045 *77*
 Sehenswürdigkeiten *66*
  Kirchen *66*
 Unterkunft *74*
  **Longacres Bed & Breakfast ((902) 624- 6336 *74*
  *Sou'Wester Inn ((902) 624-9296 *74*
Manitoba *26*
Maße und Gewichte *226*
Matane *143, 146, 149*
 Anreise *149*
 Restaurants *149*
  **Restaurant im Hôotel des Gouverneurs *149*
  **Restaurant im Hôtel-Motel Belle Plage *149*
 Sehenswürdigkeiten *143*
  Lachsbeobachtungen *143*
  Matane Wildlife Preserve ((418) 562-3700 *143*
 Unterkunft *146*
  ***Hôtel des Gouverneurs ((418) 566-2651 *146*
  **Motel Inter-Rives ((418) 562-6433 *146*
  **Motel la Vigie ((418) 562-3664 *146*
  *Hôtel-Motel Belle Plage ((418) 562-2323 *146*
  Campingplätze ((418) 562-3700 *146*
Matapédia *146, 149*

Aktivurlaub 146
  Angeln auf Lachse 146
Anreise 149
Restaurants 149
  Hôtel-Motel Restigouche ✆ (418) 865-2155 149
Medien 240–241
Métis 26–27
Mont-St-Pierre 143, 146, 149
  Aktivurlaub 143
    Drachenfliegen 143
  Anreise 149
  Feste 143
    Fête du Vol Libre 143
  Restaurants 149
    Restaurant im Motel Mont St-Pierre 149
  Unterkunft 146
    *Motel au Délice ✆ (418) 797-2850 146
    *Motel Mont-St-Pierre ✆ (418) 797-2202 146
Montreal 121–139
  Aktivurlaub 131–132
    Fahrradfahren 131
    Golf 131–132
      Club de Golf de Laprairie ✆ (514) 659-1908
      Fresh Meadows Golf Club ✆ (514) 697-4036
      Golf Dorval ✆ (514) 631-6624
      Golf Municipal de Montréal ✆ (514) 872-1143
    Jogging 132
    Rodeln 132
    Schlittschuhlaufen 132
    Schneeschuhlaufen 132
    Schwimmen 132
      Olympic Park ✆ (514) 252-4622
    Skifahren 132
    Stromschnellenfahrten 132
    Tennis 132
      Informationen über Plätze
        ✆ (514) 872- 6211
      Jarry Tennis Stadium ✆ (514) 273-1515
  allgemeine Informationen 122–124
    Greater Montreal Convention and Tourism
      Bureau ✆ (514) 871-1595/2015 122, 124
    Tourisme Québec ✆ (514) 873-2015 122
  Anreise 139
    Amtrak, gebührenfrei ✆ (800) 872-7245 139
    Greyhound ✆ (514) 593-2000 139
    VIA Rail ✆ (514) 871-1331 139
    Voyageur ✆ (514) 842-2281 139
  Einkäufe 132–133
    Boulevard St-Laurent 133
    Canadian Guild of Crafts ✆ (514) 849-6091 132
    Chinatown 133
    Complexe Desjardins 133
    Crescent Street 132
    Les Cours Mont-Royal 133
    Marché aux Puces (Flohmarkt) 133
    Place Bonaventure 133
    Place Jacques Cartier 124
    Place Ville Marie 133
    Rue Notre Dame Ouest 133
    Rue Sherbrooke Ouest 132
    Rue St-Amble 133
    Rue St-Denis 128, 133
    Rue St-Jacques 133
    Rue St-Paul 124, 133
    Rue Ste-Catherine 132
    Underground City 133
    Vieux Montréal 133
  Feste 134
    Just For Laughs Festival (Sommer),
      Informationen ✆ (514) 845-3155 134
    Montreal International Jazz Festival,
      Informationen ✆ (514) 288-5363 134
    Montreal World Film Festival (August) 134
  Geschichte 121–122
  Nachtleben 133–134
    Biddles ✆ (514) 842-8656 134
    Centaur Theatre 134
    Club Soda ✆ (514) 270-7848 134
    Comedy Nest ✆ (514) 395-8118 134
    Forum ✆ (514) 932-2582 134
    Grands Ballets Canadiens ✆ (514) 849-8681 133
    Kinos (englischsprachige Filme)
      Cinéma V ✆ (514) 489-5559 134
      IMAX Cinema ✆ (514) 496-IMAX 134
      Rialto ✆ (514) 274-3550 134
      Seville ✆ (514) 932-1139 134
    L'Air du Temps ✆ (514) 842-2003 134
    Le Bijou ✆ (514) 288-5508 134
    Les Ballets Jazz de Montréal
      ✆ (514) 875-9640 133
    Opéra de Montréal ✆ (514) 398-4547 133
    Orchestre Metropolitain du
      Grand Montréal ✆ (514) 598-0870 133
    Orchestre Symphonique de Montréal
      ✆ (514) 842-3402 133
    Pollack Hall (klassische Musik)
      ✆ (514) 398-4547 133
    Spectrum de Montréal ✆ (514) 861-5851 134
    Théâtre Maisonneuve 133
    Théâtre Port Royal 133
  Restaurants 136–139
    ***Beaver Club ✆ (514) 861-3511 136, 138
    ***Chez Delmo ✆ (514) 849-4601 138
    ***La Marée ✆ (514) 861-8126 138
    ***Le Café de Paris ✆ (514) 844-4212 138
    ***Le Lutétia ✆ (514) 288-5656 138
    ***Les Chenets ✆ (514) 844-1842 138
    ***Les Mignardises ✆ (514) 842-1151 138
    ***Moishe's ✆ (514) 845-1696 138
    ***Zhivago ✆ (514) 284-0333 138
    **Auberge le Vieux Saint-Gabriel
      ✆ (514) 878-3561 139
    **Katsura ✆ (514) 849-1172 139
    **L'Express ✆ (514) 845-5333 138
    **Le Taj ✆ (514) 845-9015 138
    **Le Vent Vert ✆ (514) 842-2482 138
    **Les Filles du Roy ✆ (514) 849-3535 139
    **Milos ✆ (514) 272-3522 138
    **Prego ✆ (514) 271-3234 138
    **Restaurant Jacques Cartier
      ✆ (513) 398-0932 138
    **Restaurant Vespucci ✆ (514) 843-4784 138
    *Ben's 139
    *Café Jardin de Jade ✆ (514) 861-4941 139
    *Cathay Restaurant ✆ (514) 866-4016 139
    *Dunn's 139
    *La Paryse ✆ (514) 842-2042 139
    *Laurier BBQ ✆ (514) 273-3671 139
    *Mazurka ✆ (514) 845-3539 139
    *Schwartz's 139

M   Auf einen Blick von A bis Z   M

Sehenswürdigkeiten 124–131
  Aquarium ((514) 872-4656 *131*
  Aquatic Centre ((514) 252-4737 *129*
  Bank of Commerce *126*
  Banque de Montréal *125*
  Basilique de Notre Dame *125*
    Führungen ((514) 849-1070
    Museum ((514) 842-2925
  Bishop Street *127*
  Boulevard St-Laurent *128, 133*
  Chalet *128*
  Château Champlain *126*
  Château de Ramezay (Museum)
    ((514) 861-3708 *124–125*
  Chinatown *127*
  Christ Church Cathedral *126*
  Complexe Desjardins *127*
  Crescent Street *127*
  David M. Stewart Museum
    ((514) 861-6701 *131*
  Dominion Square *126*
  Hôtel de Ville *124*
  Ile Notre-Dame *131*
  Ile Ste-Hélène *131*
  Japanese Garden ((514) 872-1400 *131*
  Jardin Botanique *131*
  La Ronde ((514) 872-6222 *131*
  Le Centre Canadien d'Architecture
    ((514) 939-7000 *128*
  Le Vieux Port *125*
  Les Ecuries d'Youville *126*
  Maison du Calvet *125*
  Man and His World (Ausstellungshalle) *131*
  Marché aux Puces (Flohmarkt) *125*
  Marie-Reine-du-Monde *126*
  McCord Museum ((514) 392-7100 *127*
  McGill University *127*
  Mont Royal *128*
  Montreal History Centre
    ((514) 845-4236 *125*
  Musée des Beaux-Arts ((514) 285-1600 *128*
  Musée Fortin ((514) 845-6108 *125*
  Notre-Dame-de-Bonsecours *125*
  Old Courthouse *124*
  Old Fort *131*
  Olympic Park *129*
  Olympic Stadium *129*
  Oratoire St-Joseph *129*
  Parc du Mont Royal *128*
  Parc Lafontaine *129*
  Parc Maisonneuve *129*
  Place Bonaventure *126*
  Place d'Armes *125*
  Place des Arts ((514) 842-2112 *127*
  Place du Canada *126*
  Place Jacques Cartier *124*
  Place Ville Marie ((514) 845-4336 *126*
  Royal Bank Tower *126*
  Rue Bonsecours *125*
  Rue Prince Arthur *128*
  Rue St-Denis *128*
  Rue St-Paul *124*
  Rue Ste-Catherine *126–127*
  Séminaire de St-Sulpice *125*
  Square St-Louis *128*
  Statue des Sieur de Maisonneuve *125*
  Statue Lord Nelsons *124*
  Sun Life Building *126*
  Underground City *126*
  Université du Québec *128*
  Vélodrome *129*
  Vieux Montréal *124–125*
Sport 131–132
  Baseball: Expos ((514)253-3434 *131*
  Eishockey: Montreal Canadians
    ((514) 932-6131 *131*
  Formel-Eins-Rennen: Informationen
    ((514) 392-0000 *131*
  Radrennen *131*
    Grand Prix Cycliste des Amériques:
      Informationen ((514) 879-1027
    La Classique Cycliste Canadian Tire
  Pferderennen: Informationen
    ((514) 739-2741 *131*
  Tennis *132*
    Player's Challenge-Turnier: Informationen
    ((514) 273-1515
Unterkunft 134–136
  ***Bonaventure Hilton International ((514)
    878-2332, gebührenfrei ((800) HILTONS *134*
  ***Delta Montréal ((514) 286-1986,
    gebührenfrei ((800) 268-1133 *135*
  ***La Reine Elizabeth ((514) 861-3511,
    gebührenfrei ((800) 268-9143 *135*
  ***Le Centre Sheraton ((514) 878-2000,
    gebührenfrei ((800) 325-3535 *135*
  ***Le Château Champlain ((514) 878-9000,
    gebührenfrei ((800) 828-7447 *135*
  ***Le Quatre Saisons ((514) 286-1986,
    gebührenfrei ((800) 332-3442 *135*
  ***Ritz-Carlton ((514) 286-1986,
    gebührenfrei ((800) 223-9868 *135*
  **Château Versailles ((514) 933-3611,
    gebührenfrei ((800) 361-7199 *135*
  **Hôtel de l'Institut ((514) 282-5120,
    gebührenfrei ((800) 363-0363 *136*
  **Hôtel Holiday Inn le Richelieu ((514) 842-8581,
    gebührenfrei ((800) HOLIDAY *135*
  **Hôtel l'Appartement Inn Montréal
    ((514) 284-3634 *135*
  **Hôtel Lord Berri ((514) 845-9236,
    gebührenfrei ((800) 363-0363 *136*
  **Manoir Le Moyne ((514) 931-8861 *135*
  *Castel St-Denis ((514) 288-6922 *136*
  *Hôtel Bon Accueil ((514) 527-9655 *136*
  *Hôtel Château Napoléon
    ((514) 861-1500 *136*
  *Hôtel Le Breton ((514) 524-7273 *136*
  *Manoir Ambrose ((514) 288-6922 *136*
  Auberge de Jeunesse Internationale de
    Montréal ((514)843-3317 *136*
  Bed & Breakfast *136*
  Campingplätze *136*
  Universitätsunterkünfte *136*
    Collège Francais ((514) 495-2581
    Concordia University ((514) 848-4756
    McGill University ((514) 398-6367
  YMCA ((514) 849-8393 *136*
  YWCA ((514) 866-9941 *136*

Mt. Logan (Kanadas höchster Berg) *32*

Nationalparks *32, 46–47, 50, 65, 85, 166*
New Brunswick *23, 25, 91–103*
  Anreise 103
  Geschichte 23, 25, 93
Newfoundland *35–53*
  allgemeine Informationen
  — *siehe* St. John's, Labrador und die Nationalparks Gros Morne, L'Anse aux Meadows und Terra Nova
  Anreise 51, 53
    Air Atlantic ℂ (709) 722-0222, gebührenfrei aus Newfoundland ℂ (800) 565-1800 *51*
    Marine Atlantic ℂ (902) 562-9470 *51*
  Geschichte 36–38, 44
  Sehenswürdigkeiten 39–53
    Bonavista Peninsula *46*
    Corner Brook *47*
    Gander *46*
    Gros Morne National Park *46*
    L'Anse aux Meadows National Historic Park *47*
    Labrador *51–53*
    Port aux Basques *47*
    St. John's *38–44*
    Terra Nova National Park *46*
    Trinity *46*
Niagarafälle *194, 195*
Niagara Falls *187, 194–198*
  allgemeine Informationen 187
    Niagara Falls Visitor and Convention Bureau ℂ (416) 356-6061 *187*
    Travel Information Centre ℂ (416) 358-3221 *187*
  Anreise 187
  Restaurants 198
    **Casa d'Oro ℂ (416) 356-5646 *198*
    **Miller's Bistro ℂ (416) 357-1234 *198*
    **Reese's Country Inn ℂ (416) 357-5640 *198*
    **Skylon Tower ℂ (416) 357-5640 *198*
    *Betty's Restaurant & Tavern ℂ (416) 295-4436 *198*
    *Queenston Heights ℂ (416) 262-4266 *198*
    *Victoria Park Restaurant ℂ (416) 356-2217 *198*
  Sehenswürdigkeiten 194–195
    Ausflugsfahrten an den Niagarafällen *194,195*
      Great Gorge Trip ℂ (416) 356-0904
      Maid of the Mist ℂ (416) 358-5781
      Niagara Helicopters ℂ (416) 468-4219/5154
      Niagara River Boat Company ℂ (416) 468-4219/5154
      Niagara Spanish Aero Cars
    Clifton Hill *194*
    Daredevil Hall of Fame *194*
    Niagarafälle *194, 195*
    Niagara Falls Museum *194*
    Niagara Glen *195*
    Niagara Parks Commission School of Horticulture *195*
    North Niagara Parkway *195*
    Queenston Heights *195*
    Skylon Tower ℂ (416) 356-2651 *195*
    Table Rock *194*
    Table Rock House ℂ (416) 358-3268 *194*
  Unterkunft 195, 198
    ***Clarion Old Stone Inn ℂ (416) 357-1234, gebührenfrei ℂ (800) 263-8967 *195*

    ***Skyline Brock ℂ (416) 374-4444, gebührenfrei ℂ (800) 648-7200 *195*
    ***Skyline Foxhead ℂ (416) 357-3090, gebührenfrei ℂ (800) 648-7200 *195*
    **Ameri-Cana ℂ (416) 356-8444 *195*
    **Best Western Your Host Motor Inn ℂ (416) 357-4330, gebührenfrei ℂ (800) 528-1234 *195*
    **Honeymoon City Hotel ℂ (416) 357-4330 *195*
    **Reese's Country Inn ℂ (416) 357-5640 *198*
    **Skyline Village ℂ (416) 374-4444, gebührenfrei ℂ (416) 648-7200 *195*
    Bed & Breakfast ℂ (416) 295-6260 *198*
    Campingplätze *198*
      Niagara Falls KOA ℂ (416) 354-6472
    Parkunterkunft *198*
    Miller's Creek Park ℂ (416) 871-6557
Niagara-on-the-Lake *187, 192–194*
  allgemeine Informationen 187
    Chamber of Commerce ℂ (416) 468-4263 *187*
    Niagara Falls Visitor and Convention Bureau ℂ (416) 356-6061 *187*
  Anreise 187
  Feste 192
    Shaw Festival ℂ (416) 468-2172 *192*
  Restaurants 193–194
    **Oban Inn ℂ (416) 468-2165 *193*
    **Prince of Wales Hotel ℂ (416) 468-3246 *193*
    **Restaurant Giardino ℂ (416) 468-3263 *193*
    **The Angel ℂ (416) 468-3411 *193*
    **The Buttery ℂ (416) 468-3246 *193*
    *Fans ℂ (416) 468-4511 *193–194*
    *George III ℂ (416) 468-7639 *194*
  Sehenswürdigkeiten 192
    Festival Theatre *192*
    Fort George Historic Park ℂ (416) 469-4257 *192*
    Niagara Apothecary Shop ℂ (416) 468-3845 *192*
    Niagara Historical Museum ℂ (416) 468-3912 *192*
    Queen Street *192*
    Streifzge durch Weinkellereien *192*
  Unterkunft 193
    ***Gate House Hotel ℂ (416) 468-3263 *193*
    ***Oban Inn ℂ (416) 468-2123 *193*
    ***Pillar & Post Inn ℂ (416) 468-2123 *193*
    ***Prince of Wales ℂ (416) 468-3246 *193*
    **Angel Inn ℂ (416) 468-3411 *193*
    **White Oaks Inn and Racquet Club ℂ (416) 688-2550 *193*
    Bed & Breakfast ℂ (416) 468-4263 *193*
Nordontario *209–217*
  allgemeine Informationen 210
  Anreise 210
  Restaurants, Sehenswürdigkeiten, Unterkunft
  — *siehe* Sault Ste. Mary, Sudbury und Thunder Bay
Nordwestpassage *21*
North Rustico *87, 88, 89*
  Anreise 89
  Restaurants 88
    Fisherman's Wharf ℂ (902) 963-2669 *88*
    Idle Oars Restaurant ℂ (902) 963-2534 *88*
  Unterkunft 87
    Gulf View Cottages ℂ (902) 963-2052 *87*

N

North Sydney 71
Nova Scotia 23, 25, 55–79
  allgemeine Informationen 59, 65
    Check In ℂ (902) 425-5781, gebührenfrei aus
      Kanada ℂ (800) 565-0000 59
  Anreise 64, 79
  Geschichte 23, 25, 57
  Sehenswürdigkeiten
    Annapolis Valley 64, 69–70
    Cape Breton Highlands National Park 65, 70
    Cape Breton Island 64, 70–71
    Digby 64, 69
    Halifax 57–64
    Lunenburg 64, 66
    Peggy's Cove 65
    Shelburne 64, 67
    Südufer 64, 66–67
    Yarmouth 64, 66

O

öffentliche Feiertage 237
Ontario 25, 151–217
  Geschichte 25
  Ottawa 153–162
    Aktivurlaub 157
      Golfplätze 157
        Capital Golf Course ℂ (613) 521-2612
        Champlain Golf Course ℂ (613) 777-0449
      Ruderboote, Kanus und Paddelboote 157
        Dow's Lake Pavilion ℂ (613) 232-1001
        Hog's Back Marina ℂ (613) 733-5065
      Schlittschuhlaufen 157
      Skilaufen 157
        Camp Fortune
        Edelweiss Valley (auch Schlittschuh und
          Rodel)ℂ (819) 459-2328
        Mont Cascades ℂ (819) 827-0301
      Tennis 157
        City Recreation ℂ (819) 648-3222
      Wildwasserfahrten 157
        Equinox Adventures ℂ (819) 648-2241
        River Run (Tourenveranstalter)
          ℂ (613) 646-2501
    allgemeine Informationen 155
      Capital Visitor and Convention Bureau
        ℂ (613) 237-5158 155
      City of Ottawa Information Centre
        ℂ (613) 564-1415 155
      Hull Information Kiosk ℂ (819) 778-2222 155
      Ontario Travel, gebührenfrei
        ℂ (800) ONTARIO 155
    Anreise 160
      VIA Rail ℂ (613) 238-4706 (Informationen) und
        ℂ (613) 238-8289 (Reservierungen) 162
      Voyageur Colonial ℂ (613) 238-5900 162
    Einkäufe 157–158
      Byward Market 157
      Rideau Centre 157
      Sparks Street Mall 157
    Feste 155
      Winterlude 155
    Geschichte 153–155
    Nachtleben 158
      Bank Café 158
      Barrymore's ℂ (613) 238-5842 158
      Downstairs Club 158
      Friends and Company 158
      Gilmour 158
      Grand Central ℂ (613) 233-1435 158
      National Arts Centre 158
        Informationen ℂ (613) 966-5015
        Reservierungen ℂ (613) 755-1111
      Patty's Place 158
      Penguin Cafä 158
      Rainbow Bistro ℂ (613) 594-5123 158
      Son et Lumière (Ton- und Lichtshow) 158
    Restaurants 160–162
      ***Café Henri Burger ℂ (819) 777-5646 160
      ***Chez Jean Pierre ℂ (613) 235-9711 160
      ***L'Oree du Bois ℂ (819) 827-0332 160
      ***Le Jardin ℂ (613) 238-1828 160
      ***Oncle Tom ℂ (819) 771-1689 160
      ***Opus Bistro ℂ (613) 722-9549 160
      **Bay Street Bistro ℂ (613) 234-1111 160
      **Friday's Roast Beef House ℂ (613) 237-5353 160
      **Haveli ℂ (613) 230-3566 160
      **Le Café ℂ (613) 594-5127 160
      **Mamma Teresa ℂ (613) 236-3023 160
      **Place Next Door ℂ (613) 232-1741 160
      **Silk Roads ℂ (613) 236-4352 160
      **Sitar ℂ (613) 230-2222 160
      *Café Bohemian ℂ (613) 238-7182 162
      *Elephant and Castle ℂ (613) 234-5544 160
      *Golden Dragon ℂ (613) 237-2333 160
      *Hurley's Roadhouse ℂ (613) 230-9347 162
      *Khyber Pass ℂ (613) 235-0881 162
      *Nate's ℂ (613) 236-9696 160
      *The Ritz ℂ (613) 234-3499 160
      *Zak's Diner ℂ (613) 233-0433 162
    Sehenswürdigkeiten 155–157, 158
      Canadian Museum of Civilization
        ℂ (819) 994-0840 156
      Canadian War Museum ℂ (613) 992-2774 156
      Central Experimental Park ℂ (613) 995-5222 156
      Gatineau Park ℂ (613) 992-5473 156
      Moorside ℂ (613) 992-5473 157
      National Arts Centre 158
      National Aviation Museum
        ℂ (613) 998-4566 156
      National Gallery of Canada
        ℂ (613) 990-1985 156
      National Museum of Natural Sciences
        ℂ (613) 996-3102 156
      National Museum of Science and Technology
        ℂ (613) 991-3046 156
      Parliament Buildings, kostenlose Führungen
        ℂ (613) 996-0896 155
      Parliament Hill 155
      Parliamentary Library 155
      Peace Tower 155
      Rideau Canal 156
      Ton- und Lichtshow 156, 158
      Wachwechsel 155
    Sport 157
      Football: Ottawa Rough Riders
        ℂ (613) 563-4551 157
      Fußball: Ottawa Intrepid
        ℂ (613) 722-7774 157
      Pferderennen: Rideau-Carleton Raceway
        ℂ (613) 822-2211 157
    Unterkunft 158–160
      ***Château Laurier ℂ (613) 232-6411 158

***Four Seasons ((613) 238-1500 *158*
***Hôtel-Plaza de la Chaudière
  ((819) 778-3880 *158*
***Radisson ((613) 237-3600 *158*
***Skyline ((613) 237-3600 *158*
***Westin ((613) 560-7000 *158*
**Beacon Arms ((613) 235-1413 *159*
**Cartier Place Hotel ((613) 236-5000 *159*
**Hotel Roxborough ((613) 237-5171 *159*
**Lord Elgin ((613) 253-3333 *159*
**Minto Place Suite Hotel ((613) 232-2200 *159*
**Park Lane Hotel ((613) 238-1331 *159*
*Butler Motor Hotel ((613) 746-4641 *160*
*Concorde Motel ((613) 745-2112 *160*
*Gasthaus Switzerland ((613) 237-0335 *159*
*Journey's End Motels ((613) 744-2900,
  ((613) 592-2200 *160*
*McGee's Inn ((613) 237-6089 *159*
*Parkway Motor Hotel ((613) 232-3781 *159*
*Talisman Motor Inn ((613) 722-7601,
  gebührenfrei ((800) 267-4166 *159*
*Townhouse Motor Hotel ((613) 236-0151 *159*
*YMCA/YWCA ((613) 237-1320 *159*
Oyster Bed Bridge *88, 89*
Anreise 89
Restaurants 88
  Cafe St. Jean ((902) 963-3133 *88*
P **Parc de la Gaspésie** *143, 146, 149*
Anreise 149
Restaurants 149
  **Gîte du Mont Albert ((418) 763-3039 *149*
Sehenswürdigkeiten 143
  Mont Jacques Cartier *143*
Unterkunft 146
  **Gîte du Mont Albert ((418) 763-2285 *143*
Parc National Forillon *143, 146, 149*
Aktivurlaub 143
Anreise 149
Unterkunft 146
  Campingplätze *146*
  Jugendherberge *146*
Peggy's Cove *65–66, 71, 77, 79*
Anreise 79
Restaurants 77
  Sou'Westerner ((902) 823-2561 *77*
Unterkunft 71
  *Clifty Cove Motel ((902) 823-3178 *71*
  *Lover's Lane Cottages by the Ocean *71*
  King Neptune Campground
    ((902) 823-2582 *74*
Pelee Island (Lake Erie) *31*
Percé *144–145, 147, 149*
Anreise 149
Restaurants 149
  Hôtel-Motel Bleu-Blanc-Rouge
    ((418) 782-2142 *149*
  Hôtel-Motel La Normandie ((418) 782-2112 *149*
  Maison du Pêcheur ((418) 782-5331 *149*
  Restaurant d'Auberge du Gargantua
    ((418) 782-2852 *149*
Sehenswürdigkeiten 144–145
  Grande Crevasse *145*
  Ile Bonaventure *145*
  Mont Ste-Anne *145*
  Percé Rock *144*

Percé Wildlife Interpretation Centre
  ((418) 782-2240 *145*
Unterkunft 147
  **Hôtel-Motel La Normandie ((418) 782-2112,
    gebührenfrei ((800) 463-0820 *147*
  **Motel les Trois Sœurs Pavillon le Revif
    ((418) 782-2183, gebührenfrei
    ((800) 361-6162 *147*
  *Auberge du Gargantua & Motel
    ((418) 782-2852 *147*
  *Maison Avenue House ((418) 782-2954 *147*
Port aux Basques *47, 51*
Aktivurlaub 47
  Angeln (Lachse) *47*
Anreise 51
Unterkunft 51
  *Grand Bay Motel ((709) 695-2105. *51*
  *Hotel Port aux Basques ((709) 695-2171 *51*
  *St. Christopher's Hotel ((709) 695-7034 *51*
Port Daniel *145, 149*
Aktivurlaub 145
  Angeln auf Forellen und Lachse *145*
Anreise 149
Sehenswürdigkeiten 145
  Port Daniel Park *145*
Post *239*
Prärien *32*
Prince Edward Island *20, 24–25, 81–89*
allgemeine Informationen 84
  Charlottetown Visitor Information Centre
    ((902) 368-4444 *84*
  Dial The Island, gebührenfrei ((800) 565-7421
    (Maritimes) und ((800) 565-0267
    (Nordamerika) *84*
  P.E.I. Convention Bureau ((902) 368-3688 *84*
Anreise 89
Einkäufe
  Kunsthandwerk, *siehe* unter Charlottetown *84*
Geschichte 20, 24–25, 82–83
Restaurants 88–89
Sehenswürdigkeiten 84–85
Unterkunft 85–88
Prince Edward Island National Park *86–89*
Anreise 89
Restaurants 88
  Restaurants in den Hotels Dalvay und
    Stanhope *88*
Sehenswürdigkeiten 85
  Brackley Beach *85*
  Cavendish Beach *85*
  Dalvay Beach *85*
  New London Bay *85*
Unterkunft 86, 88
  ***Dalvay-by-the-Sea Hotel ((902) 672-2048,
    im Winter (902) 672-2546 *86*
  **Stanhope by the Sea ((902) 628-7899,
    im Winter (902) 672-2047 *86*
  Campingplätze *88*
Q **Quebec** (Provinz) *21, 25, 105–149*
Geschichte 21, 25, 29–31, 106–108
Quebec (Stadt) *108–121*
Aktivurlaub 116
  Angeln *116*
    Erlaubnisschein — Ministry of Recreation
    ((418) 643-3127

Réserve Faunique des Laurentides
 ((418) 848-2422
Fahrradfahren *116*
Golf *116*
 Parc du Mont Sainte-Anne
  ((418) 827-3778
 Jogging *116*
 Rodeln *116*
 Schlittschuhlaufen *116*
 Skilaufen *116*
  Abfahrtslauf: Mont Ste-Anne
   ((418) 827-4561
  Langlaufloipen: Quebec City Bureau of
   Parks and Recreation ((418) 691-6071
 Tennis *116*
  Montcalm Tennis Club ((418) 687-1250
  Tennisport ((418) 872-0111
allgemeine Informationen 111
 Informationsbro ((418) 643-2280 *111*
 Quebec City Region Tourism and Convention
  Bureau ((418) 522-3511 *111*
 Tourisme Québec, gebührenfrei in Kanada
  ((800) 363-7777 *111*
Anreise 121
Einkäufe 113, 115, 116–118
 Antikenviertel (Rue St-Paul) *116*
 Ile d'Orléans *115*
 Maison des Vins ((418) 643-1214 *113*
 Place Laurier *118*
 Place Québec *116*
 Rue Petit-Champlain *113, 116*
Feste 115–116
 Carnaval d'Hiver ((418) 626-3716 *115*
 Québec Festival d'Eté ((418) 692- 4540 *115*
Geschichte 109–110
Nachtleben 118–119
 Agora ((418) 692-0100 *118*
 Bar 1123 *118*
 Bar Elite ((418) 692-1204 *118*
 Biblioteque Gabrielle-Roy
  ((418) 529-0924 *119*
 Café St-Honoré ((418) 529-0211 *119*
 Cinéma Place Québec ((418) 525-4524 *118*
 Croque-Mitaine ((418) 694-1473 *118*
 Eden *118*
 Grand Théâtre de Québec
  ((418) 643-8131 *118*
 L'Emprise ((418) 692-2480 *118*
 L'Orchestre Symphonique de Québec
  ((418) 643-8131 *119*
 La Boîte à Films ((418) 524- 3144 *119*
 Le Bistro *118*
 Le d'Orsay ((418) 694-1582 *118*
 Le Foyer ((418) 692-0708 *118*
 Théâtre Petit-Champlain
  ((418) 643-8131 *118–119*
Restaurants 120–121
 ***A la Table de Serge Bruyère
  ((418) 694-0618 *120*
 ***Gambrinus ((418) 692-5144 *120*
 ***Le Marie Clarisse ((418) 692-0875 *120*
 ***Le Saint-Amour ((418) 694-9259 *120*
 ***Restaurant au Parmesan ((418) 692-0341 *120*
 **Au Chalet Suisse ((418) 694-1320 *120*
 **Aux Anciens Canadiens ((418) 692-1627 *120*
 **Fleur de Lotus ((418) 692-4286 *120*
 **Le Biarritz ((418) 692-2433 *120*
 *Au Relais de la Place d'Armes
  ((418) 694-9036 *121*
 *Chez Temporal ((418) 694-1813 *121*
 *Le Trompe L'Œil ((418) 694-0152 *121*
 *Pizzeria d'Youville ((418) 694-0299 *121*
 *Restaurant le Petit Italien ((418) 694-0044 *121*
Sehenswürdigkeiten 111–116
 Assemblée Nationale *115*
 Avenue Ste-Geneviève *112*
 Basilique de Notre Dame de Québec *112*
 Befestigungsanlagen ((418) 648-3563 *114*
 Cartier-Brébeuf National Historic Park *115*
 Chapelle des Ursulines *112*
 Château Frontenac *111*
 Couvent des Ursulines (418) 694-0694 *112*
 Grande Allée *115*
 Holy Trinity Anglican Cathedral *113*
 Hôtel-Dieu *112*
 Ile d'Orléans *115*
 Jardin des Gouverneurs *111*
 Kreuzfahrten *115*
 Maison des Vins ((418) 643-1214 *113*
 Martello-Trme *115*
 Musée de la Civilisation ((418) 643-2158 *114*
 Musée de Séminaire de Québec
  ((418) 692-2843 *112*
 Musée des Augustines ((418) 692-2492 *112*
 Musée des Ursulines ((418) 694-0694 *112*
 Musée du Québec *115*
 Notre Dame des Victoires *113*
 Old Port *114*
 Parc de l'Artillerie ((418) 648-4205 *114*
 Parc des Champs de Bataille *115*
 Place d'Armes *111*
 Place Royale *113*
 Port of Quebec in the 19th Century *114*
 Poudrière de L'Esplanade *114*
 Promenade des Gouverneurs *113*
 Rue de Trasor *112*
 Rue Petit-Champlain *113*
 Séminaire *112*
 Terrasse Dufferin *113*
Sport 116
 Hockey: Québec Nordiques
  ((418) 523-3333 *116*
 Pferderennen: Hippodrome de Québec
  ((418) 524- 5283 *116*
Unterkunft 119–120
 ***Château Frontenac ((418) 692-3861 *119*
 ***Hôtel des Gouverneurs ((418) 647-1717 *119*
 ***Hôtel Hilton ((418) 647-2411, gebührenfrei
  ((800) 268-9275 *119*
 ***Hôtel Loews Le Concorde
  ((418) 647-2222 *119*
 **Château Laurier ((418) 522-8108 *120*
 **Clarendon ((418) 692-2480 *119*
 **Fleur de Lys ((418) 694-0106 *120*
 **Le Château de Pierre ((418) 694-0429 *120*
 **Manoir Ste-Geneviève ((418) 694-1666 *120*
 *Centre International de Séjour
  ((418) 656-2921 *120*
 *Hôtel Maison Ste-Ursule ((418) 694-9794 *120*
 *L'Auberge St-Louis ((418) 692-2424 *120*

*La Maison Demers ((418) 692-2487 120
*Le Clos St-Louis ((418) 694-1311 120
Bed & Breakfast ((418) 527-1465 oder
  ((418) 655-7685 120
Universitätsunterkünfte 120
Quinte's Isle 164, 165, 166, 167, 168, 169
Aktivurlaub 166
  Wassersport ((613) 476-2575 166
allgemeine Informationen 164–165
  Tourist Association ((613) 476-2421 165
Anreise 169
Feste 166
  Quinte Summer Music 166
Restaurants 168–169
  **Angéline's Restaurant ((613) 393-3301 169
  **The Sword ((613) 392-2143 169
  **Waring House Restaurant ((613) 476-7367 168
  *Maples Restaurant ((613) 393-3316 169
  *Wheelhouse View Cafe 168
Sehenswürdigkeiten 166–167
  Ameliasburgh Historical Museum 166
  Bloomfield 166
  Consecon 166
  Lake on the Mountain 166
  Picton 166
  Provinzparks Sandbanks und North Beach
    ((613) 476-2575 166
Unterkunft 167–168
  **Isiah Tubbs Resort ((613) 393-5694 167
  **Merrill Inn ((613) 476-7451 167
  **Tip of the Bay Motel ((613) 476-2156 167
  *Bloomfield Inn ((613) 393-3301 168
  *Mallory House ((613) 393-3458 167
  *Tara Hall ((613) 399-2801 167
  Bed & Breakfast 168
  Campingplätze 168
  Farmunterkünfte 168
    Burowood Jersey Farm ((613) 476-2069
    Woodville Farm ((613) 476-5462

R Radio und Fernsehen 239–240
Reisegepäck 223–225
Reisepapiere 222
Reisezeiten 222–223
Restaurants, allgemein 231–232
Restigouche 146, 149
Anreise 149
Sehenswürdigkeiten 146
  Battle of Restigouche Historic Park 146
Rocky Mountains 24, 32
Rustico Bay 86
Rusticoville 86, 89
Anreise 89
Unterkunft 86
  The Breakers by the Sea ((902) 963-2555 86

S **Saint John** 98–103
Aktivurlaub 100
  Golf: Rockwood Park Golf Club
    ((506) 658-2933 100
  Schwimmen und andere Wassersportarten:
    Rockwood Park ((506) 658-2933 100
allgemeine Informationen 99
  Dial-A-Tide (Informationen ber die
    Meeresfluten) ((506) 648-4429 99
  Saint John Visitor and Convention Bureau
    ((506) 658-2990 99

Tourist Information Centres: ((506) 635-2855
  (Market Slip) und ((506) 635-1238
  (Reversing Falls Bridge) 99
Anreise 102–103
  Marine Atlantic ((902) 648-4048 (Saint John),
    ((902) 245-2116 (Digby), gebührenfrei
    ((800) 565- 9470 (Maritimes) und ((800)
    565-9411 (Zentralkanada) 103
Einkäufe 99
  Market Square 100
  Old City Market 100
  Prince William Street 100
Geschichte 98–99
Restaurants 102
  Cafe Creole ((506) 633-8901 102
  Delta Brunswick ((506) 648-1981 102
  Food Hall at Market Square 102
  Grannan's ((506) 634-1555 102
  Incredible Edibles ((506) 633-7554 102
  La Belle Vie ((506) 635-1155 102
  Mediterranean Restaurant ((506) 634-3183 102
  Top of the Town ((506) 657-7320 102
  Turn of the Tide ((506) 693-8484 102
Sehenswürdigkeiten 99–100
  Barbour's General Store 100
  Carleton Martello Tower ((506) 648-4957 100
  King Square 99
  Loyalist Burial Grounds 100
  Loyalist House ((506) 652-3590 100
  New Brunswick Museum ((506) 658-1842 100
  Old City Market 100
  Reversing Falls (aufsteigende Wasserfälle) 99
  Rockwood Park ((506) 658-2933 100
Unterkunft 100–102
  ***Saint John Hilton ((506) 693-8484,
    gebührenfrei ((800) 268-9275 100
  ***The Delta Brunswick ((506) 648-1981,
    gebührenfrei ((800) 268-1133 101
  **Colonial Inn ((506) 652-3000,
    gebührenfrei ((800) 561-INNS 101
  **Country Inn & Suites ((506) 635-0400,
    gebührenfrei ((800) 456-4000 101
  **Holiday Inn ((506) 657-3610 101
  **Howard Johnson Hotel ((506) 642-2622,
    gebührenfrei ((800) 654-2000 101
  **Keddy's Fort Howe Hotel ((506) 657-7320,
    gebührenfrei ((800) 561-7666 101
  *Fundy Ayre Motel ((506) 672-1125 102
  *Hillside Motel ((506) 672-1273 102
  *Island View Motel ((506) 672-1381 101
  *Seacoast Motel ((506) 635-8700 102
  *White House Lodge Motor Hotel
    ((506) 672-1000 102
  Camping, Rockwood Park
    ((506) 658-2933 100
Sainte-Anne-des-Monts 43, 146, 149
Anreise 149
Restaurants 149
  Restaurants in den Hotels Beaurivage und
    Monaco des Monts 149
Umgebung 143
  Parc de la Gaspésie 143
Unterkunft 146
  *Hotel Beaurivage ((418) 763-2224 146
  *Motel à la Brunante ((418) 763-3366 146

S

*Motel Monaco des Monts ℂ (418) 763-3321,
  gebührenfrei ℂ (800) 361-6162 146
Saskatchewan 26, 28
Saskatchewan River 26
Sault Ste. Marie 210, 212–214
 Aktivurlaub 213–214
  Angeln 213
  Kanufahren 213
  Rudern 213
  Schneemobile 214
  Schwimmen 213
  Skilaufen 213–214
   Abfahrten: Ski Searchmont
   Langlufe: Algoma Central Railway
    (Winterwochenenden)
    ℂ (705) 946-7300
 allgemeine Informationen 210
  Algoma Kinniwabi Travel Association
   ℂ (705) 254-4293 210
  Tourist Information Centre
   ℂ (705) 253-1103 210
 Anreise 210
 Restaurants 214
  **A Thymely Manner ℂ (705) 759-3262 214
  **Cesira's Italian Cuisine ℂ (705) 949-0600 214
  *Barsanti Small Frye 214
  *Vavalas 214
 Sehenswürdigkeiten 212–213
  Agawa Canyon, Ausflge mit dem Zug 213
   Reservierungen am Bahnhof ℂ (705) 254-4331
  Agawa Rock 213
  Alona Bay 213
  Batchawana Bay 213
  Bootsfahrten ℂ (705) 253-9850 212–213
  Ermatinger Old Stone House
   ℂ (705) 949-1488 213
  Gros Cap 213
  Lake Superior Drive 213
  Lake Superior Provincial Park 213
  MS Norgoma 213
  Sault Ste. Marie Museum 213
  Soo Locks (Schleusen) 212
 Unterkunft 214
  **Bay Front Quality Inn
    ℂ (705) 945-9264 214
  **Holiday Inn ℂ (705) 949-0611 214
  **Ramada Inn ℂ (705) 942-2500 214
  **Water Tower Inn ℂ (705) 253-9751 214
  *Empire ℂ (705) 759-8200 214
  *Journey's End Motel ℂ (705) 759-8000 214
  Campingplätze 214
   Bar X ℂ (705) 253-9751
   KOA Campground
   Lake Superior Provincial Park
    ℂ (705) 856-2284
  Farmunterkünfte 214
   Rainbow Ridge Farm ℂ (705) 246-2683
  Jugendherbergen 214
   L'Auberge de Sault Ste. Marie
    ℂ (705) 946-0104
Sept Isles, *siehe* Labrador, Anreise
Shelburne 65, 67, 74, 77, 79
 allgemeine Informationen 65
  Tourist Information Centre
   ℂ (902) 875-4547 65

 Anreise 79
 Geschichte 67
 Restaurants 77
  Hotelrestaurants 77
  McGowan's ℂ (902) 875-3602 77
 Sehenswürdigkeiten 67
  David Nairn House 67
  Ross-Thomson House 67
 Unterkunft 74
  *Loyalist Inn ℂ (902) 875-2343 74
  *Ox Bow Motel ℂ (902) 875-3000 74
  *The Cooper's Inn ℂ (902) 875-4656 74
Sicherheit 227
Skifahren, allgemeine Informationen 237
Smith's Cove 77
 Restaurants 77
  Harbourview Inn ℂ (902) 245-5686 77
South Gut St. Ann's 70
South Rustico 86, 89
 Anreise 89
 Unterkunft 86
  Barachois Inn ℂ (902) 963-2194 86
Sport, allgemein 14–15
St. Ann's Harbour 70
St. Barbe, *siehe* Labrador, Anreise
St. Catharines 187, 190–192
 Anreise 187
 Feste 191
  Niagara Grape and Wine Festival 191
 Restaurants 191–192
  Isseya ℂ (416) 688-1141 191
  Wellington Court Café ℂ (416) 682-5518 191
 Sehenswürdigkeiten 190–191
  Farmer's Market 190
  Port Dalhousie 191
  Tivoli Miniature World ℂ (416) 834-7604 191
  Welland Canal 190
  Welland Canal Viewing Complex 191
 Sport 191
  Royal Canadian Henley Regatta 191
 Unterkunft 191
  **Highwayman ℂ (416) 688-1646 191
  **Holiday Inn ℂ (416) 934-2561,
    gebührenfrei ℂ (800) HOLIDAY 191
  **Parkway Inn ℂ (416) 688-2324 191
  Bed & Breakfast ℂ (416) 934-5913 191
  Farmunterkünfte 191
   Dekker's Country Home ℂ (416) 957-7912
   Maaike's Homestead ℂ (416) 563-4335
  Universitätsunterkünfte 191
   Brock University ℂ (416) 688-5550, App. 3749
St. John's 36, 38–44
 Aktivurlaub 42
  Jagd und Fischerei 41–42
 allgemeine Informationen 39
  Newfoundland Department of Development
   and Tourism ℂ (709) 576-2830,
   gebührenfrei ℂ (800) 563-6353 39
  St. John's Economic Development and
   Tourism Division ℂ (709) 576-8204 39
 Anreise 44
  Air Atlantic ℂ (709) 722-0222, gebührenfrei in
   Newfoundland ℂ (800) 565-1800
 Einkäufe 42
  Duckworth Street 42

255

The Murray Premises 42
Water Street (Kunsthandwerk) 42
Feste 41
  Kunstfestival: Informationen
    ℂ (709) 726-5978 42
Geschichte 38–39
Nachtleben 41, 42
  George Street 42
  Hotel New Foundland 42
  Ship Inn 42
  Theateraufführungen 41
    laufende/kommende Programme
    ℂ (709) 576-3900
    Reservierungen ℂ (709) 576-3901
Restaurants 43–44
  ***Hotel Newfoundland ℂ (709) 726-4980 43
  ***Newman's ℂ (709) 739-6404 43
  ***STEL Battery ℂ (709) 576-0040 43
  ***Stone House Restaurant ℂ (709) 753-2380 43
  **Act III ℂ (709) 754-0790 43
  **Casa Grande 44
  **King Cod ℂ (709) 753-7006 44
  **The Fishing Admiral ℂ 709/753-6203 43
  **Upper Flat 44
  **Water Street 203 43
  **Woodstock Colonial Inn ℂ (709) 722-6933 44
  *Ches's: Topsail Road 655 ℂ (709) 368-9473
    und Freshwater Road 9 ℂ (709) 726-2373 44
  *Curry House 44
  *Duckworth Lunch 44
  *Ports of Food 44
Sehenswürdigkeiten 39–41
  Arts and Culture Centre 41
  Cabot Tower ℂ (709) 772-5367 39
  Cape Spear National Historic Park
    ℂ (709) 772-5367 41
  Commissariat House ℂ (709) 753-9730 41
  Newfoundland Museum
    ℂ 709/576-2460 39
  Quidi Vidi 39
  Roman Catholic Basilica Cathedral of
    St. John the Baptist ℂ (709) 754-2170 39
  Signal Hill 39
  St. Thomas' Church 39
  Water Street 39
Sport 41–42
  St. John's Regatta ℂ (709) 726-7596 41
Unterkunft 42–43
  ***Hotel Newfoundland ℂ (709) 726-4980,
    gebührenfrei ℂ (800) 268-9411 42
  ***Radisson Plaza Hotel ℂ (709) 739-6404,
    gebührenfrei ℂ (800) 333-3333 42
  **Airport Inn ℂ (709) 753-3500 42
  **First City Motel ℂ (709) 722-5400 42
  **Holiday Inn, ℂ (709) 722-0506 42
  **Journey's End ℂ (709) 754-7788,
    gebührenfrei ℂ (800) 668-4200 42
  **STEL Battery Hotel ℂ (709) 576-0040,
    gebührenfrei ℂ (800) 267-STEL 42
  **Travellers Inn ℂ (709) 722-5540 42
  *Bonaventure House ℂ (709) 753-3359 43
  *Parkview Inn ℂ (709) 753-2671 43
  *Prescott Inn ℂ (709) 753-6036 42
  *Sea Flow Tourist Home ℂ (709) 753-2425
St. Lawrence Lowlands 32

St. Lawrence River 22, 32
  Geschichte 22
St. Lawrence Seaway 28
Stratford 199, 201–202, 206
  allgemeine Informationen 199
    Touristenbäro ℂ (519) 271-5140 199
  Anreise 199
  Feste 201–202
    Shakespeare Festival ℂ (519) 273-1600 201
  Restaurants 206
    **Church Restaurant ℂ (519) 273-3424 206
    **Rundles ℂ (519) 271-5052 206
    **The Old Prune ℂ (519) 271-5052 206
    *Bentley's Pub and Restaurant
      ℂ (519) 271-1121 206
    *Let Them Eat Cake ℂ (519) 273-4774 206
    *Wolfy's ℂ (519) 271-2991 206
  Sehenswürdigkeiten 201–202
    Festival Theatre ℂ (519) 273-1600 202
    Queen's Park 202
    Shakespeare Garden 202
    The Gallery ℂ (519) 271-5271 202
  Unterkunft 202
    **Albert Place ℂ (519) 273-5800 202
    **Festival Inn ℂ (519) 273-1150 202
    **Jester Arms Inn ℂ (519) 271-1121 202
    **Queen's Inn ℂ (519) 271-1400 202
    **Majer's Hotel ℂ (519) 271-2010 202
    *Noretta Motel ℂ (519) 271-6110 202
    Bed & Breakfast 202
      Brunswick House ℂ (519) 271-4546
      Crackers ℂ (519) 273-1201
Sudbury 210–212
  allgemeine Informationen 210
    Rainbow Country Travel Association
      ℂ (705) 522-01046 210
    Touristenbäo ℂ (705) 673-4161 210
  Anreise 210
  Restaurants 212
    Continental Cafe 212
    Frank's 212
    Marconi's 212
    Ponderosa Steak House 212
  Sehenswürdigkeiten 210–212
    Big Nickel 211
    Big Nickel Mine ℂ (705) 673-5659 211
    Copper Cliff Museum 211
    Flour Mill Heritage Museum
      ℂ (705) 675-7621 211
    French River 212
    Inco Refinery ℂ (705) 522-3700 211
    Killarney Provincial Park 211
    La Cloche Mountains 211
    Science North ℂ (705) 522-3700 210
    The Path of Discovery, Tourinformationen
      ℂ (705) 522-3700 211
  Unterkunft 212
    **Holiday Inn ℂ (705) 675-1123 212
    **Senator Motor Hotel ℂ (705) 675-1273 212
    *Journey's End Motel ℂ (705) 675-1273,
      gebührenfrei ℂ (800) 668-4200 212
    Farmunterkünfte 212
      Pinecrest Farm ℂ (705) 566-8101
    Sudbury International Hostel
      ℂ (705) 674-0104 212

Universitätsunterkünfte *212*
  Cambrian College ☏ (705) 566-8101,
    App. 7209 *212*
  Laurentian University ☏ (705) 673-6597 *212*
Südontario *198–209*
  allgemeine Informationen 199
  Anreise 199
  Geschichte 198–199
  Restaurants, Sehenswürdigkeiten, Unterkunft
    — siehe Kitchener-Waterloo, London,
    Stratford, Windsor
Sydney *70*
Telefon *239*
Terra Nova National Park *46, 50, 51*
  Aktivurlaub 46
    Fahrradfahren *46*
    Golf *46*
    Kanufahren *46*
    Naturlehrpfade *46*
  Anreise 51
  Unterkunft 50
    **Clode Sound Motel ☏ (709) 664-3146,
      Nebensaison ☏ (709) 256-3981, *50*
    **Weston's Terra Nova National Park Chalets
      ☏ (709) 533-2296, Nebensaison
      ☏ (709) 651-3434 *50*
  Campingplätze *46*
Thousand Islands, *siehe* Kingston,
    Sehenswürdigkeiten
Thunder Bay *210, 214–217*
  Aktivurlaub 215–216
    Angeln *215*
    Kanu fahren *215*
    Schwimmen *216*
    Skifahren *216*
    Skispringen *216*
  allgemeine Informationen 210
    Ontario Travel ☏ (416) 965-4008, gebührenfrei
      ☏ (800) ONTARIO *210*
    Touristenbüro Paterson Park
      ☏ (807) 623-7577 *210*
    Touristenbüro Water Street ☏ (807) 625-2149 *210*
  Anreise 210
  Restaurants 217
    Bombay Bistro Club *217*
    Chan's ☏ (807) 622-2601 *217*
    Circle Inn ☏ (807) 344-5744 *217*
    Hoito Restaurant ☏ (807) 345-6323 *217*
    Prospector *217*
    Unicorn Inn/Restaurant ☏ (807) 475-4200 *217*
  Sehenswürdigkeiten 215
    Amethyst-Minen *215*
    Centennial Park *215*
    Fort William ☏ (807) 344-2512 *215*
    Keefer Terminal ☏ (807) 345-6812 *215*
    Saskatchewan Wheat Pool Elevator
      ☏ (807) 623-7577 *215*
    Sibley Provincial Park *215*
    Sleeping Giant *215*
    Thunder Bay Art Gallery *215*
    Thunder Bay Auditorium *215*
  Unterkunft 216–217
    **Airlane Motor Hotel ☏ (807) 577-1181 *216*
    **Best Western Crossroads Motor Inn ☏ (807)
      577-4241, gebührenfrei ☏ (800) 528-1234 *216*
    **Landmark Inn ☏ (807) 767-1681 *216*
    *Journey's End Motel ☏ (807) 475-3155 *216*
    *Shoreline Motor Hotel ☏ (807) 344-9661 *216*
    *Unicorn Inn and Restaurant
      ☏ (807) 475-4200 *216*
  Campingplätze *216*
    Chippewa Park
    KOA-Campingplatz
    Longhouse Village Hostel ☏ (807) 983-2042 *216*
  Universitätsunterkünfte *216*
    Lakehead University ☏ (807) 343-8612
Toronto *169–186*
  Aktivurlaub 178–179
    allgemeine Ausknfte *178*
      Metro Parks (☏ (416) 392-8184
      Ontario Sailing Association
        ☏ (416) 495-4240
      Sports Ontario ☏ (416) 964-8655
    Angeln *178*
    Fahrradfahren *178*
    Golf: Ontario Travel ☏ (416) 965-4008 *179*
    Schwimmen *179*
    Segeln *179*
    Ski- und Schlittschuhlaufen *179*
    Tennis: Canadian Tennis Association
      ☏ (416) 488-5076 *179*
    Windsurfen *179*
  allgemeine Informationen 172–173
    Metropolitan Toronto Convention and
      Visitors Association ☏ (416) 368-9821,
      gebührenfrei ☏ (800) 387-2999 *173*
    Ontario Travel ☏ (416) 965-4008, gebührenfrei
      ☏ (800) ONTARIO *172–173*
  Anreise 186
    Busbahnhof ☏ (416) 393-7911 *186*
    VIA Rail ☏ (416) 366-8411 *186*
  Einkäufe 179–180
    Bloor/Yorkville *180*
    Eaton Centre *179*
    Harbour Antique Market *180*
    Kensington Market *180*
    Mirvish Village *180*
    Queen Street West *180*
    Queen's Quay Terminal *180*
    Underground City *179*
    Village on the Grange ☏ (416) 598-1414 *180*
  Geschichte 170, 172
  Nachtleben 174, 180–182
    Ballett, Konzert, Oper, Schauspiel, Show
      Canadian Opera Company
        ☏ (416) 363-6671 *180*
      Elgin and Winter Garden Theatres
        ☏ (416) 872-5555 *180*
      Five Star Tickets (Kartenverkauf am
        Aufführungstag) ☏ (416) 596-8211 *180*
      Forum *174*
      Massey Hall ☏ (416) 363-7301 *181*
      National Ballet of Canada
        ☏ (416) 362-1041 *174, 180*
      O'Keefe Centre ☏ (416) 393-7469 *180*
      Ontario Place *180*
      Poor Alex Theatre ☏ (416) 927-8998 *180*
      Première Dance Theatre ☏ (416) 973-4000 *180*
      Roy Thomson Hall ☏ (416) 598-4822 *180*
      Royal Alexandré Theatre ☏ 9416) 593-4211 *180*

St. Lawrence Centre for the Arts
  ℂ (416) 366-7723 *181*
Tarragon Theatre ℂ (416) 531-1827 *180*
Théâtre Passe Muraille ℂ (416) 363-2416 *180*
Ticket Master (Karten für Konzert,
  Schauspiel, Show) ℂ (416) 872-1111 *180*
Toronto Mendelssohn Choir
  ℂ (416) 598-0422 *181*
Toronto Symphony Orchestra
  ℂ (416) 593-7769 *180*
Jazz
  Albert's Hall ℂ (416) 964-2242 *181*
  Café des Copains ℂ (416) 869-0148 *181*
  Chick n'Deli ℂ (416) 489-3313 *181*
  Club Bluenote ℂ (416) 924-8244 *181*
  George's Spaghetti House
    ℂ (416) 923-9887 *181*
  Massey Hall *181*
  Roy Thomson Hall *181*
  Top O'The Senator ℂ (416) 364-7527 *181*
Kabarett
  An Evening at La Cage ℂ (416) 364-5200 *181*
  Imperial Room ℂ (416) 368-6175 *181–182*
  Second City *181*
  Yuk-Yuk's Komedy Kabaret *181*
Kinos
  Cinéplex (Eaton Centre, 17 Kinos)
    ℂ (416) 593-4535 *181*
  Cinesphere *174*
  Ontario Film Institute ℂ (416) 429-0454 *180*
Rock
  Bamboo ℂ (416) 593-5771 *181*
  Birchmount Tavern ℂ (416) 698-4115 *181*
  El Mocambo ℂ (416) 961-2258 *181*
Tanzclubs
  Berlin ℂ (416) 489-7777 *182*
  Copa ℂ (416) 922-6500 *182*
  De Soto's ℂ (416) 480-0222 *182*
  Down Towne Brown's ℂ (416) 367-4949 *182*
  Sparkles ℂ (416) 360-8500 *182*
  Studebakers ℂ (416) 597-7960 *182*
Restaurants *184–186*
  ***Barberians ℂ (416) 597-0335 *185*
  ***Fenton's ℂ (416) 961-8485 *184*
  ***Julien ℂ (416) 596-6738 *184*
  ***La Scala ℂ (416) 964-7100 *184*
  ***North 44° ℂ (416) 487-4897 *185*
  ***Scaramouche ℂ (416) 961-8011 *184*
  ***Tom Jones Steakhouse ℂ (416) 366-6583 *185*
  ***Winston's ℂ (416) 363-1627 *184*
  **Bangkok Garden ℂ (416) 977-6748 *185*
  **Berkeley Café ℂ (416) 594-6663 *185*
  **Bistro 990 ℂ (416) 921-9990 *185*
  **Charmer's Café ℂ (416) 657-1225 *186*
  **Cuisine of India ℂ (416) 229-0377 *185*
  **Jake's Restaurant ℂ (416) 961-8341 *185*
  **Katsura ℂ (416) 444-2511 *185*
  **Le Bistingo ℂ (416) 598-3490 *185*
  **Mermaid ℂ (416) 597-0077 *185*
  **Metropolis ℂ (416) 924-4100 *185*
  **Seri Batik ℂ (416) 463-3663 *185*
  **Tanaka ℂ (416) 599-3868 *185*
  *Ed's Chinese *186*
  *Ed's Italian *186*
  *Ed's Seafood *186*
  *Ed's Warehouse ℂ (416) 593-6676 *186*
  *Indian Rice Factory ℂ (416) 961-3472 *186*
  *Kensington Kitchen ℂ (416) 961-3404 *186*
  *Madras Durbar *186*
  *Masa Dining Lounge ℂ (416) 977-9519 *186*
  *Sai Woo ℂ (416) 977-4988 *186*
  *Sasaya ℂ (416) 487-3508 *186*
  *Switzers ℂ (416) 596-6900 *186*
  *The Great Wall ℂ (416) 961-5554 *186*
  *The Groaning Board ℂ (416) 363-0265 *186*
  *The Sultan's Tent ℂ (416) 961-0601 *186*
Sehenswürdigkeiten *173–178, 180, 181*
  Antiquitätenmarkt *174*
  Art Gallery of Ontario ℂ (416) 977-0414 *175*
  Beaches *176*
  Black Creek Pioneer Village
    ℂ (416) 661-6610 *177*
  Bloor/Yorkville *176, 180*
  Cabbagetown *176*
  Canada's Wonderland (Themenpark)
    ℂ (416) 832-2205 *178*
  Canadian Railway Museum
    ℂ (416) 297-1464 *174*
  Casa Loma ℂ (416) 923-1171 *176*
  Centre Island *175*
  Chinatowns *176*
  Children's Village *174*
  Cinesphere *174*
  City Hall ℂ (416) 392-7341 *175*
  CN Tower ℂ (416) 360-8500 *173*
  Colborne Lodge *177*
  Forest Hill *176*
  Fort York ℂ (416) 392-6907 *174*
  Forum *174*
  George R. Gardiner Museum of
    Ceramic Art ℂ (416) 593-9300 *175*
  griechisches Viertel *176*
  Hafengebiet *173*
  Hanlan's Point *174*
  Harbourfront *174*
  Henry Moore Sculpture Centre *175*
  High Park *176*
  HMS Haida *174*
  Hockey Hall of Fame ℂ (416) 595-1345 *174*
  Innenstadt *175*
  Kensington Market *176, 180*
  Kleinindien *176*
  Kleinitalien *176*
  Mackenzie House ℂ (416) 392-6915 *175*
  Marine Museum of Upper Canada
    ℂ (416) 392-6827 *174*
  McLaughlin Planetarium ℂ (416) 536-5736 *175*
  McMichael Canadian Art Collection
    ℂ (416) 893-1121 *178*
  Metro Toronto Zoo ℂ (416) 392-5900 *178*
  Mirvish Village *176, 180*
  Ned Hanlan *174*
  Ontario Film Institute *181*
  Ontario Place ℂ (416) 965-7711 *174, 180*
  Ontario Science Centre ℂ (416) 429-0193 *177*
  Pier 4 *174*
  Provincial Parliament Building
    ℂ (416) 965-4028 *176*
  Queen Street West *176, 180*
  Queen's Park *175*

Queen's Quay Terminal 174, 180
Rosedale 176
Roy Thomson Hall 180
Royal Bank Plaza 175
Royal Ontario Museum ℭ (416) 586-5549 175
Sigmund Samuel Building ℭ (416) 586-5549 175
Skydome ℭ (416) 341-3663 173
Spadina Quay 174
Stock Exchange (Börse) ℭ (416) 947-4676 175
The Grange 175
Tommy Thompson Park 177
Toronto Islands: Informationen bei Metro
 Parks ℭ (416) 392-8184 174
Ward's Island 174
York Quay Centre 174
Sport 173, 178
 Baseball: Blue Jays ℭ (416) 595-0077 173, 178
 Canadian Football: Argonauts
  ℭ (416) 595-1131 173, 178
 Eishockey: Toronto Maple Leaves
  ℭ (416) 977-1641 178
 Golf: Glen Abbey in Oakville (Canadian
  Open) ℭ (416) 844-1800 178
 Pferderennen: Woodbine Racetrack
  ℭ (416) 675-6110 178
Unterkunft 182–184
 ***Four Seasons Hotel ℭ (416) 964-0411,
  gebührenfrei ℭ (800) 332-3442 182
 ***Four Seasons Inn on the Park ℭ (416)
  444-2561, gebührenfrei ℭ (800) 268-6282 183
 ***Harbour Castle Westin ℭ (416) 869-1600 182
 ***King Edward ℭ (416) 863-9700 182
 ***L'Hôtel ℭ (416) 597-1400,
  gebührenfrei ℭ (800) 268-9420 182
 ***Royal York ℭ (416) 368-2511 182
 ***Sutton Place Hotel Kempinski
  ℭ (416) 924-9221 182
 ***Windsor Arms Hotel ℭ (416) 979-2341 182
 **Brownstone ℭ (416) 924-7381,
  gebührenfrei ℭ (800) 263-8967 183
 **Delta Chelsea ℭ (416) 595-1975 183
 **Holiday Inn Downtown ℭ (416) 977-0707,
  gebührenfrei ℭ (800) HOLIDAY 183
 **Hotel Ibis ℭ (416) 593-9400 183
 **Hotel Victoria ℭ (416) 363-1666 183
 **Primrose Hotel ℭ (416)977-8000,
  gebührenfrei ℭ (800) 268-8082 183
 **The Guild Inn ℭ (416) 261-3331 183
 *Bond Place ℭ (416) 362-6061 183
 *Burkin Guest House ℭ (416) 920-7842 184
 *Karabanow Guest House
  ℭ (416) 923-4004 184
 *Quality Inn ℭ (416) 977-4823 184
 *Strathcona ℭ (416) 363-3321 183
 Bed & Breakfast 184
 Toronto West KOA Kampground
  ℭ (416) 854-2495 184
Trans-Canada Highway 16, 28
Trinity 46
Trinkgeld 233
U
V Unterkunft, allgemein 16–17, 230–231
Verkehrsmittel 230
W Währung 226
Waterloo, siehe Kitchener-Waterloo
Western Cordillera 32

Wetter 222
Windsor (Nova Scotia) 70, 75, 79
 Anreise 79
 Sehenswürdigkeiten 70
  Haliburton-Museum 70
 Unterkunft 75
  Hampshire Court Motel and Cottages
   ℭ (902) 798-3133 75
Windsor (Ontario) 199, 208–209
 allgemeine Informationen 199
  Touristenbüro ℭ (519) 255-6530 199
 Anreise 199
 Feste 209
  International Freedom Festival 209
  Oktoberfest ℭ (519) 966-3815 209
 Restaurants 209
  Casa Bianca ℭ (519) 253-5218 209
  Maison-Girardot Alan Manor
   ℭ (519) 253-9212 209
  Sir William's Steakhouse ℭ (519) 254-5119 209
 Sehenswürdigkeiten 209
  Art Gallery of Windsor ℭ (519) 258-7111 209
 Sport 209
  Pferderennen: Windsor Raceway
   ℭ (519) 969-8311 209
 Unterkunft 209
  **Holiday Inn ℭ (519) 253-4411,
   gebührenfrei ℭ (800) HOLIDAY 209
  **Ivy Rose Motel ℭ (519) 966-1700 209
  **Journey's End Motel ℭ (519) 966-7800,
   gebührenfrei ℭ (800) 668-4200 209
  **Relax Plaza Hotel ℭ (519) 258-7774 209
  *Best Western Continental Inn ℭ (519)
   966-5541, gebührenfrei ℭ (800) 528-1234 209
  *Cadillac Motel ℭ (519) 969-9340 209
  Camping: Windsor South KOA
   ℭ (519) 726-5200 209
  Universitätsunterkünfte
   ℭ (519) 253-4232, App. 3276 209
Wolfville, siehe Grand Pré
Y **Yarmouth** 65, 67, 74–75, 77, 79
 allgemeine Informationen 65
  Tourist Information Centre ℭ (902) 742-5033 65
 Anreise 79
 Restaurants 77
  Captain Kelley's Kitchen ℭ (902) 742-9191 77
  Harris' Quick 'n' Tasty ℭ (902) 742-3467 77
  Hotelrestaurants 77
 Sehenswürdigkeiten 67
  Fährhafen für Nova Scotia 67
  Runic Stone 68
  viktorianische Architektur 67
 Unterkunft 74–75
  ***Rodd Grand Hotel ℭ (902) 742-2446 74
  **Best Western Mermaid Motel ℭ (902)
   742-7821, gebührenfrei ℭ (800) 528-1234 75
  **Red Colony Harbour Inn ℭ (902) 742-9194 74
  **Voyageur Motel ℭ (902) 742-7157,
   gebürenfrei auf den Maritimes
   ℭ (800) 565-5072 74–75
  Doctors Lake Camping Park
   ℭ (902) 742- 8442 75
Z Zeitungen und Zeitschriften 240
Zeitzonen 225
Zoll 222

259